1001
ZIMMERPFLANZEN
VON A BIS Z

Gemeinschaftsproduktion von Losange in Zusammenarbeit mit Paul Collen

Herausgeber: Hervé Chaumeton, Jean Arbeille
DTP: Nathalie Lachaud, Francis Rossignol, Isabelle Véret
Fotoreproduktion: Stéphanie Henry, Chantal Mialon, Hélène Peycheraud

Parragon Books Ltd
Queen Street House
4 Queen Street
Bath BA1 1HE, UK

Übersetzung aus dem Französischen: Ulla Schuler, Frankfurt a. M.;
Dr. Coralie Wink, Dossenheim
Lektorat: Dipl.-Ing. agr. Christine Weidenweber, Weibersbrunn
Projektmanagement: Nazire Ergün, Köln
Koordination: trans texas GmbH, Köln

ISBN 978-1-4054-9209-6

Printed in China

1001
ZIMMERPFLANZEN
VON A BIS Z

ODILE KOENIG

Gartenbauingenieurin

in Zusammenarbeit mit PAUL COLLEN

Honorarprofessor am
Institut National d'Horticulture Angers (INH),
Frankreich

Parragon

Bath • New York • Singapore • Hong Kong • Cologne • Delhi • Melbourne

Inhalt

Leitfaden zum Buch

Auf übersichtliche Weise möchte dieses Buch Ihnen die wichtigsten Informationen über Zimmerpflanzen liefern. Neben allgemeinen Hinweisen und Ratschlägen und einer Tabelle über die verschiedenen Standortansprüche der Pflanzen werden in den Pflanzenporträts, die nach wissenschaftlichen Pflanzennamen geordnet sind (siehe Beispiel unten), einzelne Arten vorgestellt. Zwei Register erleichtern sowohl das Finden wissenschaftlicher und Trivialnamen als auch von Sachthemen.

Trivialname der Pflanze.

Einteilung in alphabetischer Reihenfolge.

Wissenschaftlicher Gattungsname (lateinisch).

Wissenschaftlicher Name der Art, die im Handel am weitesten verbreitet ist.

Allgemeine Informationen zur Pflanze.

Foto der beschriebenen Art.

Fotos von nahe verwandten Arten oder Sorten.

96 **AGA – Pflanzenporträts**

Agave

A. americana Hundertjährige Agave

Allgemeines

Agaven sind Rosettenpflanzen mit sukkulenten Blättern. Die Gattung umfasst mehr als 200 Arten, die vorwiegend in den Wüstenregionen Zentralamerikas heimisch sind. *Agave americana* stammt aus Mexiko, ist aber z. B. auch im Mittelmeergebiet heimisch. Agaven erreichen einen Durchmesser von 2–3 m. Im Haus werden hauptsächlich Jungpflanzen gezogen. Die blaugrauen Blätter besitzen bei der Sorte **'Mediopicta'** in der Mitte einen breiten weißen Streifen, bei der Sorte **'Marginata'** blassgelbe Blattränder.

◄ *Agave americana* 'Mediopicta'

Krankheiten und Schädlinge

◆ Schildläuse, die auf den Blättern als kleine braune Auswüchse erscheinen, sind schwer zu bekämpfen. Man entfernt sie mit einem in Alkohol getränkten Wattestäbchen oder behandelt bei starkem Befall mit einem systemischen Insektizid.

Pflege

Agaven sind leicht zu kultivieren. Sie benötigen lediglich einen sonnigen Standort und sehr zurückhaltende Bewässerung.

Vermehrung: Abtrennen der Kindel (21 °C, lockeres Substrat). Vermehrung durch Samen schwierig.

● Verwandte Arten und Sorten

Die kleinwüchsigen Arten sind besonders für die Zimmerkultur geeignet: ***Agave victoriae-reginae*** mit einer kompakten, jedoch weit ausgebreiteten 20–25 cm hohen Rosette. Die dunkelgrünen, weiß gerandeten Blätter sind im Querschnitt dreieckig und nicht gezahnt, sondern besitzen einen sehr spitzen Enddorn.
A. parviflora hat dekorative schmale und steife Blätter mit seitlichen weißen Fäden.

Kulturbedingungen

Wasserbedarf und Luftfeuchtigkeit: Im Sommer zweimal, im Winter einmal pro Monat gießen. Niemals das Herz der Blattrosette wässern! Agaven benötigen keine hohe Luftfeuchtigkeit.
Lichtansprüche: Volle Sonne.
Düngen: Während der Wachstumszeit gibt man alle 3–4 Wochen einen Kakteendünger.
Umtopfen und Substrat: Alle 2–3 Jahre im Frühling in mit grobem Sand angereicherte Einheitserde umpflanzen. Als Dränage eignet sich eine Kiesschicht auf dem Topfboden.
Kulturtipp: Günstig ist eine winterliche Ruhephase im kühlen oder temperierten Gewächshaus. Im Sommer an einen sonnigen Platz im Freiland stellen.

Agave victoriae-reginae ▼

Agave potatorum ▼

Agave ferox ▼

Beschreibung anderer Arten, Varietäten oder Sorten.

Ratschläge zur Bekämpfung von Schädlingen und Krankheiten.

Hinweise zur Pflege der Pflanze.

Aglaonema

A. commutatum — Kolbenfaden

Allgemeines
Kolbenfaden stammt aus dem tropischen Asien und wird wegen seiner dekorativen, panaschierten Blätter geschätzt. *Aglaonema commutatum* bildet einen 30–40 cm hohen Horst aus großen, länglichen dunkelgrünen Blättern, die silbergrau oder blassgrün panaschiert sind. Der nur bei älteren Pflanzen erscheinende Blütenstand ähnelt dem Aronstab.
Kombinationen: Die Art harmoniert mit anderen dekorativen Grünpflanzen wie Philodendron, Kroton oder Keulenlilie.

Pflege
Die Kultur ist nicht ganz einfach, es wird hohe Luftfeuchtigkeit benötigt, und kalte Zugluft muss vermieden werden. Verwenden Sie lauwarmes Gießwasser.
Vermehrung: Der Horst wird im Frühjahr beim Umtopfen geteilt.

Gut zu wissen
Saft und Früchte des Kolbenfadens sind giftig.

Aglaonema commutatum ▶

● Verwandte Arten und Sorten
A. commutatum 'Silver Queen' besitzt graugrüne silbergrau panaschierte Blätter. 'Silver King' mit ausgeprägter Panaschierung wächst aufrechter.
Die dicken, größeren Blätter von *A. crispum* sind graugrün mit dunkelgrünem Rand. Die Pflanze bildet nach ein paar Jahren einen dicken Stamm mit auffälligen Blattnarben.

Aglaonema 'Pattaya Beauty' ▶

Kulturbedingungen
Wasserbedarf und Luftfeuchtigkeit: Im Frühjahr und Sommer mäßig mit lauwarmem Wasser gießen. Im Winter bei tieferen Temperaturen (15–16 °C) sehr sparsam bewässern.
Lichtansprüche: Indirekt, vor direkter Sonne geschützt.
Düngen: Vom Frühjahr bis zum Spätsommer gibt man alle 2 Wochen einen Grünpflanzendünger.
Umtopfen und Substrat: Falls nötig, topft man im Frühjahr in Einheitserde um, die mit etwas Torfstreu angereichert ist.
Kulturtipp: Die Pflanze liebt keine Ortsveränderungen und verträgt keinen Zigarettenrauch. Entstauben Sie die Blätter regelmäßig mit einem feuchten Schwamm.

Informationen zu den Kulturbedingungen der Pflanze sowie Tipps zur Gesundheiterhaltung.

Krankheiten und Schädlinge
◆ Kleine braune Höcker auf Blättern und Trieben sind die schwer zu bekämpfenden Schildläuse. Man entfernt sie mit einem in Alkohol getränkten Wattestäbchen oder behandelt mit einem systemischen Insektizid.
◆ Bei Spinnmilbenbefall verfärben sich die Blätter und weisen zahlreiche kleine weißliche Punkte auf. Erhöhen Sie die Luftfeuchtigkeit durch häufiges Besprühen der Blätter. Bei starkem Befall Nützlings- oder Akarizideinsatz.

Aglaonema 'Silver Queen' ▼

Aglaonema 'Compact Maria' ▼

➤ ***Ajania*** siehe unter *Chrysanthemum*

Verweis auf Pflanzen, die in einem anderen Pflanzenporträt behandelt werden.

EINLEITUNG

Blatt- oder Blühpflanzen für das Haus erfüllen verschiedene Funktionen: Sie dienen der Raumgestaltung und bringen uns die Natur näher, die vor allem in Großstädten kaum noch erfahrbar ist. Aber auch Gartenbesitzer können auf Zimmerpflanzen nicht verzichten, und das nicht nur in der vegetationslosen Winterzeit.

Die meisten „Zimmerpflanzen" stammen aus tropischen oder subtropischen Gebieten der Erde und sind frostempfindlich. Aus diesem Grund sind sie für die Bedingungen im Haus meistens gut geeignet, die den Verhältnissen am Naturstandort eher entsprechen als der Garten. Der passende Platz im Zimmer sollte deshalb den Umweltbedingungen des natürlichen Lebensraumes weitgehend entsprechen. Überlegen Sie sich vor dem Kauf einer Zimmerpflanze, ob Sie ihr einen geeigneten Standort bieten können, um enttäuschende Fehlschläge zu vermeiden.

In diesem Buch finden Sie zahlreiche praktische Ratschläge zu Auswahl, Pflege und Düngung von Zimmerpflanzen und Hinweise zum Pflanzenschutz. In den Pflanzenporträts werden fast 1000 verschiedene Arten und Sorten vorgestellt.

Mithilfe dieses Buches werden Sie schon bald den berühmten „grünen Daumen" haben, der vor allem eine Frage von persönlichem Engagement, Erfahrung und Wissen ist.

▼ *Hedera helix* 'Esther'

Wissenschaftliche und Trivialnamen von Pflanzen

Der Trivialname einer Pflanze kann regional ganz unterschiedlich sein, wir bezeichnen z. B. *Tradescantia fluminensis* in Deutschland als Rio-Tradeskantie oder Rio-Dreimasterblume. Der lateinische Name ist dagegen wissenschaftlich anerkannt und international gültig, denn er wurde nach den botanischen Nomenklaturregeln vergeben. Er setzt sich aus einem Gattungsnamen (kursiv und mit großem Anfangsbuchstaben geschrieben) und dem anschließenden Artnamen (ebenfalls kursiv, jedoch klein geschrieben) zusammen, teilweise wird noch eine bestimmte Sortenbezeichnung angefügt. *Ficus benjamina,* die Benjamin-Feige, gehört demnach zur botanischen Gattung *Ficus* und innerhalb dieser Gattung zur Art *benjamina*.

Da unsere Zimmerpflanzen meistens keine heimischen Arten sind, besitzen sie nur selten eindeutige Trivialnamen. Der Trivialname ist deshalb häufig aus dem Gattungsnamen entstanden.

Viele Pflanzenliebhaber kennen bei ihren Zimmerpflanzen jedoch keinen der beiden Namen und wissen deshalb oft auch nichts über die richtige Pflege. Man sollte nur ausreichend deklarierte Pflanzen kaufen (oft liefert das Etikett nützliche Informationen) oder sich beim Gärtner vorab informieren. Auf diese Weise gewöhnt man sich recht schnell an die wissenschaftlichen Namen, die ihren eigenen Reiz besitzen und eine eindeutige Zuordnung erlauben.

Beim „Weihnachtsstern" handelt es sich z. B. um die „sehr schöne" *Euphorbia pulcherrima,* wie schon der Artname *pulcherrima* andeutet. Und *Ficus pumila* ist tatsächlich eine kleine *(„pumila")* Art aus der Gattung der Feigen *(Ficus)*.

▲ *Ficus benjamina* panaschiert

Euphorbia pulcherrima ▶

Kultur von Zimmerpflanzen

EINKAUFSTIPPS

■ Wo man am besten einkauft

Erst eine fachkundige Beratung kann klären, ob sich die Pflanze, die Ihnen besonders gut gefällt, bei Ihnen zu Hause auch wohlfühlt. In einer Gärtnerei bekommt man nicht nur die besten Informationen, sondern auch spezielle Arten und Sorten. Häufig betreuen Gärtnereien größere Pflanzen während des Urlaubs. Im Gartencenter kann man aus einem großen Sortiment auswählen und mitunter günstiger einkaufen. Das Angebot an Pflanzerden, Töpfen, Dünger und Pflanzenschutzmitteln ist ebenfalls groß.

■ Beste Jahreszeit

Am besten kauft man Zimmerpflanzen zwischen Frühjahrs- und Herbstbeginn. Die Kulturbedingungen in der Gärtnerei oder dem Gartencenter sind dann vergleichbar mit denen der eigenen Wohnung. Achten Sie bei heißem Wetter besonders darauf, dass die Erde ausreichend feucht ist.

Im Winter angebotene Pflanzen kultiviert man dagegen bei relativ kühlen Temperaturen und hoher Luftfeuchtigkeit (Gewächshaus oder Blumengeschäft). Kommen sie in trockene und heiße Zimmerluft, ist die Eingewöhnung, besonders für empfindliche Pflanzen, schwieriger. Bestimmte Saisonpflanzen wie der Weihnachtsstern werden jedoch nur im Winter verkauft. Beim Transport dürfen sie keine Minusgrade abbekommen.

▲▼ Beim Kauf einer Pflanze achtet man vor allem auf gesundes und kräftiges Aussehen und dichte Belaubung.

Harmonisches Erscheinungsbild

– Kletter- oder hängende Pflanzen sollten mehrere gut verzweigte Triebe besitzen und dicht belaubt sein. Ungünstig sind spärliche lange Triebe, die an der Basis verkahlen.
– Buschige oder rosettenförmige Pflanzen müssen kompakt gewachsen, gut verzweigt und dicht belaubt sein.
– Horst- und stammbildende Pflanzen, kleine „Zimmerbäume": Besonders wichtig sind gleichmäßiger Aufbau und ausgewogene Belaubung. Unregelmäßig gewachsene Jungpflanzen müssen stark zurückgeschnitten werden.

Platycerium bifurcatum ▲

Transport

Kauft man eine Pflanze im Winter, muss sie auf dem Transport gut vor Kälte geschützt werden. Lassen Sie die Pflanze verpacken, nehmen Sie am besten einen hohen Pappkarton als Isolierung, und fahren Sie baldmöglichst nach Hause. Pflanzen dürfen nicht über längere Zeit im kalten Auto stehen bleiben!

Entsprechend sollte man das Auto im Sommer belüften und niemals in voller Sonne parken, wenn Pflanzen darin stehen.

Blühende Pflanzen reagieren besonders empfindlich auf Temperaturschwankungen, indem sie ihre Blütenknospen abwerfen.

■ Beim Einkauf

Eine Pflanze mit dichtem Knospenbesatz ist einem Exemplar in voller Blüte unbedingt vorzuziehen, das zwar attraktiver wirkt, aber nicht so lange hält. Will man eine Blühpflanze verschenken, gilt dasselbe: Viele Knospen sind besser als zahlreiche kurzlebige Blüten, die möglicherweise sogar beim Transport leiden.
Pflanzenschädlinge oder Krankheiten lassen sich nur entdecken, wenn man Jungtriebe, Blätter und Knospen genau kontrolliert.

Pflanzen mit verfärbten oder beschädigten Blättern, mit vergilbten, klebrigen, schwärzlichen Knospen sind nicht empfehlenswert. Auch wenn zu wenig bewässert (ausgetrockneter Ballen) oder zu stark gegossen wurde (sehr feuchtes Substrat, Moos auf der Substratoberfläche), sollte man die Pflanze lieber stehen lassen. Bei größeren Exemplaren, die in zu kleinen Töpfen stehen (Wurzeln wachsen aus den Abzugslöchern heraus), oder kleineren, die in einem zu großen Topf „verloren" wirken, stimmt das Gleichgewicht zwischen Wurzelvolumen und oberirdischer Entwicklung nicht, das für ein ausgewogenes Pflanzenwachstum sehr wichtig ist.

Selbst günstige Angebote muss man kritisch prüfen. Eine kranke Pflanze kann die anderen Pflanzen in der Wohnung anstecken, das gilt vor allem für tierische Schädlinge, wie Blattläuse, Weiße Fliege oder Schildläuse.

Empfehlenswert sind also Pflanzen, die gesund und kräftig wirken, dichtes Laub und zahlreiche Blütenknospen (bei einer Blütenpflanze) besitzen und möglichst mit Pflegeetikett versehen sind.

■ Zu Hause

Häufig benötigen Pflanzen in der neuen Umgebung eine Eingewöhnungsphase. Vermeiden Sie deshalb starke Temperaturschwankungen, und stellen Sie die Neuerwerbung zunächst an einen 16–18 °C warmen Platz mit indirektem Licht. Kommt sie sofort in ein geheiztes Zimmer, das wärmer als 20 °C ist, kann es passieren, dass sie einige Blätter oder Blütenknospen abwirft.

Syngonium podophyllum 'White Butterfly' ▶

Begonia 'Lucerna' ▼

Selbst eine sehr lichtbedürftige Pflanze wird frühestens nach einer Woche an einen Sonnenplatz gestellt, man gießt nur, wenn das Substrat trocken ist. Auch Pflanzen in engen Töpfen werden erst nach einigen Wochen umgepflanzt, wenn sie sich an die Umgebung gewöhnt haben.

Hypoestes ▼

DIE WAHL DES STANDORTES

Damit Sie lange Freude an einer Pflanze haben, muss der richtige Platz sorgfältig aussgesucht werden. Selbst bei bester Pflege kommt es am falschen Standort zu Kümmerwuchs oder sogar zum Absterben. Während manche Arten indirektes Licht und eine hohe Luftfeuchtigkeit benötigen, wachsen andere bei voller Sonne und Trockenheit am besten. In den Pflanzenporträts sind die speziellen Ansprüche der einzelnen Arten aufgeführt. Einige anspruchslose sind allerdings immer auf dem richtigen Platz.

■ Licht

Neben Wasser ist Licht die Lebensquelle aller Pflanzen. Bei Lichtmangel entfärben sich die Blätter, die Pflanze stellt das Wachstum ein und geht zugrunde. Die Fotosynthese – der komplexe Stoffwechselprozess, bei dem die Pflanzen Lichtenergie in chemische Energie umwandeln und sich diese zunutze machen – kann nur bei Licht ablaufen.

Damit eine Pflanze im Zimmer gedeiht, müssen die Lichtverhältnisse denen am Naturstandort etwa entsprechen.

Dass die Intensität des Tageslichtes in geschlossenen Räumen je nach Jahreszeit, Tageszeit und Bewölkung schwankt, ist bekannt. Allerdings nimmt die Lichtintensität mit zunehmender Entfernung von der Lichtquelle ebenfalls rasch ab. Eine Pflanze, die 1 m entfernt vom Fenster platziert wird, empfängt z. B. nur 50–70 % der Lichtmenge wie unmittelbar am Fenster. In 2 m Entfernung sind es weniger als 25 %. Steht die Pflanze seitlich vom Fenster, nimmt die Lichtintensität noch stärker ab. Besonders im Winter leiden Pflanzen deshalb unter Lichtmangel.

Die jahreszeitlichen Schwankungen kann man ausgleichen, indem der Standort der Pflanzen je nach Jahreszeit gewechselt wird. Im Winter können Pflanzen, die mit mittlerer Beleuchtungstärke auskommen, näher ans Fenster gerückt werden, während man sie im Sommer weiter vom Fenster abrückt oder eine Schattierung anbringt, um die Lichtintensität zu verringern. Eine Standortänderung darf jedoch niemals abrupt durchgeführt werden. Auch hierbei gilt, eine Umgewöhnungsphase einzuplanen. Zimmerpflanzen, die den Sommer im Garten oder auf dem Balkon verbringen, würden in voller Sonne stark leiden, selbst wenn es sich um lichthungrige Pflanzen handelt. Gewöhnen Sie Ihre Pflanze innerhalb von 2 Wochen an den neuen Platz.

Insbesondere Blühpflanzen sind im Winter dankbar für eine künstliche Zusatzbeleuchtung. In Gartencentern werden „Tageslichtleuchten“ angeboten, deren Spektrum dem natürlichen Sonnenlicht nahekommt.

Interessant ist, dass Sorten mit panaschiertem Laub meistens einen helleren Standort benötigen als die grünblättrigen Sorten derselben Art.

Columnea hirta ▼

Brillantaisia subulugurica ▲

Allerdings können die Temperaturen im Hochsommer teilweise höher liegen. Erhöht man dann gleichzeitig die Luftfeuchtigkeit, überstehen Blatt- und Blühpflanzen diese Zeit.

Zahlreiche Blühpflanzen wie Primeln bevorzugen jedoch kühlere Temperaturen. In einem zu heißen Raum verkürzt sich ihre Blühzeit erheblich.

Empfindlich reagieren Pflanzen auf Temperaturschwankungen, viele werfen sogar die Blätter oder Blütenknospen ab. Einige Orchideenarten benötigen hingegen zur Blütenbildung einen deutlichen Tag-Nacht-Temperaturrhythmus. Andere Pflanzenarten brauchen im Winter eine Ruheperiode in kühler Umgebung. Wenn alle Räume Ihrer Wohnung geheizt werden, sollten Sie auf diese Arten verzichten.

Die Temperaturschwankungen in einem Zimmer sind oft größer, als man erwartet. Im Winter kann die Temperatur z. B. in der Nähe eines schlecht isolierten Fensters nachts stark absinken. Heizkörper sind zwar eine gute Wärmequelle, haben aber meistens trockenere Luft zur Folge, daher muss man die Luftfeuchtigkeit erhöhen. Platzieren Sie Pflanzen in der Küche nicht zu nahe an Kochplatten oder dem Kühlschrank, wo Wärme entsteht.

Anthurium andraeanum ▼

■ Lage

Auf welcher Seite des Hauses ein Fenster liegt, ist ausschlaggebend für die Lichtintensität.

Das Licht an einem nach Norden ausgerichteten Fenster ist besonders im Winter schwach. Über den Tag und die Jahreszeiten gesehen, ist die Beleuchtung aber relativ gleichmäßig. Im Winter muss man auf kalte Zugluft achten.

Ein Ostfenster erhält direkte Morgensonne, auch im Sommer sind die Strahlen zu dieser Tageszeit noch nicht zu intensiv. An diesem Standort ist das Licht im Sommer hell, im Winter eher mittelstark.

Am Westfenster scheint die Sonne nachmittags direkt hinein, im Sommer sogar bis in den Abend. Hier ist unter Umständen eine leichte Schattierung nötig. Dagegen ist dieser Standort im Winter für viele Pflanzen bestens geeignet. Ein Südfenster garantiert die größtmögliche Lichtmenge. Im Winter kann diese Lage sehr günstig sein, im Sommer ist es möglicherweise so heiß, dass Blattverbrennungen entstehen. Für sonnenhungrige Pflanzen wie Kakteen ist der Standort ideal, empfindlichere Pflanzenarten rückt man etwas vom Fenster ab.

■ Temperatur

Im Jahresverlauf schwankt die Temperatur in unseren Innenräumen zwischen 18 und 24 °C. Dieser Temperaturbereich behagt den meisten Zimmerpflanzen.

Pflanzen für kühlere Räume

Im Winter leiden viele Zimmerpflanzen unter Wärme und Trockenheit. Ein schwach geheizter Raum, der gleichzeitig hell ist und relativ konstante Temperaturen aufweist, kann daher gut als Wintergarten dienen für Arten, die eine kühlere Ruheperiode benötigen. Hierzu gehören viele Blühpflanzen, wie Klivie, Kamelien, kleine Kakteen, Alpenveilchen.

Blattpflanzen mit geringen Lichtansprüchen, wie Schusterpalme, einige kleine Farne, Grünlilie oder *Cissus rhombifolia,* fühlen sich auch in dunkleren Zimmern wohl.

In Verbindung mit geringerem Tageslicht, wie es für die Wintermonate typisch ist, bieten wenig beheizte Räume genau die Standortbedingungen, die für eine Vegetationsruhe benötigt werden, in der das Wachstum verringert oder eingestellt wird.

Auch die Pflegemaßnahmen werden in dieser Zeit reduziert: keinerlei Düngergaben bis zum Ende des Winters (mit Ausnahme einiger Blühpflanzen) und stark eingeschränkte Bewässerung – häufig reicht eine Wassergabe für 10–14 Tage.

Pflanzen, die sich hier wohlfühlen:
– Fast alle Kakteenarten und andere Sukkulenten. Pflege: Wenig und bei tieferen Temperaturen (5–10 °C) überhaupt nicht gießen.
– Blühpflanzen zumindest während der Winterruhe: Sinnblume, Glanzkölbchen, Justizie, Brunfelsie, Stern-Glockenblume, Klivie, Alpenveilchen, Falscher Jasmin, Pelargonien usw.
– Zahlreiche Blattpflanzen: Zierspargel, Schusterpalme, Grünlilie, Klimme, Efeuaralie, Harfenstrauch, Farne usw.

Clivia nobilis ▲

Mandevilla sanderi ▼

■ Luftfeuchtigkeit

Die relative Luftfeuchtigkeit bezeichnet den Wasserdampfanteil der Luft. Viele tropische Zimmerpflanzen benötigen eine Luftfeuchtigkeit von 60–70 % – im Winter liegt sie in einem normal beheizten Raum jedoch selten über 50 %. Aus diesem Grund leiden etliche Pflanzenarten unter zu trockener Luft. Eine Ausnahme sind Sukkulenten, die an trockene Luft angepasst sind.

Die Luftfeuchtigkeit in Pflanzennähe lässt sich durch mehrere Maßnahmen direkt oder indirekt erhöhen:

– Man stellt die Topfpflanzen, natürlich mit einem gewissen Mindestabstand, dicht zusammen. So kommt der über die Blätter abgegebene Wasserdampf allen Pflanzen zugute.

– Durch das Besprühen oder Einnebeln der Blätter auf Ober- und Unterseite mit weichem, temperiertem Wasser wird ebenfalls die Luftfeuchtigkeit erhöht. Allerdings muss man diese Behandlung häufig durchführen (täglich bei Pflanzen wie Orchideen und Farnen). Einnebeln ist für Pflanzen mit pelzig behaarten Blättern und für Kakteen ungeeignet. Pflanzen, die auf gewachsten Möbeln oder anderen empfindlichen Oberflächen stehen, bringt man vor dem Einsprühen an einen geeigneten Platz (z. B. ins Bad) und wartet mit dem Zurückstellen der Töpfe, bis das Wasser vollständig abgetropft ist. Blüten dürfen nicht besprüht werden, da sonst Flecken entstehen. Achtung vor direkter Sonneneinstrahlung – Wassertropfen wirken wie ein Brennglas!

– Stellen Sie den Topf in ein etwas größeres Gefäß, das mit feuchtem Torf oder Blähton gefüllt ist.

Regelmäßiges Besprühen der Blätter erhöht die Luftfeuchtigkeit. ▶

▼ *Vanda* 'Rothschildiana'

– Gute Dienste leistet ein flaches Tablett, das mit feinem Kies, Kieseln oder Blähton und etwas Wasser gefüllt ist. Der Wasserspiegel darf allerdings nicht bis zum Topfboden reichen, damit das Substrat nicht ständig durchnässt ist. Wenn man eine umgedrehte Untertasse in einen etwas größeren, mit Wasser gefüllten Untersetzer stellt und den Blumentopf darauf platziert, lässt sich der Wasserstand besser kontrollieren.

– Auch spezielle Luftbefeuchtungssyteme sind hilfreich. Am praktischsten ist ein Heizkörperverdunster, ein Wasserbehälter, der am Heizkörper hängt und regelmäßig nachgefüllt wird. Bei elektrischen Luftbefeuchtern wird das Wasser des Vorratsbehälters langsam über eine beheizte Fläche verdampft, und die wasserdampfgesättigte Luft wird durch einen Ventilator im gesamten Raum verteilt.

▲ Zur Erhöhung der Luftfeuchtigkeit stellt man den Topf auf Kiesel oder Blähton und gießt etwas Wasser in den Untersetzer. Der Topfboden darf nicht im Wasser stehen, sonst kommt es zum Sauerstoffmangel der Wurzeln.

Mandevilla sanderi ▼

Pflanzen für trockene Luft

Ist es schwierig, die Luftfeuchtigkeit im Raum zu erhöhen, sollte man Pflanzen wählen, die auch in trockener Luft gedeihen, besonders während der Heizperiode im Winter.

Die meisten Kakteen und Sukkulenten sind gut an trockene Luft angepasst, einige benötigen jedoch im Winter einen kühlen Standort. Die folgende Auswahl enthält Pflanzenarten, die auch im Winter in einem normal geheizten Raum bei trockener Luft recht gut gedeihen.

- **Blühpflanzen**
  - Pantoffelblume
  - Klivie
  - Echeverie
  - Kalanchoe
  - Usambaraveilchen

- **Blattpflanzen**

– *kleine Pflanzen*
  - Agave
  - Tiger-Aloe
  - Kleine Kakteenarten

– *Kletter- oder Ampelpflanzen*
  - Grünlilie
  - Klimme
  - Efeu
  - Dreimasterblumen
  - Fensterblatt
  - Kletternde Philodendronarten
  - Harfenstrauch

- **Höhere Pflanzen**
  - Schusterpalme
  - Gummibaum
  - Dickblatt
  - Drachenbaum
  - Klumpstamm
  - Bogenhanf
  - Palmlilie

Calceolaria ▲

Notocactus claviceps ▼

Clivia nobilis ▼

Hedera helix 'Ripple Green' ▼

Philodendron bipinnatifidum ▼

■ Belüftung

Zur sogenannten Atmung der Pflanzen wird Sauerstoff benötigt. Regelmäßiges Lüften der Räume, in denen Zimmerpflanzen stehen, ist deshalb wichtig. Außerdem begünstigt stehende Luft das Auftreten von Pilzkrankheiten.

Moderne Gebäude besitzen häufig ein Lüftungssystem, bei dem die Luft kontinuierlich langsam umgewälzt wird. In den meisten Häusern muss jedoch täglich gelüftet werden. Im Sommer ist das unproblematisch, bei kaltem Winterwetter kann es aber zu einem massiven Temperatursturz kommen, auch wenn man das Fenster nur für kurze Zeit weit öffnet. Das Fenster sollte deshalb nur leicht geöffnet werden, die Pflanzen entfernt man während der Lüftung aus der Fensternähe.

Außerdem öffnet man immer nur ein Fenster, um einen starken Luftzug zu verhindern.

Curcuma roscoeana ▼

DIE PFLANZEN IM HAUS

■ Geschickte Standortwahl

In den verschiedenen Räumen eines Hauses herrschen unterschiedliche Licht-, Luft- und Temperaturverhältnisse. Wenn man die Vor- und Nachteile kennt, kann man die Pflanzen nach ihren Ansprüchen verteilen, die dann umso besser gedeihen und widerstandsfähiger gegen Schädlings- und Krankheitsbefall sind.

Rossioglossum grande ▲

■ Wohnzimmer

Häufig ist das Wohnzimmer der am stärksten genutzte Raum, in dem die meisten Pflanzen stehen. Die Räume sind groß, hell und gut geheizt, und viele Pflanzenarten gedeihen dort ausgezeichnet. Wird die Raumluft im Winter sehr trocken, muss man die Luftfeuchtigkeit in Pflanzennähe erhöhen.

Verteilen Sie nicht überall im Zimmer kleine Pflanzen, sondern wählen Sie passende Plätze für größere, um einen harmonischen Gesamteindruck zu erzielen. Sollen es dennoch kleine Pflanzen sein, gruppiert man sie möglichst auf einem niedrigen Tisch oder einer Blumentreppe. Auf diese Weise wird ein einheitlicher Akzent gesetzt. Je nach Form und Farbe lassen sich Pflanzen auch mit Objekten wie Bildern, Skulpturen oder Figuren kombinieren.

Natürlich kann man Zimmerpflanzen nicht überall aufstellen, z. B. nicht in der Nähe von Kaminen oder Heizkörpern, wo sie unter der Hitze leiden. Ungünstig sind auch Durchgangsbereiche, wo Blätter beschädigt werden können. Sehr sonnige Fenster müssen im Sommer schattiert werden, damit die Pflanzen auf der Fensterbank nicht verbrennen.

Größere Untersetzer erleichtern das Gießen und sorgen dafür, dass das Wasser nicht überfließt. Keramik- oder Tonuntersetzer, die auf der Unterseite porös sind, sollte man lackieren oder mit mehreren Korkplättchen bekleben, um Möbeloberflächen und Fensterbänke zu schützen.

Cissus striata ▲

■ Küche

Bedingt durch Ofenhitze, Kochdünste und Dunstabzugshaube schwanken Temperatur und Luftfeuchtigkeit in der Küche stark. Teilweise fehlt es auch an Platz, denn freie Arbeitsflächen werden zur Essenszubereitung benötigt.

Wählen Sie robuste Arten, die hohe Luftfeuchtigkeit bevorzugen und Schwankungen der Temperatur und Luftfeuchtigkeit tolerieren. Auch die Lichtverhältnisse der Küche müssen berücksichtigt werden. Schön sind kurzlebigere saisonale Arrangements, z. B. mit Hyazinthen.

Ampelpflanzen verschönern die Küche, ohne Platz in Anspruch zu nehmen. Eine sonnige Fensterbank ist zur Kräuteranzucht geeignet. Bei guten Lichtverhältnissen kann man Kletterpflanzen (Efeutute, Kletternder Philodendron, Klimme) auf den Boden stellen und nach oben leiten.

■ Schlafzimmer

Schlafzimmer sind oft etwas kühler und dunkler als der Rest der Wohnung und werden deshalb nur selten mit Pflanzen bestückt, zumal man sich hier nicht so oft aufhält. Für Pflanzen in der Ruhephase oder verblühte und nicht so ansehnliche Arten ist das Schlafzimmer aber der richtige Platz. Bei niedrigen Temperaturen darf man nicht so häufig gießen.

■ Badezimmer

Ein helles, mäßig geheiztes Bad bietet sehr gute Bedingungen für zahlreiche Grünpflanzen, denn Duschen und Baden erhöht die Luftfeuchtigkeit, die den Pflanzen guttut.

Oft sind die Lichtverhältnisse im Bad dagegen der begrenzende Faktor. In dunkleren Bädern kann man Pflanzen nur in Fensternähe platzieren. Bei helleren Bedingungen bieten sich tropische Grünpflanzen an, die Wärme, Licht und hohe Luftfeuchtigkeit schätzen (z. B. Efeutute, Philodendronarten, Vogelnestfarn). Schwieriger ist es, blühende Pflanzen im Bad zu halten, denn sie haben häufig hohe Lichtansprüche und vertragen keine Wasserspritzer. Für ein schlecht beleuchtetes Badezimmer (beispielsweise mit Nordfenster) sind kleine Farne und Grünpflanzen geeignet, wie Frauenhaarfarn, Schwertfarn oder Fußblatt.

■ Eingangsbereich, Flur oder Diele

Nur Arten, die mit diesen häufig etwas dunkleren und relativ kühlen Bedingungen zurechtkommen, wie Schusterpalme und Bogenhanf, halten sich hier für längere Zeit. Wie schon erwähnt, benötigen panaschierte Sorten mehr Licht, da sie weniger Chlorophyll enthalten. Für dunkle Standorte wählt man daher immer Sorten mit grünem Laub.

Wenn es jedoch hell genug ist, kann man im Eingangsbereich eine große Pflanze platzieren, die alle Blicke auf sich zieht. Wird nur schwach geheizt, ist der Flur auch ein gutes Winterquartier für Pflanzen, die eine kühle Ruheperiode benötigen. Vernachlässigen Sie die Pflege in diesem Bereich nicht, damit Flur oder Diele nicht zum Abstellplatz ungepflegter Pflanzen wird.

Fatsia japonica ▲

Syngonium 'Infra Red' ▼

■ Im Büro

Pflanzen im Arbeitsbereich sind dem Arbeitsklima zuträglich! Häufig wird die Pflege der Arten im Büro jedoch vernachlässigt, und vergilbte oder vergeilte Pflanzen wirken dann eher demotivierend. Eine sorgfältige Auswahl ist deshalb unerlässlich, bei der die am Arbeitsplatz herrschenden Bedingungen ebenso berücksichtigt werden müssen wie der Pflegeaufwand.

Häufig sind Büros stark geheizt, gleichzeitig ist die Luft trocken, überdies wird die Temperatur nachts oder am Wochenende oft abgesenkt. Nur anspruchslose Arten können sich an derartige Situationen anpassen. Kleine Sukkulenten, wie Aeonien oder Kalanchoe, sind ideal für helle Standorte. In einem größeren Büro kommt eine hohe Grünpflanze – ein großblättriger Gummibaum oder eine Strahlenaralie – besonders zur Geltung. Wenn Ihnen Ampelpflanzen gefallen, haben Sie die Wahl zwischen z. B. Zierspargel, Grünlilie, Efeutute, Harfenstrauch oder Dreimasterblume.

Gemischte Pflanzungen mit verschiedene Arten benötigen eine anspruchsvolle Pflege und sind weniger empfehlenswert. Grünpflanzen sind den pflegeaufwendigeren Blühpflanzen vorzuziehen. Wechselnde Saisonpflanzen, wie Pantoffelblumen oder Blütenbegonien, bringen die nötige Farbe ins Spiel.

Sind Sie häufig unterwegs, ist ein Topf mit Wasserreservoir oder eine Hydrokultur die Ideallösung. Pflanzenarten, die besonders im Sommer sehr häufig gegossen werden müssen, werden im Büro kaum verwendet. Können sich in der Urlaubszeit die Kollegen nicht um Ihre Pflanzen kümmern, stellen Sie sie einfach in den eigenen Garten.

Aeonium arboreum 'Variegatum' ▲

Begonia-Rex-Hybride ▲

◄ *Bambusa ventricosa*

■ Gestalterische Aspekte

Haben Sie sich mit den wichtigsten Arten und deren Ansprüchen vertraut gemacht, können Sie sich den gestalterischen Aspekten widmen, Pflanzen auswählen, die den Einrichtungsstil unterstreichen oder Kontraste setzen, verschiedene Kulturmethoden ausprobieren oder etwas anspruchsvollere Pflanzgruppen in Szene setzen. Sie müssen lediglich einige Regeln beachten, um originelle und befriedigende Resultate zu erzielen.

■ Pflanzen und Einrichtungsstile

Die meisten Zimmerpflanzen fügen sich auf neutrale Weise ein, doch einige Arten stehen besonders stark mit einer bestimmten Epoche, Atmosphäre oder einem Einrichtungsstil in Verbindung. Auch Pflanzgefäße oder Übertöpfe sind in diesem Zusammenhang sehr wichtig.

Wir stellen Ihnen hier einige Pflanzen vor, mit denen sich bestimmte Stileffekte in der Wohnung betonen lassen.

Klassisch: Blattbegonien, Alpenveilchen, Klivie, Gloxinie, Gardenie, Blattfahne, Kentiapalme, Schwertfarn. Blattschmuckpflanzen wirken gut in alten, teils prächtig verzierten Übertöpfen. Antike Suppenterrinen aus weißem Porzellan sind als Behälter für Blütenpflanzen gut geeignet.

Modern und schlicht: Wählen Sie Pflanzen mit klarer Ausstrahlung, wie Yucca, Palmen, Keulenlilie, Blattfahne, Gerandeter Drachenbaum („Glücksbambus"), Zypergras, Ficusarten, Strahlenaralie, Zimmerlinde, Rasierpinselbaum, Sukkulenten sowie als Blütenpflanzen Amaryllis, Schmetterlingsorchidee (Phalaenopsis) und Hibiskus.

Rattanmöbel und farbige Dekostoffe: Hierzu passen Grünpflanzen mit üppigen Blättern, die ein „exotisches" Flair unterstreichen. Man hat die Wahl zwischen Farnen, Philodendren, Ficusarten, Fensterblatt, kletternden oder hängenden Pflanzen, Pfeilwurz, Korbmarante und Palmen, als Blütenpflanzen bieten sich beispielweise Glanzkölbchen, Kalanchoe, Usambaraveilchen und Kranzschlinge an. Korbübertöpfe oder Tontöpfe in lebhaften Farben bringen das Laub gut zur Geltung.

Rustikale Einrichtung und Holzmöbel: Die warme Note wird durch Blüten in frischen Farben betont: Primeln, Alpenveilchen, Weih-

▼ *Sinningia speciosa*

nachtsstern, Weihnachtskaktus, Klivie, Columnee, Glockenblume, Hibiskus, auch üppige Blattpflanzen, wie Strahlenaralie oder Philodendren.

Japanischer Stil in Schwarz und Weiß: Man wählt Pflanzen mit klaren Linien (Klumpstamm, Zypergras, Zimmerbambus, Glücksbambus, Palmen) sowie Topfpflanzen mit Blüten in kräftigen Farben (Chrysantheme, Sinnblume). Auch die Übertöpfe sollten in Form und Farbe nüchtern gehalten sein.

Südamerikanischer Stil: Teppiche mit geometrischen Mustern und die typischen Töpferwaren lassen sich gut mit Kakteen, vielleicht sogar einer Kakteensammlung, und mit anderen Sukkulenten (Euphorbie, Agave, Dickblatt, Aeonium) oder Yucca kombinieren.

Mediterraner Stil: Zu weißen Wänden und hellem Licht fügen sich Sukkulenten, Hibiskus, Zitronenbaum, Passionsblume und Jasmin harmonisch ein. Dazu passen schlichte Töpfe oder Übertöpfe aus Terrakotta. Farbliche Akzente kann man z. B. durch Gardinen oder Tischdecken setzen.

Yucca elephantipes ▼

◄ *Aphelandra squarrosa*

■ Glasgefäße und Zimmergewächshäuser

Hier geht es nicht um Gewächshäuser aus Plastik, die zur Aussaat und Stecklingsanzucht dienen, sondern um kleine Gewächshäuser aus Glas oder Glasgefäße und Terrarien, die mit Pflanzen bestückt werden. Diese Minigewächshäuser können je nach Bedarf und Pflanzentyp geschlossen werden, wodurch man ein Kleinklima wie in einem Flaschengarten erzielt, oder geöffnet, wenn trockenere Luft z. B. für Kakteen gewünscht wird. Farbiges Glas ist allerdings ungeeignet, da es zu wenig Licht durchlässt.

Ein Minigewächshaus mit einer gelungenen Pflanzung bildet immer einen Blickfang, gleichgültig, in welchem Zimmer es steht.

Vor der Pflanzung: Wählen Sie Arten mit ähnlichen Wärme-, Licht- und Feuchtigkeitsansprüchen, und richten Sie sich auch bei der Platzierung des Gewächshauses nach den Bedürfnissen der Pflanzen (insbesondere Licht) und nicht nur nach dekorativen Gesichtspunkten. Die jungen, kräftigen Pflanzen werden nicht zu eng gesetzt, damit sie Raum zum Wachsen haben.

Echeveria ▼

Pflanzung: Bevor man die Pflanzen aus den Töpfen nimmt, arrangiert man sie probeweise im Minigewächshaus. So kann die beste Anordnung geprüft werden, damit Kontraste in Größe, Form, Färbung und Textur der Blätter zur Geltung kommen. Sind keine Abzugslöcher vorhanden, verhindert eine etwa 3 cm dicke Schicht aus feinem Kies oder Blähton, mit ein paar Holzkohlestücken versehen, dass stehendes Wasser faulig wird. Es folgt eine dickere Schicht Blumenerde (falls nötig Spezialsubstrat), sodass die Wurzelballen genügend Raum haben. Oft wirkt es gefälliger, wenn die Substratoberfläche leicht geneigt ist (von den Pflanzen zum Gewächshausrand). Das Substrat wird nur leicht angefeuchtet, damit besonders bei fehlenden Abzugslöchern keine Staunässe entsteht.

Anschließend setzt man die Pflanzen, von einer Gewächshausseite ausgehend, nach und nach ein und klopft das Substrat fest. Zum Schluss werden Pflanzen (nicht bei Sukkulenten) und Erde leicht besprüht. Man reinigt die Scheiben und schließt den Deckel. Beschlagen die Gewächshausscheiben bei zu hoher Luftfeuchtigkeit, öffnet man die Abdeckung etwas.

Pflege: Bei fehlenden Abzugslöchern darf nur vorsichtig gegossen werden, und auch die Düngung sollte, vor allem bei bewurzelten Stecklingen mit geringem Nährstoffbedarf, zurückhaltend sein. Zu große Pflanzen schneidet man zurück und ersetzt sie später, wenn sie im Verhältnis zur Gesamtpflanzung zu kräftig werden.

Pflanzenwahl: Blattpflanzen lassen sich im Zimmergewächshaus leichter ziehen als Blühpflanzen. Besonders geeignet sind kleine Farne (Fauenhaarfarn, Vogelnestfarn, Rippenfarn), junge Exemplare der Zierlichen Bergpalme, Moosfarn, kleine Exemplare (oder Zwergsorten) mit panaschiertem Laub, wie Hüllenklaue, Fittonie, Kanonierblume und Pepe-

◄ *Hypoestes phyllostachya* ►

Anlage eines Flaschengartens

(1)

(2)

(3)

(4)

romie. Auch spezielle Miniaturgärten für Kakteen und Sukkulenten (Spezialerde, stark eingeschränkte Bewässerung) oder für epiphytische Bromeliengewächse, z. B. Tillandsien, sind möglich. Einige Orchideenarten gedeihen sehr gut in der feuchten und warmen Atmosphäre eines Glasgewächshauses.

■ Flaschengärten

Flaschengärten heben die Pflanzen auf besondere Weise hervor und wirken immer ein wenig geheimnisvoll: ein ganz eigener Garten, außergewöhnlich und verwunschen. Verwenden Sie ein Glasgefäß (z. B. ein Bonbonglas) mit einer größeren Öffnung, damit Pflanz- und Pflegearbeiten relativ einfach durchgeführt werden können (eine Hand sollte in das Gefäß passen). Behälter mit farbigem Glas lassen weniger Licht durch, und man kann die Pflanzen darin schlechter erkennen. Ein Stopfen ist übrigens nicht unbedingt notwendig. Der Flaschengarten darf niemals direkt in der Sonne stehen, da die Temperaturen zu rasch ansteigen und viel Wasser an den Wänden kondensiert. Außerdem wirkt Glas wie ein Brennglas, sodass es in der Sonne zu Blattverbrennungen kommt.

1. Füllen Sie zuerst eine 2–3 cm dicke Dränageschicht aus Kieseln oder Blähton in den Glasbehälter, geben Sie etwas Holzkohlepulver darüber, und füllen Sie anschließend das Substrat mithilfe eines Papiertrichters ein. Die 6–8 cm dicke Erdschicht wird zur Mitte hin etwas angehäufelt.

2. Man topft die kleinen Pflanzen aus, breitet die Wurzeln etwas aus und pflanzt sie, ausgehend vom Zentrum, zu den Seiten hin ein. Bei einer engen Öffnung leistet Werkzeug mit verlängertem Stiel (z. B. Löffel oder Gabel) gute Dienste.

3. Das Substrat um die Pflanze herum festklopfen.

4. Eine schöne Wirkung wird erzielt, wenn man die Erde zwischen den Pflanzen mit Kies, Splitt oder Moos bedeckt. Beim Gießen den Wasserstrahl vorsichtig an der Gefäßwand entlanglaufen lassen. Ein Korken rundet das Bild ab.

Pflanzenwahl: Ungeeignet sind große und raschwüchsige Pflanzen, die häufig ausgewechselt werden müssen, und Blühpflanzen, da sie meistens eine Ruheperiode benötigen, die in Flaschengärten, bei relativ konstanter Temperatur, nicht möglich ist. Auch Pflanzen mit pelzig behaarten Blättern sowie alle Arten, die in feuchter Umgebung nicht gedeihen (z. B. Kakteen), sind wenig empfehlenswert.

Am besten wählt man kleine Pflanzen, die feuchte und relativ warme Bedingungen bevorzugen, und variiert Blattform, -färbung und -textur. Zwergsorten sind für derartige Pflanzungen besonders gut geeignet.

Pflanzung: Schätzen Sie zunächst die Pflanzfläche ab (meistens etwas kleiner als die breiteste Stelle im Bonbonglas), und legen Sie die Platzierung der Pflanzen fest, die nicht zu dicht stehen dürfen. Ist nicht genug Raum zur Entwicklung, entsteht in kürzester Zeit ein dichter Urwald!

Gegossen werden nur offene Gefäße, bei geschlossenen Behältern stellt sich ein Gleichgewicht ein, bei dem das Verdunstungswasser ausreichend Feuchtigkeit zur Verfügung stellt.

Je größer die Öffnung eines Flaschengartens ist, desto mehr gehen die Vorteile dieses Gefäßes verloren, denn durch die hohe Luftfeuchtigkeit und die guten Wachstumsbedingungen sind vor allem seltene exotische Pflanzen für einen Flaschengarten geeignet. Ist zu viel Kondenswasser an den Glaswänden, kann der Deckel abgenommen werden, damit die Luftfeuchtigkeit abnimmt.

Pflege: Insbesondere im geschlossenen Flaschengarten ist nicht viel Pflege nötig, sobald sich das Gleichgewicht einmal eingestellt hat. Offene Flaschen werden je nach Bedarf, jedoch zurückhaltend bewässert. Größere Pflanzen (Efeu, Hüllenklaue usw.) muss man regelmäßig stutzen, eventuell auch ersetzen. Mit einer schmalen Schere oder einer Rasierklinge, die an einem Stab fixiert ist, kann man gut schneiden.

Pflanzen für Flaschengärten

– **Kleine Farne:** Frauenhaarfarn, Jungpflanzen des Vogelnestfarns, Rippenfarn, Klippenfarn, Kretischer Saumfarn.
– **Farbiges Laub:** Fittonie, Hüllenklaue, Kanonierblume, panaschierte Efeusorten, Erdstern.
– **Sonstige:** Kletterfeige, Peperomie und kleine bodendeckende Pflanzen wie Bubikopf oder Moosfarn.

Blechnum 'Fire Leaf' ▲

Selaginella apoda ▼

■ Arrangements aus Blatt- und Blühpflanzen

Floristen und Gärtner arrangieren oft die verschiedensten Arten gemeinsam in einem Behälter. Meistens besitzen diese Container, abgesehen von Gefäßen mit Wasserreservoir, keine Abzugslöcher (z. B. Schalen, mit Plastik ausgekleidete Weidenkörbe). Man muss daher mit sehr viel Fingerspitzengefühl gießen, um Staunässe im Wurzelbereich vollständig zu vermeiden.

Diese Arrangements überdauern einige Monate, doch die einzelnen Pflanzenarten müssen dann umgetopft werden, denn die ursprünglich gemeinsam eingesetzten Jungpflanzen wachsen nicht gleich schnell.

Will man die eigenen Pflanzen selbst zusammenstellen, bieten sich zwei Möglichkeiten an:

– Man platziert die einzelnen Pflanzen in einer großen Schale oder einer Jardiniere, wo sie sich frei entfalten können.

– Jede Art bleibt im eigenen Topf, und die Pflanzen werden zur Gruppe zusammengestellt, oder man senkt die Töpfe in ein großes, mit Torf gefülltes Gefäß ein und deckt die Oberfläche, je nach den Ansprüchen der Pflanzen, mit Moos, feinem Kies oder Kieselsteinen ab.

Die zweite Lösung ist sehr vielseitig: Je nach Jahreszeit und sobald eine der Einzelpflanzen zu viel Raum einnimmt, kann man das Arrangement verändern. Sogar die Bewässerung lässt sich individuell durchführen.

Pflege: Soll ein Pflanzenarrangement dauerhaft sein, müssen sich die Pflegemaßnahmen für alle Pflanzenarten etwa entsprechen. Beim Gießen und Düngen richtet man sich nach den Arten, die am stärksten auf einen Überschuss reagieren. Die anderen Pflanzen kommen mit etwas geringeren Wassergaben ganz gut zurecht. Auch der Standort muss entsprechend gewählt werden. Helles, indirektes Licht und eher kühle Temperaturen (16–18 °C) im Winter sind meistens ideal.

■ Ampelpflanzen in der Wohnung

Pflanzen mit hängenden Trieben kommen in Ampeln besonders gut zur Geltung. Am Fenster kann man sogar richtige „Pflanzenvorhänge" gestalten, indem man Ampeln in unterschiedlicher Höhe aufhängt. Verschiedene Arten eignen sich ebenso wie Sorten derselben Art, z. B. Efeu.

Platzierung: Der Platz für die Ampel muss gut überlegt sein, denn ein späterer Ortswechsel gestaltet sich schwierig. Berücksichtigen Sie den Lichtbedarf der Pflanze, oder wählen Sie eine andere Pflanzenart aus, die am gegebenen Standort gedeiht.

Die Hängende Leuchterblume fühlt sich z. B. an einem sonnigen Fenster wohl, während der Aufrechte Schildfarn eher ein Nordfenster bevorzugt. Trotz der Ampeln müssen sich die Fenster noch öffnen lassen.

Pflanzgefäß: Das Gefäß muss wasserdicht sein, nur im Bad sind poröse Töpfe einsetzbar. Zur Wahl stehen Übertöpfe, die an Ketten aufgehängt sind, oder Ampeln, die aus Topf und integriertem Untersetzer bestehen. Bei Letzteren ist zwar die Gefahr des „Übergießens" ausgeschlossen, doch auch überlaufendes Wasser aus dem Untersetzer kann Schäden verursachen.

Bewässerung von Ampelpflanzen: Die Bewässerung ist abhängig von der Pflanzenart. Vor allem übermäßiges Gießen führt zu Staunässe im Wurzelbereich, die schnell ein plötzliches Welken zur Folge haben kann. Zum regelmäßigen Überprüfen der Substratfeuchtigkeit sollte man ruhig auf ein Fußbänkchen oder eine Trittleiter steigen.

▼ *Hoya carnosa* 'Variegata'

Ampelpflanzen

Passende Grünpflanzen
Sprengers Zierspargel
Begonien (verschiedene)
Hängende Leuchterblume
Grünlilie
Klimme
Geweihfarn
Kletterfeige
Aufrechter Schwertfarn
Hüllenklaue
Lebendblatt
Efeu
Dreimasterblume
Klippenfarn
Kletternder Philodendron
Harfenstrauch
Efeutute
Judenbart
Fußblatt

Passende Blühpflanzen
Sinnblume
Weihnachtskaktus (oder Orchidee)
Osterkaktus
Glockenblume
Columnee
Wachsblume
Kranzschlinge

Campanula isophylla 'Napoli' ▼

Columnea ▶

■ Pflanzen als Vorhang oder Wand

Stellt man Zimmerpflanzen zu Gruppen zusammen, entsteht eine ansprechendere Wirkung und mitunter auch ein Blickfang im Raum.

Ein „Pflanzenvorhang" lässt sich mit hängenden Pflanzen, wie Efeu, Kletterfeige, Efeutute, Kletterndem Philodendron, Fußblatt, gestalten und kann unter Umständen tatsächlich die Gardine ersetzen. Er wirkt als Sichtschutz und gibt dem Raum gleichzeitig eine originelle „grüne Note". Standorte mit direkter Sonneneinstrahlung sind eher ungünstig, Nord-, Nordost- oder Nordwestfenster sind für Hängepflanzen besser geeignet.

Ficus pumila ▼

Pellaea rotundifolia ▶

Mehrere Ampelpflanzen in einem gut beleuchteten Zwischengeschoss können sehr attraktiv wirken. Die von oben hinunterhängenden Pflanzen „bekleiden" den Raum im wahrsten Sinne des Wortes.

Ebenso wirken kleine Blumentreppen in der Fensternische als Sichtschutz. Je nach Standort und Geschmack kann man eine Sammlung verschiedener Sorten oder Arten zusammentragen. Hier bieten sich z. B. Efeusorten mit kleinen panaschierten oder einfarbigen Blättern an oder panaschierte oder „einfache" Kletterfeigen.

Syngonium 'Pixie' ▶

Ficus pumila 'White Sunny' ▶

Um eine Pflanzenwand aufzubauen, benötigt man ein Spalier, Drähte oder ähnliche Vorrichtungen, an denen die Pflanzentriebe angeleitet werden. In hellen und großen Räumen kann man auf diese Weise einen Raumteiler schaffen.

Ideal ist ein langer Pflanztrog mit einem Rankgerüst aus nicht verrottendem Material. Setzen Sie die Pflanzen auf beiden Seiten des Gerüsts ein. Die verwendeten Arten müssen gleiche Lichtansprüche haben (indirektes Licht ist am besten) und gleichmäßig wachsen. Man setzt vor allem schnellwüchsige Kletterpflanzen, wie Klimme, Efeutute, Fensterblatt sowie Kletternden Philodendron.

◀ *Monstera deliciosa*

■ Blumenzwiebeltreiberei im Winter

Die traditionellen Frühjahrsblüher Krokus, Osterglocke und Tulpe im Haus vorzuziehen ist ganz einfach. So haben Sie bereits an Weihnachten oder in den Wintermonaten „Frühlingserwachen".

Zwiebeln, die durch eine Spezialbehandlung in der Gärtnerei leichter und früher zur Blüte kommen, sind am besten geeignet. Am häufigsten werden Hyazinthensorten, früh blühende Tulpenarten, Krokusse, Osterglocken, aber auch kleine Traubenhyazinthen vorgetrieben.

Die Geheimnisse der Treiberei: Auch präparierte Zwiebeln sind zur Wurzelbildung auf einen kühlen und dunklen Standort angewiesen. Sobald die Wurzeln gut entwickelt sind und die oberirdischen Triebe erscheinen, kann man die Blumenzwiebeln ins Haus holen und stellt sie bis zur Blüte an einen hellen Ort.

Crocus vernus 'Remembrance' ▼

Hyacinthus ▼

Pflanzung der Blumenzwiebeln: Je nach gewünschter Blütezeit werden die Zwiebeln von September bis November gesetzt. Man vermischt ein leichtes, durchlässiges Substrat wie Einheitserde mit grobem Sand und setzt die Zwiebeln recht dicht und so tief, wie die Zwiebeln groß sind. Um zu hohe Feuchtigkeit zu vermeiden, darf man nur mäßig gießen.

Pro Schale wird nur eine Sorte gepflanzt, damit alle Zwiebeln gleichzeitig blühen. Pflanzgruppen wirken am besten bei ungeraden Stückzahlen (z. B. 3, 5, 7, 9).

Nach der Pflanzung wässert man vorsichtig und bedeckt die Töpfe mit einer dunklen Plastiktüte. Zur Wurzelbildung werden sie an einen dunklen, kühlen Ort (etwa 5–10 °C) gestellt. Keller oder frostfreie Garagen sind geeignet, ja sogar das Gemüsefach des Kühlschranks. Während der Bewurzelungsphase muss man die Feuchtigkeit genau kontrollieren. Sobald sich 5–6 cm lange Sprosse gebildet haben, kann man die Schalen ins Haus bringen. Die Vortreibephase dauert je nach Pflanzenart 7–12 Wochen.

Kultur von Hyazinthen in Gläsern: Das Vorgehen ist im Prinzip genauso wie bei der Topfkultur:

Man füllt das Hyazinthenglas mit Wasser, das die Zwiebelbasis aber nicht benetzen darf, und gibt ein Stückchen Holzkohle dazu, damit das Wasser nicht fault. Anschließend stellt man das Glas mit der Blumenzwiebel an einen kühlen, dunklen Ort – zum Verdunkeln reicht auch das Abdecken der Zwiebel mit einer „Haube“ aus lichtundurchlässigem Karton oder Aluminiumfolie.

Im Haus: Bei hellem, möglichst kühlem Standort und regelmäßiger Bewässerung bringen die Zwiebelpflanzen lange Zeit Farbe in die dunklen Wintermonate. Wenn man die Zwiebeln zeitlich gestaffelt vortreibt, erstreckt sich die Blütezeit über eine lange Periode.

Narcissus 'Tête à Tête' ▼

Hyacinthus ▲▶

Narzissen auf Kieselsteinen: Die stark duftenden Tazetten-Narzissen lassen sich gut in mit Kieselsteinen befüllten Schalen anziehen. Diese vielblütige Narzissenart in mehreren Sorten besitzt kleine Blüten. 'Paperwhite' (weiß) und 'Soleil d'Or' (gelb) sind empfehlenswert. Diese nicht winterharte Art benötigt zur Blüte keine Kälteperiode. Man füllt ein flaches, relativ großes und wasserdichtes Gefäß (z. B. aus Glas, um das Wurzelwachstum zu beobachten) mit gesäuberten kleinen Kieselsteinen, Kies oder Blähton, setzt die Zwiebeln relativ dicht an dicht hinein und füllt mit weiteren Kieseln oder Blähton auf, damit die Zwiebeln nicht umfallen. Die Zwiebelspitze soll freiliegen. Man gibt so viel Wasser hinzu, dass der Flüssigkeitsspiegel nur ein paar Millimeter unter dem Zwiebelboden liegt. Anschließend stellt man die Schale an einen hellen, luftigen und möglichst kühlen Ort. Die Tazetten blühen etwa sechs Wochen später.

Nach der Blüte im Haus: Blumenzwiebeln, die in einem Erdsubstrat gezogen wurden, können nach der Blüte im Garten ausgepflanzt werden und blühen ein oder zwei Jahre später erneut. Bei einer Kultur im Hyazinthenglas oder auf Kieselsteinen lohnt eine Weiterkultur nicht.

Tulipa ►

■ Zimmerbonsai

Die faszinierenden kleinen Bäume, die in speziellen Schalen kultiviert werden, benötigen einen hohen Pflegeaufwand. Berücksichtigen Sie das vor der Anschaffung, damit die Pflanze nicht innerhalb weniger Wochen eingeht.

Wichtig ist auch, um welche Pflanzenart (Spezies) es sich handelt, denn es macht einen großen Unterschied, ob man es z. B. mit einer winterharten oder einer frostempfindlichen Pflanze zu tun hat. Winterharte Arten leiden zwar unter starken Frösten, sie dürfen jedoch keineswegs bei 20 °C und trockener Raumluft überwintert werden. Frostempfindliche Arten, die aus den Tropen stammen, kommen mit diesen Kulturbedingungen eher zurecht. Am besten an die Zimmerkultur angepasst sind Ficus-Arten *(Ficus benjamina, F. retusa)*, Dickblattarten, Strahlenaralie, junge Palmen (wie *Rhapis excelsa*) oder bestimmte Bambusarten (wie *Bambusa ventricosa*).

Laufende Pflege: Wegen des kleinen Wurzelballens müssen Bonsais besonders regelmäßig gegossen werden. Einige Arten im Sommer täglich, im Winter zwei- bis dreimal pro Woche. Bonsais, die den Winter über in stark geheizten Räumen stehen, taucht man am besten in einen Behälter mit kalkfreiem, lauwarmem Wasser, damit sich der Wurzelballen vollsaugen kann. Die Blätter werden täglich mit kalkfreiem Wasser eingenebelt, außer bei den Dickblattarten.

▼ *Ficus benjamina* ►

Im Winter düngt man nicht, im Frühling und Herbst nur mit einem stark verdünnten Einheitsdünger, alle zwei Wochen. Spezielle Bonsai-Dünger sind ebenfalls erhältlich.

Schnitt: Bonsais müssen mindestens einmal pro Jahr mit einer kleinen Rosenschere oder einer Spezialschere gestutzt werden, damit die Form erhalten bleibt (z. B. durch Rückschnitt aller Basaltriebe).

Umtopfen: Meistens reicht es aus, die Pflanzen alle zwei bis drei Jahre im Frühjahr umzutopfen. Jungpflanzen können in einen etwas größeren Topf gesetzt werden, ältere Exemplare kommen nach Erneuerung der Erde und dem Einkürzen der Wurzeln in dasselbe Gefäß.

– Topfen Sie den Bonsai aus, erneuern oder ergänzen Sie die Dränageschicht, und entfernen Sie Substrat, das an den Wänden haftet.

– Entwirren Sie die Wurzeln so gut wie möglich (dafür gibt es Spezialkämme), und kürzen Sie sie etwa um die Hälfte ein.

– Beim Eintopfen in die neue Substratmischung (möglichst eine Spezialerde) breitet man die Wurzeln rund um den Stammgrund aus.

– Das Substrat wird leicht festgeklopft und mit feinem Strahl bewässert.

Styrax japonicum ►

Acer palmatum (Fächerahorn) ▼

Im Urlaub: Während der Urlaubszeit müssen Sie sich um eine Pflegeperson kümmern. Auch einige Blumengeschäfte oder Spezialgärtnereien nehmen Pflanzen in Pflege, die den Bonsai bei Bedarf auch einkürzen und umtopfen.

■ Duftende Pflanzen im Haus

Attraktive und noch dazu duftende Zimmerpflanzen – wer wünscht sich das nicht. Auch wenn die Kultur etwas heikel ist, lohnt es sich, solche Arten zu ziehen. Besonders im Winter können wir uns an den Düften erfreuen.

Duftende Blüten: Der zarte Duft der Primeln im Frühjahr und des Blauen Lieschens im Sommer sind ebenso unvergleichlich wie der Wohlgeruch der Kranzschlinge mit ihren wunderschönen, wachsartigen weißen Blüten. Die berühmte Gardenie, deren Kultur zwar schwierig ist, und die Wachsblume mit ihren porzellanartigen Blüten duften überwältigend, und schließlich ist das Zitrusbäumchen zu nennen. Hier wird besonders die Calamondin im Zimmer gezogen.

Duftende Blätter: Hierzu gehört das Laub der Aromapflanzen. Für die Zimmerkultur im Winter sind Duftgeranien am lohnendsten (im Sommer im Freiland), deren Blätter beim Zerreiben ihren Duft verströmen. Die Pflanzen werden an einem hellen, nicht zu warmen Ort im Haus überwintert und nur mäßig bewässert.

▲ x *Citrofortunella microcarpa*

◄▲ *Stephanotis floribunda*

Blumenzwiebeln im Winter: Die einfach und preiswert im Haus vorzutreibenden Blumenzwiebeln verwöhnen uns mit lieblichen oder starken Düften. Eine einfache Hyazinthe erfreut lange Zeit mit ihrem zarten Duft, während der intensive Duft der kleinen, raschwüchsigen Tazetten-Narzissen ein ganzes Zimmer erfüllt.

Ein echter Weihnachtsbaum: Die Wahl ist schwierig: Nordmannstannen *(Abies nordmanniana)* halten zwar länger bei Zimmertemperatur, die Gewöhnliche Fichte *(Picea abies)* versetzt uns mit ihrem unvergleichlich harzigen Geruch aber immer wieder in die Kindheit.

Schnittblumen: Das Spektrum der Duftpflanzen im Haus wird durch Schnittblumen erweitert. Klassiker sind die Freesien mit ihrem lieblichen Duft, die erfrischenden Duftwicken, die Lilien, natürlich die Rosen, aber auch Nelken mit ihrem pfeffrigen Geruch, nicht zu vergessen Mimosen, deren Duft sich im Zimmer rasch verbreitet, oder auch Levkojen und Maiglöckchen.

Einige Vorsichtsmaßnahmen: Es ist eine Kunst, Düfte wirkungsvoll zur Geltung zu bringen, und ein Zuviel ist besonders im Haus unangenehm. Starke, berauschende Duftnoten sind für Schlafzimmer ungeeignet, dies gilt häufig auch für Büros, da der intensive Geruch oft störend wirkt. Auch eine Mischung verschiedener Düfte ist ungünstig. Sträuße und Duftpflanzen mit unterschiedlicher Duftnote sollten daher nicht zusammen im selben Zimmer stehen. Eine einzige Pflanze oder Blüte im Raum ist viel wirkungsvoller.

Farbenfrohes Arrangement ▲

Gardenia augusta ▼

Die Pflege von Zimmerpflanzen

Neben dem geeigneten Standort sind regelmäßige Pflegemaßnahmen zur Gesunderhaltung der Pflanzen notwendig. Bei der täglichen Pflege werden etwaige Probleme überdies frühzeitig erkannt und behoben.

■ Das Werkzeug des Zimmergärtners

Für die Pflege von Zimmerpflanzen benötigt man kein anspruchsvolles Spezialwerkzeug, für den Anfang reichen sogar eine kleine Gießkanne und Flüssigdünger aus!

Die laufenden Pflegemaßnahmen lassen sich mit der folgenden Ausrüstung bestens durchführen:

Eine Gießkanne mit langer Tülle ist empfehlenswert, um alle Töpfe, auch Ampeln, so zu bewässern, dass die Blätter nicht benetzt werden. Ein Krug oder eine Wasserflasche aus Kunststoff sind dagegen ungeeignet! Die Gießkanne sollte so viel fassen (mindestens 2 Liter, bei großen Pflanzen mehr), dass man sie nicht ständig nachfüllen muss.

Flüssigdünger für Zimmerpflanzen: ein Grünpflanzendünger, falls nötig ein Blühpflanzendünger.

Chamaedorea metallica ►

Pflanzenschutzmittel sollten Sie nur bei starkem Befall einsetzen. Informieren Sie sich bei Ihrem Gärtner nach der momentanen Zulassung.

Töpfe und Untersetzer mit verschiedenem Durchmesser, eventuell auch Übertöpfe. Im Angebot sind die verschiedensten Gefäße, aber auch mit Schalen und Schüsseln, kleinen Metallkübeln oder Körben können Sie fantasievolle Arrangements zaubern. Untersetzer schützen die Stellfläche vor Nässe.

Substrat: Neben Einheitserde für Zimmerpflanzen benötigt man Spezialsubstrate für bestimmte Pflanzenarten (z. B. Kakteen, Epiphyten).

Kleine Blumengabel, Pflanzholz oder -kelle dienen zum Umpflanzen und zur Bodenbearbeitung. Ein ausgedienter Suppenlöffel und eine Gabel erfüllen denselben Zweck.

Schneidewerkzeuge: Scheren, die immer sauber und scharf sein müssen, sind unerlässlich und werden für verschiedene Pflanzengrößen und Zwecke angeboten. Auch Pfropfmesser können nützlich sein.

Stützstäbe, Rankhilfen, Bindematerial werden zum Stützen oder als Kletterhilfe für Pflanzen benötigt.

Sprühgerät: unentbehrlich zur Erhöhung der Luftfeuchtigkeit.

▼ Im Gartencenter kann man nicht nur Töpfe, sondern auch Pflanzerde, Dünger und alles andere kaufen, was man zur Pflege von Zimmerpflanzen benötigt.

Oncidium ▶

BEWÄSSERUNG

Ohne Wasser ist kein Pflanzenwachstum möglich. Nicht zu viel und nicht zu wenig – das ist die Kunst. Doch mit etwas Erfahrung bekommt man ein Gespür für das richtige Maß.

■ Warum?

Die Nährstoffe, die im Boden vorliegen, können nur mithilfe des Wassers in das Gewebe der Pflanze transportiert werden. Wasser spielt auch bei allen wichtigen Stoffwechselvorgängen, z. B. bei der Fotosynthese und der Transpiration, eine Rolle.

Wird zu viel gegossen, kann es im Topf zu Staunässe kommen. Das Substrat ist in diesem Fall wassergesättigt, und der lebensnotwendige Gasaustausch im Wurzelbereich kann nicht mehr stattfinden.

Ein Wassermangel führt zum Welken der Pflanze und schließlich zum Vertrocknen. Da der Wasserbedarf je nach Art und Umweltbedingungen variiert, informieren Sie sich vor dem Kauf nach den Bedürfnissen.

■ Wie?

In den meisten Fällen wird das Wasser vorsichtig auf die Substratoberfläche des Topfes gegossen. Einige Pflanzentypen sind jedoch für folgende Bewässerungsmethoden besser geeignet:

▲ Gießen Sie auf die Substratoberfläche, damit die Blätter nicht benetzt werden.

▲ Sukkulenten oder Pflanzen mit Wurzelknollen (Samtpflanze, Usambaraveilchen usw.) werden über den Untersetzer bewässert.

– Bei Sukkulenten mit Blattrosette, kleinen Kakteen, Pflanzen mit pelzig behaarten Blättern und Pflanzen mit Wurzelknolle sind Grundblätter und Wurzelhals sehr fäulnisempfindlich, und jeder Wasserspritzer hinterlässt hässliche Blattflecken. Daher gießt man über den Untersetzer oder den Übertopf, denn das Wasser wird über die Kapillarkräfte aufgesogen. Überschüssiges Wasser nach 10–15 Minuten abgießen.

– Orchideen und andere Epiphyten nehmen Wasser über Wurzeln und Blätter auf. Man besprüht daher die Blätter und taucht regelmäßig den ganzen Topf oder Orchideenkorb in kalkfreies Wasser, damit sich das faserige Substrat gut mit Feuchtigkeit vollsaugt. Auch Ampelpflanzen können durch Tauchen bewässert werden.

Bewässerung

Häufigeres Gießen:
– in der Vegetationsperiode,
– bei heißem Wetter,
– an sonnigen Standorten,
– bei Lufttrockenheit,
– Pflanzen mit kleinem Pflanzgefäß,
– Pflanzen mit großen, weichen Blättern und hoher Verdunstung sowie Pflanzen mit zartem Laub,
– Pflanzen in Tontöpfen,
– bei torfhaltigem Kultursubstrat mit geringem Wasserrückhaltevermögen.

Selteneres Gießen:
– während der Vegetationsruhe,
– bei niedrigen Temperaturen,
– an schattigen Standorten,
– bei hoher Luftfeuchtigkeit,
– Pflanzen, die in großen Gefäßen wachsen oder umgepflanzt wurden,
– Kakteen und Sukkulenten,
– Pflanzen in Kunststofftöpfen,
– bei Kultursubstrat auf Erdbasis.

■ Wasserhärte

Zimmerpflanzen vertragen kalkhaltiges („hartes") Wasser insgesamt schlecht. Einige Arten sind weniger empfindlich, andere können daran zugrunde gehen (Gardenien, viele Farne). In Gegenden mit geringer Luftverschmutzung kann man Regenwasser sammeln, aber auch Leitungswasser lässt sich mit einigen Tricks enthärten:

– Lassen Sie das Wasser einige Stunden abstehen, da Chlor durch Verdunstung entweicht und Kalk teilweise ausfällt.

– Kalk fällt auch durch Aufkochen des Wassers aus.

– Hängen Sie über Nacht einen Beutel mit Weißtorf in die Gießkanne oder das Wassergefäß.

Verwenden Sie kein Wasser, das chemisch enthärtet wurde, da es möglicherweise für Pflanzen unverträgliche Bestandteile enthält.

Tolmiea menziesii 'Taff's Gold' ▶

■ Feuchtigkeit des Kultursubstrats

Mit etwas Erfahrung lässt sich die Feuchtigkeit des Substrates schnell bestimmen:

– Trockenes Substrat ist heller als feuchtes Substrat.

– Die Oberfläche fühlt sich feucht oder trocken an.

– Ein Tontopf mit trockener Erde klingt „hohl".

– Ein Topf mit trockenem Wurzelballen ist leichter als einer mit feuchtem Substrat.

– Bei stehendem Wasser im Untersetzer oder Übertopf ist das Substrat wassergesättigt.

Im Handel gibt es verschiedene Messgeräte zur Feuchtigkeitsbestimmung der Blumenerde. Das Spektrum reicht von einfachen Stäbchen, die sich je nach Feuchtigkeitsgehalt unterschiedlich verfärben, bis zu batteriebetriebenen elektrischen Messgeräten.

Die Feuchtigkeit des Substrats lässt sich durch Berühren der Oberfläche abschätzen. ▶

■ In der Urlaubszeit

Im Idealfall versorgen Nachbarn oder Freunde die Pflanzen während der Abwesenheit.

Falls sich niemand findet, gibt es verschiedene Wasserversorgungsmöglichkeiten für Zimmerpflanzen.

Maßnahmen vor der Abreise:

– Kontrollieren Sie die Pflanzen auf Krankheiten und Schädlinge.

– Falls nötig, zurückschneiden und verwelkte Blüten entfernen.

– Um Wasserverluste durch Verdunstung zu verringern, stellt man alle Pflanzen in Fensternähe an schattigere, aber nicht zu dunkle Plätze.

– Unmittelbar vor der Abreise nicht mehr düngen – das Pflanzenwachstum sollte nicht zu stark angeregt werden.

BEWÄSSERUNG BEI VORÜBERGEHENDER ABWESENHEIT

▲ Füllen Sie das Spülbecken mit Wasser, legen Sie ein saugfähiges Vliestuch auf die Abtropffläche, sodass es bis in die Flüssigkeit reicht, und stellen Sie die Pflanzen auf das Tuch.

Cyclamen persicum ▶

– Vor der Abreise bewässert man die Pflanzen gründlich und füllt bei Gefäßen mit Wasserreservoir den Behälter auf (häufig reicht dieser Vorrat für zwei Wochen).

Abwesenheit nicht mehr als 8–10 Tage (Bewässerung abhängig von der Jahreszeit)

– Stellen Sie die Töpfe in ein großes Gefäß mit sehr feuchtem Torf.

– Ein großer, wasserdichter Behälter (Schüssel, Badewanne usw.), der mit einer Schicht Blähton gefüllt ist, ist noch besser: Man stellt die Blumentöpfe darauf und gibt Wasser zu, bis es unmittelbar unter dem Topfboden steht. Durch Kapillarkraft wird das Wasser ins Substrat transportiert.

URLAUBSBEWÄSSERUNG

▲ Ein Ende des Dochts wird in das Substrat gesteckt, das andere taucht man in einen Wassereimer, der höher als das Pflanzgefäß stehen muss (einen Docht pro Topf).

Bei Abwesenheit von 2–3 Wochen

– Verschiedene Systeme werden von den Herstellern angeboten. Bei der Dochtbewässerung muss der Wasserspeicher unterhalb des Pflanzgefäßes stehen. Das Wasser wird durch Kapillarkräfte über den Docht ins Substrat gesogen, sobald dieses austrocknet.

– Bei der automatischen Bewässerung aus einem Vorratsbehälter über Schläuche aktiviert der Regler je nach Einstellung eine elektrische Pumpe.

Bei längerer Abwesenheit

In diesem Fall können Sie die Töpfe an einer schattigen Stelle im Garten bis zum Rand eingraben, die Oberfläche mit feuchtem Torf bedecken, vor der Abreise gründlich wässern und auf den ein oder anderen Regenguss hoffen!

Eine weitere Lösung ist die Installation einer programmierbaren Tröpfchenbewässerung, dieses System ist allerdings relativ kompliziert.

Automatisches Bewässerungssystem mit Tonkegeln ►

DÜNGEN

In der Natur oder im Garten können Pflanzen die benötigten Nährstoffe aus dem Boden aufnehmen. Bei Topfkultur werden die Nährstoffreserven rasch verbraucht und müssen zugeführt werden.

■ Was ist Dünger?

Drei chemische Elemente (Mineralstoffe) sind für ein gutes Gedeihen der Pflanzen unverzichtbar: **Stickstoff** (chemisches Symbol N) ist für das Wachstum von Spross und Blättern sowie für die Chlorophyllsynthese wesentlich.

Phosphor (chemisches Symbol P) wird zur Bildung von Blüten, Früchten und Samen benötigt.

Kalium (chemisches Symbol K) festigt vor allem das Gewebe, was die Widerstandskraft gegen Krankheiten erhöht, und wird für die Blütenbildung gebraucht.

Dünger enthalten außerdem weitere Mineralstoffe in geringerer Konzentration, die sogenannten Mikronährstoffe (Spurenelemente), wie Kupfer, Eisen, Zink, Mangan, die gleichfalls für das Wachstum der Pflanzen wichtig sind.

Alle Zimmerpflanzendünger enthalten diese wichtigen Elemente, doch die jeweiligen Mengenverhältnisse unterscheiden sich je nach Pflanzentyp. Grünpflanzen benötigen z. B. Dünger mit höherem Stickstoffanteil als Blühpflanzen, diese wiederum brauchen einen Dünger mit höherem Phosphor- und Kaliumanteil, um üppig zu blühen. Achten Sie daher auf die N-P-K-Zusammensetzung (Stickstoff, Phosphat, Kalium), die Auskunft über die Konzentration der Nährstoffe gibt. Ein N-P-K-Wert von 9-9-19 bedeutet z. B., dass dieser Dünger besonders kaliumreich ist. Für die unterschiedlichen Bedürfnisse von Zimmerpflanzen sind Spezialdünger im Handel, die den jeweiligen Ansprüchen gerecht werden.

■ Wann wird gedüngt?

Neu gekaufte Pflanzen in gutem Zustand müssen nicht sofort gedüngt werden. In Fachgeschäften ist das Substrat frisch, und die dort enthaltenen Nährstoffe sollte die Pflanze zunächst verbrauchen. Nach etwa 3 Monaten bei Erdsubstraten und 6–8 Wochen bei Substraten auf Torfbasis beginnt man mit der Düngung.

Gedüngt wird meistens in der Wachstumsphase von März bis Oktober. Während der Ruheperiode wird die Düngung eingestellt, die nur zu spärlichem Wachstum und Krankheitsanfälligkeit führt. Pflanzen, die im Winter blühen, bilden hier eine Ausnahme.

Die meisten Pflanzen werden alle 2–3 Wochen gedüngt. Vergisst man das Düngen, ist es weniger schlimm als ein Zuviel an Nährstoffen. Bei Verwendung von Universal-Zimmerpflanzendünger bleiben die Pflanzen gesund, das Kultursubstrat sollte aber regelmäßig ausgetauscht werden. Kakteen und andere Sukkulenten, die langsam wachsen, werden etwa einmal pro Monat mit einem niedrig dosierten Spezialdünger versorgt.

Welke oder kranke Pflanzen düngt man nicht. Gedüngt wird immer nach dem Gießen.

■ Düngerformen

Es gibt flüssige und granulierte Dünger, Düngestäbchen und -pulver.

Am einfachsten ist die Verwendung von Flüssig- oder pulverförmigen Düngern, die man im Gießwasser auflöst – meistens dient der Schraubverschluss als Dosierhilfe. Der Vorteil von Düngestäbchen liegt in ihrer zwei- bis dreimonatigen Wirkungsdauer, doch sie sind relativ teuer und können durch zu hohe Nährstoffkonzentrationen zu Verbrennungen im Wurzelbereich führen. Daher sollte man sie eher für große Gefäße verwenden und in einigem Abstand zum Wurzelballen platzieren.

Blattdünger haben eine besondere Zusammensetzung und werden auf die Blätter gesprüht. Sie wirken sofort und sind für bestimmte Pflanzen wie Bromeliengewächse und andere Epiphyten geeignet, die sich als Aufsitzerpflanzen von Natur aus kaum über ihre Wurzeln ernähren.

Beachten Sie immer die Düngeanweisung auf der Packung, und dosieren Sie lieber etwas niedriger. Zu hohe Konzentrationen verursachen Wurzelverbrennungen und -schäden, die durch ein Vergilben der Pflanze und anschließendes Welken sichtbar werden. Falsch ge-

Calceolaria Herbeohybrida-Gruppe ►

düngte Pflanzen weisen häufig kleine, gelegentlich auch deformierte Blätter auf oder setzen keine Blütenknospen an, falls es sich um Blühpflanzen handelt.

UMTOPFEN UND OBERFLÄCHLICHER SUBSTRATAUSTAUSCH

Im Topf verfügen Pflanzenwurzeln nur über ein eingeschränktes Substratvolumen. Selbst bei regelmäßigem Düngen ist die Erde schließlich ausgelaugt, und die Wurzeln nehmen immer mehr Raum im Topf ein.

Eine Pflanze muss umgetopft werden, wenn

– die Wurzeln den Ballen so weit durchwachsen haben, dass sie an der Oberfläche erscheinen oder durch das Abzugsloch wachsen,

– die Substratoberfläche weiß erscheint oder mit Schimmel bedeckt ist,

– Verdacht auf Wurzelkrankheiten oder -schädlinge besteht.

Einige Arten, wie das Usambaraveilchen oder die Clivie, fühlen sich auch mit beengtem Wurzelballen wohl und werden deshalb seltener umgetopft. Andere Arten wachsen so schnell, dass sie möglicherweise zweimal pro Jahr umgetopft werden müssen. Jungpflanzen benötigen oft alljährlich, später jedoch nur alle 2–3 Jahre einen größeren Topf.

▲ Die Wurzeln der Dieffenbachie haben den Ballen vollständig durchwachsen – Zeit zum Umtopfen!

■ Die beste Jahreszeit

Die beste Jahreszeit zum Umtopfen ist das Frühjahr, bei einsetzendem Wachstum. Die Pflanzen erholen sich dann besser, und das neue Substrat kann rasch von jungen Wurzeln durchwachsen werden. Man kann jedoch auch im Sommer bis zum September umtopfen. Blühpflanzen werden nach der Blüte umgetopft, da es sonst zum Knospenabwurf kommen kann.

Auch während der Vegetationsruhe (meistens im Herbst und Winter) topft man keine Pflanze um, das Gleiche gilt für kränkelnde Pflanzen, die unter Umständen anschließend eingehen würden. Zuerst wird die Pflanze gepflegt, bis sie sich erholt hat, anschließend kann sie umgetopft werden.

■ Wie topft man um?

Bereiten Sie sich einen genügend großen Arbeitsplatz vor, und schützen Sie den Boden mit einer Plastikplane, da Schmutz sich nicht vermeiden lässt.

Brunfelsia pauciflora ▲

Alle nötigen Utensilien und Materialien werden vor Beginn der Arbeit zurechtgelegt:

– Das Kultursubstrat. Will man die Erde selbst mischen, zusätzlich Torf, Quarzsand oder Moorbeeterde.

– Tonscherben, grober Blähton oder Kiesel für die Dränageschicht.

– Saubere Töpfe (bereits benutzte Töpfe müssen mit einer schwachen Desinfektionslösung gereinigt werden). Der Durchmesser sollte etwa 2–3 cm größer als beim alten Topf sein, bei sehr wüchsigen Jungpflanzen wählt man einen deutlich größeren Topf.

– Sauberes, scharfes Schneidewerkzeug zum Einkürzen der Wurzeln, falls nötig.

Zu Beginn bewässert man die Pflanze gründlich, damit sie sich leichter austopfen lässt und später besser anwächst.

Man umfasst den Topf mit der einen Hand im oberen Drittel, die andere Hand hält die Pflanze, dreht ihn mitsamt der Pflanze um und klopft den Topf gegen eine harte Fläche (z. B. Tischkante), damit sich der Ballen vom Gefäß löst. Hat das keinen Erfolg, nicht an der Pflanze ziehen, die zerreißen würde. In diesem Fall muss der Topf zerschlagen (Tontopf) oder aufgeschnitten (Kunststofftopf) werden. Das Abzugsloch des neuen Pflanzgefäßes wird mit einer leicht gebogenen Tonscherbe abgedeckt, darüber kommt zuerst eine 2–4 cm dicke Dränageschicht (je nach Topfgröße), dann eine Schicht neuer Erde, sodass die Oberfläche des Ballens später etwas unterhalb des Topfrandes liegt und ein Gießrand entsteht. Verfilzte dichte Wurzeln müssen mit einem scharfen Messer gestutzt werden, auch abgestorbene oder beschädigte Wurzeln werden zurückschnitten.

Nun platziert man den Wurzelballen in der Mitte und der richtigen Höhe des Pflanzgefäßes und füllt den seitlichen Zwischenraum mit frischem Substrat auf, das man anschließend sorgfältig mit den Fingerspitzen festdrückt. Zum Schluss gründlich wässern, damit sich die Erde um die Wurzeln setzt.

1. Abzugsloch mit Tonscherben bedecken, darüber kommt eine dünne Schicht Kiesel oder Blähton, anschließend eine Substratschicht. Prüfen Sie vor dem Einsetzen, ob der Ballen unterhalb des Topfrandes liegt.

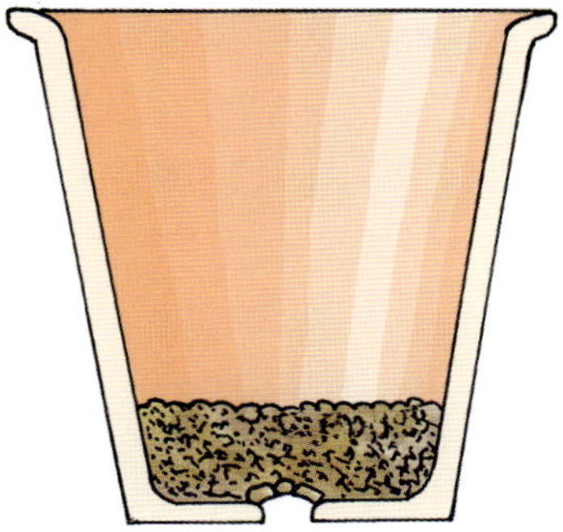

2. Der Wurzelballen wird mittig platziert und der seitliche Zwischenraum mit Erde aufgefüllt.

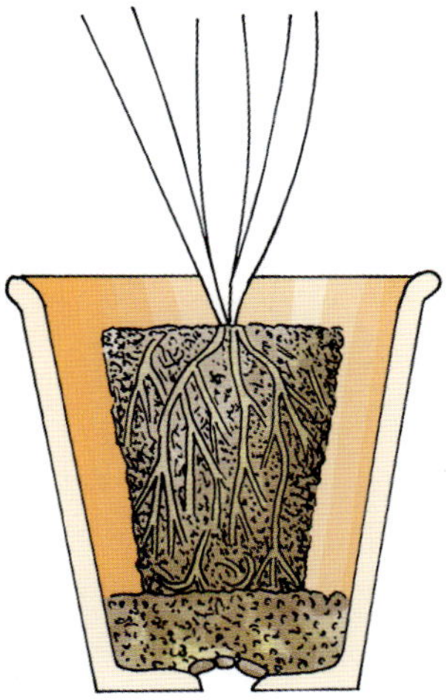

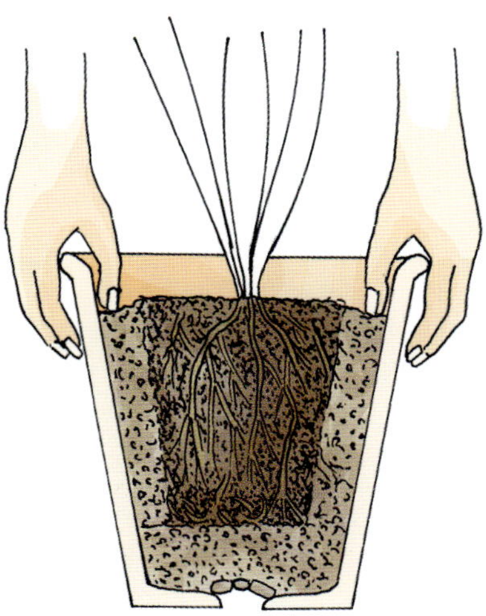

3. Das Substrat wird sorgfältig festgedrückt, um dem Wurzelballen guten Halt zu geben. Gründlich gießen, damit sich die Erde gut verteilt und keine Lufträume verbleiben.

■ Austausch der oberen Substratschicht

Ältere und größere Pflanzen in großen Gefäßen lassen sich nur schwer umtopfen. Am besten tauscht man deshalb die oberste Substratschicht gegen neue Erde aus. Diese Methode ist gleichzeitig weniger belastend für die Pflanze.

Entfernen Sie mit einem Löffel oder einer Pflanzkelle die oberste, 2–5 cm dicke Substratschicht, dabei sollten die Wurzeln nicht verletzt werden. Nun wird mit frischem Kultursubstrat aufgefüllt – nach dem Gießen sollte die Oberfläche des Ballens genau so hoch wie vorher sein.

Maranta leuconeura 'Fascinator' ▼

■ Die richtige Erde

Zur Auswahl stehen sogenannte Einheitserden („Blumenerde“, „Zimmerpflanzenerde“), die für die meisten Zimmerpflanzen geeignet sind, gleichgültig ob Blüh- oder Grünpflanzen. Diese Substrate basieren auf Torf, auf Lauberde, gelegentlich auch auf Humuserde und sind aufgedüngt. „Blühpflanzenerde“ ist speziell für blühende Pflanzen bestimmt.

Darüber hinaus gibt es für die verschiedensten Pflanzengruppen Spezialerde: besonders durchlässige und faserhaltige „Orchideenerde“, „Kakteenerde“ mit hohem Sand- oder Vermiculitanteil für beste Wasserdurchlässigkeit oder „Moorbeeterde“, eine sehr leichte und saure Erdmischung, die für Pflanzenarten geeignet ist, deren Kultursubstrat absolut kalkfrei sein muss.

Je nach den Ansprüchen der jeweiligen Pflanzen benötigen Sie ferner Weißtorf, Quarzsand oder Vermiculit, um ein zu stark verdichtetes Substrat aufzulockern.

Man kann sich z. B. auf der Basis von guter Gartenerde oder gut verrottetem Kompost sowie Torf und Sand auch seine eigene „Hausmischung“ herstellen. Diese Erde muss jedoch sterilisiert werden, um Krankheiten oder Unkrautsamen abzutöten.

▲ Spezialerden besitzen eine Zusammensetzung, die besonders auf die Ansprüche bestimmter Pflanzentypen abgestimmt ist.

Tontöpfe sind porös und durch ihr höheres Gewicht sehr stabil. ▶

■ Containerwahl

Die Auswahl an Töpfen, Übertöpfen und Untersetzern in verschiedenen Formen, Größen, Farben und Materialien ist fast unüberschaubar.

Töpfe: Bei Standardtöpfen sind oberer Durchmesser und Höhe gleich, sie werden nach dem Durchmesser sortiert und bestehen aus Kunststoff oder Ton. Beide Materialien bieten Vor- und Nachteile.

– Kunststofftöpfe bieten nicht allen Pflanzen optimale Bedingungen. Da sie die Feuchtigkeit besser im Substrat zurückhalten, ist der Wasserbedarf der Pflanzen etwas niedriger, doch die Gefahr von Staunässe gleichzeitig höher. Kunststofftöpfe können nicht zerbrechen, sie lassen sich einfacher handhaben, sind jedoch unansehnlicher und nicht so kippsicher.

– Die porösen Tontöpfe ermöglichen einen Wasser- und Luftaustausch, nehmen aber auch Wasser aus dem Kultursubstrat selbst auf. Vor dem Umtopfen müssen Tontöpfe deshalb unbedingt gewässert werden. Durch ihr Gewicht fallen sie nicht so leicht um, sind ansehnlicher – allerdings auch zerbrechlich!

Kakteen und andere Sukkulenten gedeihen besser in Tontöpfen, da sie gegen Staunässe empfindlich sind, Farne sind jedoch in einem Kunststofftopf besser vor Austrocknung geschützt.

Unentbehrliche Untersetzer: Bis auf wenige Ausnahmen benötigen alle Pflanzgefäße Abzugslöcher und können deshalb nicht ohne Untersetzer auf Möbelstücken stehen. Ideal ist ein wasserdichter Untersetzer (Untersetzer aus Ton sind häufig nicht für die Wohnung geeignet), der überschüssiges Gießwasser aufnehmen kann und dessen Durchmesser etwas größer als der untere Topfdurchmesser ist.

Auch Übertöpfe aus Korbgeflecht, Holz oder unglasierter Keramik sind erst dann wasserdicht, wenn ein Untersetzer (geeignet sind auch alte Untertassen und Teller) im Inneren platziert wurde.

Übertöpfe können ein unansehnliches Pflanzgefäß verschönern und die Wirkung der Pflanze selbst besser zur Geltung bringen. In Gartencentern findet sich für jeden Stil, in jeder Farbe, Größe und für jeden Geschmack etwas. Wählen Sie für dieselben Pflanzenarten gleiche Übertöpfe in verschiedenen Größen. Der Übertopf sollte nur etwas größer als das Pflanzgefäß sein.

▲ *Ficus benjamina* 'Judi'

Fittonia verschaffeltii var. *argyroneura* ►

Niemals sollte man eine Pflanze jedoch in einen engen und tiefen Übertopf „quetschen". Pflanzen in Übertöpfen müssen regelmäßig kontrolliert werden, damit sich kein Gießwasser im Übertopf ansammelt. Originell sind alte Suppenterrinen, Salatschüsseln und dekorative Keramikgefäße, antikes Kupfergeschirr oder große Körbe (mit wasserdichter Innenschale) für üppige Grünpflanzen.

Ampeln: Kunststoffampeln mit integriertem Untersetzer sind für die Zimmerkultur sehr nützlich, da das Gießwasser fast niemals überlaufen und Schäden an Möbeln verursachen kann. Aus demselben Grund sind Drahtkörbe mit Torfmoosauskleidung nur für Balkone und Wintergärten zu empfehlen. Orchideen werden häufig in speziellen Orchideenkörben aus Holz oder Kunststoff kultiviert. Wichtig ist eine solide Befestigung der Ampeln, weil die aufgehängten Gefäße besonders nach dem Gießen sehr schwer sind.

Gefäße mit Wasserreservoir: Praktisch für Zimmerpflanzengärtner, die häufig verreisen. Ein wasserdichtes Wasserreservoir ist hierbei vom eigentlichen Pflanzgefäß durch ein internes Gitter getrennt. Es enthält ein saugfähiges Gewebe, das bis in den Vorratsbehälter reicht. Je nach Bedarf der Pflanze wird das Wasser durch Kapillarkraft ins Substrat hochgesaugt. Der Wasserstand im Reservoir lässt sich über einen Anzeiger jederzeit kontrollieren.

DER SCHNITT

Pflanzen mit buschigem Wuchs oder mit langen biegsamen Trieben müssen regelmäßig zurückgeschnitten werden, damit sie ihre Form behalten oder ein gewünschtes Aussehen annehmen.

▼ *Pilea cardierei*

■ Allgemeines
Schneidet man die Triebspitzen einer Pflanze ab, werden die darunterliegenden Knospen in den Blattachseln zum Austrieb angeregt (da die Dominanz der Endknospe aufgehoben ist). So werden neue Triebe gebildet, und die Pflanze wirkt buschiger und kompakter.

■ Die Feinheiten: Pinzieren und Stutzen
Beim Pinzieren werden krautige (nicht verholzte) Pflanzentriebe abgeknipst. Das Einkürzen regt die Verzweigung an und eignet sich für Pflanzen mit zarten Trieben, wie Dreimasterblume, Kletterfeige, Hüllenklaue, Kanonierblume.

Als Stutzen bezeichnet man einen stärkeren Rückschnitt, der weiter unten an krautigen oder verholzten Pflanzentrieben ansetzt. Je nach Durchmesser der Zweige benutzt man eine Schere, ein scharfes Messer, eine Rosenschere oder sogar eine Säge. Durch das Stutzen kann die Form der Pflanze verändert oder die Pflanze zur Verjüngung angeregt werden – also zur Bildung neuer Triebe. Man stutzt vor allem stärker entwickelte Pflanzen, wie Hibiskus, große Ficusarten oder Strahlenaralie.

■ Wie schneidet man?
Der Schnitt erfolgt knapp über einer Seitenknospe (auch als „Augen“ bezeichnet, sie liegen in den Blattachseln und können auch paarweise stehen). Lassen Sie keine längeren Zweigstummel oberhalb der Knospe stehen, die vertrocknen oder erkranken und hässlich aussehen.

Es wird immer schräg geschnitten, damit die Seitenknospe nicht durch tropfenden Pflanzensaft verklebt, der so auf der anderen Seite abläuft.

■ Wann schneidet man zurück?
Pinzieren ist ganzjährig möglich, bei wüchsigen Pflanzen sogar mehrmals pro Jahr erforderlich. Ein kräftigerer Rückschnitt kann gegen Ende des Winters und im Frühsommer erfolgen, damit die Pflanze vor Ende der Wachstumsphase neue und starke Triebe bilden kann.

■ Ausnahme: Palmen und Farne
Da Farne sich nicht verzweigen können, schneidet man sie auch nicht zurück. Vertrocknete, vergilbte oder erkrankte Wedel werden entfernt, indem man sie an der Basis abschneidet oder abreißt.

Palmen besitzen im Allgemeinen nur einen einzigen Spross, den „Stamm“, dessen Spitze ständig weiterwächst. Da Palmen sich ebenfalls nicht verzweigen, darf man sie niemals entspitzen, sondern entfernt nur die kranken oder abgestorbenen Blätter.

▲ Zum Einkürzen knipst man die Triebspitze zwischen Daumen und Zeigefinger ab.

Ein Rückschnitt der langen Triebe ist nötig, damit diese panaschierte Efeusorte ihre kompakte Form beibehält. ▼

Chamaedorea elegans ▲

REINIGUNG DER BLÄTTER

Staub setzt sich nicht nur auf Möbeln, sondern auch auf Blättern ab. Langfristig führt er dort zum Verstopfen der Spaltöffnungen, die den Gasaustausch zwischen Pflanze und umgebender Luft sicherstellen (Respiration, Transpiration), und behindert damit die Fotosynthese. Eine Reinigung der Zimmerpflanzenblätter ist deshalb wichtig, zudem sieht das Laub danach hübscher und glänzender aus.

■ Pflanzen mit zarten und eingeschnittenen Blättern

Typische für diese Gruppe sind Farne, Bubiköpfchen oder die Kletterfeige. Diese Pflanzen stellt man, wenn möglich, bei mildem Nieselregen ins Freie, ansonsten wird das Laub häufig besprüht. Die feinen Wassertröpfchen reinigen die Blätter, gleichzeitig wird die Luftfeuchtigkeit erhöht – das tut besonders den Pflanzen mit zarten Blättern gut. Vorsicht, das Sprühgerät nur mit Regenwasser oder kalkfreiem Wasser füllen.

Eine Pflanze mit schweren Blütenständen und schwachen Trieben benötigt ein kleines Stützgerüst. ▼

STÜTZEN UND AUFBINDEN

Pflanzen mit kletternden oder rankenden Trieben benötigen eine Stützhilfe, ebenso wie Arten mit schweren Blüten an zarten Stängeln oder mit brüchigen Trieben. Bei Jungpflanzen reicht oft ein kleines Spalier aus dünnen Stäben, das später häufig durch eine robustere Konstruktion ersetzt werden muss.

Pflanzen mit Haftwurzeln, wie die Kletterfeige, lassen sich an einer mit Moos umwickelten Stützhilfe ziehen. Die Haftwurzeln können sich besser verankern, wenn man das Moos regelmäßig einnebelt.

Ein Rankbogen oder ein Rankgerüst ist ideal für windende oder rankende Pflanzen. Eine große Vielfalt an Metallgerüsten in verschiedenen Formen, wie Pyramiden, Kugeln, Spiralen, ist im Angebot. Leiten Sie die Triebe sorgfältig an der Kletterhilfe hoch, sie müssen locker fixiert werden. Originell sind auch Kugeln oder Tiere aus Moos (in Spezialgeschäften) für kleinblättrige Pflanzen, wie die Kletterfeige.

Soleirolia soleirolii ▲

■ Pflanzen mit großen, glatten und glänzenden Blättern

Pflanzen, wie Philodendron, Fensterblatt oder Schusterpalme, ziehen den Staub geradezu an und machen eine regelmäßige Reinigung notwendig. Am besten verwendet man einen feuchten Schwamm (lauwarmes, weiches Wasser!) und stützt das Blatt auf der Unterseite mit der anderen Hand. Vorsicht bei der Verwendung von sogenannten Blattglanzsprays, die teilweise auch gegen Schildläuse wirken – einige Pflanzen, z. B. Philodendron oder großblättrige Farne, reagieren empfindlich.

▲ Große Blätter werden mit einem feuchten Schwamm gereinigt.

■ Pflanzen mit pelzig behaarten Blättern oder Stacheln

Diese Blatttypen (z. B. bei Kakteen, Usambaraveilchen oder Samtblatt) vertragen keinen direkten Kontakt mit Wasser. Der Staub wird mit einem weichen Pinsel entfernt. Blasebalgpinsel, wie sie zum Reinigen von Kameraobjektiven verwendet werden, sind besonders geeignet, da der Staub gleichzeitig fortgepustet wird.

▼ Reinigung mit einem weichen Pinsel

■ Pflanzen mit vielen kleineren Blättern

Pflanzen wie Benjaminfeige, Dreimasterblume oder Hüllenklaue können natürlich nicht Blatt für Blatt gereinigt werden. Auch hier ist milder Nieselregen ideal. Man kann die Blätter aber auch in der Badewanne mit schwachem Wasserstrahl abbrausen.

■ Das sollten Sie auf keinen Fall tun!

Bei einigen Hausmitteln wird die Verwendung von Bier, Milch oder sogar Öl vorgeschlagen, um die Blätter eines Gummibaums zu säubern und zum Glänzen zu bringen.

All diese Mittel verschmutzen jedoch die Blätter noch stärker. Die klebrigen Mittel ziehen den Staub noch mehr an, verstopfen die Spaltöffnungen und ersticken die Pflanze langsam.

Nach dem Abbrausen oder Besprühen darf die Pflanze nicht in voller Sonne stehen, denn die Wassertropfen auf den Blättern würden zu Verbrennungen führen.

Andererseits besteht bei einer zu feuchten Pflanze, die in einem kühlen Zimmer steht, Fäulnisgefahr.

Ficus elastica ▶

Bereits beim Kauf einer Hydrokulturpflanze sollten Sie sich über den geeigneten Dünger informieren.

Die Wurzeln der Hydrokulturpflanzen müssen in der Lage sein, Sauerstoff aus dem Wasser aufzunehmen. Ihr Aufbau unterscheidet sich deshalb von den Wurzeln der in einem Erdsubstrat wachsenden Arten. Bei einer Umstellung von Erd- auf Hydrokultur kommt es häufig zum Wachstumsschock, denn die Pflanzen können zunächst kein Wasser aufnehmen. Am besten zieht man deshalb nur Stecklinge in Hydrokultur an. Die Stecklingsvermehrung in Wasser bietet sich an, z. B. für Klimme, Usambaraveilchen, Dreimasterblume, Harfenstrauch.

Spezialgefäße für die Hydrokultur sind zwar praktisch, Sie können aber auch andere wasserdichte Gefäße wählen.

■ Die Pluspunkte der Hydrokultur

Es gibt einige Vorteile bei der Verwendung von Hydrokultur:

– Es muss weniger gegossen und gedüngt werden. Die Gefahr von Wassermangel oder -überschuss besteht praktisch nicht mehr, da man die gewünschte Füllmenge mithilfe des Wasserstandsanzeigers kontrollieren kann.

– Das Umtopfen ausgewachsener Pflanzen entfällt meist. Jungpflanzen muss man natürlich, wie sonst auch, bis zu ihrer endgültigen Größe mehrmals umtopfen. Die Nährstoffreserven des Kultursubstrats erschöpfen sich dagegen nicht, noch kann sich das Substrat im Lauf der Zeit verdichten, wie bei den Topferden.

▲ Bei der Hydrokultur verbindet sich das Angenehme mit dem Nützlichen.

HYDROKULTUR

Bei der Hydrokultur wachsen die Pflanzen im Wasser. Nicht nur Zimmerpflanzen werden auf diese Weise kultiviert. Als Haltesubstrat für die Pflanze dient ein inertes Material, meistens Blähton, während die Wurzeln ins Wasser wachsen.

■ Wie geht man vor?

Die zu verwendenden Spezialgefäße müssen aus einem wasserdichten äußeren Topf, der das Wasser aufnimmt, und einem passenden Einsatz für Blähton bestehen und mit einem Wasserstandsanzeiger versehen sein. Ein Spezialdünger oder eine Spezialnährlösung für Hydrokultur ist zur Versorgung der Pflanzen mit Nährstoffen ebenfalls nötig.

Plectranthus oertendahlii ▼

– Eine saubere, erdfreie Kulturmethode ohne Gefahr von Spritzwasser ist besonders in Büroräumen und Eingangsbereichen sehr sinnvoll.

■ Einige Ratschläge

Hydrokultur ist keine Ideallösung für alle Arten: Sie ist ungeeignet für sukkulente und solche Pflanzen, die bei Vegetationsruhe reduzierte Wassergaben benötigen, da sich die Bewässerung nicht anpassen lässt.

Pflanzen, die das ganze Jahr über fast konstante Kulturbedingungen tolerieren, z. B. tropische Blattpflanzen wie Ficus-Arten, Strahlenaralie, Philodendron, Efeutute, aber auch bestimmte Blühpflanzen, wie das Usambaraveilchen, sind für Hydrokultur gut geeignet.

Zwischen Gefäßen mit Wasserreservoir und Hydrokultur gibt es einen Unterschied: Durch ein Wasserreservoir lassen sich die Gießabstände verlängern, doch die Pflanzen wachsen in Erde.

▲ *Schefflera elegantissima*

◀ *Tradescantia fluminensis* 'Variegata'

VERMEHRUNG

Wie kann man aus einer Pflanze zwei machen? Bei der Stecklingsvermehrung in Wasser ist das ganz einfach, andere Vermehrungsmethoden verlangen besonderes Fingerspitzengefühl. Es ist aber auf jeden Fall einen Versuch wert.

■ Die verschiedenen Methoden

Bei der vegetativen Vermehrung erfolgt die Fortpflanzung über ein Teilstück der Pflanze, wie Blatt, Trieb, Ableger oder „Kindel". Die wichtigsten vegetativen Vermehrungstechniken bei Zimmerpflanzen sind Stecklingsvermehrung, Teilung und Absenken.

Die sexuelle oder generative Vermehrung erfolgt über die Aussaat von Samen, doch sie wird seltener angewandt, da Zeit, Geduld und sehr sauberes Arbeiten nötig sind, bis sich die Pflanze vom Keimling zur gesunden ausgewachsenen Pflanze entwickelt hat. Zudem entstehen keine identischen Nachkommen der Mutterpflanze. Doch die Vermehrung aus Samen eignet sich für bestimmte Blühpflanzen, für einige Blattpflanzen, aber auch für die Anzucht aus gekauften exotischen Früchten.

▼ *Vriesea* 'Tiffany'

■ Stecklingsvermehrung

Diese recht einfache Methode führt bei den meisten Zimmerpflanzen zum Erfolg. Als Steckling dienen vor allem Triebspitzen (mit Endknospe: Kopfsteckling), aber auch fleischige Stammstücke (wie bei Dracaena-Arten) sowie Blätter oder Blattstücke (wie bei Usambaraveilchen und einigen Begonienarten).

Am besten vermehrt man Stecklinge im Frühling oder Frühsommer, wenn die Pflanzen in vollem Wachstum stehen und genug Zeit haben, um sich vor dem Winter, der wachstumsarmen Zeit, zu bewurzeln. Einige sehr wüchsige Arten wie Fleißiges Lieschen, Hüllenklaue, Harfenstrauch, Zypergras und andere lassen sich jedoch ganzjährig stecken.

Cyperus involucratus ▼

Abnahme der Stecklinge
Nehmen Sie Stecklinge nur von gesunden, wüchsigen Mutterpflanzen. Kopfstecklinge, also etwa 7–10 cm lange Triebspitzen, werden knapp oberhalb eines Knotens (Ansatzstelle von Blattstiel oder Knospe) geschnitten.

Bewurzelung im Wasser

1. Jungtriebe werden mithilfe eines scharfen Messers abgenommen.

2. Füllen Sie ein Glas mit Wasser, geben Sie ein paar Holzkohlestückchen dazu, und verschließen Sie das Glas mit Alu- oder Frischhaltefolie. Schneiden Sie einige Löcher in die Folie für die Pflanzentriebe.

3. Mehrere Stecklinge zusammenstellen und regelmäßig den Wasserstand überprüfen.

Vor dem Stecken werden die Stecklinge zugerichtet, indem man den Stängel unterhalb der Ansatzstelle eines Blattes oder Blattpaares sauber abschneidet (da sich an dieser Stelle am besten Wurzeln bilden) und die unteren Blätter entfernt.

Großblättrige Pflanzenarten wachsen besser an, wenn man die Blattspreiten etwa um die Hälfte einkürzt, da die Verdunstung herabgesetzt wird.

Bewurzelung im Wasser
Zahlreiche Arten bewurzeln sich, wenn man das untere Stecklingsende in ein Glas mit Wasser stellt. Man gibt ein Stückchen Holzkohle hinein, um Fäulnis zu verhindern, und erneuert das Wasser regelmäßig.

Zu den vielen Arten, die sich leicht in Wasser bewurzeln, gehören Zypergras, Usambaraveilchen (Blattstecklinge), Dreimasterblume, Klimme, Efeutute und Hüllenklaue.

Bewurzelung in einem Kultursubstrat
Zimmerpflanzenstecklinge, die sich leicht bewurzeln, kann man in Anzucht- oder Stecklingserde einpflanzen. Auch eine Mischung aus gleichen Teilen Sand und Torf ist bei der Stecklingsvermehrung erfolgreich. Das untere Ende des Stecklings wird 3–4 cm tief in einen kleinen, mit Substrat gefüllten Topf eingesetzt. Man klopft die Erde mit den Fingerspitzen rund um den Steckling fest und gießt gut an.

Stecklinge von verholzten Pflanzentrieben bewurzeln sich schlechter. Informieren Sie sich deshalb über spezielles Bewurzelungspulver im Fachhandel. Nach etwa 1–4 Wochen bilden sich Wurzeln. Wenige Wochen später, wenn das Wachstum einsetzt, pflanzt man den Steckling in einen größeren Topf mit passendem Kultursubstrat um.

Stecklingsvermehrung in gespannter Luft
Stecklinge mit weichen Blättern (z. B. von tropischen Pflanzenarten) trocknen durch Verdunstung sehr schnell aus, bevor sie neue Wurzeln gebildet haben. Stecklingsvermehrung in „gespannter Luft", also bei hoher Luft-

▼ *Tradescantia zebrina*

feuchtigkeit, ist hier die Alternative: Die Triebe steckt man in einen Topf mit Erde und stellt ihn in ein Minigewächshaus oder deckt ihn mit Plastikfolie ab, sodass die Umgebung gleichmäßig feucht und warm ist. Kleine Stäbe halten die Plastikfolie hoch (sie darf die Stecklinge nicht berühren), um den Topf und die Folienenden wird ein Gummi gelegt.

Ein warmer Standort ohne direkte Sonneneinstrahlung ist ideal.

Von Zeit zu Zeit muss belüftet werden. Bilden sich neue Blätter, kann man die durchsichtige Abdeckung entfernen.

Blattstecklinge

Von einigen Pflanzenarten nimmt man Blattstecklinge (Blätter im Ganzen oder Blattstücke), z. B. von Usambaraveilchen, einigen Begonienarten, Drehfrucht und Bogenhanf.

Man pflückt ausgewachsene, gesunde Blätter einschließlich Blattstiel ab und steckt sie mit dem Stiel in Stecklingserde. Nach einigen Wochen erscheinen am Blattgrund Jungpflänzchen. Sobald sich genügend Wurzeln entwickelt haben, kann man die Pflänzchen vom Blatt abtrennen und einzeln eintopfen. Begonienblätter legt man zur Vermehrung direkt auf das Anzuchtsubstrat, schneidet sie im Bereich der Blattadern mehrfach ein oder trennt sie in Einzelsegmente und befestigt sie mithilfe von Haarnadeln auf dem Substrat. Die Jungpflänzchen bilden sich an den Einschnittsstellen.

Blätter mit langem Blattstiel, z. B. von Usambaraveilchen, lassen sich, wie oben beschrieben, auch in Wasser bewurzeln.

▲ *Saintpaulia ionantha*

■ Teilung von Horsten

Manche Pflanzenarten wachsen horstartig, z. B. Schusterpalme und Pfeilwurz. Man kann sie durch Teilung vermehren, indem man die Pflanzen austopft und den Wurzelballen teilt. Ziehen Sie ihn vorsichtig zwischen den Einzelhorsten auseinander, oder trennen Sie ihn mit einem scharfen Messer.

Jedes Teilstück muss genügend Wurzeln besitzen, das ist wichtig. Die einzelnen Teile werden dann vorsichtig in einen eigenen Topf gesetzt.

TEILUNG VON HORSTEN

1. Man topft die Pflanze aus und entfernt einen Teil des Ballens.

2. Mit den Händen zieht man den Ballen zwischen den Einzelhorsten vorsichtig in mehrere Teilstücke auseinander.

3. Jedes Teilstück wird einzeln wieder eingetopft.

■ Vermehrung durch Ableger

Bildet eine Art spontan Ableger, muss man diese nur mit einem scharfen Messer abtrennen und einzeln eintopfen. Die meisten Bromeliengewächse, aber auch bestimmte Kakteen und andere Sukkulenten vermehren sich auf diese Weise. Nehmen Sie Ableger erst von der Mutterpflanze, wenn sie gut entwickelt sind und je nach Art eine Größe von 5–10 cm erreicht haben. Mit etwas Erfahrung findet man den besten Zeitpunkt bald heraus.

■ Absenken

Diese Vermehrungsmethode wird bei Zimmerpflanzen recht selten angewandt. Sie ist zwar langwierig, ist aber gut geeignet für Pflanzenarten mit kletternden, rankenden und hängenden Trieben. Abmoosen ist eine Spezialtechnik des Absenkens, die man vorwiegend zur Verjüngung von Pflanzen mit verkahltem Haupttrieb einsetzt.

Einfaches Absenken

Man biegt den weichen Trieb auf einen mit Erde gefüllten Topf hinunter und befestigt ihn dort bis zur Bewurzelung mit einem gebogenen Drahtstück. Dann wird der Trieb von der Mutterpflanze abgetrennt, sodass sich die Jungpflanze selbstständig weiterentwickelt.

Stecklingsabnahme bei einer Efeuart ▲

Die Wurzelbildung kann ganz gezielt an einem Punkt begünstigt werden, wenn man den Trieb an dieser Stelle umknickt oder auf der Innenseite einschneidet, um dort den Saftfluss zu verlangsamen.

Zum einfachen Absenken geeignete Pflanzen

Klimme
Efeu
Kletterfeige
Columnee
Efeutute
Kletternder Philodendron
Harfenstrauch

Hedera helix 'Elja' ►

Junge, kräftige Pflanzentriebe sind am besten geeignet, günstigster Zeitpunkt ist Frühling bis Frühsommer.

Neue Blätter sind ein Zeichen für die Bewurzelung des Absenkers.

Abmoosen

Durch das Abmoosen kann ein verkahlter Stamm am oberen, noch ansehnlichen Teil zur Wurzelbildung angeregt werden, sodass das neu bewurzelte Stück abgeschnitten und als verjüngte, gut belaubte Pflanze weiterkultiviert wird.

Die zum Abmoosen bestimmte Pflanze muss gesund und frei von Schädlingen sein.

– Mit einem scharfen Messer schneidet man den Trieb an der gewünschten Stelle (etwa 10 cm unter den untersten Blättern des verkahlten Stammteils) von unten her schräg bis etwa zur Hälfte ein. Eventuell austretender Milchsaft wird abgetrocknet, auf die Schnittfläche gibt man etwas Bewurzelungspulver.

– Unterhalb des Einschnitts fixiert man eine Manschette aus durchsichtigem Kunststoff (etwa 30 x 15–20 cm) und füllt diese mit feuchtem Torf oder Torfmoos.

– Man verschließt die Manschette oberhalb des Einschnittes, ohne dabei den eingeschnittenen Trieb zu beschädigen. Der Torf darf nicht austrocknen, daher wird die Feuchtigkeit von Zeit zu Zeit kontrolliert.

– Nach etwa zwei Monaten werden Wurzeln in der Kunststoffmanschette sichtbar. Man wartet ab, bis sie gut entwickelt sind, und schneidet den Stamm dann unterhalb der Manschette ab, öffnet diese und pflanzt den kleinen Wurzelballen vorsichtig ein. Die Pflanze wird gestäbt, bis sie gut eingewurzelt ist.

Zum Abmoosen geeignete Pflanzen

Gummibaum und andere großblättrige Ficus-Arten
Drachenbaum
Fensterblatt
Philodendron
Kroton
Keulenlilie
Dieffenbachie
Strahlenaralie

Codiaeum variegatum ►

Pflanzengesundheit

Die Zahl der Schadorganismen an Zimmerpflanzen ist im Allgemeinen überschaubar. Kennt man sie, ist oft eine genaue Diagnose möglich. Welkende oder vergilbende Blätter und abfallende Blütenknospen sind aber nicht immer ein Zeichen für Parasitenbefall oder Krankheit. Auch falsche Kulturbedingungen können der Grund sein (zu häufiges Gießen, ungenügendes Licht). Beim Einsatz von Pestiziden müssen Sie sich über die momentane Zulassung informieren.

DIE WICHTIGSTEN SCHÄDLINGE

Verwenden Sie nicht immer gleich ein Pestizid zur Bekämpfung. Neben einfachen mechanischen Mitteln bekommt man im Handel auch verschiedene Nützlinge.

■ Blattläuse

Symptome: Grüne oder schwarze Blattläuse vermehren sich stark und schwächen durch Saugen des Pflanzensaftes. Blätter, Jungtriebe und Blütenknospen sind deformiert, die klebrigen Ausscheidungen der Läuse mit Schwärzepilzen bedeckt.

Gegenmaßnahmen: Schneiden Sie die am stärksten befallenen Triebe ab, und brausen Sie die Pflanze kräftig ab. Nur bei starkem Befall kann ein Spezialinsektizid oder Schlupfwespen eingesetzt werden.

Blattläuse ▲

■ Schildläuse

Symptome: Schildläuse sind oft hartnäckige Schädlinge. Die kleinen, saugenden Insekten sind durch einen wachsartigen braunen Schild geschützt. Der Befall konzentriert sich meist auf Triebe, Blattunterseiten und entlang der Blattadern. Die Blätter werden klebrig und vergilben.

Gegenmaßnahmen: Klebrige Pflanzen mit Essigwasser oder verdünnter Schmierseifenlösung abwaschen. Abkratzen oder mit einem Wattestäbchen entfernen, das mit 90 %igem Alkohol getränkt ist. Bei starkem Befall Insektizid oder Schlupfwespen einsetzen.

Schildläuse ▼

■ Schmierläuse, Wollläuse

Symptome: Die kleinen saugenden Insekten sind häufig in einer weißlichen, watteartigen Masse am Blattgrund konzentriert. Sie saugen Pflanzensaft und schwächen die Pflanze. Die Blätter werden klebrig.

Gegenmaßnahmen: Wie bei Schildläusen angegeben.

■ Rote Spinne, Spinnmilben

Symptome: Die winzigen saugenden Milben sitzen in feinen Gespinsten unter und zwischen den Blättern. Die zunächst fein gepunkteten Blätter entfärben sich, vergilben und fallen ab.

Gegenmaßnahmen: Spinnmilben bevorzugen heiße und trockene Luft (besonders im Winter). Man sorgt für höhere Luftfeuchtigkeit, besprüht die Blätter regelmäßig und behandelt mit Raubmilben oder einem Akarizid.

Spinnmilben ▲

■ Weiße Fliege, Mottenschildläuse

Symptome: Sehr kleine Insekten, die sich vorwiegend auf der Blattunterseite aufhalten und im Schwarm auffliegen, wenn man das Laub berührt. Die zahlreichen, fahlen Larven sitzen auf der Blattunterseite.

Gegenmaßnahmen: Die Weiße Fliege ist ein typischer Gewächshausschädling und schwer zu bekämpfen: Insektizidbehandlungen müssen alle 8–10 Tage wiederholt werden. Ein Wirkstoffwechsel nach einer gewissen Zeit verhindert die Resistenzbildung.

Weiße Fliege ▼

■ Blasenfüße, Thripse

Symptome: Die winzigen länglichen Insekten finden sich häufig auf Gewächshauspflanzen und ernähren sich saugend von Pflanzensaft. Typische weißliche Sprenkel auf den Blättern, die eintrocknen und abfallen.

Gegenmaßnahmen: Abbrausen der Blätter, Behandlung mit einem Insektizid oder Einsatz von Raubwanzen.

KRANKHEITEN

Krankheiten werden vorwiegend durch Pilze verursacht, die sich eher unter warmen und feuchten Bedingungen entwickeln.

■ Mehltau

Symptome: Mehltau bildet einen weißlichen oder grauen Belag auf und unter Blättern, manchmal auch auf Blüten. Sein Auftreten wird durch feuchte Luft, unregelmäßige Bewässerung und Temperaturstürze gefördert.

Gegenmaßnahmen: Verbesserte Kulturbedingungen, Behandlung mit entsprechendem Fungizid.

Mehltau auf Begonie ▲

■ Grauschimmel, Botrytis

Symptome: Pelziger grauer Belag auf Blüten, Blättern oder Stängeln. Die Krankheit tritt vorwiegend bei feuchtem, schlecht belüftetem Standort auf.

Gegenmaßnahmen: Luftfeuchtigkeit senken, Blätter nicht benetzen, bessere Beleuchtung und Belüftung. Befallene Pflanzenteile entfernen, Fungizidbehandlung.

■ Rußtau

Symptome: Diese Schwärzepilze entwickeln sich auf Honigtau, der von saugenden Insekten (Blattläusen, Schildläusen usw.) ausgeschieden wird.

Gegenmaßnahmen: Man reinigt die Blätter mit lauwarmem Wasser, entfernt die am stärksten befallenen Blätter und bekämpft die tierischen Schädlinge.

■ Kragenfäule

Symptome: Der Stängelgrund, später auch die Wurzeln, beginnt zu faulen und wird weich, die gesamte Pflanze geht zugrunde.

Gegenmaßnahmen: Nur bei Früherkennung kann man die Pflanze retten: Entfernen der befallenen Teile, Behandlung mit einem Fungizid. Bewässerung einschränken. Topfen Sie die Pflanze in neues Substrat mit besserer Wasserdurchlässigkeit um.

PRODUKTE ZUR BEHANDLUNG VON ZIMMERPFLANZEN

Meistens werden Kombiprodukte in Sprühflaschen angeboten, die gleichzeitig ein Fungizid, Akarizid und Insektizid mit breitem Wirkungsspektrum enthalten. Diese Mittel wirken sehr häufig als Kontaktgifte und sind deshalb bei Schildläusen unwirksam. Hier sind systemische Mittel, die über die Wurzeln aufgenommen und in der Pflanze verteilt werden, besser. Außerdem werden Nützlinge, wie Raubmilben oder Schlupfwespen, angeboten, deren Einsatz effektiv und umweltfreundlich ist.

■ Behandlung

Bringen Sie die Pflanzen an einem windstillen Tag auf den Balkon oder in den Garten.

Richten Sie sich genau nach den Herstellerangaben.

Tragen Sie Handschuhe, und stellen Sie sich nicht in den Sprühnebel. Arbeiten Sie nicht in Gegenwart von Kindern, Haustieren und in der Nähe von Lebensmitteln.

Pflanzenschutzmittel müssen sicher und für Kinder und Tiere unzugänglich gelagert werden, am besten unter Verschluss. Die Produktetiketten müssen stets gut leserlich sein!

Nützlinge können nur im Haus eingesetzt werden. Beachten Sie die Herstellerangaben.

KULTURFEHLER

Fleckige, vergilbte Blätter, welkende Pflanzen können auch durch Kulturfehler hervorgerufen werden. Der falsche Standort (zu sonnig, zu dunkel oder zugig) oder Fehler in der täglichen Pflege (Wasserüberschuss oder -mangel, Überdüngung) können die Ursache sein.

Finden Sie bei einer Überprüfung der Pflanze keinen Schädlings- oder Krankheitsbefall, sollten Sie versuchen, anhand von Pflanzenporträt und Pflegeanleitung die Ursache herauszufinden.

■ Welke Pflanzen

Häufigste Ursache ist Wassermangel. Man taucht den Topf in Wasser, bis sich das Kultursubstrat vollgesogen hat. Zur Regenerierung stellt man die Pflanze danach an einen vor Luftzug und voller Sonne geschützten Ort.

Auch zu viel Feuchtigkeit kann zum Welken führen, z. B. bei Usambaraveilchen. Wasser im Untersetzer oder Übertopf muss entleert werden, die Erde lässt man abtropfen.

■ Abwurf von Knospen oder Blüten

Ursache kann eine zu starke Bewässerung, ein plötzlicher Temperatursturz oder kalter Luftzug sein. Einige Pflanzen, wie der Weihnachtskaktus, werfen nach Anlage der Blütenknospen diese nach einer Ortsveränderung ab.

Globba winitii ►

■ Vertrocknete, braune oder gelbe Blattspitzen

Hierbei kann es sich um Wassermangel im Wurzelbereich handeln, häufigere Ursache ist jedoch geringe Luftfeuchtigkeit. Erhöhen Sie die Luftfeuchtigkeit in Pflanzennähe.

■ Blattflecken

Weiße oder glasige Flecken auf den Blättern entstehen, wenn eine nasse Pflanze anschließend der Sonne ausgesetzt wird. Blattverbrennungen sind die Folge. Schattenpflanzen mit zu sonnigem Standort reagieren ähnlich.

Gelbe, eingetrocknete oder korkartige Flecken gibt es bei Temperaturstürzen, zu starker Bewässerung oder einer Kombination beider Faktoren.

Unregelmäßige braune Flecken am Blattrand können durch Überdüngung und/oder zu starke Bewässerung verursacht werden.

■ Blattverfärbungen

Vergilbte Blattspreiten in Kombination mit grünen Blattadern lassen auf zu kalkhaltiges Wasser schließen. Vor allem kalkempfindliche Pflanzen, wie Gardenien, sind anfällig. Man behandelt sie mit einem löslichen „Antichlorosemittel" auf der Basis von Eisenchelatverbindungen und gießt mit weichem Wasser. Vergilben die Blätter ganz, ist Lichtmangel die Ursache. Zu schwache Beleuchtung führt bei Pflanzen mit panaschiertem Laub dazu, dass neu gebildete Triebe und Blätter vollständig vergrünen.

▲ Chlorose

■ Blattfall

Ein plötzlicher Blattfall deutet auf abrupte Veränderungen hin: starker Temperatursturz oder längere Kälteexposition. Wichtig ist ein Standort mit milden und konstanten Temperaturen. Dauert der Zustand an, kann es sich auch um Staunässe im Wurzelbereich und/oder Lichtmangel handeln.

Vorsicht: Wenn Ihre Pflanzen im Herbst oder Winter ein paar Blätter verlieren, handelt es sich lediglich um ein natürliches Phänomen, denn auch immergrüne Pflanzen müssen ihr Laub erneuern.

Zimmerpflanzen für jeden Zweck

In der Tabelle ab Seite 66 finden Sie alle in diesem Buch empfohlenen Zimmerpflanzen. Anhand der Einteilung kann man genau erkennen, für welche Bedingungen sie geeignet sind und welche besonderen Vorzüge sie haben. Auf einen Blick wird ersichtlich, welche Pflanzen am besten in Ihre Wohnung passen. Die entsprechenden Pflanzenporträts im Anschluss geben genauere Informationen.

WELCHE BEDINGUNGEN HERRSCHEN VOR?

■ Ansprüche

Pflanzen sind lebende, komplexe Organismen mit vielfältigen Ansprüchen: Einige Arten sind eher anspruchslos und anpassungsfähig und nehmen Pflegefehler nicht so übel, andere reagieren empfindlich und benötigen spezifische Pflegemaßnahmen. Als Anfänger sollte man mit den pflegeleichten beginnen.

Als Hilfestellung sind die Pflanzenarten in der Tabelle nach ihren Ansprüchen in verschiedene Kategorien unterteilt: gering (G), mittel (M), hoch (H). Wählen Sie zunächst Pflanzen der Kategorie „gering". Haben Sie erst einmal den „grünen Daumen", können Sie es mit den anspruchsvolleren Pflanzen versuchen. Wird die Leidenschaft für Pflanzen größer, taucht ein neues Problem auf – Platzmangel!

Die Schwierigkeitsgrade beruhen unter anderem auf dem Pflegeaufwand. Eventuell gedeiht aber eine als „schwierig" eingestufte Pflanze bei Ihnen ganz problemlos, weil Sie den optimalen Gießrhythmus gefunden haben.

▲ *Acalypha hispida*

Will eine Pflanze nicht gedeihen, liegt das nicht immer an der falschen Pflege. Eventuell sind äußere Faktoren wie Luft, Sonne oder Wärme verantwortlich.

Begonia elatior ▼

■ Bei Lichtmangel

Mithilfe von Licht können Pflanzen die nötige Energie aufbauen, um lebenswichtige Nährstoffe aufzunehmen und zu synthetisieren. Wie schon erwähnt, nimmt die Lichtintensität allerdings mit Abstand zur Lichtquelle sehr rasch ab. Was tut man, wenn die Wohnung nur kleine oder ungünstig gelegene Fenster besitzt? Welche Pflanzen wählt man für eine dunklere Ecke aus?

Einige anpassungsfähige Pflanzenarten kommen zwar mit geringen Lichtintensitäten aus, doch an einem zu dunklen Ort kann keine Pflanze gedeihen! Bei Lichtmangel werden Pflanzen zuerst heller und bilden dann sogenannte etiolierte Sprosse – Sprosse mit starkem Längenwachstum und kleinen blassen Blättern, die zum Licht streben.

Adiantum raddianum ▼

Pflanzen, die sich mit mittlerer Lichtmenge begnügen, sowie grüne anstelle von panaschierten Sorten (diese sind lichthungriger) sind hier die richtige Wahl. Mit einigen „Tricks“ kann man die vorhandene Lichtstärke besser nutzen:

– Stellen Sie die Pflanzen so nah wie möglich ans Fenster, und verzichten Sie auf Stores oder Gardinen.

– Durch regelmäßiges Drehen der Pflanzen erhalten sie von allen Seiten eine etwa gleiche Lichtdosis und wachsen gleichmäßiger.

x *Fatshedera lizei* ▶

– Strahlend weiße Wände sind heller als Wände mit gemusterten Tapeten oder dunklem Farbanstrich.

– Eine zusätzliche Beleuchtung leistet besonders im Winter gute Dienste. Das Licht von „Tageslichtleuchten" ähnelt dem natürlichen Tageslichtspektrum.

■ Bei Platzmangel

Im Wohnzimmer, in dem eine Familie, Möbel und vielleicht noch Haustiere Platz finden wollen, ist es häufig schwierig, die Lieblingspflanzen unterzubringen.

Für kleinere Pflanzenarten mit langsamen Wachstum wird jedoch immer ein Platz zu finden sein. Zumal bei vielen Pflanzen der Reiz nicht in der Größe liegt, sondern in den Blattformen und -farben oder in den Blüten.

Sageretia thea ▶

▲ *Kalanchoe blossfeldiana*

Einige Pflanzen, wie die Strahlenaralie, wachsen mehr in die Höhe, andere Arten können als Ampelpflanzen kultiviert werden. In kleinen Zimmergewächshäusern lassen sich viele Pflanzen auf beschränktem Raum ziehen.

Haben Sie etwas Erfahrung gesammelt, können Sie sich auch auf Bonsais spezialisieren.

Topfpflanzen stellt man am besten zu Gruppen zusammen: Neben der Platzersparnis schaffen sie sich ihr eigenes Mikroklima.

Auch eine einzige auffallende Pflanze kann eine enorme Wirkung haben.

■ Für sehr warme Zimmer

In Wohnungen mit Zentralheizung kann man die Temperatur oft nicht beliebig regulieren. Liegen die Temperaturen im Winter über 22 °C, wird es bereits sehr warm, und die Luft wird trocken. Pflanzen, die leicht austrocknen wie Farne, wird man hier ebenso wenig kultivieren können wie die meisten Blühpflanzen, da die Blüte durch die Hitze verkürzt wird.

Pflanzen, die aus heißen Gegenden stammen, gedeihen dagegen bei Hitze gut, doch meistens muss man die Luftfeuchtigkeit erhöhen, indem man Heizkörperverdunster anbringt oder eventuell einen Luftbefeuchter installiert.

Bei einer Fußbodenheizung stellt man die Pflanzgefäße auf Holzklötzchen oder umgedrehte Untersetzer, um sie vor der Bodenwärme zu schützen.

Calathea makoyana ▶

Yucca rostrata ▶

Howea forsteriana ▲

Ananas comosus 'Variegatus' ▼

Platzieren Sie Pflanzen nicht zu hoch auf einer Pflanzentreppe oder in einer Ampel, da die Luft in Nähe der Zimmerdecke noch trockener ist.

■ Die nötige Zeit

Pflanzen benötigen ein Mindestmaß an Zeit für die tägliche Pflege. Überlegen Sie sich deshalb vor der Auswahl gut, wie viel Zeit Ihnen zur Verfügung steht.

Zu den Pflegemaßnahmen gehört das regelmäßige Gießen. Wenn Sie Pflanzen mit relativ geringem Wasserbedarf wählen, ist diese Arbeit nicht so zeitaufwendig.

Stellen Sie Ihre Pflanzen zusammen. Sie lassen sich auf diese Weise einfacher versorgen und gedeihen in einem feuchten Mikroklima wesentlich besser.

Pflanzen in kleinen Töpfen (außer Kakteen!) trocknen rasch aus und müssen fast täglich gegossen werden. Eine Alternative sind Pflanzgefäße mit Wasserreservoir.

Auch eine große Gießkanne, die man seltener am Wasserhahn auffüllen muss, ist arbeitssparend.

■ Für Kleinkinder und Haustiere ungeeignete Pflanzen

Kleine Kinder erkunden die Welt über ihren Tast- und Geruchssinn. Aus diesem Grund kommt es mit bestimmten Pflanzen immer wieder zu Unfällen. Auch neugierige oder „gefräßige" Haustiere sind gefährdet und brechen gelegentlich Äste ab oder kauen auf weichen Blättern herum.

Pflanzen können eine Verletzungsgefahr für Haut oder Augen darstellen: Yuccas, einige Palmen, Kakteen und bestimmte Euphorbien. Außerdem gibt es Pflanzen mit giftigen oder allergenen Inhaltsstoffen, wie Dieffenbachie oder Kolbenfaden.

◀ *Dieffenbachia* 'Excellent'

◀ *Beaucarnea recurvata*

Hat ihr Kind giftige Pflanzenteile gegessen, rufen Sie sofort bei der nächsten Vergiftungszentrale an. Der Name der Pflanze oder zumindest eine genaue Beschreibung ist bei Diagnose und Therapieempfehlung äußerst wichtig.

Manche Pflanzen sind besonders bei Katzen beliebt, sie verwechseln z. B. gerne die Blätter von Zypergras oder Elefantenfuß mit Katzengras. Außerdem schärfen Katzen fast überall ihre Krallen. Zimmerpflanzen mit Stamm wie Yucca oder Drachenbaum sind davon betroffen.

■ Für Kinder geeignet

Älteren Kindern kann man die eigene Pflanzenliebe näherbringen, denn sie sind neugierig und meistens naturbegeistert, und es macht ihnen besonderen Spaß, eigene Pflanzen zu versorgen.

Säen Sie gemeinsam Samen und Kerne aus, die man beim Keimen beobachten kann. Avocados, Mangos, Litschis, Zitronen oder Orangen sind gut geeignet und keimen rasch genug.

Solenostemon scutellarioides ▶

Manche Pflanzen faszinieren durch merkwürdiges Aussehen oder Bewegungen. Die Sinnpflanze, deren Blätter beim Berühren zusammenklappen, oder Lebende Steine, die wie kleine graue Kiesel aussehen, sind ebenso interessant wie die fleischfressende Venus-Fliegenfalle, die man mit Insekten füttern kann.

Lithops ▲

Kinder interessieren sich auch für die langen Wurzeln einer Hyazinthe, deren Entwicklung man im Hyazinthenglas verfolgen kann, oder für das rasche Wachstum einer Amaryllisblüte.

Auch Stecklingsvermehrung in Wasser ist für Kinder faszinierend. Eine Dreimasterblume eignet sich hierfür.

■ Vorliebe für Blühpflanzen

Hippeastrum 'Wonderland' ►

Blühpflanzen blühen häufig über mehrere Wochen, manchmal sogar über Monate und sind besonders beliebt. Bei guter Pflege können sie sogar Jahr für Jahr immer wieder zur Blüte gelangen.

Einige schön blühende Arten, wie Begonia-Elatior-Hybriden, Primeln, Pantoffelblumen, Hyazinthen und Narzissen, sind jedoch nur einjährig, und man muss sich nach der Blüte von ihnen trennen.

Blühpflanzen bevorzugen eher kühlere Räume und stellen an Beleuchtung, Bewässerung und Düngung andere Ansprüche als Blattpflanzen. Meistens ist es günstig, das Gießen nach der Blüte eine Zeit lang zu reduzieren, damit die Pflanze eine Ruheperiode durchmachen kann. Die Bildung von Blütenknospen wird durch einen Spezialdünger gefördert. Manche Pflanzen müssen kühl überwintert werden, um Blütenknospen anzusetzen.

■ Vorliebe für Pflanzen mit farbigem Laub

Vor allem das dekorative Laub ist bei Zimmerpflanzen beliebt. Einfarbig grüne Blätter strahlen Ruhe aus, während lebhaft gefärbtes oder bizarr panaschiertes Laub Farbe in eine schlichte Wohnung bringt. Wenn man diese Farbtöne und Muster geschickt kombiniert, ist der Effekt genauso wirkungsvoll wie bei einer Gestaltung mit Blütenpflanzen. Gute Beispiele sind Krotonarten und Kaladie.

Auch Textur und Form der Blätter lassen sich variieren und sind wichtige Gestaltungselemente.

Codiaeum variegatum ▲

■ Für Ampelkultur

Pflanzenarten mit kletterndem oder hängendem Wuchs lassen sich besonders gut in Ampeln ziehen und sind wertvolle Raumgestaltungselemente (siehe S. 28–29).

Für Ampelpflanzen finden sich immer Plätze im Treppenhaus oder in der Fensternische, die ausreichend beleuchtet sind. Der Raum wirkt belebter, wenn man die Töpfe in unterschiedlicher Höhe aufhängt. Die Auswahl an Pflanzgefäßen ist groß: Kunststofftöpfe, Körbe aus Holz- oder Weidengeflecht, Ampeln aus ummanteltem Draht oder Makramee. Pflanzen mit hängendem Wuchs können aber auch auf einer Blumentreppe stehen.

Gibasis geniculata ▼

Die meisten Ampelpflanzen müssen häufig bewässert werden. Da die Gefäße besonders nach dem Gießen sehr schwer sind, müssen Sie auf eine solide Wandbefestigung achten.

◄ *Peperomia obtusifolia* 'Green and Gold'

■ Pflanzen für den kühlen Wintergarten

Mit seiner großen Fensterfront ist ein Wintergarten für lichthungrige Pflanzen besonders im Winter das reinste Paradies. Eine Heizmöglichkeit für die kältesten Monate ist in unserem gemäßigten Klima unerlässlich. Die Wintertemperatur dient übrigens als Unterscheidungsmerkmal für die verschiedenen Wintergartentypen.

Wenn dieser so stark wie das restliche Haus geheizt ist, also mehr als 18 °C warm ist, spricht man von einem warmen Wintergarten – ideal für tropische Arten, wie Ficus, Philodendron, Peperomie, Bromeliengewächse usw. Allerdings sind die Energiekosten hoch, und der Wintergarten muss sorgfältig geplant sein, um diese zu minimieren.

Ein kühler oder temperierter Wintergarten, dessen Wintertemperaturen bei 8–15 °C liegen, verbraucht nicht nur weniger Energie, sondern bietet auch Überwinterungsmöglichkeiten für viele Pflanzen, die eine Ruheperiode in kühler Umgebung benötigen.

Ein kalter Wintergarten (Kalthaus) wird nur so weit geheizt, dass er gerade frostfrei ist. Die Temperatur kann also bis auf 1–2 °C sinken. Er dient als Quartier für Pflanzenarten, die im Mittelmeergebiet im Freien wachsen können, wie die Zitronen. Diese Arten gedeihen übrigens besser, wenn sie den Sommer im Freiland verbringen.

Für alle Wintergärten sind ausreichende Belüftung sowie gute Schattierungsmöglichkeiten im Sommer wichtig. Die Temperaturen im Wintergarten können bei voller Sonne sehr rasch extrem ansteigen und die Pflanzen schädigen.

■ Für Badezimmer

Badezimmer mit Fenster bieten häufig Gewächshausbedingungen: Es ist warm und feucht. Regelmäßiges Lüften ist jedoch wichtig, damit in der feuchten Umgebung keine Krankheiten aufkommen können.

Verzichten Sie auf alle sperrigen Pflanzen – es sei denn, Ihr Badezimmer ist sehr geräumig –, und stellen Sie die Pflanzen in Fensternähe auf, damit sie genügend Licht bekommen.

Beziehen Sie die Pflanzen in die Raumgestaltung mit ein: Sehr dekorativ ist z. B. eine Sammlung winziger, zarter Farne in einem Übertopf, der zu den Kacheln des Badezimmers passt. Blühpflanzen oder Pflanzen mit behaarten Blättern sind für Badezimmer ungeeignet, da es durch Wasserspritzer leicht zu hässlichen Flecken kommt.

◄ *Citrus limon*

◄ *Syngonium* 'Infra Red'

Wissenschaftlicher Name	Seite	Ansprüche	Bei Lichtmangel	Bei Platzmangel	Für warme Zimmer	Bei Zeitmangel
Acalypha hispida	88	G				
Achimenes-Hybriden	89	H		●		
Acorus gramineus 'Variegatus'	90	M		●		
Adenium obesum	91	M		●		●
Adiantum raddianum	92	H				
Aechmea fasciata	94	M				●
Aeonium	197	G		●	●	●
Aeschynanthus marmoratus	95	H				
Agave americana	96	G				●
Aglaonema commutatum	97	M	●			
Ajania	148	M				
Allamanda cathartica	98	H			●	
Alocasia macrorrhiza	99	H			●	
Aloe arborescens	101	G				●
Alpinia zerumbet 'Variegata'	102	H				
Ampelopsis brevipedunculata var. *maximowiczii* 'Elegans'	103	M				
Ananas comosus 'Variegatus'	104	G			●	●
Anigozanthos	105	M				
Anthurium andraeanum	106	H				
Aphelandra squarrosa	108	H				
Araucaria heterophylla	109	M				
Ardisia crenata	110	M				
Aristolochia littoralis	111	H				
x *Ascocenda*	362	H				
Asparagus densiflorus 'Sprengeri'	112	G				

Für Kleinkinder und Tiere ungeeignet	Für Kinder geeignet	Dekorative Blüten oder Früchte	Gefärbtes oder panaschiertes Laub	Für Ampelkultur	Für kühle Wintergärten	Für Badezimmer
		●		●		●
		●		●		
			●			●
●		●			●	
						●
●		●	●			
			●		●	
		●	●	●		
●			●		●	
●			●			
		●			●	
		●				
●						●
		●			●	
		●	●			●
		●	●	●	●	
●		●	●			
		●			●	
●		●				
		●	●		●	
					●	
		●			●	
		●		●		●
		●		●		
●				●		

Wissenschaftlicher Name	Seite	Ansprüche	Bei Lichtmangel	Bei Platzmangel	Für warme Zimmer	Bei Zeitmangel
Aspidistra elatior	114	G	●			●
Asplenium nidus	115	M	●			
Bambusa vulgaris	116	M				
Beaucarnea recurvata	117	M				●
Begonia x *hiemalis*	118	G				
Begonia x *rex-cultorum*	120	M				
Billbergia x *windii*	122	M				
Blechnum gibbum	123	H				
Bouvardia	124	M				
Brachychiton rupestris	125	M				●
Brighamia insignis	126	M			●	
Browallia	127	M				
Brunfelsia pauciflora	128	M				
Caladium bicolor	129	H				
Calanthe	130	M				
Calathea crocata	133	M				
Calathea makoyana	134	H				
Calceolaria-Hybriden	131	M		●		
Callisia warszewicziana	135	M				
Callistemon citrinus	136	G				
Campanula isophylla	137	M		●		
Capsicum annuum	138	M				
Carex brunnea 'Variegata'	139	G		●		
Caryota mitis	140	H				
Castanospermum australe	141	M				

Für Kleinkinder und Tiere ungeeignet	Für Kinder geeignet	Dekorative Blüten oder Früchte	Gefärbtes oder panaschiertes Laub	Für Ampelkultur	Für kühle Wintergärten	Für Badezimmer
			●			
				●		●
					●	
●						
		●			●	
			●			
		●		●		
						●
		●			●	
●		●			●	
		●			●	
●			●			
		●			●	
		●	●			●
			●			●
		●	●		●	
		●				
		●			●	
		●		●	●	
		●				
			●		●	
						●
					●	

Wissenschaftlicher Name	Seite	Ansprüche	Bei Lichtmangel	Bei Platzmangel	Für warme Zimmer	Bei Zeitmangel
Cattleya	142	H				
Ceropegia linearis subsp. *woodii*	143	M		●		●
Chamaedorea elegans	144	M				
Chlorophytum comosum 'Vittatum'	145	G				●
Chrysalidocarpus lutescens	146	M			●	
Chrysanthemum x *hortorum*	147	M				
Cissus rhombifolia	149	G	●			
Citrus limon	151	M				
Clerodendrum thomsoniae	154	H				
Clivia miniata	156	M				
Clusia major	157	H			●	
Cocos nucifera	158	H			●	
Codiaeum variegatum	159	H			●	
Codonanthe	161	M		●		
Coffea arabica 'Nana'	162	M				
Columnea	163	H				
Cordyline terminalis	165	M				
Corynocarpus laevigatus	167	M				
Crassula	168	G				●
Crocus	170	M				
Crossandra infudibuliformis	171	M			●	
Cryptanthus zonatus	172	M			●	
Ctenanthe	173	H				
Curcuma alismatifolia	174	G				
Cycas revoluta	175	M				●

Für Kleinkinder und Tiere ungeeignet	Für Kinder geeignet	Dekorative Blüten oder Früchte	Gefärbtes oder panaschiertes Laub	Für Ampelkultur	Für kühle Wintergärten	Für Badezimmer
		●				
			●	●	●	
						●
	●		●	●	●	
		●			●	
				●	●	
		●			●	
		●			●	
		●			●	
						●
						●
●			●			●
		●		●		
						●
		●		●		
			●			
					●	
					●	
		●				
		●				●
			●			●
			●			●
		●			●	
					●	

Wissenschaftlicher Name	Seite	Ansprüche	Bei Lichtmangel	Bei Platzmangel	Für warme Zimmer	Bei Zeitmangel
Cyclamen-Persicum-Hybriden	176	M		●		
Cymbidium	177	H				
Cyperus involucratus	178	G				●
Dalechampia	180	M				
Davallia mariesii	181	M				
Dendrobium	182	H				
Dichorisandra thyrsiflora	184	H				
Dicksonia	185	H				
Didymochlaena truncatula	186	M	●			
Dieffenbachia	187	M	●		●	
Dionaea muscipula	189	H		●		
Dischidia pectenoides	190	H				
Dracaena	191	G				●
Drosera	194	H				
Duchesnea indica	195	M		●		
Echeveria	196	M		●		●
Echinocactus grusonii	198	G		●		●
Epidendrum	199	H				
Epipremnum aureum	200	M				
Episcia cupreata	202	H		●	●	
Erica x *hiemalis*	203	M				
Euanthe	362	H				
Eucharis	204	M				
Euphorbia milii	205	G				●
Euphorbia pulcherrima	206	H				

Für Kleinkinder und Tiere ungeeignet	Für Kinder geeignet	Dekorative Blüten oder Früchte	Gefärbtes oder panaschiertes Laub	Für Ampelkultur	Für kühle Wintergärten	Für Badezimmer
		●	●		●	
		●			●	
	●				●	●
		●				
				●		●
		●		●		
		●				●
					●	
						●
●			●			●
	●	●			●	
		●		●		●
			●			
	●	●	●		●	
	●	●		●	●	
		●			●	
●		●			●	
		●		●		
	●		●	●		●
		●	●	●		
		●			●	
		●		●		
		●			●	
●		●				
●		●				

Wissenschaftlicher Name	Seite	Ansprüche	Bei Lichtmangel	Bei Platzmangel	Für warme Zimmer	Bei Zeitmangel
Eustoma	208	H		●		
Euterpe edulis	209	M	●			
Exacum affine	210	M		●		
x *Fatshedera lizei*	212	G	●			
Fatsia japonica	211	M				
Ficus benjamina	213	G				●
Ficus deltoides	215	G				
Ficus elastica	216	G				●
Ficus lyrata	218	G				
Ficus pumila	219	M	●	●		
Fittonia	220	H	●	●		
Fortunella (und x *Citrofortunella*)	153	M				
Gardenia augusta	221	H				
Gibasis	358	M				●
Globba winitii	222	H				
Gloriosa superba 'Rothschildiana'	223	H				
Gloxinia sylvatica	224	H		●		
Grevillea robusta	225	M				
Guzmania	226	M			●	
Gymnocalycium	228	G		●		●
Gynura aurantiaca	229	M				
Hedera helix	230	G				
Heliconia	232	H				
Hemigraphis	233	M			●	
Hemionitis	234	H		●		

Für Kleinkinder und Tiere ungeeignet	Für Kinder geeignet	Dekorative Blüten oder Früchte	Gefärbtes oder panaschiertes Laub	Für Ampelkultur	Für kühle Wintergärten	Für Badezimmer
		●				
						●
		●				
			●			
			●		●	
			●			
●		●				●
						●
			●	●		●
			●			●
		●			●	
		●			●	
	●		●	●		
		●				●
●		●				
		●				
					●	
		●				
		●			●	
			●	●		
●			●	●	●	
		●				
			●			●
						●

Wissenschaftlicher Name	Seite	Ansprüche	Bei Lichtmangel	Bei Platzmangel	Für warme Zimmer	Bei Zeitmangel
Hibiscus	235	M				
Hippeastrum	237	M				
Howea forsteriana	238	G				
Hoya carnosa	239	M				
Hyacinthus-Orientalis-Hybriden	240	M		●		
Hydrangea macrophylla	242	H				
Hypoestes phyllostachya	243	M		●		
Impatiens Neuguinea Gruppe	244	G				
Ixora coccinea	246	H				
Jasminum polyanthum	247	M				
Jatropha podagrica	248	M				
Juncus effusus 'Spiralis'	249	M				
Justicia brandegeana	250	M				
Kalanchoe	251	G				●
Kalanchoe blossfeldiana	253	G		●		●
Kohleria amabilis	254	H				
Lachenalia	255	H		●		
Leea guineensis 'Burgundy'	256	M			●	
Licuala grandis	257	H				
Lithops	258	G		●		●
Livistona	259	M				
Ludisia	260	H	●			
Mandevilla	261	H				
Maranta	263	M				
Masdevallia	264	H		●		

Für Kleinkinder und Tiere ungeeignet	Für Kinder geeignet	Dekorative Blüten oder Früchte	Gefärbtes oder panaschiertes Laub	Für Ampelkultur	Für kühle Wintergärten	Für Badezimmer
		●			●	
●		●				
		●		●	●	
	●	●			●	
		●			●	
			●			●
	●	●		●		
		●				●
		●		●	●	
●		●				
	●				●	●
		●			●	
	●				●	
		●				
		●		●		
		●			●	
						●
						●
	●	●	●		●	
						●
		●	●			●
●		●			●	
			●	●		●
		●				●

Wissenschaftlicher Name	Seite	Ansprüche	Bei Lichtmangel	Bei Platzmangel	Für warme Zimmer	Bei Zeitmangel
Medinilla magnifica	265	H				
Megaskepasma	324	M				
Metrosideros	136	G				
Mikania	266	M				
Miltoniopsis	267	H				
Monstera deliciosa	300	M			●	
Muehlenbeckia	268	M				
Murraya	269	H				
Musa	270	H			●	
Muscari	170	M		●		
Narcissus	241	M		●		
Nematanthus gregarius	271	M				
Neoregelia carolinae 'Tricolor'	272	M			●	
Nepenthes	273	H				
Nephrolepis exaltata	275	M	●			
Nertera granadensis	276	M		●		
Nidularium billbergioides	277	M			●	
Odontoglossum	278	H				
Oncidium	280	M				
Opuntia	281	G				●
Oxalis triangularis	282	M		●		
Pachira aquatica	283	M			●	
Pachypodium lamerei	284	M				●
Pachystachys lutea	285	M				
Palisota	286	H			●	

Für Kleinkinder und Tiere ungeeignet	Für Kinder geeignet	Dekorative Blüten oder Früchte	Gefärbtes oder panaschiertes Laub	Für Ampelkultur	Für kühle Wintergärten	Für Badezimmer
		●		●		
		●				
		●			●	
			●	●	●	
		●				
				●	●	
		●				
						●
	●	●			●	
	●	●			●	
		●		●	●	
		●	●			
	●		●	●		
				●		●
		●			●	
		●	●			
		●				
		●		●		
●					●	
		●	●			
					●	
		●				
		●	●			●

Wissenschaftlicher Name	Seite	Ansprüche	Bei Lichtmangel	Bei Platzmangel	Für warme Zimmer	Bei Zeitmangel
Pandanus veitchii	287	M				
Paphiopedilum	288	H				
Pavonia multiflora	290	H				
Pellaea	291	G	●	●		
Pellionia repens	292	H				
Pentas lanceolata	293	H				
Peperomia obtusifolia	294	M		●		●
Phalaenopsis	296	M				
Philodendron	298	G			●	
Phlebodium aureum	301	M				
Phoenix canariensis	302	M				
Pilea cardierei	303	G	●			
Pinguicula	305	H		●		
Platycerium	306	M				
Plectranthus	307	G				
Pogonatherum paniceum	308	H		●		
Polyscias	309	H			●	
Polystichum falcatum	310	G	●			
Portulacaria afra	311	G				●
Primula obconica	312	M		●		
Pseuderanthemum	314	H				
Pteris	315	M	●	●		
Radermachera sinica	317	G				
Rhapis	318	M				
Rhipsalidopsis gaertneri	319	M				

Für Kleinkinder und Tiere ungeeignet	Für Kinder geeignet	Dekorative Blüten oder Früchte	Gefärbtes oder panaschiertes Laub	Für Ampelkultur	Für kühle Wintergärten	Für Badezimmer
●			●			
		●				
		●				
				●		●
			●	●		●
		●			●	
		●	●			
		●				
			●			
			●			●
					●	
	●		●			
	●	●				
				●		●
	●		●	●	●	
						●
			●			●
					●	
					●	
●		●			●	
		●	●			●
						●
						●
			●		●	●
		●		●		

Wissenschaftlicher Name	Seite	Ansprüche	Bei Lichtmangel	Bei Platzmangel	Für warme Zimmer	Bei Zeitmangel
Rhipsalis	320	M				
Rhododendron	321	M				
Rosa	323	M				
Ruellia	324	M				
Saintpaulia	325	G		●		
Sanchezia	314	H				
Sansevieria	326	G			●	●
Sarracenia	328	H				
Saxifraga stolonifera	329	M				
Schefflera arboricola	330	G				
Schefflera elegantissima	332	M			●	
Schlumbergera-Hybriden	333	M				
Scindapsus	201	M				
Scirpus cernuus	334	M				
Scutellaria costaricana	335	H		●		
Sedum	336	M				●
Selaginella	337	H	●	●		
Senecio	338	M				●
Siderasis fuscata	339	H		●		
Sinningia	340	H				
Soleirolia soleirolii	342	M				
Sparmannia africana	343	M				
Spatiphyllum	344	M				
Stephanotis floribunda	345	H				
Streptocarpus	346	M				

Für Kleinkinder und Tiere ungeeignet	Für Kinder geeignet	Dekorative Blüten oder Früchte	Gefärbtes oder panaschiertes Laub	Für Ampelkultur	Für kühle Wintergärten	Für Badezimmer
		●		●		
		●			●	
		●			●	
		●				
	●	●				
		●	●			●
			●			
	●		●		●	
	●		●	●	●	
			●			
			●			●
		●		●		
			●	●		●
				●		
		●				
				●	●	
			●			●
					●	
		●	●			●
		●				
			●	●	●	
					●	
●		●				
		●		●	●	
		●		●		

Wissenschaftlicher Name	Seite	Ansprüche	Bei Lichtmangel	Bei Platzmangel	Für warme Zimmer	Bei Zeitmangel
Strobilanthes	314	H				
Stromanthe sanguinea	348	H			●	
Syngonanthus chrysanthus 'Mikado'	349	H		●		
Syngonium podophyllum	350	G			●	
Tacca chantrieri	351	H			●	
Tetrastigma	150	M				
Thunbergia alata	352	M				
Tillandsia cyanea	354	M		●	●	
Tolmiea menziesii	356	M		●		
Tradescantia fluminensis	357	G				●
Tradescantia spathacea	359	G				
Tulipa	241	M		●		
Utricularia	360	H				
Vanda	361	H				
Vriesea splendens	363	M			●	
Yucca elephantipes	365	G				●
Zamioculcas zamiifolia	366	G				●
Zantedeschia aethiopica	367	G				
Zebrina pendula	358	G				
Zygopetalum	369	H				

Für Kleinkinder und Tiere ungeeignet	Für Kinder geeignet	Dekorative Blüten oder Früchte	Gefärbtes oder panaschiertes Laub	Für Ampelkultur	Für kühle Wintergärten	Für Badezimmer
		●	●			●
			●			●
		●				●
			●	●		●
		●				●
			●	●		
		●		●	●	
		●				●
	●			●	●	●
	●		●	●		
			●			
	●	●			●	
		●				
		●		●		
		●	●			
●		●			●	
		●			●	
			●	●		
		●			●	

PFLANZENPORTRÄTS

Acalypha

A. hispida Katzenschwanz

Allgemeines
Strauch mit großen, dunkelgrünen und spitz-eiförmigen Blättern und langen, kätzchenartigen, meist kräftig roten Blütenständen. Die Blüten erscheinen im Sommer bis Herbst. Besonders Jungpflanzen sind sehr dekorativ, ältere breiten sich stark aus. Im Frühjahr zurückschneiden oder regelmäßig durch Stecklinge erneuern.

Pflege
Bei hellem Standort ist die Kultur problemlos, wichtig ist eine hohe Luftfeuchtigkeit.

Vermehrung: Man nimmt im Frühjahr 7–10 cm lange Seitentriebe ab und bewurzelt die Stecklinge bei gespannter Luft (21–24 °C) in einem feuchten Sand-Torf-Gemisch (1 : 1).

● Verwandte Arten und Sorten
Acalypha wilkesiana ist die Elternpflanze zahlreicher Hybriden, mit unauffälligen Blüten, jedoch prächtigem, teilweise panaschiertem Laub in vielen Farbtönen von Rot über Bronze zu Braun.

Krankheiten und Schädlinge
◆ Verfärbtes, eingetrocknetes Laub deutet auf Spinnmilben hin, die bei Wärme und Trockenheit auftreten. Luftfeuchtigkeit durch häufigeres Besprühen der Blätter erhöhen. Mittel auf Kaliseifenbasis verwenden.

Kulturbedingungen
Wasserbedarf und Luftfeuchtigkeit: Während der Wachstumsperiode Substrat feucht halten, Staunässe vermeiden. Im Herbst und Winter seltener bewässern. Zur Erhöhung der Luftfeuchtigkeit stellt man den Topf auf einen Untersetzer mit feuchtem Kies. Laub regelmäßig besprühen.

Lichtansprüche: Hell, im Frühjahr und Sommer keine direkte Sonne.

Düngen: Im Frühjahr und Sommer gibt man alle 2 Wochen einen Grünpflanzendünger.

Umtopfen und Substrat: Im Frühjahr, in Einheitserde.

Kulturtipp: Bei Kultivierung über mehrere Jahre schneidet man die Pflanze im zeitigen Frühjahr kräftig zurück und topft um. Durch die natürliche Verzweigung entfällt das Pinzieren der Triebspitzen. Die Pflanze wird hell und kühl (13–15 °C) überwintert.

Acalypha hispida ▶

▼ Acalypha wilkesiana

▼ Acalypha hamiltonianum

Achimenes

A. hybrides Schiefteller

Allgemeines

Rhizomstaude mit buschigem Wuchs, grünen, leicht gezähnten und oval bis lanzettlichen, behaarten Blättern sowie asymmetrischen Blütentellern. Die aus Mexiko stammende Pflanze wurde um die Mitte des 19. Jahrhunderts als Gartenpflanze entdeckt. Man kultivierte zuerst die Art *Achimenes coccinea,* heute *A. erecta* zugeordnet, aber erst nach der Entdeckung anderer Arten konnten Hybriden mit verschiedensten Blütenfarben gezüchtet werden. Die Blüten erscheinen im Sommer, Überwinterung der schuppigen Rhizome ähnlich wie bei Dahlienknollen.

Kombinationen: Im Sommer mit Grünlilie oder Zierspargel zusammenpflanzen.

Pflege

Diese ursprünglich tropische Art benötigt im Sommer einen warmen und feuchten Standort und muss im Winter eine Ruhephase durchmachen: In dieser Zeit wird der Rhizom-Wurzelstock vollständig trocken gehalten.

Vermehrung: Aus jedem Rhizom können bis zu 6 Tochterrhizome austreiben, die zu Vegetationsbeginn im Spätwinter getrennt und in Einzeltöpfe gepflanzt werden.

▼ Achimenes-Hybriden

Krankheiten und Schädlinge

◆ Blattläuse befallen Jungtriebe, die Blätter sind klebrig und deformiert. Mittel auf Kaliseifenbasis oder Nützlinge einsetzen.

◆ Das Laub vergilbt, fällt ab und ist auf der Unterseite von einem zarten weißen Schleier überzogen: Spinnmilben. Erhöhen Sie die Luftfeuchtigkeit, indem Sie die Pflanze auf einen Untersetzer mit feuchtem Kies stellen (die Blüten dürfen nicht besprüht werden). Blätter abbrausen, Raubmilbeneinsatz.

Kulturbedingungen

Wasserbedarf und Luftfeuchtigkeit: Zu Beginn der Vegetationsperiode gießt man mäßig, bei einsetzendem Wachstum reichlicher, zum Ende der Blüte wieder reduzieren, wenn das Laub eintrocknet, Gießen einstellen. Sorgen Sie für hohe Luftfeuchtigkeit während der Blütezeit.

Lichtansprüche: Während der Wachstumszeit hell, vor direkter Sonne geschützt, während der Ruhephase halbschattig stellen.

Düngen: Vom Beginn der Knospenbildung bis zum Ende der Blüte gibt man alle 2 Wochen einen Blühpflanzendünger.

Umtopfen und Substrat: Die Rhizome werden im Spätwinter in ein leichtes Substrat aus Torf und grobem Sand umgetopft. Man bedeckt sie mit einer 1–2 cm dicken Erdschicht, stellt das Gefäß an einen hellen, warmen Ort und fängt nach und nach wieder an zu bewässern.

Kulturtipp: Um die Blütenbildung anzuregen, überwintert man die Rhizome bei 12–14 °C in trockenem Torf und treibt sie im Februar bis März wieder an. Das Gießwasser sollte lauwarm und kalkfrei sein. Staunässe vermeiden!

● Verwandte Arten und Sorten

Die zahlreichen Hybriden besitzen mehr oder weniger kompakte Wuchsformen und verschiedenste Blütenfarben, Beispiele sind **'Paul Arnold'** (tiefviolett) und **'Little Beauty'** (dunkelrosa).

Achimenes longiflora 'Ambroise Verschaffelt' besitzt weiße, purpurrot geaderte und gepunktete Blüten mit gelbem Schlund.

▼ Blaue und rote *Achimenes*

Acorus

A. gramineus 'Variegatus' Zwergkalmus

Allgemeines
Zur Gattung *Acorus* aus der Familie der Aronstabgewächse gehören 2 Arten. Die Rhizomstauden wachsen in feuchtem Erdreich oder in flachen Gewässern. Der aus Asien stammende *Acorus gramineus* wird 20–40 cm hoch, er besitzt steife, feine gebänderte grasartige Blätter. Die Sorte 'Variegatus' wird wegen ihrer hellgrünen, cremeweiß gestreiften Blätter geschätzt. Die grünen Blütenstände sind unscheinbar.

Pflege
Kalmus ist recht einfach zu pflegen, als Sumpfpflanze benötigt er jedoch viel Feuchtigkeit.
Vermehrung: Die Rhizome werden im Frühjahr geteilt und sofort in ein Kultursubstrat gepflanzt.

● Verwandte Arten und Sorten
Acorus gramineus 'Ogon' mit dunkelgrünem Laub, das hellgrün und cremegelb panaschiert ist.

Krankheiten und Schädlinge
◆ Es treten selten Krankheiten und Schädlinge auf. Bei vergilbten, vertrockneten Blättern Luftfeuchtigkeit erhöhen.

Kulturbedingungen
Wasserbedarf und Luftfeuchtigkeit: Damit die Wurzeln nicht austrocknen, muss man immer reichlich bewässern. Am besten etwas Wasser im Untersetzer stehen lassen. Für hohe Luftfeuchtigkeit sorgen.
Lichtansprüche: Hell, indirekt oder Halbschatten.
Düngen: Im Frühjahr und Sommer alle 2 Wochen einen schwach dosierten Grünpflanzendünger verabreichen.
Umtopfen und Substrat: Wenn das Gefäß zu eng wird, im Frühjahr in ein Substrat auf Torfbasis umtopfen.
Kulturtipp: Kalmus ist an ein Temperaturspektrum von wenigen Grad über null bis zu 20 °C angepasst. Im Sommer fühlt sich die Pflanze im Freiland wohl.

▼ *Acorus calamus* 'Variegatus'

Acorus gramineus 'Variegatus' ▼

Adenium

A. obesum — Wüstenrose

Allgemeines

Adenium ist eine mehrjährige sukkulente Pflanze, die in den Wüstengebieten Afrikas heimisch ist. Die verdickte Basis der Pflanze ist entweder teilweise unterirdisch oder flaschenförmig aufgetrieben. An der Spitze der kahlen Zweige sitzen ovale graugrüne Blätter. Bei Zimmerkultur wird die Pflanze selten größer als 50 cm.

Pflege

Die Wüstenrose ist leicht zu pflegen, wenn man ihre Kulturansprüche berücksichtigt.

Vermehrung: Im Frühling durch Aussaat bei 20–22 °C, im Sommer Stecklingsvermehrung über nicht blühende Triebe (warmer Standort, Stecklinge nicht abdecken).

Gut zu wissen

Der giftige Milchsaft kann zu Hautreizungen führen.

Kulturbedingungen

Wasserbedarf und Luftfeuchtigkeit: In der Wachstumszeit wird einmal wöchentlich mäßig bewässert. Ab Herbst reduziert man die Wassergaben und hält die Pflanze im Winter praktisch trocken.

Lichtansprüche: Volle Sonne.

Düngen: Im Frühjahr und Sommer gibt man einmal pro Monat einen Kakteendünger.

Umtopfen und Substrat: Man topft alle 2 Jahre im Frühjahr in eine Kakteen- und Sukkulentenerde um.

Kulturtipp: Die winterliche Ruhephase muss eingehalten werden. Die Minimaltemperatur liegt bei 13–15 °C.

Adenium obesum ▼

▼ *Adenium obesum*

Krankheiten und Schädlinge

◆ Deformierte und klebrige Blätter deuten auf Blattlausbefall hin. Einsatz von Nützlingen oder Spezialinsektizid.

Adiantum

A. raddianum

Dreieckiger Frauenhaarfarn

syn. *Adiantum cuneatum*

Allgemeines

Frauenhaarfarn besitzt Wedel mit dunklen Stielen, die zahlreiche, häufig fächerförmige Blättchen tragen, die man als Fiederchen bezeichnet. Die Art *Adiantum raddianum* stammt aus Brasilien und ist im Handel am weitesten verbreitet. Die zartgrünen Wedel stehen in der Jugend aufrecht und hängen später elegant über. Die Pflanze wird 30–60 cm hoch, kann jedoch im Umfang breiter werden.

Kombinationen: Frauenhaarfarn passt gut zu anderen Farnen mit ungeteilten Blättern wie *Asplenium nidus*.

Pflege

Eine recht empfindliche Pflanze, die hohe Luftfeuchtigkeit benötigt. Nicht in direkte Sonne stellen, empfindlich gegen Luftzug.

Vermehrung durch Sporen ist schwierig. Am besten topft man im März bis April die Pflanze aus, teilt die Rhizome in mehrere Stücke und pflanzt diese einzeln in eine Mischung aus gleichen Teilen Torf, Lauberde, guter Gartenerde und grobem Sand.

Adiantum raddianum ▶

Kulturbedingungen

Wasserbedarf und Luftfeuchtigkeit: Während der Sommerhitze täglich mit kalkfreiem Wasser gießen, doch es darf kein Wasser im Untersetzer stehen bleiben. Stellen Sie den Topf auf einen Untersetzer mit feuchtem Kies, um die Luftfeuchtigkeit zu erhöhen.
Lichtansprüche: Leichte Schattierung. Direkte Sonne verbrennt das Laub.
Düngen: Im Frühjahr und Sommer gibt man alle 3–4 Wochen einen Grünpflanzendünger in halber Dosierung.
Umtopfen und Substrat: Wird das Gefäß zu eng, topft man im Frühjahr in ein leichtes Substrat auf Torfbasis um.
Kulturtipp: Nebeln Sie Frauenhaarfarn im Sommer täglich ein. Sobald die Pflanze sich einmal eingewöhnt hat, sollte man den Standort nicht mehr verändern.

Krankheiten und Schädlinge

◆ Bei trockenen Wedeln taucht man die ganze Pflanze für einige Stunden in zimmerwarmes Wasser ein, lässt sie abtropfen und schneidet alle Wedel mit einer scharfen Schere ab – es bilden sich bald neue.
◆ Die Wedel verschrumpeln und verbräunen: Die Luft ist zu trocken. Man stellt den Topf auf einen Untersetzer mit feuchtem Kies und besprüht das Laub häufiger.

● Verwandte Arten und Sorten

Adiantum capillus-veneris (Gewöhnlicher Frauenhaarfarn, Venushaar) ist in Teilen Süd-, Südost- und Westeuropas heimisch und wird ebenfalls als Zimmerpflanze kultiviert. Seine fein gefiederten Wedel setzen sich aus fächrigen Fiederchen zusammen.
Adiantum raddianum **'Fragrantissimum'** besitzt dichtes und aromatisch duftendes Laub.
A. **'Fritz Lüthi'** bildet lange blassgrüne Wedel.
A. **'Goldelse'** zeichnet sich durch goldgelbe Fiederchen aus.
A. tenerum kann 1 m hoch werden. Die blassgrünen dreieckigen Wedel sind stark gefiedert. **'Scutum Roseum'** bildet im Jugendstadium rosafarbene Wedel.

▲ *Adiantum tenerum* 'Scutum Roseum'

◀ *Adiantum hispidulum*

Adiantum tenerum ▶

Aechmea

A. fasciata

Lanzenrosette, Silbervase

syn. *Billbergia rhodocyanea*

Allgemeines

Wie die Ananas, die Guzmanie oder das Flammende Schwert gehört auch *Aechmea* zu den Bromeliengewächsen, deren feste Blätter in einer Rosette stehen. *Aechmea fasciata* stammt aus Brasilien und besitzt graugrüne, leicht bedornte Blätter, die eine breite, trichterförmige Rosette bilden – in der Natur sammelt sich dort das Regenwasser. Im Alter von etwa 3–4 Jahren entwickelt sich ein ausdauernder Blütenstand mit rosafarbenen Hochblättern, welche die kleinen blauen, später rötlichen Blüten verbergen.

Kombinationen: Mehrere *Aechmea*-Arten (im Topf!) lassen sich gut in einer großen Schale arrangieren. Die Zwischenräume füllt man mit Kiefernrinde und Moos.

Pflege

A. fasciata ist recht einfach zu pflegen, im Winter darf aber kein Wasser in der Rosette stehen.

Vermehrung: An den Rosetten entwickeln sich Kindel, die man so lange an der Mutterpflanze lässt, bis sich Wurzelansätze gebildet haben. Mit einem scharfen Messer abtrennen und am besten in Bromelienerde pflanzen.

Gut zu wissen

Die Pflanze stirbt nach der Blüte ab, die Kindel sind nach ein paar Jahren blühreif.

● Verwandte Arten und Sorten

Nur einige *Aechmea*-Arten eignen sich zur Zimmerpflanzenkultur. Die meisten werden zu groß.

Aechmea chantinii (syn. *Billbergia chantinii*) besitzt dunkelgrüne Blätter mit breiter silberweißer Bänderung und einen langen orangeroten bis gelben Blütenstand.

Aechmea fulgens var. ***discolor*** bildet eine ausgebreitete Rosette mit großen, oberseits olivgrünen, unten braunroten Blättern. Der Blütenstand trägt kleine rot-violette Blüten.

Kulturbedingungen

Wasserbedarf und Luftfeuchtigkeit: Einmal wöchentlich mäßig mit kalkfreiem Wasser gießen. Im Sommer muss die Rosette ständig mit Wasser gefüllt sein. Bei heißem Wetter sorgt man für zusätzliche Luftfeuchtigkeit.

Lichtansprüche: Heller Standort, vor heißer Mittagssonne geschützt.

Düngen: Im Frühjahr und Sommer gibt man alle 2–3 Wochen einen Blühpflanzendünger in halber Dosierung.

Umtopfen und Substrat: Umtopfen lohnt sich nicht, da die Pflanze nach der Blüte abstirbt. Die meisten *Aechmea*-Arten begnügen sich mit einem kleinen Topf. Die Kindel werden im Frühjahr in eine kalkfreie Substratmischung aus gleichen Teilen Torf, gut verrotteter Lauberde und Moorbeeterde eingepflanzt.

Kulturtipp: Vom Herbst an werden die Wassergaben reduziert (kein Wasser im Blatttrichter). Überwinterung bei 16–18 °C.

◀ *Aechmea fasciata* ▶

Krankheiten und Schädlinge

◆ Bei zu hohen Wassergaben verbräunen die Blätter, der Grund der Blattrosette fault. Kranke Blätter abschneiden und weniger gießen. Im Untersetzer darf niemals Wasser stehen bleiben.

Aeschynanthus

A. marmoratus — Gefleckte Sinnblume

syn. *Aeschynanthus zebrinus*

Allgemeines

Die Halbsträucher und Kletterpflanzen aus Birma, Thailand und Malaysia eignen sich gut zur Ampelbepflanzung. *Aeschynanthus marmoratus* bildet blassgrüne Blätter, die oberseits dunkelgrün und unten purpurrot marmoriert sind. Die gelbgrünen, braun gefleckten Blüten sitzen in den Blattachseln, sie verblühen rasch, werden aber vom Sommer bis in den Herbst ständig neu gebildet.

Pflege

Die Kultur ist relativ schwierig. Die Pflanze benötigt Wärme und Feuchtigkeit während der Wachstumszeit und eine Ruhephase im Winter (bei etwa 15 °C), damit sie wieder zuverlässig blüht.

Vermehrung: Bei der Stecklingsvermehrung nimmt man im Frühjahr etwa 10 cm lange Kopfstecklinge ab, pflanzt sie in ein feuchtes Torf-Sand-Gemisch (1 : 1) und bewurzelt sie in gespannter Luft bei 21–23 °C.

Gut zu wissen

Die Pflanze reagiert während der Blüte empfindlich auf Ortsveränderung. Kaufen Sie daher keine voll aufgeblühte Pflanze, denn die Blüten könnten vorzeitig abfallen.

● Verwandte Arten und Sorten

Manche *Aeschynanthus*-Arten und -Hybriden entwickeln besonders auffallendes Laub, andere prächtige Blüten.

Aeschynanthus speciosus hat dunkelgrüne, ovale und gegenständige Blätter. Die röhrenförmigen, 5–7,5 cm langen orangeroten Blüten mit grünem Kelch stehen in endständigen Blütenständen.

Krankheiten und Schädlinge

◆ Starken Blattlausbefall bekämpft man mit Nützlingen oder einem Spezialinsektizid.

Kulturbedingungen

Wasserbedarf und Luftfeuchtigkeit: Im Sommer wird regelmäßig, aber mäßig gegossen. Im Winter reduziert man die Wassergaben besonders bei kühlen Temperaturen. Bei heißem Wetter das Laub besprühen.

Lichtansprüche: In Fensternähe, aber vor direktem Sonnenlicht geschützt.

Düngen: Im Frühjahr und Sommer alle 2 Wochen einen Blühpflanzendünger verabreichen.

Umtopfen und Substrat: Man pflanzt alle 2–3 Jahre im Spätwinter in ein leichtes Substrat auf Torfstreubasis um.

Kulturtipp: Die Pflanze benötigt eine kühle und fast trockene Ruhephase im Winter. Lauwarmes Wasser zum Gießen verwenden.

A. pulcher hat dunkelgrüne, schwach gezähnte ovale Blätter und scharlachrote Blüten mit gelbgrünem Kelch. ***A. lobbianus*** ähnelt dieser Art, doch Blütenkrone und Blütenkelch haben dieselbe Farbe.

Aeschynanthus 'Rasta' ▼

Aeschynanthus 'Mona Lisa' ▼

Aeschynanthus 'Carina' ▼

Panaschierter *Aeschynanthus* ▼

◄ *Aeschynanthus lobbianus*

Aeschynanthus marmoratus ►

Agave

A. americana Hundertjährige Agave

Allgemeines

Agaven sind Rosettenpflanzen mit sukkulenten Blättern. Die Gattung umfasst mehr als 200 Arten, die vorwiegend in den Wüstenregionen Zentralamerikas heimisch sind. *Agave americana* stammt aus Mexiko, ist aber z. B. auch im Mittelmeergebiet heimisch. Agaven erreichen einen Durchmesser von 2–3 m. Im Haus werden hauptsächlich Jungpflanzen gezogen. Die blaugrauen Blätter besitzen bei der Sorte **'Mediopicta'** in der Mitte einen breiten weißen Streifen, bei der Sorte **'Marginata'** blassgelbe Blattränder.

◀ *Agave americana* 'Mediopicta'

Krankheiten und Schädlinge

◆ Schildläuse, die auf den Blättern als kleine braune Auswüchse erscheinen, sind schwer zu bekämpfen. Man entfernt sie mit einem in Alkohol getränkten Wattestäbchen oder behandelt bei starkem Befall mit einem systemischen Insektizid.

Pflege

Agaven sind leicht zu kultivieren. Sie benötigen lediglich einen sonnigen Standort und sehr zurückhaltende Bewässerung.

Vermehrung: Abtrennen der Kindel (21 °C, lockeres Substrat). Vermehrung durch Samen schwierig.

● Verwandte Arten und Sorten

Die kleinwüchsigen Arten sind besonders für die Zimmerkultur geeignet: ***Agave victoriae-reginae*** mit einer kompakten, jedoch weit ausgebreiteten 20–25 cm hohen Rosette. Die dunkelgrünen, weiß gerandeten Blätter sind im Querschnitt dreieckig und nicht gezahnt, sondern besitzen einen sehr spitzen Enddorn.

A. parviflora hat dekorative schmale und steife Blätter mit seitlichen weißen Fäden.

Kulturbedingungen

Wasserbedarf und Luftfeuchtigkeit: Im Sommer zweimal, im Winter einmal pro Monat gießen. Niemals das Herz der Blattrosette wässern! Agaven benötigen keine hohe Luftfeuchtigkeit.

Lichtansprüche: Volle Sonne.

Düngen: Während der Wachstumszeit gibt man alle 3–4 Wochen einen Kakteendünger.

Umtopfen und Substrat: Alle 2–3 Jahre im Frühling in mit grobem Sand angereicherte Einheitserde umpflanzen. Als Dränage eignet sich eine Kiesschicht auf dem Topfboden.

Kulturtipp: Günstig ist eine winterliche Ruhephase im kühlen oder temperierten Gewächshaus. Im Sommer an einen sonnigen Platz im Freiland stellen.

Agave victoriae-reginae ▼

Agave potatorum ▼

Agave ferox ▼

Aglaonema

A. commutatum Kolbenfaden

Aglaonema commutatum ►

Allgemeines

Kolbenfaden stammt aus dem tropischen Asien und wird wegen seiner dekorativen, panaschierten Blätter geschätzt. *Aglaonema commutatum* bildet einen 30–40 cm hohen Horst aus großen, länglichen dunkelgrünen Blättern, die silbergrau oder blassgrün panaschiert sind. Der nur bei älteren Pflanzen erscheinende Blütenstand ähnelt dem Aronstab.

Kombinationen: Die Art harmoniert mit anderen dekorativen Grünpflanzen wie Philodendron, Kroton oder Keulenlilie.

Pflege

Die Kultur ist nicht ganz einfach, es wird hohe Luftfeuchtigkeit benötigt, und kalte Zugluft muss vermieden werden. Verwenden Sie lauwarmes Gießwasser.

Vermehrung: Der Horst wird im Frühjahr beim Umtopfen geteilt.

Gut zu wissen

Saft und Früchte des Kolbenfadens sind giftig.

● Verwandte Arten und Sorten

A. commutatum **'Silver Queen'** besitzt graugrüne silbergrau panaschierte Blätter. **'Silver King'** mit ausgeprägter Panaschierung wächst aufrechter.

Die dicken, größeren Blätter von *A. crispum* sind graugrün mit dunkelgrünem Rand. Die Pflanze bildet nach ein paar Jahren einen dicken Stamm mit auffälligen Blattnarben.

Aglaonema 'Pattaya Beauty' ►

Kulturbedingungen

Wasserbedarf und Luftfeuchtigkeit: Im Frühjahr und Sommer mäßig mit lauwarmem Wasser gießen. Im Winter bei tieferen Temperaturen (15–16 °C) sehr sparsam bewässern.

Lichtansprüche: Indirekt, vor direkter Sonne geschützt.

Düngen: Vom Frühjahr bis zum Spätsommer gibt man alle 2 Wochen einen Grünpflanzendünger.

Umtopfen und Substrat: Falls nötig, topft man im Frühjahr in Einheitserde um, die mit etwas Torfstreu angereichert ist.

Kulturtipp: Die Pflanze liebt keine Ortsveränderungen und verträgt keinen Zigarettenrauch. Entstauben Sie die Blätter regelmäßig mit einem feuchten Schwamm.

Krankheiten und Schädlinge

◆ Kleine braune Höcker auf Blättern und Trieben sind die schwer zu bekämpfenden Schildläuse. Man entfernt sie mit einem in Alkohol getränkten Wattestäbchen oder behandelt mit einem systemischen Insektizid.

◆ Bei Spinnmilbenbefall verfärben sich die Blätter und weisen zahlreiche kleine weißliche Punkte auf. Erhöhen Sie die Luftfeuchtigkeit durch häufiges Besprühen der Blätter. Bei starkem Befall Nützlings- oder Akarizideinsatz.

Aglaonema 'Silver Queen' ▼

Aglaonema 'Compact Maria' ▼

➤ ***Ajania*** siehe unter *Chrysanthemum*

Allamanda

A. cathartica

Goldtrompete

Allgemeines

Die in Zentral- und Südamerika heimische Allamande besitzt wüchsige, biegsame Triebe mit dunkelgrünen, 8–12 cm langen, ovalen und glänzenden Blättern. Die breit trichterförmigen gelben Blüten mit einen Durchmesser von 5–10 cm erscheinen von Frühjahr bis Herbst. Die Pflanze benötigt ein Klettergerüst.

Pflege

Sehr viel Licht und hohe Luftfeuchtigkeit sind unabdingbar. Um das Verkahlen der Triebe zu vermeiden, stutzt man sie einmal pro Jahr. Die langen biegsamen Zweige an der Kletterhilfe festbinden.

Vermehrung: Im Frühjahr 8–10 cm lange Kopfstecklinge abnehmen und bei gespannter Luft (21–22 °C) in Anzuchterde bewurzeln.

● Verwandte Arten und Sorten

Allamanda cathartica 'Hendersonii' besitzt bronzefarben getönte Knospen und gelbe, im Schlund weiß gefleckte Blüten.

Krankheiten und Schädlinge

◆ Blattläuse befallen vorwiegend die jungen Triebe, die einschrumpeln und klebrig werden. Nützlinge oder Spezialinsektizid einsetzen.

Kulturbedingungen

Wasserbedarf und Luftfeuchtigkeit: Während der Wachstumszeit gießt man mäßig, im Winter selten. Im Sommer ist eine hohe Luftfeuchtigkeit sehr wichtig.

Lichtansprüche: Hell, mit 3–4 Stunden Sonnenschein pro Tag – im Sommer keine Mittagssonne.

Düngen: Im Frühjahr und Herbst gibt man alle 10–15 Tage einen Blühpflanzendünger.

Umtopfen und Substrat: Man topft alle 1–2 Jahre im Frühling in Einheitserde um.

Kulturtipp: Im Spätwinter zu lange Triebe auf die Hälfte einkürzen. Am besten kultiviert man die Allamande an einem Wandspalier in einem warmen Wintergarten oder Gewächshaus.

Allamanda cathartica 'Silver Dwarf' ▼▶

Alocasia

A. macrorrhiza

Riesenblättriges Pfeilblatt, Taro

Allgemeines

Das rhizombildende Pfeilblatt ist in Indien, Sri Lanka und Malaysia heimisch und kann am Naturstandort bis zu 5 m hoch werden. Im Topf erreicht *A. macrorrhiza* selten mehr als 2 m Höhe und 1 m Breite. Bei dieser Größe gedeiht sie am besten in einem geheizten Wintergarten oder Gewächshaus. Die riesigen pfeilförmigen Blätter sind ganzrandig, mittelgrün und deutlich geadert.
Die für die Aronstabgewächse typischen Blütenstände besitzen ein gelbgrünes Hochblatt, werden bei Topfkultur aber selten gebildet.

Kulturbedingungen

Wasserbedarf und Luftfeuchtigkeit: Während der Wachstumsperiode gießt man regelmäßig, um das Substrat feucht zu halten. Im Winter wird seltener bewässert. Das Gießwasser muss kalkfrei und zimmerwarm sein. Stellen Sie den Topf auf einen Untersetzer mit feuchtem Kies, und nebeln Sie das Laub bei heißem Wetter häufig ein.
Lichtansprüche: Hell, ohne direkte Sonne.
Düngen: Im Frühjahr und Sommer alle 2 Wochen mit einem kaliumbetonten Grünpflanzendünger düngen – zur Festigung der Blätter.
Umtopfen und Substrat: Man topft alle 2–3 Jahre im zeitigen Frühling in eine Einheitserde mit Torfzusatz um.
Kulturtipp: Taro benötigt möglichst konstante Kulturbedingungen. Die Rhizome beginnen bei zu tiefen Temperaturen (Minimum 16 °C) leicht zu faulen.

Alocasia sanderiana ▼

Pflege

Empfindliche Art, die sehr hohe Luftfeuchtigkeit benötigt.
Vermehrung: Das Rhizom wird im Frühling geteilt; man pflanzt die beblätterten Teilstücke einzeln ein. Aussaat ist möglich (23 °C).

Alocasia 'Black Velvet' ▼

Alocasia macrorrhiza ▼

Krankheiten und Schädlinge

◆ Schildläuse erkennt man an den kleinen braunen Höckern auf Blättern und Trieben. Man entfernt sie mit einem in Alkohol getränkten Wattestäbchen. Systemisches Insektizid nur bei starkem Befall verwenden.

◀ *Alocasia cucullata*

● Verwandte Arten und Sorten

Die in Asien heimische ***Alocasia sanderiana*** wird wegen ihrer prächtigen grünen, silberweiß geaderten Blätter mit gewelltem Rand kultiviert. Die Blätter entspringen horstförmig aus dem Rhizom. Die Pflanze ist 50–60 cm hoch und 30–50 cm breit. Es existieren zahlreiche Hybriden, z. B. ***A.* 'Black Velvet'** mit rundlicheren tiefgrünen, silberweiß geaderten Blättern.

Das Laub von ***A. cuprea*** ist oberseits kupferfarben mit dunkelgrünen Blattadern, die Unterseite ist rotviolett.

Alocasia cuprea ▼

◀ *Alocasia lowi* 'Ventii'

Alocasia 'Calidora' ▼

Alocasia 'Portodora' ▼

Alocasia 'Polly' ▼

Aloe

A. arborescens Tintenfisch-Aloe

Allgemeines

Die aus Südafrika stammende Art verzweigt sich stark und kann am Wildstandort bis 4 m hoch werden. Die 10–15 cm langen, schwertförmigen grünen Blätter sind weiß gezähnt und stehen in Rosetten. Im Frühling erscheinen die Blütenstände mit röhrenförmigen, orangerosafarbenen oder gelbgrünen Blüten.

Pflege

Die trockenheitsliebende Art ist gut für die Zimmerkultur an hellen Standorten geeignet.

Vermehrung: Man nimmt Triebstecklinge von der Mutterpflanze und lässt die Schnittfläche vor dem Eintopfen ein paar Tage trocknen. Aloe kann auch durch Aussaat (März, 21 °C) oder Seitensprosse vermehrt werden.

Gut zu wissen

Die Gattung Aloe gehört zu den Liliengewächsen, während Agave zu den Agavaceen gehört. Die Blattrosette der Agave sitzt auf dem Boden auf, während Aloe häufig einen kleinen Stamm bildet. Agavenblätter sind hart – Aloeblätter brechen leicht. Im Gegensatz zu Agaven sterben Aloe-Arten nach der Blüte nicht ab.

● Verwandte Arten und Sorten

Die **Tiger-Aloe**, ***Aloe variegata*** (syn. *A. punctata*), bildet Rosetten aus dicken dunkelgrünen Blättern mit dreieckigem Querschnitt und mit streifenförmig angeordneten weißen Flecken.

Im Frühling erscheint ein ährenformiger Blütenstand mit orangerosafarbenen Röhrenblüten. Die Pflanze wird 20–30 cm hoch.

Aloe variegata ▲

▲ Aloe-Blütenstand

Aloe ferox ▼

Aloe plicatilis ▼

Aloe arborescens ▲

A. aristata bildet eine kompakte Blattrosette, die grünen Blätter tragen kleine weiche, weiße Stacheln. ***A brevifolia*** besitzt blassgrüne, am Rand gezähnte Blätter und blassrosafarbene Blüten. Beide Arten sind kleinwüchsig.

Die Blätter von ***A. mitriformis*** und ***A. ferox*** werden bis zu 1 m lang.

A. plicatilis hat fächerförmig angeordnete, blaugrüne Blätter ohne Stacheln.

Kulturbedingungen

Wasserbedarf und Luftfeuchtigkeit: Im Frühling und Sommer wird mäßig gegossen, im Winter selten. Trockene Luft wird bevorzugt.

Lichtansprüche: Aloe-Arten mit derben Blättern vertragen volle Sonne, alle anderen benötigen helles, indirektes Licht.

Düngen: Im Frühjahr und Sommer gibt man alle 2–3 Wochen einen Kakteendünger.

Umtopfen und Substrat: Wenn nötig, topft man im Frühjahr in ein lockeres, durchlässiges Substrat (Typ Sukkulentenerde) um.

Kulturtipp: Die Blütenbildung wird durch einen kühlen Standort im Winter (nicht unter 6 °C) gefördert. Im Sommer fühlt sich die Pflanze an einem sonnigen Standort im Freien wohl.

Krankheiten und Schädlinge

◆ Weiße, wattige Gebilde am Blattgrund sind ein Zeichen für Schmierläuse. Bei schwachem Befall mit einem in Alkohol getränkten Wattestäbchen entfernen, ansonsten ein systemisches Insektizid oder räuberische Insekten einsetzen.

Alpinia

A. zerumbet 'Variegata' Porzellan-Ingwerlilie

Allgemeines

Alpinia zerumbet ist eine Rhizomstaude, die in lichten Wäldern des tropischen Asiens wächst. Die aufrechten, 1,5–2 m hohen Triebe bilden dichte Horste. Die glatten, lanzettlichen Blätter stehen zweizeilig und sind bei *A. zerumbet* hellgrün, bei der Sorte 'Variegata' kürzer und lebhaft gelb panaschiert. Im Sommer erscheinen die gelben, purpurn überlaufenen Blüten in hängenden Trauben mit elfenbeinfarbenen Hochblättern.

Pflege

Alpinia lässt sich wegen ihrer wüchsigen Rhizome nicht einfach kultivieren, sie benötigt außerdem hohe Luftfeuchtigkeit.

Vermehrung: Reife Samen aussäen (20 °C). Teilung der Horste im zeitigen Frühjahr.

● Verwandte Arten und Sorten

Alpinia calcarata besitzt gelbe, dunkelrot geaderte Blüten, die in aufsteigenden Rispen stehen.

Alpinia purpurata, der Rote Ingwer, bildet lange Trauben mit kleinen weißen Blüten in den Achseln von dauerhaft leuchtend roten Hochblättern.

Alpinia vittata entwickelt kleine blassgrüne Blüten und rosafarbene Hochblätter. Das Laub ist gelblich gestreift.

Krankheiten und Schädlinge

◆ Bei Hitze und Trockenheit verfärbt sich durch Spinnmilbenbefall das Laub und vertrocknet. Erhöhen der Luftfeuchtigkeit durch häufiges Besprühen der Blätter. Im Notfall ein Akarizid einsetzen.

Kulturbedingungen

Wasserbedarf und Luftfeuchtigkeit: Während der Wachstumsperiode zweimal pro Woche gießen, das Substrat zwischendurch oberflächlich abtrocknen lassen. Im Winter bei kühleren Temperaturen mäßig gießen. Das Laub bei trockener Luft täglich besprühen.

Lichtansprüche: Hell, ohne direkte Sonne.

Düngen: Im Frühling und Sommer einmal pro Woche einen Blühpflanzendünger verabreichen.

Umtopfen und Substrat: Jährlich im Frühling in eine mit guter Gartenerde angereicherte Blumenerde in tiefe Töpfe umpflanzen. Bei sehr großen, im Kübel gezogenen Exemplaren reicht ein oberflächlicher Substrataustausch.

Kulturtipp: Am besten kultiviert man Ingwerlilien im Gewächshaus oder in einem warmen Wintergarten. Die Tiefsttemperatur im Winter liegt bei 15 °C.

➤➤***Amaryllis*** siehe unter *Hippeastrum*

▼▲ *Alpinia zerumbet* 'Variegata'

Ampelopsis

A. brevipedunculata var. *maximowiczii* 'Elegans'

Scheinrebe

Allgemeines

Die Gattung *Ampelopsis* umfasst laubabwerfende Kletterpflanzen und einige Sträucher. Im Zimmer wird meistens *Ampelopsis brevipedunculata* var. *maximowiczii* 'Elegans' gezogen, die nicht so wüchsig wie der Wildtyp ist. Die panaschierte Sorte trägt dunkelgrüne, drei- oder fünflappige Blätter, die im Frühling weißlich rosa gesprenkelt sind. Aus den unscheinbaren Blüten entwickeln sich im Herbst blauviolette Früchte.

Pflege

Die Pflanze lässt sich in nicht zu stark geheizten Räumen gut kultivieren. Sie benötigt eine Kletterhilfe.

Vermehrung: Im Frühjahr Triebstecklinge bei einer Bodentemperatur von 15 °C eintopfen.

Gut zu wissen

Zu Beginn der Vegetationsperiode kürzt man die Triebe um ein Drittel ein, damit junge Blätter nachwachsen.

KULTURBEDINGUNGEN

Wasserbedarf und Luftfeuchtigkeit: Im Sommer gießt man reichlich, schränkt die Wassergaben zum Herbst hin ein und gießt im Winter spärlich. Das Laub im Sommer von Zeit zu Zeit besprühen.

Lichtansprüche: Hell, im Sommer während der Mittagszeit keine direkte Sonne.

Düngen: Im Frühjahr und Sommer alle 3–4 Wochen einen Grünpflanzendünger verabreichen.

Umtopfen und Substrat: Man topft alle 2 Jahre im Frühling in Einheitserde um. Die Pflanzgefäße müssen ausreichend tief sein.

Kulturtipp: Die Pflanze muss während der winterlichen Ruhephase an einem kühlen Standort stehen, sie wirft in dieser Zeit ihr Laub ab.

KRANKHEITEN UND SCHÄDLINGE

◆ Schildläuse, die durch kleine braune Erhebungen sichtbar werden, treten im Herbst und Winter am häufigsten auf. Mit einem in Alkohol getränkten Wattestäbchen entfernen, Schlupfwespen oder ein systemisches Insektizid einsetzen.

▼ *Ampelopsis brevipedunculata*

Ampelopsis brevipedunculata var. *maximowiczii* 'Elegans' ▶

Ananas

A. comosus **'Variegatus'** panaschierte Ananas

syn. *Ananas sativus* 'Variegatus'

Allgemeines

Die Sorte bildet eine dichte Rosette aus langen, harten und sehr stacheligen Blättern mit weißlichem Rand. Selten entwickelt sich nach ein paar Jahren ein kurzstieliger, kräftiger Blütenstand mit kleinen Blüten, die von lebhaft gefärbten Hochblättern umgeben sind. Der entstehende kleine, rötlich überlaufene Fruchtverband gelangt bei Zimmerkultur nicht zur Reife.

Pflege

Bei hellem Standort und jahreszeitlich angepasster Bewässerung ist die Kultur der Sorte einfach. Auch im Winter benötigt sie Wärme.

Vermehrung: Kindel werden eingetopft, sobald sie etwa 15 cm groß sind. Auch der Blattschopf (er muss 1–2 Tage antrocknen) einer Frucht kann in einem Sand-Torf-Gemisch bewurzelt werden (25 °C, gespannte Luft).

Gut zu wissen

Zu starke Feuchtigkeit schadet mehr als eine vorübergehende Trockenperiode.

Kulturbedingungen

Wasserbedarf und Luftfeuchtigkeit: Während der Vegetationsperiode einmal wöchentlich gießen – im Winter seltener.
Lichtansprüche: So viel Sonne wie möglich.
Düngen: Während der Wachstumsperiode gibt man alle 2–3 Wochen einen Blühpflanzendünger.
Umtopfen und Substrat: Etwa alle 2 Jahre im Frühling in Einheitserde umtopfen. Ananas bevorzugt einen kleinen Topf.
Kulturtipp: Temperatur ist der wesentliche Wachstumsfaktor: Unterhalb von 20 °C ist das Wachstum verlangsamt.

Krankheiten und Schädlinge

◆ Weiße, wattige Gebilde am Blattgrund sind ein Zeichen für Schmierläuse. Die Bekämpfung ist schwierig, bei schwachem Befall entfernt man sie mit einem in Alkohol getränkten Wattestäbchen, ansonsten Nützlinge oder ein systemisches Insektizid verwenden.

● Verwandte Arten und Sorten

Ananas bracteatus 'Striatus' (syn. 'Tricolor') besitzt dunkelgrüne, gelb gestreifte Blätter.
Ananas nanus gleicht einer winzigen *Ananas comosus*. Die dunkelgrünen, stachelrandigen Blätter sind 10 cm lang.

Ananas comosus 'Variegatus' ▶

Ananas 'Champaca' ▶

Ananas comosus ▼

Anigozanthos

Kängurublume

Allgemeines

Die in Australien heimische Gattung *Anigozanthos* umfasst rund 10 immergrüne Staudenarten. Als Zimmerpflanzen werden hauptsächlich ***Anigozanthos flavidus*** und ihre Hybriden gezogen. Die etwa 50 cm hohen, linealischen Blätter sind lebhaft grün gefärbt – bei einigen Arten bereift – und wachsen horstförmig. Im Sommer erscheinen aus steifen behaarten Stielen Büschel röhrenförmiger Blüten, deren Farbspektrum von Gelbgrün über Gelb bis zu Orangefarben reicht.

Pflege

Im Zimmer ist diese Art meist nicht sehr langlebig. Bei sonnigem Stand ist der Wasserbedarf hoch.

Vermehrung: Meistens wird die Pflanze nach der Blüte entsorgt. Kultiviert man sie bis zum Frühjahr weiter, kann sie geteilt werden.

Krankheiten und Schädlinge

◆ Die Art ist besonders anfällig für Pilzkrankheiten, die sich als Blattflecken äußern, Spinnmilben und Blattläuse. Das Zentrum des Blattschopfs darf beim Gießen nicht benetzt werden.

Kulturbedingungen

Wasserbedarf und Luftfeuchtigkeit: Während der Blüte gießt man zweimal pro Woche, danach schränkt man die Wassergaben ein und hält die Pflanze im Winter fast trocken.
Lichtansprüche: Volle Sonne.
Düngen: Im Frühjahr und Sommer gibt man alle 2–3 Wochen einen Kakteendünger.
Umtopfen und Substrat: Falls nötig, topft man alljährlich im Frühling in ein durchlässiges mit Sand angereichertes Substrat um.
Kulturtipp: Die Pflanze kann im Sommer auf der Terrasse oder im Garten stehen.

Anigozanthos-Hybride ►

◄ *Anigozanthos*

Anthurium

A. andraeanum Große Flamingoblume

Allgemeines

Die in Kolumbien beheimatete Art ist Elternpflanze zahlreicher Hybriden. Der Blütenstand ist lange in der Vase haltbar und wird von Floristen geschätzt. Wie für die Familie der Aronstabgewächse typisch, bestehen sie aus blassgelbem, leicht gebogenem Spadix (kolbenförmigem Blütenstand) und waffelförmig gemusterter Spatha (Hochblatt), die je nach Sorte rosa, rot oder weiß gefärbt ist. Die Blütentriebe stehen zwischen herzförmigen dunkelgrünen Blättern, die auf einem langen Blattstiel getragen werden.

Kulturbedingungen

Wasserbedarf und Luftfeuchtigkeit: Nur mit weichem Wasser gießen. Vom Frühjahr bis zum Herbst sollte das Substrat ständig leicht feucht gehalten werden, im Winter darf es vor der nächsten Wassergabe etwas abtrocknen. Um die Luftfeuchtigkeit zu erhöhen, stellt man den Topf auf einen Untersetzer mit feuchtem Kies. Bei heißem und trockenem Wetter das Laub (nicht die Blütenstände) mit kalkfreiem Wasser einnebeln.
Lichtansprüche: Hell, jedoch keine direkte Sonne.
Düngen: Im Frühjahr und Sommer gibt man alle 2 Wochen einen Blühpflanzendünger.
Umtopfen und Substrat: Man topft anfangs jährlich, später alle 2 Jahre im Frühjahr um: Der Topfgrund erhält eine gute Dränageschicht, als Substrat dient eine leichte Mischung auf Humuserde- und Torfbasis.
Kulturtipp: Luftfeuchtigkeit und Temperatur sollten so konstant wie möglich gehalten werden. Die Temperatur darf im Winter nicht unter 15 °C sinken.

Anthurium andraeanum ▶

Pflege

Die Ansprüche der Flamingoblume sind hoch, da die Pflanze Wärme und hohe Luftfeuchtigkeit benötigt.

Vermehrung: Teilung im Frühjahr. Man topft die Teilstücke einzeln in ein Substrat aus Humuserde und Torf ein und kultiviert sie bis zur Bewurzelung bei 25 °C in gespannter Luft.

Tipp

Stützen Sie die Blütenstände durch einen Stab.

Krankheiten und Schädlinge

◆ Die Blätter sind klebrig und deformiert: Blattläuse befallen die jungen Triebe und müssen mit einem Insektizid oder Nützlingen bekämpft werden.

◆ Zeigen sich auf den Blättern braune Flecken mit gelbem Hof, ist das ein Zeichen für die Pilzkrankheit Septoriose, gefördert durch warme und feuchte Umgebung. Entfernen Sie die entsprechenden Blätter, bei größeren Schäden verwendet man ein Fungizid.

◆ Schmierläuse, an weißen, wattigen Gebilden auf der Blattunterseite erkennbar, können bei schwachem Befall mit einem in Alkohol getränkten Wattestäbchen entfernt werden, ansonsten verwendet man ein systemisches Insektizid oder Nützlinge.

● Verwandte Arten und Sorten

Anthurium scherzerianum lässt sich leichter im Zimmer kultivieren. Die Pflanze besitzt bis zu 20–30 cm lange lanzettförmige, dunkelgrüne Blätter. Der Blütenstand besteht aus einem gelbrötlichen gebogenen Spadix und einer ovalen scharlachroten Spatha, die manchmal weiß gefleckt ist.

A. crystallinum wird im Gegensatz zu den anderen Flamingoblumen wegen des dekorativen Laubs gezogen. Die samtigen herzförmigen, sehr großen (30–50 cm langen) Blätter sind anfangs violett getönt und verfärben sich im Alter tiefgrün. Die Blattadern sind oberseits elfenbeinfarben und auf der Unterseite blassrosa. Die Pflanze wird etwa 60 cm hoch und breit.

Auch andere Hybriden besitzen sehr attraktives Laub mit großen, leuchtend grünen Blättern.

Anthurium andraeanum ▼

Anthurium scherzerianum ▼

Anthurium scherzerianum ▼

Anthurium hookeri ▼

Anthurium ellipticum 'Jungle Bush' ▼

Aphelandra

A. squarrosa Glanzkölbchen

Allgemeines

Aphelandra, aus dem tropischen Amerika stammend, zeichnet sich durch große elliptische, glänzend dunkelgrüne Blätter mit weißer Zeichnung an den Blattadern aus. Der Blütenstand besteht aus einer leuchtend gelben Ähre, die sich aus stufenförmig angeordneten, gelben Hochblättern und im Frühling erscheinenden, kurzlebigen gelblichen Röhrenblüten zusammensetzt. Die buschige Pflanze wird 30–60 cm hoch. Eine zweite Blüte wird meist nicht angesetzt.

Aphelandra squarrosa ▲

Aphelandra aurantiaca ▲

Krankheiten und Schädlinge

◆ Blattlaus- und Schildlausbefall ist häufig. Gegebenenfalls mit Nützlingen oder einem geeigneten Insektizid behandeln.

◄ *Aphelandra squarrosa*

Kulturbedingungen

Wasserbedarf und Luftfeuchtigkeit: Während der Blütezeit reichlich gießen, Staunässe vermeiden. Nach der Blüte schränkt man die Wassergaben ein. Sorgen Sie für hohe Luftfeuchtigkeit, indem Sie die Pflanze auf einen Untersetzer mit feuchtem Kies stellen. Bei heißem Wetter die Blätter (nicht die Blüten!) regelmäßig besprühen.
Lichtansprüche: Hell, ohne direkte Sonne.
Düngen: Im Frühjahr und Sommer gibt man alle 2 Wochen einen Blühpflanzendünger.
Umtopfen und Substrat: Man topft alljährlich im zeitigen Frühjahr in eine mit Torf angereicherte Einheitserde um.
Kulturtipp: Überwinterung der Pflanze an einem kühlen (12–15 °C), hellen Standort. Vor kalter Zugluft schützen.

Pflege

Das Glanzkölbchen ist empfindlich und wird teilweise nur als Saisonpflanze kultiviert.
Vermehrung: Im Frühjahr nimmt man 8–10 cm lange Blattstecklinge, steckt sie in ein feuchtes Sand-Torf-Gemisch (1 : 1) und bewurzelt bei gespannter Luft (21–24 °C).

Gut zu wissen

Wird die Pflanze weiterkultiviert, sollte man die Triebe beim Umtopfen stark einkürzen.

● Verwandte Arten und Sorten

Aphelandra squarrosa 'Brockfeld' mit dunkelgrünen Blättern und kompaktem Habitus.
Aphelandra squarrosa 'Dania' hat kürzere, weiß geaderte Blätter und einen orangegelben Blütenstand.
Aphelandra squarrosa 'Louisae' mit ausgeprägter, elfenbeinfarbiger Blattaderung wird häufig kultiviert.

Aphelandra squarrosa 'Dania' ►

Araucaria

A. heterophylla Zimmertanne

syn. *Araucaria excelsa*

Allgemeines

Die Zimmertanne ist in ihrer Heimat – Australien und der Norfolk-Insel – ein bis zu 50 m hoher Baum, bei Topfkultur wird sie nicht höher als 1–2 m. Die immergrünen Nadelblätter bestehen aus einer abgeflachten ledrigen, grünen Spreite. Besonders hübsch ist der etagenförmige Aufbau der Pflanze, der allerdings zur exakten Entfaltung ausreichend Raum und eine gleichmäßige Beleuchtung benötigt. Die Zimmertanne ist nahe verwandt mit der Andentanne *(Araucaria araucana)*, die in milden Regionen im Freiland gedeiht.

Pflege

Kühl (nicht über 6–10 °C) und hell überwintern. Im Sommer ist eine gute Belüftung erforderlich – ein Standort am offenen Fenster ist ideal.

Vermehrung: Vermehrt wird durch Samen oder Kopfstecklinge: nur für Fachleute!

Kulturbedingungen

Wasserbedarf und Luftfeuchtigkeit: Während der Vegetationsperiode reichlich gießen. Im Winter soll der Ballen nur schwach feucht sein.

Lichtansprüche: Sehr heller Standort, jedoch keine Mittagssonne im Sommer.

Düngen: Im Frühjahr und Sommer alle 2 Wochen mit einem Grünpflanzendünger versorgen.

Umtopfen und Substrat: Junge Pflanzen werden alle 2 Jahre umgetopft. Sobald der Baum etwa 1 m hoch ist, reicht ein oberflächlicher Substrataustausch. Mischen Sie Einheitserde, Torf und Sand.

Kulturtipp: Nicht in die Nähe von Heizkörpern stellen! Die Zimmertanne verliert mit den Jahren ihre unteren Nadeln und wird unansehnlicher.

Krankheiten und Schädlinge

◆ Weiße, wattige Gebilde auf Nadeln und Trieben sind ein Zeichen für Schmierläuse. Man kann sie mit in Alkohol getränkten Wattestäbchen entfernen, ein systemisches Insektizid oder Nützlinge einsetzen.

Araucaria heterophylla ▶

Araucaria heterophylla ▼

Ardisia

A. crenata

Gewürzbeere

Allgemeines

Der aus Ostasien stammende Strauch kann im Zimmer 0,8–1 m hoch werden. Der aufrechte Stamm trägt glänzend dunkelgrüne, lanzettliche Blätter mit gezacktem Rand. Die sternförmigen weißrosafarbenen Blüten erscheinen im Frühsommer, sie stehen in doldenartigen Gruppen in den Blattachseln. Sie entwickeln sich anfangs zu grünen, später leuchtend roten, langlebigen Beeren, die über 1 Jahr hängen bleiben können.

Pflege

Die Gewürzbeere gedeiht in normal beheitzten Räumen (16–18 °C). Sie benötigt sehr hohe Luftfeuchtigkeit.

Vermehrung: Aussaat im zeitigen Frühjahr (16–18 °C). Im Frühsommer seitliche Triebe mit einem kleinen Rindenstück abnehmen und bei gespannter Luft in einem schwach feuchten Sand-Torf-Gemisch (1 : 1) bewurzeln lassen.

Gut zu wissen

Die Pflanze verliert im Alter ihre Wüchsigkeit. Verjüngung durch Kopfstecklinge oder im Februar auf 10 cm Höhe zurückschneiden.

Krankheiten und Schädlinge

◆ Weiße, wattige Gebilde auf den Blättern sind ein Zeichen für Schmierläuse. Mit einem in Alkohol getränkten Wattestäbchen entfernen, ein systemisches Insektizid oder Nützlinge einsetzen.

Panaschierte *Ardisia crenata* ▼

Kulturbedingungen

Wasserbedarf und Luftfeuchtigkeit: Während der Wachstumsperiode reichlich gießen, damit das Substrat gut, aber nicht übermäßig feucht ist. Im Winter schränkt man die Wassergaben je nach Temperatur ein: Unterhalb von 15 °C gießt man nur wenig. Substrat zwischen 2 Wassergaben immer gut abtrocknen lassen. Die Pflanze benötigt eine hohe Luftfeuchtigkeit.

Lichtansprüche: Hell mit etwas direkter Sonne, aber nicht bei großer Hitze.

Düngen: Im Frühjahr und Sommer alle 2 Wochen einen Blühpflanzendünger verabreichen.

Umtopfen und Substrat: Alle 2 Jahre Jungpflanzen im Frühling in eine Mischung aus gleichen Teilen Einheitserde, Sand und Torf umtopfen.

Kulturtipp: Überwintern Sie die Pflanze an einem hellen, kühlen Standort (etwa 7–15 °C), beispielsweise im Wintergarten.

Ardisia crenata ▼

Aristolochia

A. littoralis

Strandpfeifenwinde

syn. *Aristolochia elegans*

Allgemeines

Die Pfeifenwinden – fast alle sind Kletterpflanzen mit windenden Trieben – stammen aus den gemäßigten und tropischen Regionen, einige sind winterhart. Als Zimmerpflanze ist *Aristolochia littoralis* am weitesten verbreitet. Die Pflanze ist immergrün und besitzt hellgrüne herzförmige Blätter. Die ungewöhnlichen Blüten ohne Blütenblätter bestehen aus einem purpurbraun und weiß geaderten, röhrigen Kelch, der sich pfeifenförmig erweitert.

Pflege

Die Pflanze stellt hohe Ansprüche an Wärme und Luftfeuchtigkeit.

Vermehrung: Im zeitigen Frühjahr 10 cm lange Triebe abnehmen und in ein schwach feuchtes Torf-Sand-Gemisch (1 : 1) stecken. Die Bewurzelung erfolgt bei gespannter Luft (21–24 °C). Bewurzelungspulver verwenden. Auch Aussaat im Frühjahr ist möglich (22 °C).

● Verwandte Arten und Sorten

Aristolochia gigantea mit großen, dreieckigen dunkelgrünen Blättern und riesigen purpurroten, weißlich marmorierten Blüten.

Krankheiten und Schädlinge

◆ Verfärbtes und eingetrocknetes Laub deutet auf Spinnmilben hin, die sich bei heißem, trockenem Wetter vermehren. Luftfeuchtigkeit durch häufiges Besprühen der Blätter erhöhen. Raubmilben oder im Notfall ein Akarizid verwenden.

◆ Die Weiße Fliege oder Mottenschildlaus fliegt bei Berührung der Pflanze auf. Wiederholte Insektizidbehandlungen (etwa alle 8–10 Tage) durchführen.

Kulturbedingungen

Wasserbedarf und Luftfeuchtigkeit: Während der Wachstumsperiode reichlich gießen, im Winter je nach Temperatur reduzieren. Wichtig ist eine hohe Luftfeuchtigkeit.

Lichtansprüche: Helles, indirektes Licht.

Düngen: Im Frühjahr und Sommer gibt man alle 2 Wochen einen Blühpflanzendünger.

Umtopfen und Substrat: Falls nötig im Frühjahr in eine Mischung aus Humuserde und guter Gartenerde umtopfen.

Kulturtipp: Im zeitigen Frühling kürzt man die Triebe leicht ein. Die Überwinterungstemperatur muss mindestens bei 10 °C liegen. Kultur im warmen oder temperierten Gewächshaus empfehlenswert.

Aristolochia gigantea ▲

Aristolochia littoralis ▲

Aristolochia grandiflora ▲

Aristolochia littoralis ▶

➤➤ x **Ascocenda** siehe unter *Vanda*

Asparagus

A. densiflorus 'Sprengeri'

Sprengers Zierspargel

syn. *Asparagus sprengeri*

Allgemeines

Der Wildtyp von *A. densiflorus* stammt aus Südafrika und wird im Zimmer selten kultiviert. Die davon abstammende, sehr bekannte Sorte 'Sprengeri' besitzt buschige, verzweigte und überhängende Triebe, auf denen Seitensprosse (sogenannte Phyllokladien) in Nadelblattform sitzen. Die Triebe sind leicht bedornt. Diese Art wirkt als Ampelpflanze sehr dekorativ.

Kombinationen: In einer großen Schale bildet das zarte Laub eine perfekte Ergänzung zu anderen Arten, die in schwach feuchtem Substrat gedeihen, wie panaschierte Efeusorten oder Grünlilien.

Krankheiten und Schädlinge

- ◆ Bei Spinnmilbenbefall vertrocknet das Laub. Erhöhen Sie die Luftfeuchtigkeit durch häufiges Besprühen der Blätter. Falls nötig, können Raubmilben oder ein Akarizid verwendet werden.
- ◆ Schildläuse erkennt man an den braunen Höckern auf klebrigen Blättern. Entfernung mit einem in Alkohol getränkten Wattestäbchen, Nützlinge oder systemisches Insektizid einsetzen.

◄ *Asparagus densiflorus* 'Sprengeri'

Asparagus falcatus ►

Pflege

Zierspargel ist für Anfänger geeignet, man muss nur heiße und trockene Standorte vermeiden.

Vermehrung: Die Horste werden beim Umpflanzen im März oder April geteilt. Aussaat ist möglich (im Frühling, 16 °C), die Jungpflanzen entwickeln sich aber langsam.

Gut zu wissen

Zierspargel bildet auch im Zimmer Früchte: Die kleinen roten Beeren sind allerdings giftig.

Kulturbedingungen

Wasserbedarf und Luftfeuchtigkeit: Während der Wachstumsperiode reichlich gießen, Staunässe vermeiden. Im Winter sollte das Substrat nur schwach feucht sein. Bei heißem und trockenem Wetter einsprühen.

Lichtansprüche: Hell, jedoch keine direkte Sonne.

Düngen: Im Frühjahr und Sommer gibt man alle 2 Wochen einen Grünpflanzendünger.

Umtopfen und Substrat: Wenn die Wurzeln den Topf ausfüllen, im Frühjahr in Einheitserde umtopfen.

Kulturtipp: Tiefe (bis zu 8 °C) Temperaturen werden vertragen. Im Sommer belüftet man den Standort bei über 21 °C oder stellt die Pflanzen an einen sonnengeschützten Ort ins Freiland.

● Verwandte Arten und Sorten

Asparagus densiflorus 'Meyeri' (syn. *A. meyeri*) besitzt weiche, von zarten „Ästchen" bedeckte Triebe, die an eine lange Flaschenbürste erinnern.

Asparagus falcatus ist eine kletternde Art, die aus Indien und Sri Lanka stammt. Die langen Sprosse wirken wie zarte Spargelsprossen und entwickeln sich zu dünnen, bedornten Trieben mit langen sichelförmigen Phyllokladien. Die Pflanze kann im Topf 1,5–2 m hoch werden.

Asparagus setaceus (syn. *A. plumosus*) bildet aufrechte farnartige Triebe, die mit sehr zarten blattartigen Phyllokladien besetzt sind. Besonders Floristen schätzen diesen Zierspargel und verwenden ihn gerne als Grün in Blumensträußen.

Asparagus setaceus 'Pyramidalis' ▼

◄ Asparagus densiflorus 'Meyeri'

Aspidistra

A. elatior Schusterpalme, Schildnarbe

▼▲ *Aspidistra elatior* 'Variegata'

Allgemeines
Eine anspruchslose Pflanze, die in den Wäldern des Himalaja, Chinas und Japans heimisch ist. Sie besitzt schuppige Rhizome, aus denen die langen (60–80 cm hohen) lanzettlichen, tiefdunklen und glänzenden Blätter entspringen. Die selten gebildeten, purpurroten Blüten stehen tief unter dem Laub verborgen und entwickeln sich später zu kleinen roten Beeren.

Pflege
Die äußerst widerstandsfähige Schusterpalme gedeiht sogar bei Luftverschmutzung durch Rauch, schlechter Beleuchtung und Temperaturschwankungen.
Vermehrung: Teilung im Frühjahr.

Gut zu wissen
Die Schusterpalme wächst langsam und bildet pro Jahr etwa 2–4 Blätter.

● Verwandte Arten und Sorten
Aspidistra elatior 'Variegata' hat weiß gestreifte Blätter. Sie braucht einen helleren Standort und nährstoffarmes Substrat.

Kulturbedingungen

Wasserbedarf und Luftfeuchtigkeit: Während der Wachstumszeit gießt man mäßig und schränkt die Wassergaben im Winter ein. Staunässe im Untersetzer unbedingt vermeiden!
Lichtansprüche: Keine direkte Sonne, ansonsten anspruchslos. An dunklen Standorten wächst die Pflanze langsamer.
Düngen: Im Frühjahr und Sommer alle 2–3 Wochen einen schwach dosierten Grünpflanzendünger geben.
Umtopfen und Substrat: Wenn die Wurzeln den Topf ausfüllen, im Frühjahr in Einheitserde mit einer guten Dränageschicht umtopfen.
Kulturtipp: Staub regelmäßig mit einem feuchten Schwamm von den Blättern entfernen.

Krankheiten und Schädlinge

◆ Spinnmilben (verfärbtes und eingetrocknetes Laub) vermehren sich bei heißem, trockenem Wetter. Luftfeuchtigkeit durch häufiges Besprühen der Blätter erhöhen, falls nötig Raubmilben oder ein Akarizid einsetzen.
◆ Schildläuse, an den braunen Höckern zu erkennen, sind schwer zu bekämpfen. Mit einem in Alkohol getränkten Wattestäbchen entfernen. Im Notfall systemisches Insektizid oder Nützlinge einsetzen.

Asplenium

A. nidus

Vogelnestfarn

Allgemeines

Vogelnestfarn, im tropischen Südostasien heimisch, besitzt lange, leuchtend grüne Wedel mit gewelltem Rand und brauner Mittelrippe. Die sehr empfindlichen jungen Wedel entwickeln sich in der braunen behaarten Mitte der Rosette. Die ausgewachsenen Wedel (etwa 50 cm) tragen auf der Unterseite streifenförmige braune Sori, welche die Sporen enthalten.

Kombinationen: Gut mit Pflanzen mit gefiederten Blättern oder hängendem Wuchs kombinierbar, wie Klimme, Efeutute oder Kletterfeige *(Ficus pumila)*.

Pflege

Die Pflege ist einfach. Kalte Zugluft und häufigen Standortwechsel vermeiden.

Vermehrung: Die Aussaat der Sporen ist sehr aufwendig.

● Verwandte Arten und Sorten

Asplenium bulbiferum ist in Australien heimisch und besitzt fein gefiederte Wedel mit Brutknospen, aus denen sich zahlreiche Pflänzchen entwickeln.

Asplenium antiquum besitzt schmalere Wedel mit gewelltem Rand.

Kulturbedingungen

Wasserbedarf und Luftfeuchtigkeit: Während der Wachstumszeit regelmäßig gießen, um das Substrat feucht zu halten. Im Winter Temperatur senken und Wassergaben reduzieren. Bei heißem Wetter Blätter einnebeln.

Lichtansprüche: Indirektes Licht.

Düngen: Im Frühjahr und Sommer alle 3–4 Wochen einen Grünpflanzendünger in halber Dosierung geben.

Umtopfen und Substrat: Je nach Alter der Pflanze alle 1–2 Jahre im Frühling umtopfen, in ein Substrat aus gleichen Teilen Lauberde, Torf und grobem Sand.

Kulturtipp: Unregelmäßiges Gießen verursacht Blattrandverfärbungen.

Krankheiten und Schädlinge

◆ Vogelnestfarn wird häufig von Schildläusen befallen. Man muss die Pflanze regelmäßig kontrollieren und die Schädlinge mit dem Fingernagel sofort entfernen oder Schlupfwespen einsetzen, da Behandlungen mit Insektiziden schlecht vertragen werden.

Asplenium antiquum 'Osaka' ▲

Asplenium nidus ►

Bambusa

B. vulgaris — Bambus

Allgemeines

Diese ursprünglich tropische Bambusart ist gut an die Zimmerkultur angepasst. Ihre Horste bestehen aus glatten gelben Stängeln mit leuchtend grünen, schmalen, spitz-länglichen Blättern. Die Sorte **'Vittata'** (syn. 'Striata') besitzt sehr schöne goldgelbe, grün gestreifte Stängel. Während sie in der Natur bis zu 30 m hoch wird, werden im Zimmer nur etwa 2 m erreicht.

Pflege

Die Pflanze benötigt hohe Luftfeuchtigkeit; ideal ist ein Standort am Fenster oder im temperierten Wintergarten.

Vermehrung: Dichte Horste im Frühjahr teilen und die Teilstücke sofort wieder einpflanzen, damit sie nicht austrocknen.

Krankheiten und Schädlinge

◆ Blattlausbefall wird an deformierten Blättern sichtbar. Schlupfwespen oder ein Insektizid schaffen Abhilfe.

◆ Weiße, wattige Gebilde am Blattgrund sind ein Zeichen für Schmierläuse. Man entfernt sie mit einem in Alkohol getränkten Wattestäbchen und bei starkem Befall mit Nützlingen oder einem Insektizid.

◆ Bei Spinnmilbenbefall (verfärbtes und eingetrocknetes Laub) erhöht man am besten die Luftfeuchtigkeit durch Besprühen der Blätter. Akarizid oder Nützlinge im Notfall einsetzen.

Kulturbedingungen

Wasserbedarf und Luftfeuchtigkeit: Ganzjährig mäßig gießen, ohne das Substrat austrocknen zu lassen. Bei heißem Wetter nebelt man das Laub täglich ein.

Lichtansprüche: Hell, im Sommer vor direkter Sonne geschützt.

Düngen: Während der Wachstumszeit gibt man einmal monatlich einen Grünpflanzendünger.

Umtopfen und Substrat: Im Frühling in eine Mischung aus gleichen Teilen Einheitserde, Gartenerde und grobem Sand umtopfen.

Kulturtipp: Im Sommer an einen halbschattigen Platz nach draußen stellen.

● Verwandte Arten und Sorten

Bambusa ventricosa stammt aus Südchina. Ihre kräftigen Stängel tragen Wirtel aus 10–20 dunkelgrünen, länglichen Blättern. Die Internodien sind häufig angeschwollen, was zum Beinamen „Buddhas Bauch“ geführt hat. Die Art wird bei Topfkultur 2–3 m hoch, lässt sich gut stutzen und eignet sich besonders zur Erziehung als Bonsai.

Bambusa ventricosa ▼

Bambusa vulgaris ►

Beaucarnea

B. recurvata Ponyschwanz, Klumpstamm
syn. *Nolina recurvata*

Allgemeines

Der Name Klumpstamm bezieht sich auf den geraden, an der Basis verdickten Stamm mit korkig rissiger Oberfläche, der oben verzweigt und mittelgrüne, zurückgebogene, sehr lange Blätter trägt. Die Art wächst langsam, kann aber schließlich 2 m oder mehr erreichen.
Kombinationen: Mit ihren klaren Linien kommt diese Pflanze am besten als Solitär zur Geltung.

Pflege

Die Kultur ist einfach – vorausgesetzt, der Standort ist sehr hell.
Vermehrung: Die Vermehrung ist schwierig, sie erfolgt über Samen oder über Ableger, die sich gelegentlich am Stammgrund bilden.

Gut zu wissen

Katzen knabbern gerne an den Blattspitzen und wetzen ihre Krallen am Stamm.

Beaucarnea recurvata ▼

Kulturbedingungen

Wasserbedarf und Luftfeuchtigkeit: Man gießt mäßig und lässt das Substrat zwischendurch oberflächlich abtrocknen. Im Winter seltener gießen, insbesondere bei kühlen Temperaturen.
Lichtansprüche: Sehr hell, in der Mittagssonne nur indirektes Licht.
Düngen: Im Frühjahr und Sommer gibt man alle 3–4 Wochen einen Grünpflanzendünger in halber Dosierung.
Umtopfen und Substrat: Wenn die Wurzeln den Topf ausfüllen, topft man im Frühjahr in ein sehr durchlässiges Substrat (Typ Kakteenerde) um.
Kulturtipp: Die Pflanze an einem kühlen Standort (15–18 °C) überwintern.

Krankheiten und Schädlinge

◆ Schmierläuse erkennt man an den weißen, wattigen Gebilden auf der Blattunterseite, die man mit einem in Alkohol getränkten Wattestäbchen entfernen kann. Nützlinge oder ein systemisches Insektizid bei starkem Befall einsetzen.

Beaucarnea recurvata ▼

Begonia

B. x hiemalis Blütenbegonien

Allgemeines

Diese Hybriden sind je nach Elternarten entweder Kurztagspflanzen, die im Winter blühen, oder sommerblühende Langtagspflanzen. Daher kann man die reich blühenden Pflanzen das ganze Jahr über kaufen. Die einfachen oder gefüllten Blüten sind 4–5 cm groß, ihre Farbskala reicht von Rot über Rosa, Weiß und Orange bis zu Gelb. Die kurzen, fleischigen Stiele sind aufrecht oder leicht überhängend, die herzförmigen, spitzen Blätter grün oder bronzefarben.
Kombinationen: Meist werden verschiedene Hybriden mit unterschiedlichen Farben zusammengestellt.

Pflege

Blütenbegonien lassen sich in hellen Räumen bei 18–20 °C einfach kultivieren.
Vermehrung: Die Aussaat ist schwierig, man kauft besser direkt Jungpflanzen.

Begonia x *hiemalis* ►

Begonia x *hiemalis* ▼

▼ *Begonia* x *hiemalis*

Krankheiten und Schädlinge

◆ Mehltau verursacht einen weißlichen Belag auf den Blättern und wird durch feuchte Umgebung oder einen starken Temperatursturz gefördert. Man behandelt mit einem geeigneten Fungizid.
◆ Verschrumpeln die Blätter, ist es der Pflanze zu heiß. Sie muss umgestellt werden.
◆ Die Blätter weisen schwarze Flecken auf: Gießen Sie bei niedrigen Temperaturen seltener.

Kulturbedingungen

Wasserbedarf und Luftfeuchtigkeit: Während der Blütezeit wird das Substrat leicht, aber nicht übermäßig feucht gehalten. Die Blätter nicht einsprühen.
Lichtansprüche: Hell, jedoch ohne direkte Sonne.
Düngen: Während der Blütezeit alle 2–3 Wochen einen Blühpflanzendünger geben.
Umtopfen und Substrat: Diese Saisonpflanzen entsorgt man nach der Blüte.
Kulturtipp: An Begonia-Semperflorens-Hybriden haben Sie jahrelang Freude.

● Verwandte Arten und Sorten

Begonia 'Lucerna' und *B.* 'Comte de Miribel' gehören zu den Stammbegonien, die aufrechte bambusartige Sprosse besitzen. Die spitz-eiförmigen Blätter sind auf der Oberseite weiß gefleckt. Die rosafarbenen Blütenrispen erscheinen vom Frühling bis zum Herbst. 'Tamaya' ist eine Begonia-Corallina-Hybride, die als Stammbegonie zwischen Blatt- und Blütenbegonien angesiedelt ist.

Gut zu wissen

Die als Topfblumen kultivierten Begonien haben eine komplexe Herkunft. Lorrainebegonien-Hybriden *(Begonia* x *cheimantha),* z. B. *B.* 'Gloire de Lorraine', stammen aus einer Kreuzung von *B. socotrana,* einer Knollenbegonie von der Insel Socotra, und *B. dregei,* einer Knollenbegonie aus Südafrika. Begonia-Elatior-Hybriden *(B.* x *elatior)* sind aus einer Kreuzung zwischen *B. socotrana* und den knolligen Tuberhybrida-Begonien *(B.* x *tuberhybrida)* aus den Anden hervorgegangen.

Begonia x *hiemalis* ▼

▼ *Begonia* x *hiemalis*

Begonia x *hiemalis* ▼

B.-Corallina-Hybride
oder *Begonia* 'Tamaya' ▲

Begonia 'Lucerna' ▼

Begonia (Blattbegonien)

B. x *rex-cultorum*

Begonia-Rex-Hybriden

Allgemeines

Die Königsbegonien (Begonia-Rex-Hybriden) gibt es in zahlreichen Sorten mit farbigem, schön gezeichnetem Laub. Die großen spitz-rundlichen Blätter weisen konzentrisch angeordnete Zonen mit kontrastreicher Zeichnung auf: Grüntöne wechseln mit Bronze, Braun, weißen und rötlichen Zonen ab. Im Sommer erscheinen manchmal kleine blassrosafarbene Blüten.

Pflege

Ein heller Standort ohne direkte Sonne wird gut vertragen, trockene Luft dagegen nicht. Blattbegonien gedeihen bei normaler Zimmertemperatur.

Vermehrung: Von Mai bis Juni kann man aus Blättern, Blattstücken oder Sprossstücken Ableger machen. Die Pflanzenteile werden auf die Oberfläche eines Sand-Torf-Gemisches (1 : 1) gelegt. Man deckt mit Klarsichtfolie ab und kultiviert bei 18–21 °C. Sobald 2–3 Blätter vorhanden sind, vereinzeln.

▼ *Begonia* x *rex-cultorum*

▲ *Begonia* x *rex-cultorum*

● Verwandte Arten und Sorten

Begonia **x** ***rex-cultorum*** **'Comtesse Louise Erdoedy'** besitzt merkwürdige spiralförmig gedrehte Blätter, die an ein Schneckenhaus erinnern.

Aus Neuguinea stammt die **Ordensbegonie** ***(B. masoniana)*** mit warzigen mittelgrünen Blättern, deren dunkelbraune Zeichnung in der Blattmitte an ein Kreuz erinnert.

B. bowerae **'Tiger'** besitzt hellgrüne, bronzefarben gefleckte Blätter mit fein behaartem Rand.

Die leicht zu kultivierende ***B.*** **'Erythrophylla'** zeichnet sich durch große, fleischige, glänzende Blätter aus, die oberseits dunkelgrün und unten dunkelrot sind, sowie kleine blassrosafarbene Blüten in Rispen.

▼ *Begonia bowerae* 'Tiger'

Kulturbedingungen

Wasserbedarf und Luftfeuchtigkeit: Ganzjährig mäßig mit kalkfreiem Wasser gießen, trockene Luft vermeiden.
Lichtansprüche: Ein heller Standort in Fensternähe, jedoch ohne direkte Sonne, fördert eine kontrastreiche Blattfärbung.
Düngen: Im Frühjahr und Sommer alle 2–3 Wochen einen Grünpflanzendünger verabreichen.
Umtopfen und Substrat: Alle 2 Jahre im März in ein Substratgemisch auf Torfbasis umtopfen. Der Topf soll groß, aber nicht tief sein.
Kulturtipp: Vor kalter Zugluft schützen.

Krankheiten und Schädlinge

◆ Blattbegonien sind anfällig für Mehltau, der durch feuchte Umgebung oder einen starken Temperatursturz gefördert wird. Man behandelt mit einem geeigneten Fungizid.

Begonia venosa ▼

▼ *Begonia venosa*

◀ *Begonia masoniana*

Billbergia

B. x windii Zimmerhafer

Allgemeines

Dieses Bromeliengewächs ist eine Kreuzung aus ***Billbergia nutans*** und ***B. decora.*** Die 60–70 cm langen, steifen Blätter bilden eine Rosette. Da sie von grauen Schuppen bedeckt sind, wirkt die Pflanze wie bemehlt. Die gebogenen Blütenstände besitzen leuchtend rosafarbene Hochblätter und kleine grüne Blüten mit rotem Rand und erscheinen im Sommer.

Pflege

Die Kultur ist recht einfach, die Pflanze gelangt aber nur an einem sehr hellen Standort zur Blüte.

Vermehrung: Es werden viele Kindel gebildet, die beim Umtopfen einzeln in Bromelienerde gesetzt werden können. Auch eine Teilung größerer Pflanzen ist möglich.

▼ *Billbergia x windii*

Kulturbedingungen

Wasserbedarf und Luftfeuchtigkeit: Man gießt mit kalkfreiem Wasser: Im Sommer reichlich, doch es darf keine Staunässe entstehen, im Winter mäßig, besonders bei kühleren Temperaturen. Die Pflanze benötigt ganzjährig eine hohe Luftfeuchtigkeit.

Lichtansprüche: Hell, an einem sonnigen Fenster, vor praller Mittagssonne schützen.

Düngen: Im Frühjahr und Sommer alle 2 Wochen einen Grünpflanzendünger in halber Dosierung geben.

Umtopfen und Substrat: Im Frühling in eine durchlässige, kalkfreie Bromelienerde umtopfen.

Kulturtipp: Wenn die Pflanze einen dichten Horst bildet, blüht sie wesentlich besser.

Krankheiten und Schädlinge

◆ Schmierläuse und Schildläuse treten manchmal auf, die man mit einem in Alkohol getränkten Wattestäbchen entfernt. Bei starkem Befall hilft ein systemisches Insektizid oder Schlupfwespen.

● Verwandte Arten und Sorten

Die aus Südamerika stammende Art ***B. nutans*** wird am häufigsten kultiviert. Die dunkelgrünen, gebogenen Blätter mit gezähntem Rand sind sehr lang und riemenförmig, sie bilden große, relativ dichte Rosetten. Der überhängende Blütenstand trägt große rosafarbene oder rote Hochblätter, die grün-violette Blüten umgeben.

B. pyramidalis bildet eine ausgebreitete Blattrosette und eine wolligen Blütenstand.

▼ *Billbergia nutans*

Blechnum

B. gibbum
Rippenfarn

syn. *Lomaria gibba*

Allgemeines
Dieser kompakte buschige Farn stammt aus Südamerika und beeindruckt durch die großen, tief eingeschnittenen Wedel, die bis zu 1 m lang werden können. Das stammähnliche Rhizom ist von schwarzen Schuppen bedeckt.

Pflege
Die Kultur von Rippenfarn ist schwierig: hohe Luftfeuchtigkeit, Zugluft vermeiden.

Vermehrung: Durch Aussaat der Sporen, nur für Fachleute geeignet.

Blechnum brasiliense 'Fire Leaf' ▼

◀ *Blechnum gibbum*

Kulturbedingungen

Wasserbedarf und Luftfeuchtigkeit: Man gießt im Sommer reichlich, im Winter sparsamer. Ein sehr helles Badezimmer mit hoher Luftfeuchtigkeit ist ideal. Stellen Sie den Topf auf einen Untersetzer mit Kies, der ständig feucht gehalten wird.

Lichtansprüche: Hell, ohne direkte Sonne.

Düngen: Im Frühjahr und Sommer alle 2 Wochen einen Grünpflanzendünger in halber Dosierung geben.

Umtopfen und Substrat: Im Frühling in ein Gemisch aus Moorbeeterde und Lauberde (1 : 1) umtopfen.

Kulturtipp: Im Winter sollte die Temperatur nicht unter 18 °C fallen.

Krankheiten und Schädlinge

◆ Kleine braune Erhebungen unter den Wedeln deuten auf Schildläuse hin. Mit einem in Alkohol getränkten Wattestäbchen entfernen, Schlupfwespen einsetzen oder mit einem systemischen Insektizid behandeln.

Bouvardia

Bouvardie

Allgemeines

Diese Gattung stammt aus dem tropischen Amerika. In Kultur sind hauptsächlich Hybriden der Art ***Bouvardia longiflora*** (syn. *B. humboldtii*). 3–5 cm lange ovale Blätter hat der kleine immergrüne Busch, der im Topf selten höher als 70 cm wird. Die duftenden, röhrenförmigen, einzeln oder in Gruppen stehenden Blüten sind weiß oder rosafarben und erscheinen im Herbst.

Pflege

Die Pflanze benötigt eine winterliche Ruheperiode, um erneut zu blühen. Sie ist besser an die Gewächshauskultur angepasst.

Vermehrung: Im Frühjahr nimmt man 7–10 cm lange Stecklinge ab und bewurzelt sie in gespannter Luft. Sie wachsen nur schwer an.

Tipp

Im zeitigen Frühjahr kürzt man die abgeblühten Triebe um die Hälfte ein.

Bouvardia longiflora ►

Kulturbedingungen

Wasserbedarf und Luftfeuchtigkeit: Während der Wachstumszeit nur mäßig gießen, im Winter – insbesondere bei kühler Temperatur – sparsam.
Lichtansprüche: Hell, doch ohne direkte Sonne.
Düngen: Im Frühjahr und Sommer alle 2 Wochen einen schwach dosierten Dünger geben.
Umtopfen und Substrat: Jährlich im Frühjahr in eine mit Torf angereicherte Blumenerde umtopfen.
Kulturtipp: Die Pflanze sollte im Winter kühl stehen (Minimum 5 °C).

Krankheiten und Schädlinge

◆ Weiße, wattige Gebilde am Blattgrund sind ein Zeichen für Schmierläuse. Bei schwachem Befall mit einem in Alkohol getränkten Wattestäbchen entfernen, ansonsten verwendet man ein Insektizid oder setzt Nützlinge ein.

◆ Wenn man die Pflanze streift, fliegen kleine weiße Insekten auf: Die Weiße Fliege zählt zu den saugenden Insekten, die schwierig zu bekämpfen sind. Wiederholte Insektizidbehandlungen (etwa alle 8–10 Tage) sind meist unumgänglich.

◄ *Bouvardia longiflora*

Brachychiton

B. rupestris Queensland-Flaschenbaum

Allgemeines

Die Gattung *Brachychiton* umfasst etwa 30 in Australien und Neuguinea heimische Arten, viele von ihnen mit flaschenförmigem Stamm. Als Zimmerpflanze wird häufig *B. rupestris* kultiviert. Der Stamm ist merkwürdig geformt, die Blätter sind lang und spitz zulaufend mit hellerer Mittelrippe. Ein starker Rückschnitt im Spätwinter ist möglich, deshalb eignet sich die Art auch zur Bonsai-Erziehung. Der Flaschenbaum wird im Topf etwa 1 m hoch, doch er wächst langsam.

Pflege

Die Zimmerkultur ist relativ einfach. Staunässe wird nicht vertragen.
Vermehrung: Im Spätsommer halbverholzte Triebe abnehmen, das untere Ende in Bewurzelungspulver tauchen und die Stecklinge bei Bodenwärme in gespannter Luft bewurzeln. Auch die Aussaat frischer Samen ist möglich.

Brachychiton rupestris ▲

Krankheiten und Schädlinge

◆ Verfärbtes und eingetrocknetes Laub ist ein Zeichen für Spinnmilben. Erhöhen Sie die Luftfeuchtigkeit, nebeln Sie die Blätter ein, und verwenden Sie, falls nötig, ein Akarizid, oder setzen Sie Nützlinge ein.
◆ Kleine braune Erhebungen und klebrige Blätter deuten auf Schildläuse hin, die man mit einem in Alkohol getränkten Wattestäbchen entfernen kann oder mit einem systemischen Insektizid behandelt.

Brachychiton rupestris ►

Kulturbedingungen

Wasserbedarf und Luftfeuchtigkeit: Während der Wachstumsperiode gießt man reichlich und lässt das Substrat zwischendurch oberflächlich abtrocknen. Es darf kein Wasser im Untersetzer stehen. Im Winter wird seltener gegossen.
Lichtansprüche: Hell, ohne direkte Sonne.
Düngen: Im Frühjahr und Sommer gibt man alle 2–3 Wochen einen Grünpflanzendünger.
Umtopfen und Substrat: Man topft alle 1–2 Jahre im Frühjahr um, in Substrat aus Humuserde und guter Gartenerde, zur besseren Dränage gibt man etwas Sand dazu.
Kulturtipp: Überwinterung in einem geheizten Raum (Minimum 10–12 °C).

Brighamia

B. insignis

Vulkanpalme, Hawaiipalme

Allgemeines

Diese Gattung aus der Familie der Glockenblumengewächse umfasst nur 2 auf Hawaii vorkommende Arten. *Brighamia insignis* ist in ihrem natürlichen Lebensraum, der Insel Kaua'i, stark gefährdet und soll durch eine Schutzkampagne in ihrem ursprünglichen Habitat wieder etabliert werden. Die Art verdankt ihre Trivialnamen der Tatsache, dass die ovalen zartgrünen Blätter in einem Schopf (wie bei einer Palme) an der Spitze des verlängerten Stamms stehen. Nach einigen Jahren erscheinen im Winter manchmal gelbe Sternblüten.

Pflege

Die Hawaiipalme verträgt keine Staunässe.
Vermehrung: Die Pflanze wird professionell durch Samen vermehrt.

Gut zu wissen

Die jungen Blätter werden an der Stammspitze gebildet, die unteren Blätter vergilben und fallen ab. Ist der Blattfall jedoch sehr stark, leidet die Pflanze vielleicht unter zu viel Feuchtigkeit oder Parasiten.

● Verwandte Arten und Sorten

Brighamia rockii ist die zweite Art der Gattung, sie kommt nur auf der hawaiischen Insel Molokai vor.

Kulturbedingungen

Wasserbedarf und Luftfeuchtigkeit: Während der Wachstumszeit gießt man regelmäßig, doch nicht übermäßig. Die Art benötigt im Winter keine ausgeprägte Ruheperiode, doch man bewässert seltener.
Lichtansprüche: Hell, keine direkte Sonne.
Düngen: Im Frühjahr und Sommer alle 2 Wochen einen Grünpflanzendünger geben.
Umtopfen und Substrat: Falls nötig, im Frühling in eine Blumenerde umtopfen, die mit etwas Sand angereichert ist.
Kulturtipp: Die Pflanze verträgt keine Temperaturen unter 12–13 °C. Im Untersetzer darf nie überschüssiges Gießwasser stehen.

Krankheiten und Schädlinge

◆ Verfärbtes und eingetrocknetes Laub deutet auf Spinnmilben hin, die heiße, trockene Umgebung bevorzugen. Luftfeuchtigkeit erhöhen. Falls nötig ein Akarizid anwenden oder Nützlinge einsetzen.

◄ *Brighamia insignis*

➤ ***Bromeliaceae*** siehe unter *Aechmea, Ananas, Billbergia, Cryptanthus, Guzmania, Neoregelia, Nidularium, Tillandsia, Vriesea*

Browallia

Browallie, Veilchenbusch

Allgemeines

Die aus dem tropischen Amerika stammende Gattung umfasst 3 Arten Ein- und Mehrjähriger. ***Browallia speciosa*** ist eine Staude mit verholzter Basis (häufig als Einjährige gezogen), die Elternpflanze von zahlreichen Hybriden mit blauen, violetten oder weißen Blüten. Die spitz-ovalen, dünnen Blätter sind leuchtend grün. Die Sternblüten (blau bei *B. speciosa*) besitzen 5 große, ungleiche Zipfel und sind im Durchmesser 5 cm breit. Je nach Aussaattermin ist die Blüte zu verschiedenen Jahreszeiten möglich. Nach der Blüte werden die Pflanzen entsorgt.

Pflege

Die Kultur der Browallie ist recht einfach, die Blütezeit dauert bei kühlem Standort länger an.

Vermehrung: Durch Aussaat. Wenn die Pflanzen im Winter blühen sollen, sät man im August in Schalen mit Aussaaterde aus und pikiert die Jungpflanzen später in Einzeltöpfe.

Gut zu wissen

Die Browallie ist beim Verzehr giftig.

Tipp

Die Pflanze wird kompakter, wenn man die Triebspitzen regelmäßig pinziert.

Kulturbedingungen

Wasserbedarf und Luftfeuchtigkeit: Man gießt mäßig und lässt das Substrat zwischen 2 Wassergaben oberflächlich abtrocknen.
Lichtansprüche: Hell, während der Winterzeit mit direkter Sonne.
Düngen: Während der Blütezeit gibt man alle 2 Wochen einen Blühpflanzendünger.
Umtopfen und Substrat: Die Saisonpflanze muss nicht umgetopft werden.
Kulturtipp: Stellen Sie die Pflanze in einen hellen und kühlen Raum (etwa 15 °C), damit die Blütezeit länger andauert.

Krankheiten und Schädlinge

◆ Sind die Triebe klebrig und deformiert, handelt es sich meist um Blattlausbefall. Schlupfwespen oder ein Insektizid schaffen Abhilfe.
◆ Weiße Fliegen fliegen sofort auf, wenn man die Pflanze berührt. Wiederholte Insektizidbehandlungen (etwa alle 8–10 Tage) sind das Mittel der Wahl.

Browallia speciosa ►

Brunfelsia

B. pauciflora var. *calycina* Brunfelsie

syn. *Brunfelsia calycina*

Allgemeines

Dieser in Brasilien heimische Strauch mit dunkelgrünen ovalen, glänzenden Blättern, kann im Topf etwa 60 cm hoch werden. Die stieltellerförmigen, duftenden Blüten erscheinen vom Frühling bis zum Herbst, sie sind beim Aufblühen purpurrot, am nächsten Tag blassblau und schließlich weiß, wenn sie verblühen. Bei einer Temperatur zwischen 13 und 16 °C dauert die Blüte lange an.

Pflege

Die Pflege erfordert Fingerspitzengefühl. Ein kühler, feuchter Standort ist Voraussetzung.

Vermehrung: Im Frühjahr nimmt man 6 cm lange Kopfstecklinge ab und bewurzelt sie bei gespannter Luft (20–22 °C) in einem Sand-Torf-Gemisch (1 : 1). Die Stecklinge bewurzeln sich nur langsam und unregelmäßig.

Tipp

Im Frühling kürzt man die Seitentriebe um zwei Drittel ein, um die Bildung von Blütentrieben zu fördern. Die Triebspitzen werden für einen kompakten Wuchs regelmäßig pinziert.

Brunfelsia pauciflora ▲

◄ *Brunfelsia pauciflora*

Kulturbedingungen

Wasserbedarf und Luftfeuchtigkeit: Während der Wachstumsperiode regelmäßig gießen, Staunässe vermeiden. Nach der Blüte schränkt man die Wassergaben ein, während der Winterruhe wird kaum bewässert. Zur Erhöhung der Luftfeuchtigkeit den Topf auf einen Untersetzer mit feuchtem Kies stellen.

Lichtansprüche: Hell, ohne direkte Sonne.

Düngen: Im Frühjahr und Sommer alle 3–4 Wochen einen Blühpflanzendünger geben.

Umtopfen und Substrat: Man topft im zeitigen Frühjahr oder nach der Blüte in eine Mischung aus Einheitserde und Torf (1 : 1) um.

Kulturtipp: Stellen Sie die Pflanze im Winter in einen hellen und kühlen Raum (10–12 °C), beispielsweise in einen Wintergarten.

Krankheiten und Schädlinge

◆ Spinnmilben vermehren sich bei heißer, trockener Umgebung. Erhöhen Sie die Luftfeuchtigkeit, nebeln Sie die Blätter häufiger ein, und verwenden Sie, falls nötig, ein Akarizid. Nützlingseinsatz ist möglich.

Caladium

C. bicolor
Elefantenohr, Engelsflügel
syn. *Caladium* x *hortulanum*

Allgemeines
Die Gattung stammt aus dem tropischen Amerika, hat attraktives Laub und bildet eine runde Wurzelknolle. Die großen, sehr zarten, lanzenförmigen, am Grund eingebuchtete Blätter, die auf zarten, 15 cm langen Blattstielen stehen, sind 15–30 cm lang. Lebhaft grün und purpurn erscheinen die Blätter mit häufig weißer und rosafarbener Panaschierung. Die Blüte ist unauffällig. Im Herbst vergilben die Blätter und ziehen ein.

Pflege
Hohe Luftfeuchtigkeit ohne Benetzung der Blätter ist im Zimmer kaum erreichbar. Die Art wird deshalb meistens als Saisonpflanze kultiviert.
Vermehrung: Beim Umtopfen im März werden große Knollen geteilt und in feuchtes Torfsubstrat (21 °C) gepflanzt.

Gut zu wissen
Die Pflanze verträgt keine Zugluft. Der Saft kann Hautreizungen auslösen. Alle Pflanzenteile führen beim Verzehr zu leichten Magen-Darm-Beschwerden.

● Verwandte Arten und Sorten
Die meisten von ***Caladium bicolor*** abstammenden Hybriden fasst man zu ***Caladium* x *hortulanum*** zusammen.
Die Blätter von '**Beauté Rose**' (syn. 'Pink Beauty') haben ein rosafarbenes Zentrum und einen grünen, rosa gesprenkelten Rand.
'**Lord Derby**' besitzt hellrosa überlaufenes Laub.
'**Red Flare**' hat rosafarbene bis purpurrote Blätter mit leuchtend roten Blattadern.
'**Aaron**' ist eine Hybride mit auffälligem Laub, in der Mitte milchweiß und am Rand dunkelgrün gefärbt.

Krankheiten und Schädlinge
◆ Bei zu trockener Luft vertrocknen die Blätter. Man stellt den Topf auf einen Untersetzer mit feuchtem Kies.
◆ Ist die Temperatur zu niedrig, werden die Blätter weich und sterben ab. Klebrige und deformierte Blätter sind ein Zeichen für Blattlausbefall. Behandeln Sie mit einem Insektizid.

Kulturbedingungen
Wasserbedarf und Luftfeuchtigkeit: Während des Wachstums den Wurzelballen leicht feucht halten. Die Pflanze benötigt eine hohe Luftfeuchtigkeit. Im Spätsommer das Gießen langsam einstellen, wenn das Laub eingetrocknet ist, nicht mehr bewässern.
Lichtansprüche: Hell, keine direkte Sonne. Die zarte Färbung des Laubs wird durch hohe Lichteinstrahlung geschädigt.
Düngen: Im Frühjahr und Sommer alle 2–4 Wochen einen Grünpflanzendünger in halber Dosierung geben.
Umtopfen und Substrat: Im März treibt man die Wurzelknollen auf schwach feuchtem Torf bei 21 °C an. Sobald sich die ersten Triebe zeigen, in eine Mischung aus Humuserde und Torf (1 : 1) 2 cm tief einpflanzen. Während die Blätter sich entwickeln, die Wassergaben langsam erhöhen.
Kulturtipp: Bewahren Sie die Wurzelknollen im Winter in trockenem Torf bei 13–16 °C auf.

▼ *Caladium bicolor*

Caladium bicolor ▼

Caladium bicolor ▼

Calanthe

Schönorchis

Allgemeines

Calanthe-Arten sind überwiegend Erdorchideen, die in gemäßigten und tropischen Gegenden Asiens heimisch sind. Das Laub ist immergrün oder zieht ein und dient als Unterscheidungsmerkmal für die jeweiligen Temperaturansprüche. Sommergrüne Hybriden sind in Kultur am weitesten verbreitet. ***Calanthe vestita*** besitzt eiförmige, silbergraue bis hellgrüne Pseudobulben. Die großen, sommergrünen Blätter sind schmal-lanzettlich und können bis zu 1 m lang werden. Die Blütenstände erscheinen im Herbst nach dem Laubfall. Die weißen oder blassrosafarbenen Blüten mit rosa-purpurfarbener Lippe stehen in Trauben.

Pflege

Diese Orchideen sind robust und leicht zu pflegen, nehmen aber in belaubtem Zustand viel Platz ein.

Vermehrung: Beim Umtopfen die alte Pseudobulbe abtrennen, falls sie noch nicht verrottet ist, und neu einpflanzen.

Kulturbedingungen

Wasserbedarf und Luftfeuchtigkeit: Während der Wachstumszeit reichlich gießen, die Wassergaben im Herbst reduzieren und im Winter überhaupt nicht gießen. Die Luftfeuchtigkeit muss hoch sein, die Blätter dürfen aber nicht benetzt werden.

Lichtansprüche: Hell, aber ohne direkte Sonne.

Düngen: Im Frühjahr und Sommer alle 2 Wochen einen Orchideendünger geben.

Umtopfen und Substrat: Alljährlich bei Vegetationsbeginn in ein Substrat für Erdorchideen umtopfen.

Kulturtipp: Sommergrüne *Calanthe*-Arten werden im Sommer bei 18–20 °C, nach der Blüte in einem kühlen Zimmer bei 10–12 °C gehalten. Die Arten mit immergrünem Laub benötigen das ganze Jahr über eine Temperatur von 15–22 °C.

Krankheiten und Schädlinge

◆ Verfärbtes und vergilbtes Laub wird durch Spinnmilben verursacht. Luftfeuchtigkeit erhöhen und ein Akarizid oder Nützlinge einsetzen.

◄ *Calanthe triplicata*

Calanthe triplicata ►

Calanthe harrisii ▼

Calathea

C. makoyana
Pfauenkorbmaranthe

syn. *Maranta makoyana*

Allgemeines

Das Laub der in Brasilien heimischen Pflanze ist wirklich außergewöhnlich. Die schlanken, 15–20 cm langen aufrechten Blätter stehen auf einem Blattstiel, der direkt dem Wurzelstock entspringt. Die Blattoberseite ist silbergrün, mittelgrün gerandet und weist längs der Mittelrippe dunkelgrüne große, unregelmäßige Flecken auf, die auf der Blattunterseite rot oder purpurn sind. Die Pflanze wird 40–60 cm hoch und 30–40 cm breit.

Kombinationen: Pflanzen Sie die Pfauenkorbmaranthe mit *Aglaonema commutata* 'Silver Queen' mit silbrigem Laub zusammen.

Kulturbedingungen

Wasserbedarf und Luftfeuchtigkeit: Ganzjährig mäßig gießen, bei Raumtemperaturen um 16 °C wird seltener gewässert. Die Blätter müssen möglichst häufig besprüht werden.

Lichtansprüche: Recht hell, aber indirektes Licht. Ein Standort am Westfenster ist ideal.

Düngen: Im Frühjahr und Sommer alle 2 Wochen einen Grünpflanzendünger geben.

Umtopfen und Substrat: Im Spätfrühling topft man in eine Mischung aus Torf, Moorbeeterde und Sand um. Das Pflanzgefäß sollte groß, aber nicht sehr tief sein.

Kulturtipp: Die Pflanze verträgt weder Zigarettenrauch noch Zugluft, die abrupte Temperaturveränderungen zur Folge hat. Die Mindesttemperatur im Winter liegt bei 16 °C.

Calathea makoyana ▼

▼ *Calathea rufibarba*

Krankheiten und Schädlinge

◆ Verfärben sich die Blätter und sind auf der Unterseite graue Gespinste zu erkennen, handelt es sich um Spinnmilben. Luftfeuchtigkeit erhöhen durch Besprühen der Blätter. Setzen Sie ein Akarizid oder Nützlinge ein.

◆ Die Blätter werden braun und rollen sich ein bei trockener Luft – stellen Sie den Topf auf einen Untersetzer mit feuchtem Kies.

Pflege

Obwohl die Pflege etwas aufwendig ist (was Bewässern und hohe Luftfeuchtigkeit betrifft), ist sie der Mühe wert.

Vermehrung: Teilung der Rhizome oder Knöllchen, am besten nach ein paar Jahren. Das Anwachsen der Teilstücke ist heikel und dauert lange.

Tipp

Nebeln Sie das Laub bei heißem Wetter regelmäßig ein.

● Verwandte Arten und Sorten

Calathea lancifolia besitzt aufrechte lineale Blätter mit gewelltem Rand, die Blattspreite kann 45 cm lang werden. Sie sind oberseits dunkelgrün gefleckt, unterseits braunrot.

C. sanderiana (syn. *C. ornata* 'Sanderiana', *C. majestica* 'Sanderiana') wird 40–80 cm groß. Die 20 cm langen Blätter sind unterseits purpurrot gefärbt. Junge Blätter zeigen schmale rosafarbene Streifen, die im Alter elfenbeinweiß verblassen.

C. picturata **'Argentea'** besitzt ovale silbrig weiße Blätter, die oberseits grün gerandet, auf der Unterseite leuchtend purpurn gefärbt sind.

C. rufibarba trägt lange, schmal-lanzettliche Blätter mit gewelltem Rand, oberseits dunkel olivgrün, auf der Unterseite purpurn.

Calathea 'Medaillon' ►

Calathea picturata 'Argentea' ►

Calathea lancifolia ►

Calathea orbifolia ▼

Calathea zebrina ▼

Calathea sanderiana ▼

Calathea albertii ▼

Calathea

C. crocata Korbmaranthe

Allgemeines

Diese 15–30 cm hohe und 20–40 cm breite Art bildet oberseits gemaserte und unterseits rosa bis purpurfarbene Blätter. Der Zierwert liegt hauptsächlich in den ährenförmigen Blütenständen, die von großen orangegelben Hochblättern gekrönt sind. Die Blüte wird durch Kurztage induziert, die Pflanze blüht dann im Spätwinter. Die Korbmaranthen sind in den tropischen Feuchtwäldern Amerikas heimisch.

Kombinationen: Gut geeignet für eine Zusammenstellung mit *Aglaonema commutata* 'Silver Queen', deren Laub einen hübschen Kontrast bildet.

Krankheiten und Schädlinge

◆ Bei Spinnmilbenbefall verfärbt sich das Laub und bekommt zahlreiche kleine weißliche Flecken. Erhöhen Sie die Luftfeuchtigkeit, und setzen Sie bei starkem Befall ein Akarizid oder Nützlinge ein.

Pflege

Diese Korbmaranthe benötigt hohe Luftfeuchtigkeit und verträgt kein zu helles Licht.

Vermehrung: Die Pflanze kann im Spätfrühling geteilt werden.

Kulturbedingungen

Wasserbedarf und Luftfeuchtigkeit: Während der Wachstumszeit mit zimmerwarmem, weichem Wasser (möglichst Regenwasser) gießen. Sehr hohe Luftfeuchtigkeit wird benötigt.

Lichtansprüche: Recht hell, durch eine leichte Schattierung gedämpft.

Düngen: Im Frühjahr und Sommer alle 2 Wochen einen Grünpflanzendünger geben.

Umtopfen und Substrat: Man topft im Frühjahr oder Frühsommer in eine Mischung aus Torf, Moorbeeterde und Sand um.

Kulturtipp: Die Idealtemperatur liegt bei 16–21 °C. Die Pflanze verträgt keinen abrupten Temperatursturz oder Zugluft.

Calathea crocata ▶

▼ *Calathea warscewiczii*

Calceolaria

Calceolaria-Hybriden

Pantoffelblume

Allgemeines

Die als Einjährige kultivierte Pflanze entwickelt mit der Blütenbildung kurze Stiele mit hellgrünen, weichen, leicht behaarten Blättern. Von November bis Mai erscheinen rundliche oder eiförmige Pantoffelblüten, die gelb, orangefarben oder rot gefärbt und purpurn gefleckt sind. Unter dieser Hybrid-Gruppe werden etliche Sorten zusammengefasst, die Gattung *Calceolaria* ist in Südamerika heimisch.

Kombinationen: Setzen Sie mehrere Pflanzen in verschiedenen Farben zusammen in eine Schale.

Pflege

Pantoffelblumen sind Saisonpflanzen, die nicht weiterkultiviert werden. In einem kühlen Raum blühen die Pflanzen üppiger.

Vermehrung: Aussaat von Juli bis August, Samen nicht mit Erde bedecken, Keimungstemperatur 18 °C.

Tipp

Stellen Sie die Pflanze im Sommer nachts auf einen Fenstersims oder den Balkon, damit sie besser blüht.

● Verwandte Arten und Sorten

'Atlas' wird 35 cm hoch und trägt große Blüten, ist aber nicht zum Transport geeignet. Man findet sie selten im Handel. Hobbygärtner sollten die Sorte selbst aus Samen ziehen.

'Mona' ist 25 cm hoch und trägt 6 cm große Blüten in großer Farbvielfalt, die meisten sind gefleckt.

'Cosette' wird nur 15–25 cm hoch und bildet eine Fülle 3 cm großer Blüten in Gelb- und Rottönen, die purpurn gefleckt sind.

Kulturbedingungen

Wasserbedarf und Luftfeuchtigkeit: Während der Blütezeit reichlich gießen, es darf aber kein Gießwasser im Untersetzer stehen. Das gegen Fäulnispilze empfindliche Laub nicht benetzen.

Lichtansprüche: Hell, ohne direkte Sonne.

Düngen: Während der Blütezeit alle 2 Wochen einen Blühpflanzendünger geben.

Umtopfen und Substrat: Umtopfen ist bei dieser Saisonpflanze nicht nötig.

Kulturtipp: Die anpassungsfähige Pflanze verliert bei trockener Wärme die Blütenknospen. Man stellt sie auf einen mit feuchtem Kies gefüllten Untersetzer. Die Temperatur sollte um 15–18 °C liegen.

Krankheiten und Schädlinge

◆ Deformierte und klebrige Blätter stammen von Blattläusen. Setzen Sie ein Spezialinsektizid oder Nützlinge ein.

◆ Die Weiße Fliege oder Mottenschildlaus fliegt bei der kleinsten Berührung der Pflanze auf. Die Bekämpfung ist schwierig. Wiederholte Insektizidbehandlungen (etwa alle 8–10 Tage) sind notwendig.

◆ Vergilben die Blätter und die gesamte Pflanze stirbt ab, handelt es sich um Kragenfäule, die durch verschiedene Schadpilze verursacht wird. Im Untersetzer darf kein Gießwasser stehen, seltener gießen und das Zimmer häufiger lüften.

Calceolaria-Hybriden ▼

Calceolaria-Hybriden ▼

Callisia

C. warszewicziana Callisie, Schönpolster

Allgemeines
Callisien sind Dreimasterblumen *(Tradescantia)* sehr ähnlich. Sie haben einen kriechenden oder halbaufrechten Habitus und meist panaschierte Blätter. Diese Art ist relativ neu und wegen der blauvioletten Blüten beliebt. Die kleinen Blüten stehen in dichten Gruppen auf langen Stielen, die im Zentrum der grünen, purpurn überlaufenen, lanzettlichen Blätter entspringen. Die Pflanze bildet zahlreiche Seitentriebe.

Pflege
Die Pflanze benötigt einen sehr hellen Standort, gleichmäßig warme Temperaturen und hohe Luftfeuchtigkeit.

Vermehrung: Man trennt die jungen Seitentriebe ab und bewurzelt sie in einem feuchten Sand-Torf-Gemisch.

Tipp
Da die Triebe leicht abbrechen, sollte man die Pflanze nicht an Durchgangsplätzen aufstellen.

● Verwandte Arten und Sorten
Callisien mit Zierlaub werden bei den Dreimasterblumen (siehe *Tradescantia*) vorgestellt.

Callisia warszewicziana 'Safira' ▼

Krankheiten und Schädlinge

◆ Bilden sich zwischen den Blättern zarte Gespinste, handelt es sich um Spinnmilben. Erhöhen Sie die Luftfeuchtigkeit, setzen Sie bei starkem Befall ein Akarizid oder Nützlinge ein.

Kulturbedingungen

Wasserbedarf und Luftfeuchtigkeit: Während der Wachstumszeit mäßig gießen, kein überschüssiges Gießwasser im Untersetzer stehen lassen. Im Winter seltener gießen.

Lichtansprüche: Volle Sonne oder helles, indirektes Licht. An sonnigen Standorten bleibt die Pflanze kompakter, die Blätter nehmen eine purpurrote Tönung an.

Düngen: Im Frühjahr und Sommer alle 2–3 Wochen einen Blühpflanzendünger geben.

Umtopfen und Substrat: Im Frühjahr in Einheitserde umtopfen.

Kulturtipp: Stellen Sie die Pflanze im Sommer an einen sonnigen Platz im Garten oder auf der Terrasse. Überwinterung bei 16–18 °C im temperierten Gewächshaus.

▼ *Callisia warszewicziana* 'Safira'

Callistemon

C. citrinus

Karminroter Zylinderputzer

Allgemeines

Die Gattung *Callistemon* umfasst immergrüne, in Australien heimische Bäume und Sträucher. Die Art *C. citrinus* ist eine beliebte Kübelpflanze mit auffälligen Blüten, die bis zu 2 m hoch werden kann. Die graugrünen schmal-lanzettlichen Blätter riechen beim Zerreiben nach Zitrone. Auffällig an der im Sommer erscheinden Blüte sind die leuchtend roten Staubgefäße, die in Ähren stehen. Einige Arten und Sorten besitzen gelbe Blüten.

▼ *Callistemon citrinus*

Krankheiten und Schädlinge

◆ Bei kleinen braunen Höckern auf den Zweigen handelt es sich um Schildläuse. Mit einem in Alkohol getränkten Wattestäbchen entfernen, ein systemisch wirkendes Insektizid oder Schlupfwespen einsetzen.

Kulturbedingungen

Wasserbedarf und Luftfeuchtigkeit: Während des Wachstums reichlich gießen (mit weichem Wasser), überschüssiges Gießwasser aber nicht im Untersetzer stehen lassen. Bei tieferen Temperaturen die Wassergaben reduzieren.
Lichtansprüche: Täglich mehrere Stunden direkte Sonne.
Düngen: Im Frühjahr und Sommer alle 2 Wochen einen Blühpflanzendünger verabreichen.
Umtopfen und Substrat: Jungpflanzen werden im Spätwinter in ein kalkfreies Substrat (z. B. Moorbeeterde) umgetopft.
Kulturtipp: Zylinderputzer müssen kühl (bei 5–12 °C, beispielsweise in einem kalten Wintergarten) überwintert werden, damit sie im nächsten Jahr blühen.

Pflege

Der beste Platz für die Pflanze ist ein kalter Wintergarten. Im Sommer kann sie im Freien stehen.
Vermehrung: Im Spätsommer nimmt man halbverholzte Stecklinge ab und bewurzelt sie in einem Sand-Torf-Gemisch.

● Verwandte Gattung

Metrosideros ist eine verwandte Gattung mit etwa 30 Arten, die in Neuseeland und Polynesien heimisch sind. ***Metrosideros excelsa*** (syn. *M. tomentosa*) ist ein kleiner, langsam wachsender Strauch mit dunkelgrünen, unterseits weißfilzigen Blättern und karminroter, üppiger Blüte.

Metrosideros excelsa ▼

Campanula

C. isophylla — Sternglockenblume

Allgemeines
Die Sternglockenblume trägt rankende Triebe mit herzförmigen Blättern, die auf 4–6 cm langen Blattstielen stehen. Im Sommer erscheinen zahlreiche blauviolette Blüten. Die Pflanze wird 10–15 cm hoch und etwa 25 cm breit. Im Topf, auf einer Fensterbank, am besten aber in einer Ampel kann man diese aus den Ligurischen Alpen stammende Glockenblume halten.
Kombinationen: Glockenblumen passen gut zu Efeu- oder Begonienarten.

Pflege
Im Sommer fühlt sich die Art an einem luftigen Platz im Freien wohl. Überwinterung in einem frostfreien Raum bei 12–15 °C.
Vermehrung: Im Sommer 2–5 cm lange Stecklinge von nicht blühenden Trieben abnehmen und im unbeheizten Frühbeet in einem durchlässigen Substrat bewurzeln lassen, das zu drei Vierteln aus grobem Sand und einem Viertel Torf besteht.

Tipp
Entfernen Sie Verblühtes regelmäßig, damit die Pflanze länger blüht.

Krankheiten und Schädlinge
◆ Bei Spinnmilbenbefall verfärbt sich das Laub, vertrocknet und fällt ab. Sorgen Sie für hohe Luftfeuchtigkeit, und besprühen Sie das Laub regelmäßig.

Kulturbedingungen
Wasserbedarf und Luftfeuchtigkeit: Im Sommer täglich, bei Temperaturen um 15–18 °C zweimal wöchentlich gießen, bei unter 15 °C nur einmal pro Woche. An heißen Tagen nebelt man das Laub gut ein.
Lichtansprüche: Sehr hell, im Sommer aber keine direkte Sonne.
Düngen: Im Frühjahr und Sommer alle 2 Wochen einen Blühpflanzendünger geben.
Umtopfen und Substrat: Wenn die Wurzeln den Topf ausfüllen, im Spätwinter in Einheitserde umpflanzen.
Kulturtipp: Im Spätherbst schränkt man die Wassergaben ein, schneidet die langen Triebe bis zum Ballen zurück und überwintert die Pflanze an einem kühlen Ort.

● Verwandte Arten und Sorten
Campanula isophylla 'Alba' ist eine prächtige Sorte mit weißen Blüten.
Campanula isophylla 'Mayi' besitzt hellblaue Blüten mit weißer Mitte.

Campanula isophylla 'Napoli' ▼

Campanula medium ►

Campanula carpatica ►

Capsicum

C. annuum — Spanischer Pfeffer, Paprika

Allgemeines
Der Zierpaprika mit seinen dekorativen, aufrechten Früchten wird als Zimmerpflanze einjährig kultiviert. Die dünnen Zweige tragen dunkelgrüne spitz-lanzettliche Blätter. Aus den kleinen weißen Blüten entwickeln sich im Herbst farbige Früchte mit sortentypischer Form: zylindrisch, spitz, eckig, grün, gelb, orange, rot oder violett. Die Früchte fallen nach 2–3 Monaten ab, danach wird die Saisonpflanze entsorgt.

Pflege
Diese Art wird generell nur als Saisonpflanze gezogen.
Vermehrung: Durch Aussaat, in der Wohnung aber meist schwierig.

Kulturbedingungen
Wasserbedarf und Luftfeuchtigkeit: So gießen, dass das Substrat leicht feucht bleibt, aber kein überschüssiges Gießwasser im Untersetzer steht.
Lichtansprüche: Heller, sonniger Standort.
Düngen: Bei Saisonpflanzen meist unnötig.
Umtopfen und Substrat: Bei Saisonpflanzen unnötig.
Kulturtipp: Zierpaprika benötigt während der Fruchtreife so viel Sonne wie möglich. Die Früchte halten sich dann bei 15 °C am besten, generell werden bis zu 20 °C vertragen.

Gut zu wissen
Die Anzucht aus Samen gelingt nur im Gewächshaus, deshalb kauft man die Pflanzen besser erst im Juli, wenn sie bereits fruchten.

▼ *Capsicum annuum*

Capsicum annuum ▶

▼ *Capsicum annuum*

Carex

C. brunnea 'Variegata' Segge

Allgemeines

Der Gattung gehören sehr viele Arten an, es sind sommergrüne oder immergrüne Rhizomstauden, die an feuchten Standorten verschiedener Klimaregionen heimisch sind. Im Zimmer wird vorwiegend *Carex brunnea* 'Variegata' gezogen, eine asiatische Art. Die 30–40 cm hohe Staude besitzt horstbildende, grüne, weißgebänderte grasartige Blätter und unauffällige Blüten.

Pflege

Die Segge lässt sich in einem kühlen Raum gut kultivieren.

Vermehrung: Wenn der Topf zu klein wird, teilt man die Pflanze im Frühjahr.

Kulturbedingungen

Wasserbedarf und Luftfeuchtigkeit: Während der Wachstumszeit reichlich gießen, im Winter seltener. Wenn es sehr heiß ist, darf etwas Gießwasser im Untersetzer stehen bleiben.

Lichtansprüche: Hell, in den heißen Mittagsstunden leichte Schattierung.

Düngen: Im Frühjahr und Sommer alle 2 Wochen einen Grünpflanzendünger geben.

Umtopfen und Substrat: Falls nötig, topft man im Frühjahr in eine Mischung aus Humuserde und guter Gartenerde um.

Kulturtipp: Man überwintert die Pflanze bei 10–15 °C an einem hellen Standort.

Krankheiten und Schädlinge

◆ Die Blätter werden gern von Blattläusen befallen. Man setzt dagegen ein Spezialinsektizid oder Nützlinge ein.

Carex brunnea 'Variegata' ▼

Caryota

C. mitis Buschige Fischschwanzpalme

Allgemeines
Typisch sind die großen, zweifach gefiederten Blätter, die im deutschen Namen gut zum Ausdruck kommen. Die Pflanze bildet mehrere Stämme und kann in den Tropen 5–7 m hoch werden, erreicht im Topf jedoch selten mehr als 2 m. Sie wächst langsam und kommt bei Zimmerkultur nicht zur Blüte.

Pflege
Die Pflanze braucht gleichmäßige Temperaturen und hohe Luftfeuchtigkeit.
Vermehrung: Die Aussaat ist Fachleuten vorbehalten. Von älteren Pflanzen kann man Seitentriebe nehmen, die in ein feuchtes Substrat gepflanzt und bis zum Anwachsen warm gehalten und vor direkter Sonne geschützt werden.

Caryota mitis ▶

Krankheiten und Schädlinge

◆ Verfärbtes und eingetrocknetes Laub ist ein Zeichen für Spinnmilben, die sich bei Hitze und Trockenheit vermehren. Luftfeuchtigkeit durch Besprühen der Blätter erhöhen, falls nötig, ein Akarizid oder Nützlinge einsetzen.

▲ Blütenstand von *Caryota mitis*

Kulturbedingungen

Wasserbedarf und Luftfeuchtigkeit: Während der Vegetationsperiode reichlich gießen, überschüssiges Gießwasser wegschütten. Im Herbst und Winter gießt man seltener. Bei heißem Wetter werden die Blätter häufig besprüht.
Lichtansprüche: Hell, indirektes Licht.
Düngen: Im Frühjahr und Sommer alle 2–3 Wochen einen Grünpflanzendünger geben.
Umtopfen und Substrat: Alle 2–3 Jahre im zeitigen Frühjahr in eine Mischung aus Gartenerde und Einheitserde umtopfen. Geben Sie auf den Topfboden eine Kiesschicht. Bei großen Exemplaren tauscht man die oberste Substratschicht aus.
Kulturtipp: Die Art verträgt keine trockene Luft und benötigt einen warmen Standort (mindestens 13–15 °C).

Castanospermum

C. australe — Australische Kastanie

Allgemeines

Diese Gattung aus der Familie der Hülsenfrüchtler umfasst nur eine Art, *Castanospermum australe,* die in den tropischen Feuchtwäldern Australiens heimisch ist. Sie wird am Wildstandort bis zu 20 m hoch und als Alleebaum verwendet. Zur Zimmerkultur eignen sich Jungpflanzen. Die glänzenden dunkelgrünen Fiederblätter sind elliptisch und spitz zulaufend. Auf ausgewachsenen Bäumen erscheinen gelb-rote Schmetterlingsblüten, aus denen sich Hülsen mit 3–5 kastanienähnlichen Samen entwickeln.

Pflege

Regelmäßiges Gießen ist sehr wichtig, doch im Untersetzer darf niemals überschüssiges Gießwasser stehen.

Vermehrung: Aussaat der frischen Samen bei 18–25 °C.

Gut zu wissen

Die kastanienähnlichen Samen sind giftig.

Kulturbedingungen

Wasserbedarf und Luftfeuchtigkeit: Regelmäßig gießen, das Substrat zwischen zwei Wassergaben oberflächlich abtrocknen lassen. Bei heißem Wetter das Laub regelmäßig besprühen.

Lichtansprüche: Hell, im Sommer keine Mittagssonne.

Düngen: Im Frühjahr und Sommer alle 2–3 Wochen einen Grünpflanzendünger geben.

Umtopfen und Substrat: Falls nötig, topft man im Frühjahr in Einheitserde um.

Kulturtipp: Die Australische Kastanie verträgt Temperaturen nahe 0 °C (in diesem Fall ist sie nur halbimmergrün) und kann in milden Gegenden ins Freiland gepflanzt werden.

Castanospermum australe ▶

Krankheiten und Schädlinge

◆ Auf den Zweigen erscheinen kleine braune Höcker, die Blätter werden klebrig: Schildläuse entfernt man mit einem in Alkohol getränkten Wattestäbchen oder setzt ein systemisch wirkendes Insektizid ein.

Cattleya

Cattleya

Allgemeines

Diese Orchideen sind meist Epiphyten (Aufsitzerpflanzen). Sie wachsen an ihrem natürlichen Standort im tropischen Amerika auf Baumstämmen. Die farbenfrohen Blüten erscheinen je nach Art zu verschiedenen Jahreszeiten. Einige *Cattleya*-Arten sowie zahlreiche Hybriden sind gut für die Zimmerkultur geeignet, am besten im Warmhaus oder in einer Pflanzenvitrine. Cattleyen bilden Pseudobulben mit 1 oder 2 leuchtend grünen, kräftigen Blättern. Die Blütenstände tragen eine oder mehrere Blüten mit markanter Lippe.

Cattleya aurantiaca: kleine 3–5 cm große, leuchtend orangefarbene oder hellgelbe Blüten, dunkelrot gefleckt oder gestreift, sommerblühend.

Cattleya bowringiana: 10 cm große, rosapurpurne Blüten mit weißgelbem Schlund und dunkelpurpurn gerandeter Lippe, herbstblühend.

Cattleya forbesii: 5–7 cm große, duftende, rosafarbene bis hellgrüne Blüten mit gelb gestreifter Lippe, sommerblühend.

Cattleya guttata: 7 cm große, gelbe bis lindgrüne Blüten, purpurrot gefleckt oder gestreift, winterblühend.

Cattleya labiata: hellrosafarbene Blüten mit karmesinroter Lippe mit gelbem Schlund, herbst- oder winterblühend.

Cattleya mossiae: 15 cm große, duftende rosa- bis magentarote Blüten mit weißer oder fliederfarbener Lippe mit gelbem Schlund, sommerblühend.

▲ *Cattleya*

Cattleya skinneri: 6–10 cm große, rosapurpurne bis leuchtend purpurne Blüten mit weißer oder cremefarbener Lippe, winterblühend.

Aus Kreuzungen zwischen *Cattleya* und verwandten Gattungen wie *Laelia, Sophronitis* oder *Brassavola* sind unzählige Hybriden hervorgegangen.

Kulturbedingungen

Wasserbedarf und Luftfeuchtigkeit: Mit weichem Wasser im Sommer reichlich gießen, das Substrat aber zwischendurch vollständig abtrocknen lassen. Nach der Blüte und im Winter die Wassergaben einschränken. Bei heißem Wetter besprüht man das Laub täglich mit weichem Wasser.

Lichtansprüche: Hell, im Sommer keine direkte Sonne.

Düngen: Während der Wachstumszeit fügt man dem Gießwasser jedes dritte oder vierte Mal einen Orchideendünger hinzu.

Umtopfen und Substrat: Wenn die Jungtriebe nach der Ruheperiode bis zum Topfrand wachsen, pflanzt man in Spezialorchideenerde um.

Kulturtipp: Damit die Wurzeln gut belüftet werden, kultiviert man Cattleya in Holzkörben oder Pflanzgefäßen mit vielen Löchern. Nach der Blüte muss eine etwa zweimonatige Ruheperiode eingehalten werden – in dieser Zeit wird nicht gegossen.

Krankheiten und Schädlinge

◆ Wird zu viel gegossen oder mangelhaft belüftet, kommt es zu Pilzkrankheiten: Blätter und Wurzeln werden schwarz.

◆ Kleine braune Höcker auf den Blättern und Pseudobulben sind Zeichen für Schildläuse. Mit in Alkohol getränkten Wattestäbchen entfernen, ein systemisch wirkendes Insektizid oder Schlupfwespen einsetzen.

◆ Deformierte und klebrige Jungtriebe deuten auf die Entwicklung von Blattlauskolonien hin. Setzen Sie ein Insektizid oder Nützlinge ein.

Pflege

Die Kultur ist schwierig. Die Nachttemperatur muss 4–5 °C unter der Tagestemperatur liegen, damit die Pflanze Blütenknospen bildet.

Vermehrung: Man kann die Pflanze teilen, doch jedes Teilstück muss mindestens 3 Pseudobulben besitzen.

Gut zu wissen

Cattleyen kommen bei gleichmäßig hohen Temperaturen nicht zur Blüte.

Cattleya leopoldii ▼

Ceropegia

C. linearis subsp. *woodii* Hängende Leuchterblume

Allgemeines

Eine kleine knollige, in Südafrika heimische Sukkulente mit originellem Habitus: Sie bildet dünne, hängende Triebe (bis zu 2 m lang), an denen aufgereiht die kleinen herzförmigen, gegenständigen Blätter stehen. Diese sind oberseits graugrün marmoriert, unterseits purpurn überlaufen. Im Spätsommer erscheinen gelegentlich interessante rosafarbene Röhrenblüten.

Pflege

Die Pflanze lässt sich als Ampelpflanze recht einfach kultivieren.
Vermehrung: Man trennt die an den Sprossen gebildeten Knöllchen ab und legt sie auf die Oberfläche eines sandhaltigen Substrats.

Gut zu wissen

Die Triebe der Leuchterblume brechen leicht.

Kulturbedingungen

Wasserbedarf und Luftfeuchtigkeit: Während der Wachstumszeit sehr zurückhaltend gießen, das Substrat zwischendurch austrocknen lassen. Im Winter die Wassergaben noch mehr einschränken.
Lichtansprüche: Mindestens 3–4 Stunden direkte Sonne pro Tag, damit das Laub nicht verblasst.
Düngen: Im Frühjahr und Sommer einmal im Monat einen schwach dosierten Dünger geben.
Umtopfen und Substrat: Alle 3–4 Jahre in Einheitserde mit grobem Sand oder in Kakteenerde umtopfen.
Kulturtipp: Sonne und wenig Wasser sind das Erfolgsrezept für die Pflanze. Sie kann kühl (10–12 °C) überwintert werden.

Ceropegia sandersonii ▼

▼ *Ceropegia barkleyi*

▲ *Ceropegia linearis* subsp. *woodii*

Krankheiten und Schädlinge

◆ Schildläuse erkennt man an den braunen Erhebungen auf Trieben und Blättern. Mit in Alkohol getränkten Wattestäbchen entfernen, ein systemisch wirkendes Insektizid oder Nützlinge einsetzen.

Chamaedorea

C. elegans

Mexikanische Bergpalme, Zierliche Bergpalme

Allgemeines

Diese kleine, in Mexiko und Guatemala heimische Palme wird selten größer als 1 m. Die gefiederten, gebogenen Wedel bestehen aus lanzettlichen Fiederblättern. Fallen die unteren Wedel im Alter ab, wird der aufrechte, dünne Stamm sichtbar. Die Rispenblüten erscheinen bei ausgewachsenen Exemplaren. Die Pflanze ist zweihäusig.

Kombinationen: Ein Pflanzgefäß mit mehreren Exemplaren wirkt üppiger als eine Einzelpflanze.

Pflege

Die Pflanze ist anspruchslos, benötigt aber hohe Luftfeuchtigkeit.

Vermehrung: Da man eine männliche und eine weibliche Pflanze braucht, bleibt die Vermehrung Fachleuten vorbehalten.

Kulturbedingungen

Wasserbedarf und Luftfeuchtigkeit: Das Substrat sollte während der Wachstumszeit ständig feucht, aber nicht nass sein. Bei niedrigeren Temperaturen seltener gießen. Das Laub bei Hitze regelmäßig besprühen.
Lichtansprüche: Hell, ohne direkte Sonne. Die Palmenart ist schattenverträglich, das Wachstum aber dann deutlich verlangsamt.
Düngen: Im Frühjahr und Sommer alle 2–3 Wochen einen Grünpflanzendünger in halber Dosierung geben.
Umtopfen und Substrat: Wenn die Wurzeln den Topf ausfüllen, topft man im zeitigen Frühjahr in Einheitserde mit etwas Sand um.
Kulturtipp: Zimmertemperatur (18–22 °C) wird gut vertragen, Mindesttemperatur 13 °C.

Krankheiten und Schädlinge

◆ Die Wedel verfärben sich und weisen zahlreiche kleine weiße Flecken auf: Spinnmilben vermehren sich bei Hitze und Trockenheit. Luftfeuchtigkeit durch Besprühen der Wedel erhöhen. Notfalls ein Akarizid oder Raubmilben einsetzen.

Chamaedorea elegans ▼

● Verwandte Arten und Sorten

Chamaedorea metallica hat ungeteilte bläulich grüne Wedel mit metallischem Glanz, an der Spitze stark gezähnt.

◄ *Chamaedorea metallica*

▼ *Chamaedorea tepejilote* (Früchte)

Chlorophytum

C. comosum 'Vittatum'

Grünlilie,
Fliegender Holländer

◄ *Chlorophytum comosum* 'Vittatum'

Allgemeines

Die Sorte bildet einen großen Horst frischgrüner, linealischer, gebogener, 25–30 cm langer Blätter mit weißem oder cremefarbenem zentralem Streifen. Die Blütentriebe erscheinen im Frühjahr und vor allem im Sommer, an der Spitze tragen sie kleine weiße Blüten und später Kindel, die durch ihr Gewicht nach unten gezogen werden und sich rasch bewurzeln.

Kombinationen: Diese anpassungsfähige Pflanze lässt sich gut mit zahlreichen anderen Arten kombinieren. Grünlilien schmücken und kaschieren Pflanzen, deren Stammbasis zum Verkahlen neigt, z. B. *Dracaena marginata*.

Pflege

Äußerst einfach. Es gibt nur wenige Pflanzen, die so willig wachsen.

Vermehrung: Trennen Sie gut entwickelte Kindel ab, und bewurzeln Sie diese in Wasser oder in einem kleinen Topf.

Gut zu wissen

Bei fast trockenem Substrat verträgt die Pflanze kurze Kälteperioden um 7 °C.

● Verwandte Arten und Sorten

Chlorophytum comosum 'Variegatum' besitzt grüne, weiß gerandete Blätter.
Chlorophytum orchidastrum **'Green Orange'** ist eine neue Sorte, mit lanzettlichen, grünen, stängelumfassenden Blättern mit orangefarbenem Blattstiel. Die winzigen weißen Blüten stehen in einer dichten, walzenförmigen Rispe tief unten am Blattgrund.

Krankheiten und Schädlinge

◆ Bei Blattlausbefall verkleben die Blätter und sind deformiert. Man behandelt mit einem Insektizid oder setzt Nützlinge ein.

◆ Bei zu trockener Luft werden die Blattspitzen braun. Schneiden Sie die braunen Spitzen ab, und nebeln Sie das Laub häufiger ein.

Chlorophytum orchidastrum 'Green Orange' ▼

Kulturbedingungen

Wasserbedarf und Luftfeuchtigkeit: Während der Wachstumsperiode den Ballen feucht halten. Im Winter bei kühlen Temperaturen die Wassergaben reduzieren.

Lichtansprüche: Hell, im Winter etwas Sonne. Die panaschierte Sorte verträgt Halbschatten, die Färbung ist dann jedoch nicht so ausgeprägt.

Düngen: Im Frühjahr und Sommer alle 2 Wochen einen Grünpflanzendünger geben.

Umtopfen und Substrat: Wenn die Wurzeln den Ballen aus dem Topf drücken, im Frühjahr in Einheitserde umtopfen.

Kulturtipp: Trockene Wohnungsluft wird gut vertragen, im Sommer sollte man sie aber regelmäßig abduschen. Wird die Grünlilie unansehnlich, wird sie durch Teilung verjüngt.

Chlorophytum comosum 'Vittatum' ▼

Chrysalidocarpus

C. lutescens — Madagaskar-Goldfruchtpalme
syn. *Areca lutescens*

Allgemeines
Stämme mit schlanken, leuchtend grünen, 1–3 m langen, gebogenen Wedeln, die gefiedert und von gelben Blattbasen umhüllt sind, stehen in Gruppen zusammen. Die in Madagaskar heimische Art kann bei Topfkultur 1,5–4 m hoch werden.

Kombinationen: Es ist schwierig, Palmen mit anderen Pflanzen zu kombinieren. Am besten pflanzt man mehrere junge Exemplare in ein Pflanzgefäß.

Pflege
Bei genügend hoher Luftfeuchtigkeit ist die Pflege einfach.

Vermehrung: Aussaat ist möglich, aber schwierig. Es ist besser, Seitenschösslinge abzutrennen, die sich am Stammgrund entwickeln.

Chrysalidocarpus lutescens ▼

Krankheiten und Schädlinge

◆ Kleine braune Erhebungen auf dem Laub sowie verklebte Wedel deuten auf Schildläuse hin. Mit einem in Alkohol getränkten Wattestäbchen entfernen, ein systemisch wirkendes Insektizid oder Schlupfwespen einsetzen.

◆ Bei zu trockener Luft werden die Blätter braun und vertrocknen. Sprühen Sie das Laub häufiger ein, und stellen Sie mit Wasser gefüllte Untersetzer um die Pflanze herum auf.

Kulturbedingungen

Wasserbedarf und Luftfeuchtigkeit: Während der Vegetationsperiode reichlich gießen, damit der Ballen gut feucht bleibt, Staunässe vermeiden. Im Winter schränkt man die Wassergaben ein. Das Laub wird täglich eingenebelt.

Lichtansprüche: So hell wie möglich, ohne direkte Sonne.

Düngen: Im Frühjahr und Sommer alle 2 Wochen einen Grünpflanzendünger geben.

Umtopfen und Substrat: Alle 2 Jahre topft man die Pflanzen im Frühling in eine Mischung aus Humuserde, Torf und Sand um. Der Topfgrund erhält eine Dränageschicht.

Kulturtipp: Im Winter darf die Temperatur nicht unter 13 °C sinken.

◄ *Chrysalidocarpus lutescens*

Chrysanthemum

C. x hortorum

Chrysantheme

Allgemeines

Der Herbst ist für Gärtner zwar nach wie vor die wichtigste Jahreszeit für Topfchrysanthemen, mittlerweile werden die Pflanzen aber auch zu anderen Jahreszeiten angeboten, was durch eine spezielle Behandlung in Gärtnereien möglich wurde. Es gibt Sorten in den verschiedensten Formen und Blütenfarben, wobei die großblütigen Formen momentan mehr im Trend liegen als die kleinen einfachen oder gefüllten margaritenfömigen Sorten.

Kulturbedingungen

Wasserbedarf und Luftfeuchtigkeit: Das Substrat muss immer leicht feucht sein.
Lichtansprüche: Hell, mit etwas Sonne, außer zur Mittagszeit.
Düngen: Während der Blütezeit alle 2 Wochen einen Blühpflanzendünger geben.
Umtopfen und Substrat: Bei dieser Saisonpflanze nicht nötig.
Kulturtipp: Stellen Sie den Topf auf einen Untersetzer mit feuchtem Kies, um die Luftfeuchtigkeit rund um die Pflanze zu erhöhen und damit die Blütezeit zu verlängern.

Chrysanthemum x hortorum ▶

Margaritenartige Blütenköpfchen ▲

Pflege

Die Pflege ist einfach. Am besten ist ein kühler (12–16 °C), heller und luftiger Standort.

Vermehrung: Für Laien nicht möglich.

Gut zu wissen

Kaufen Sie eine Pflanze, deren Blütenknospen bereits gefärbt sind, denn die kleinen grüne Blütenknospen blühen oft nicht auf.

Krankheiten und Schädlinge

◆ Sind die Triebe von Blattläusen befallen, sind sie verklebt und deformiert. Setzen Sie ein Insektizid oder Nützlinge ein.

◆ Verfärbtes und eingetrocknetes Laub ist ein Zeichen für Spinnmilben, die sich bei Hitze und Trockenheit vermehren. Luftfeuchtigkeit erhöhen oder ein Akarizid oder Nützlinge einsetzen.

Spinnenförmige Blütenköpfchen ▲

Kleine halbgefüllte Blütenköpfchen ▲

Kleine gefüllte Blütenköpfchen ▲

● Verwandte Gattung

Die mit den Chrysanthemen nahe verwandte Gattung ***Ajania*** wird vorwiegend wegen ihres hübschen Laubs kultiviert: Die grünen, gebuchteten Blätter besitzen einen markanten silbrig grauen Rand. *Ajania pacifica* bildet im Herbst große, leuchtend gelbe Blütenknospen, die sich erst nach mehreren Wochen öffnen.

Die Sorte **'Pink Ice'** trägt rosafarbene Blütenköpfchen mit gelber Mitte. Die Blüte der *Ajania*-Arten wird durch Kurztage induziert und liegt daher im Herbst. Die in Zentral- und Ostasien heimischen Pflanzen sind winterhart und auch für Blumenbeete geeignet.

Ajania pacifica 'Pink Ice' ▼

Cissus

C. rhombifolia Königswein, Klimme

syn. *Rhoicissus rhomboidea*

Allgemeines

Die im tropischen Amerika heimische Pflanze bildet lange, schlanke, kletternde oder überhängende Triebe mit dunkelgrünen Blättern, die aus 3 rhombenförmigen, am Rand gezähnten Blättchen bestehen. Sie kann an Spalieren emporwachsen oder in Ampeln kultiviert werden.

Pflege

Diese Kletterpflanze gedeiht fast überall.

Vermehrung: Durch Kopfstecklinge im Frühjahr und Frühsommer.

Krankheiten und Schädlinge

◆ Weiße, wattige Gebilde am Blattgrund sind ein Zeichen für Schmierläuse. Mit in Alkohol getränkten Wattestäbchen entfernen. Bei starkem Befall setzt man ein Insektizid oder Nützlinge ein.

◆ Ist der Standort zu hell, können die Blätter vergilben. Suchen Sie einen schattigeren Platz für die Pflanze.

● Verwandte Arten und Sorten

Cissus rhombifolia 'Ellen Danica' besitzt sehr stark geschlitzte Blätter.

C. antarctica (Känguruwein) ist eine sehr wüchsige australische Art mit glänzend dunkelgrünen, ovalen und stark gezähnt Blättern und Ranken, die 2–3 m werden kann. Jungpflanzen eignen sich zur Ampelbepflanzung.

C. discolor hat große, spitze dunkelgrüne Blätter mit silbrig weißer und purpurfarbener Zeichnung.

C. striata besitzt schlanke Triebe mit Blättern, die aus 3–5 verkehrt eiförmigen, glänzenden Blättchen zusammengesetzt sind.

◄ *Cissus rhombifolia* 'Ellen Danica'

▼ *Cissus rhombifolia*

Kulturbedingungen

Wasserbedarf und Luftfeuchtigkeit: Während der Wachstumszeit mäßig, im Herbst und Winter selten gießen.
Lichtansprüche: Mittel, ohne direkte Sonne.
Düngen: Im Frühjahr und Sommer alle 2–3 Wochen einen Grünpflanzendünger geben.
Umtopfen und Substrat: Im Frühjahr in Einheitserde umtopfen. Große Pflanzen sind pflegeleicht in Hydrokultur.
Kulturtipp: Zu lange Triebe werden eingekürzt, damit die Pflanze dicht belaubt bleibt.

● Verwandte Gattung

Tetrastigma voinierianum ist in den tropischen Wäldern von Laos heimisch. Die kräftige Kletterpflanze besitzt samtig behaarte, braune Triebe mit drei- bis fünfteiligen Blättern, deren gezähnte Blättchen oberseits glänzend dunkelgrün, unterseits braunrot und pelzig sind. Ein solides Klettergerüst ist erforderlich. Die Pflanze benötigt Wärme (13–15 °C) und sehr hohe Luftfeuchtigkeit.

Cissus striata (am Klettergerüst) ▶

Cissus antarctica ▶

Cissus rotundifolia ▼

Cissus striata (Ampelkultur) ▼

Tetrastigma voinierianum ▼

Citrus

C. limon Zitrone

Allgemeines

Zur landwirtschaftlichen Nutzung angebaute Zitronenbäume werden 3–6 m hoch. Zur Topfkultur sind kompaktere Sorten besser geeignet, z. B. ***Citrus limon*** 'Meyer', die nicht höher als 1,2 m wird. Die Sorte besitzt stachelige Zweige mit dunkelgrünen ovalen Blättern. Aus den weißen duftenden Blüten entwickeln sich gelbe kugelige Früchte mit dünner Schale. Die Sorte wird meistens als Zierpflanze kultiviert.

Pflege

Zitronenbäume kultiviert man am besten im kühlen Wintergarten, da die Pflanzen im Winter eine kühle Ruheperiode benötigen.

Vermehrung: Man nimmt von April bis Juni 10–15 cm lange Triebstecklinge ab, taucht sie in Bewurzelungspulver und kultiviert sie in einer Anzuchterde bei einer Temperatur von 21 °C.

◄ x *Citrofortunella microcarpa*

▼ *Citrus limon*

Blüten von *Citrus limon* ▲

● Verwandte Arten und Sorten

Die **Zitronatzitrone** ***(Citrus medica)*** besitzt längliche, zitronengelbe Früchte mit rauer Schale. Die auffälligen, stark parfümierten Früchte von ***C. medica*** var. ***sarcodactylis*** (syn. *C. medica* 'Sarcodactylis') haben teilweise getrennte Segmente und werden als Gefingerte Zitrone bezeichnet.

Krankheiten und Schädlinge

◆ Kleine braune Höcker auf den Zweigen und klebrige Blätter deuten auf Schildlausbefall hin. Mit in Alkohol getränkten Wattestäbchen entfernen. Bei starkem Befall setzt man ein systemisches Insektizid oder Nützlinge ein.

◆ Sind die Blätter mit einem schwärzlichen, rußähnlichen Belag bedeckt, handelt es sich um Rußtau, einen Pilz, der sich auf den Ausscheidungen saugender Insekten, wie Schildläuse und Blattläuse, ansiedelt. Suchen Sie nach der Ursache, und bekämpfen Sie die Schadinsekten.

Kulturbedingungen

Wasserbedarf und Luftfeuchtigkeit: Während der Wachstumszeit einmal wöchentlich gießen, kein überschüssiges Gießwasser im Untersetzer stehen lassen. Im Winter darf der Ballen nicht vollständig austrocknen. Bei Wärme das Laub von Zeit zu Zeit besprühen.
Lichtansprüche: Mindestens 4 Stunden Sonne pro Tag. Im Sommer stellt man die Pflanze an einen vollsonnigen Standort.
Düngen: Im Frühjahr und Sommer alle 2 Wochen einen Zitruspflanzendünger geben.
Umtopfen und Substrat: Man topft alle 2–3 Jahre im Frühjahr in eine mit etwas Torf oder Sand angereicherte Einheitserde um.
Kulturtipp: Überwinterung bei 5–10 °C.

Citrus medica var. *sarcodactylis* ▼

◄ *Citrus paradisi*

● Verwandte Gattungen

Die strauchförmigen Arten der Gattung ***Fortunella*** (Kumquat) sind in asiatischen Feuchtwäldern heimisch. An den gelegentlich stacheligen Zweigen stehen kleine immergrüne, ovale Blätter und kleine weiße Blüten, die sich zu kugeligen Früchten entwickeln, die vor allem in China und Japan kandiert oder zu Sirup und Marmelade verarbeitet werden.

Fortunella japonica (Marumi-Kumquat, manchmal als ***Citrus japonica*** im Handel) besitzt stachelige Triebe mit elliptischen Blättern sowie rundliche, 3–4 cm große, orangegelbe Früchte, auch eine Sorte mit weiß panaschierten Blättern ist bekannt.

Die Zweige von ***F. margarita* 'Nagami'** sind stachellos mit lanzettlichen Blättern und dunkelorangefarbenen, ovalen Früchten, die 4 cm lang und 2 cm breit sind.

***F.* 'Fukushu'** ist ein kleiner symmetrischer Baum mit leuchtend grünem Laub und orangefarbenen Früchten, die im Ganzen verzehrt werden können.

◄ *Fortunella* 'Fukushu'

▲ *Fortunella japonica*

◄ x *Citrofortunella microcarpa*

Die ***Calamondin*** (x *Citrofortunella microcarpa*, syn. x *Citrofortunella mitis, Citrus mitis*) ist aus einer Kreuzung zwischen *Citrus* und *Fortunella* entstanden. Sie hat leuchtend grüne, ovale Blätter und weiße, achselständige Blüten, aus denen sich rundliche gelbe, später orangefarbene, 2–4 cm große Früchte entwickeln.

▼ x *Citrofortunella microcarpa*

Clerodendrum

C. thomsoniae

Kletternder Losstrauch

Allgemeines
Einfache, tiefgrüne Blätter mit glattem oder gezähntem Rand und langem Blattstiel zeichnen die Kletterpflanze aus. Wirklich sehenswert sind aber die angenehm duftenden Blüten (Juni bis September), die in endständigen Rispen stehen. Der weiße, aufgeblasene Kelch umschließt eine scharlachrote Blütenkrone. Exemplare mit kurzen Trieben sind beliebt, denn sie behalten durch regelmäßiges Einkürzen ihre kompakte Form.

Pflege
Die Kultur ist nicht einfach. Während des Wachstums wird hohe Luftfeuchtigkeit benötigt, im Winter ist eine kühle Ruheperiode notwendig.
Vermehrung: Im Mai oder Juni 10–15 cm lange Stecklinge abnehmen und in einem feuchten Sand-Torf-Gemisch (1 : 1) bei gespannter Luft (21–23 °C) bewurzeln lassen.

Gut zu wissen
Im Gewächshaus oder Wintergarten ausgepflanzt, können die Triebe 2–3 m lang werden.

Clerodendrum thomsoniae ▲

Clerodendrum thomsoniae ▼

Kulturbedingungen

Wasserbedarf und Luftfeuchtigkeit: Während der Wachstumszeit gut mit kalkfreiem Wasser gießen. Im Winter darf der Ballen nicht vollständig austrocknen. Die Blätter im Sommer regelmäßig besprühen.
Lichtansprüche: Hell, im Sommer keine direkte Sonne.
Düngen: Im Frühjahr und Sommer 2 Wochen einen Blühpflanzendünger geben.
Umtopfen und Substrat: Im April in Einheitserde mit Torfzusatz umtopfen.
Kulturtipp: Die Art benötigt eine Winterruhe bei 13–15 °C, damit sie im folgenden Jahr wieder blüht.

Krankheiten und Schädlinge

◆ Verfärbtes und eingetrocknetes Laub ist ein Zeichen für Spinnmilben. Luftfeuchtigkeit durch häufigeres Besprühen der Blätter erhöhen, falls nötig, ein Akarizid oder Raubmilben einsetzen.
◆ Wenn man die Pflanze streift, schweben Weiße Fliegen sofort auf. Wiederholte Insektizidbehandlungen (alle 8–10 Tage) sind das Mittel der Wahl.

▼ *Clerodendrum thomsoniae*

● Verwandte Arten und Sorten

Clerodendron thomsoniae 'Delectum' unterscheidet sich durch rosa- bis magentafarbene Blüten.
C. speciosissimum ist ein aufrechter Strauch mit leicht gebuchteten Blättern und endständigen Rispen mit scharlachroten Blüten.
Die kletternde ***C. ugandense*** hat kleine blauviolette Blüten.
C. wallichii besitzt schmal lanzettliche, dunkelgrüne Blätter mit gewelltem Rand und weiße Blüten in hängenden Rispen.

Clerodendrum paniculatum ▶

Clerodendrum wallichii ▼

Clerodendrum ugandense ▼

Clerodendrum speciosissimum ▼

Clivia

C. miniata — Zimmerclivie

Allgemeines
Die Clivie besitzt fleischige Wurzeln und eine angeschwollene zwiebelartige Basis, aus der die zweireihig angeordneten, riemenförmigen, dunkelgrünen glänzenden Blätter entspringen. Im Spätwinter erscheinen ein oder mehrere Blütentriebe mit orangefarbenen, trompetenförmigen Blüten in endständigen Dolden. Auch Hybriden mit gelben oder rosafarbenen Blüten sind auf dem Markt.

Pflege
Die Kultur ist nicht einfach, da zur Blütenbildung eine Ruheperiode im Herbst eingehalten werden muss.
Vermehrung: Beim Umtopfen die Kindel abtrennen, wenn sie mindestens drei 20–25 cm lange Blätter besitzen.

Gut zu wissen
Die fleischigen Wurzeln der Clivie brechen leicht.

● Verwandte Arten und Sorten
Clivia nobilis hat hängende, orangerote Blüten mit grünem Rand.
Clivia miniata var. *citrina* entwickelt gelbe Blüten.

Kulturbedingungen
Wasserbedarf und Luftfeuchtigkeit: Vom Spätwinter bis zum Sommer mäßig gießen, im Herbst und Frühwinter die Wassergaben reduzieren.
Lichtansprüche: Hell, im Sommer keine direkte Sonne.
Düngen: Im Frühjahr und Sommer alle 2 Wochen einen Blühpflanzendünger geben.
Umtopfen und Substrat: Alle 3–4 Jahre, wenn die Wurzeln aus dem Topf herauswachsen, in Einheitserde umtopfen. Wählen Sie einen nicht zu großen, stabilen Tontopf, da Clivien besser blühen, wenn sie etwas eng stehen.
Kulturtipp: Kühle Temperaturen (10–12 °C) im Frühherbst sind für die Blütenbildung unerlässlich.

Krankheiten und Schädlinge
◆ Weiße, wattige Gebilde am Blattgrund sind ein Zeichen für Schmierläuse. Bei schwachem Befall entfernt man sie mit einem in Alkohol getränkten Wattestäbchen, ansonsten setzt man ein Insektizid oder Nützlinge ein.
◆ Die Pflanze blüht nicht mehr: Sie hat den Herbst an einem zu warmen Standort verbracht, oder sie wurde im Winter zu rasch wieder bewässert.

Clivia-Citrina-Hybride ▼

Clivia nobilis ▼

◄ *Clivia miniata*

Clusia

C. major
Rosafarbener Balsamapfel

syn. *Clusia rosea*

Allgemeines
Der Strauch ist im tropischen Amerika heimisch und hat dekoratives Laub, das dem des Gummibaums *(Ficus elastica)* ähnelt. Die gegenständigen, 20–30 cm großen, verkehrt eiförmigen Blätter sind glänzend dunkelgrün, der Blattstiel ist sehr kurz. Die Pflanze kann im Topf 2 m hoch werden und kommt meistens nicht zur Blüte. Auch Sorten mit panaschiertem Laub sind bekannt.

Pflege
Hohe Luftfeuchtigkeit ist Voraussetzung für die Kultivierung.
Vermehrung: Im Sommer halbverholzte Stecklinge abnehmen und bei Bodenwärme und gespannter Luft bewurzeln lassen.

Clusia major ▶

Kulturbedingungen

Wasserbedarf und Luftfeuchtigkeit: Während der Vegetationszeit reichlich gießen, kein Gießwasser im Untersetzer stehen lassen. Im Winter gießt man seltener. Zur Erhöhung der Luftfeuchtigkeit die Blätter zweimal täglich einnebeln.
Lichtansprüche: Indirekt.
Düngen: Im Frühjahr und Sommer alle 2–3 Wochen einen Grünpflanzendünger geben.
Umtopfen und Substrat: Man topft alle 3–4 Jahre im Frühjahr in eine Mischung aus Humuserde und guter Gartenerde um, der etwas Sand untergemischt wird.
Kulturtipp: Überwinterung bei 16 °C. Vermeiden Sie abrupte Temperaturveränderungen, die zum Abwerfen der Blätter führen.

Cocos

C. nucifera Kokospalme

◄ *Cocos nucifera*

Allgemeines

Die Kokospalmen, die bei uns angeboten werden, sind immer junge Exemplare – in ihrem tropischen Lebensraum werden sie etwa 30 m hoch. Aus der zur Hälfte von Erde bedeckten Frucht wachsen elegante ganzrandige, leuchtend grüne Blätter heraus, gefiederte Blätter bilden sich im Zimmer selten.

Pflege

Die Zimmerkultur ist schwierig, da Kokospalmen sehr viel Licht, Wärme und hohe Luftfeuchtigkeit benötigen.

Vermehrung: Man legt am besten gekeimte, bastfreie Nüsse in feuchten Torf. Die Methode ist schwierig.

Kulturbedingungen

Wasserbedarf und Luftfeuchtigkeit: Ganzjährig mäßig gießen, Staunässe vermeiden. Zur Erhöhung der Luftfeuchtigkeit stellt man den Topf auf einen Untersetzer mit feuchtem Kies und nebelt die Blätter täglich ein.

Lichtansprüche: Hell, so viel Sonne wie möglich.

Düngen: Im Frühjahr und Sommer alle 2 Wochen einen Grünpflanzendünger in halber Dosierung geben.

Umtopfen und Substrat: Meistens hält sich *C. nucifera* im Zimmer nicht lange. Ansonsten pflanzt man, wenn die Wurzeln den Topf ausfüllen, im Frühjahr in Palmenerde um.

Kulturtipp: Ohne Warmhaus ist es fast unmöglich, diese prächtige Pflanze über längere Zeit zu kultivieren.

Krankheiten und Schädlinge

◆ Bei Spinnmilbenbefall verfärben sich die Blätter, die außerdem kleine weißliche Punkte zeigen. Luftfeuchtigkeit durch häufiges Besprühen der Blätter erhöhen. Bei starkem Befall setzt man ein Akarizid oder Nützlinge ein.

◆ Das Laub wird klebrig, es bilden sich braunliche Höcker – typische Zeichen für Schildlausbefall. Mit in Alkohol getränkten Wattestäbchen entfernen, ein systemisch wirkendes Insektizid oder Schlupfwespen einsetzen.

Cocos nucifera ▼

Codiaeum

C. variegatum Kroton, Wunderstrauch

Allgemeines

Dieser in Malaysia heimische, kräftige Strauch zeigt in der Blattform außerordentliche Variabilität, außerdem die verschiedensten Rot-, Orange-, Bronze-, Grün- und Rosatöne, manchmal weiß oder gelb gefleckt. Die Blüten sind unscheinbar. *C. variegatum* var. *pictum,* eine von 2 natürlich vorkommenden Varietäten, ist Stammform der meisten Sorten, die häufig große ovale Blätter, aber auch lange schmale oder Blätter mit gewelltem Rand besitzen.

Kulturbedingungen

Wasserbedarf und Luftfeuchtigkeit: Während der Wachstumszeit reichlich, doch nicht übermäßig, mit lauwarmem, weichem Wasser gießen, im Winter seltener. Bei heißem Wetter muss das Laub häufig mit weichem Wasser besprüht werden. Stellen Sie den Topf auf einen Untersetzer mit feuchtem Kies.
Lichtansprüche: Sehr heller Standort ohne direkte Sonne. Kroton benötigt für eine ausgeprägte Blattfärbung sehr viel Licht.
Düngen: Im Frühjahr und Sommer alle 2 Wochen einen Grünpflanzendünger verabreichen.
Umtopfen und Substrat: Wenn nötig, topft man im zeitigen Frühling in eine mit etwas Sand angereicherte Einheitserde um.
Kulturtipp: Die Pflanze verträgt weder Temperaturen unter 18 °C noch kalte Zugluft oder abrupte Temperaturveränderungen.

◄ *Codiaeum variegatum* 'Aucubaefolia'

◄ *Codiaeum variegatum* 'Excellent'

◄ *Codiaeum variegatum* 'Petra'

Krankheiten und Schädlinge

◆ Kleine braune Erhebungen auf der Blattunterseite sind ein Zeichen für Schildläuse. Entfernung mit in Alkohol getränkten Wattestäbchen oder Einsatz eines systemischen Insektizids oder von Schlupfwespen.
◆ Verfärbtes, eingetrocknetes Laub ist ein Zeichen für Spinnmilben, die sich bei Hitze und Trockenheit vermehren. Luftfeuchtigkeit erhöhen. Verwenden Sie, falls nötig, ein Akarizid, oder setzen Sie Raubmilben ein.

Codiaeum variegatum 'Mammi' ▼

Kombinationen: Man kann Kroton mit grünlaubigen Pflanzen wie Vogelnestfarn oder kleinen Philodendren zusammenstellen.

Pflege

Kroton ist im Zimmer so kurzlebig, weil er die massiven Temperaturschwankungen und die geringe Luftfeuchtigkeit nicht verträgt. Bester Standort ist ein Warmhaus oder ein sehr feuchter Wintergarten.
Vermehrung: 8–12 cm lange Kopfstecklinge von Seitentrieben in Bewurzelungspulver tauchen und in einem feuchten Sand-Torf-Gemisch (1 : 1) bei 22 °C und gespannter Luft bewurzeln lassen. Das Abmoosen ist erfolgversprechender.

Gut zu wissen

Kroton besitzt einen haut- und schleimhautreizenden Milchsaft.

● Verwandte Arten und Sorten

Codiaeum variegatum* var. *pictum ist Stammpflanze zahlreicher Züchtungen, mit vielfältigem, teils panaschiertem Laub.

Codiaeum variegatum var. *pictum* ▼

Codiaeum variegatum 'Goldmoon' ▼

Breynia disticha ▼

Breynia disticha 'Nana' ▼

● Verwandte Gattung

Die Gattung ***Breynia*** gehört wie Kroton zu den Wolfsmilchgewächsen und ist in den tropischen Wäldern Asiens, Australiens und auf den Pazifikinseln heimisch. ***Breynia disticha*** (syn. *B. nivosa, Phyllanthus nivosus*) wird 1–2 m hoch und besitzt zickzackartig wachsende, dunkelrote Triebe mit dunkelgrünen, weiß panaschierten, ovalen Blättern, die in jungem Zustand weiß und rot sind.

Codonanthe

Codonanthe

Allgemeines

Die Gattung umfasst immergrüne Sträucher oder Stauden, die im tropischen Amerika heimisch sind. ***Codonanthe crassifolia,*** ein kleiner Epiphyt mit hängendem Wuchs und üppiger Blüte, wird am meisten kultiviert. Die dunkelgrünen, spitz-ovalen Blätter sind glänzend, die kleinen weißen Röhrenblüten mit rosapurpurnem Schlund erscheinen fast ganzjährig. Falls sie befruchtet werden, entwickeln sich orangefarbene kugelige Früchte. Am besten zieht man diese Art als Ampelpflanze. ***C. gracilis*** ist eine nahe verwandte Art mit lanzettlichen Blättern und weißen Blüten mit gelbem Schlund.

Pflege

Codonanthe benötigt vor allem regelmäßige Bewässerung und gleichmäßige Temperatur.
Vermehrung: Man nimmt 10–15 cm lange Kopfstecklinge ab, entfernt die unteren Blätter und lässt sie in einem feuchten Torf-Sand-Gemisch bei gespannter Luft bewurzeln.

Kulturbedingungen

Wasserbedarf und Luftfeuchtigkeit: Während der Wachstumszeit regelmäßig, doch wenig bewässern. Im Untersetzer darf kein überschüssiges Gießwasser stehen. Im Winter etwas seltener gießen.
Lichtansprüche: Hell, ohne direkte Sonne.
Düngen: Im Frühjahr und Sommer alle 2 Wochen einen Blühpflanzendünger in halber Dosierung geben.
Umtopfen und Substrat: Man topft alle 2 Jahre im Frühjahr in Einheitserde mit Torfzusatz um. Das Pflanzgefäß muss nicht besonders groß sein.
Kulturtipp: Vermeiden Sie zu starkes Gießen, und sorgen Sie ganzjährig für gleichmäßige Temperatur (Minimum 15 °C).

Codonanthe crassifolia ▼

Krankheiten und Schädlinge

◆ Erscheinen auf den Zweigen kleine braune Höcker, sind das Schildläuse, die man mit in Alkohol getränkten Wattestäbchen entfernt. Notfalls ein systemisches Insektizid anwenden.

Coffea

C. arabica 'Nana'

Arabica-Kaffee

Allgemeines

Die Zwergsorte des Kaffeestrauchs wird nicht höher als 1 m. Die gegenständigen, dunkelgrünen glänzenden Blätter sind spitz-elliptisch mit gewelltem Rand. Manchmal, bei Topfkultur eher selten, erscheinen nach einigen Jahren kleine weiße, sternförmige Blüten mit Orangenblütenduft, aus denen sich grüne Beeren entwickeln, die später rot und bei Reife braun sind.

Pflege

Die Pflanze verträgt keine Kälte oder Zugluft und benötigt eine hohe Luftfeuchtigkeit.

Vermehrung: Kaffeebohnen vom Fruchtfleisch befreien und sofort aussäen (24 °C, bei gespannter Luft).

Kulturbedingungen

Wasserbedarf und Luftfeuchtigkeit: Während der Wachstumszeit den Ballen leicht feucht halten, im Herbst und Winter weniger gießen. Den Topf auf einen Untersetzer mit feuchtem Kies stellen und die Pflanze regelmäßig besprühen.

Lichtansprüche: Mittel, ohne direkte Sonne.

Düngen: Im Frühjahr und Sommer alle 2 Wochen einen Grünpflanzendünger geben.

Umtopfen und Substrat: Falls nötig, topft man im Frühjahr in Einheitserde um.

Kulturtipp: Die optimale Temperatur liegt bei 18–21 °C. Nur *C. arabica* ist selbstfertil. Durch Bestäubung der Blüten mit einem kleinen Haarpinsel kann der Samenansatz gefördert werden.

Krankheiten und Schädlinge

◆ Wenn die Blattränder vertrocknen, ist die Raumluft zu trocken. Besprühen Sie die Pflanze häufiger.

◆ Auf den Zweigen und unter den Blättern siedeln sich Schildläuse an, was an braunen Höckern und klebrigen Blättern erkennbar ist. Mit in Alkohol getränkten Wattestäbchen entfernen, ein systemisches Insektizid oder Nützlinge einsetzen.

▼ *Coffea arabica*

Coffea arabica ▶

Coffea arabica ▼

Coffea arabica ▼

Columnea

Kolumnee, Rachenrebe

Allgemeines

Mehrere Arten und Hybriden der Kolumnee sind als Zimmerpflanzen in Kultur, die meisten mit langen, hängenden Trieben und kleinen gegenständigen, meist dunklen Blättern. Die röhrenförmigen Blüten sind je nach Sorte gelb und orangerot bis scharlachrot. Einige Sorten blühen im Lauf des Jahres mehrmals, andere eher im Herbst und Winter. Häufig blüht ein ganzer Trieb nach und nach auf. ***Columnea gloriosa*** besitzt lange Hängetriebe mit einfachen dunkelgrünen Blättern und scharlachroten Blüten mit kleinem gelbem Fleck im Schlund. Typisch für ***C. microphylla*** sind die zierlichen Blätter, die kleiner als 1 cm und braunrot behaart sind, und die orangeroten Blüten mit gelbem Schlund. ***C.*** x ***banksii*** besitzt dunkelgrüne, 2–4 cm lange ovale, glänzende Blätter, die unterseits schwach behaart sind, und scharlachrote Blüten.

Kulturbedingungen

Wasserbedarf und Luftfeuchtigkeit: Im Frühjahr und Sommer mäßig mit lauwarmem, weichem Wasser gießen. Im Winter weniger bewässern. Bei Hitze müssen die Arten mit glatten Blättern häufig eingenebelt werden. Arten mit behaartem Laub stellt man auf einen Untersetzer mit feuchtem Kies.
Lichtansprüche: Hell, ohne direkte Sonne.
Düngen: Im Frühjahr und Sommer alle 2 Wochen einen Blühpflanzendünger in halber Dosierung geben.
Umtopfen und Substrat: Man pflanzt alle 2 Jahre nach der Blüte in eine Humuserde mit Torfstreuzusatz um.
Kulturtipp: Entfernen Sie schwache Triebe, und sorgen Sie für hohe Luftfeuchtigkeit. Die Rachenrebe gedeiht gut als Ampelpflanze.

Columnea ▼

Columnea ▼

Krankheiten und Schädlinge

◆ Die Pflanze blüht nicht mehr: Einige Arten wie *C. microphylla* benötigen zur Blütenbildung eine mindestens einmonatige Kälteperiode (13–16 °C). Während dieser Zeit wird der Ballen schwach feucht gehalten. Sobald die Blütenknospen erscheinen, bewässert man nach und nach mehr und stellt die Pflanze wieder in einen wärmeren Raum.

Pflege

Die Pflanzen reagieren empfindlich auf Lufttrockenheit. Sie vertragen keine kalte Zugluft sowie Bewässerung mit kaltem Wasser.

Vermehrung: Von März bis Mai Stecklinge von nicht blühenden Trieben abnehmen und in einem Minigewächshaus oder unter Klarsichtfolie bei 20–22 °C bewurzeln.

Gut zu wissen

Columnea-Arten mit glattem Laub lassen sich einfacher kultivieren als Arten mit behaartem Laub, die leichter faulen.

Columnea 'Heckla' ▲

Columnea 'Sanne' ▲

Columnea 'Hostag' ▲

➤ ***Commelinaceae*** siehe unter *Callisia, Dichorisandra, Gibasis, Palisota, Siderasis, Tradescantia*

▼ *Columnea arguta*

▼ *Columnea hirta*

Columnea 'Sanne' ▼

Cordyline

C. terminalis Keulenlilie, Kolbenbaum

syn. *Cordyline fruticosa*

Allgemeines

Die Blätter dieser nahe mit *Dracaena* verwandten Pflanze stehen in Büscheln, sie bildet im Alter einen kurzen Stamm. Die 30–50 cm langen, lanzettlichen Blätter sind mittel- bis tiefgrün gefärbt, gelegentlich weißlich, rötlich oder purpurn überlaufen. Die Art ist in Südostasien heimisch, wird im Zimmer jedoch selten höher als 1,5 m.

Kombinationen: *Cordyline-* und *Dracaena*-Arten lassen sich gut kombinieren. Verkahlen die Stämme, unterpflanzt man sie mit hängenden Arten wie Efeu oder Klimme.

Pflege

Diese pflegeaufwendige Keulenlilie braucht hohe Luftfeuchtigkeit. *Cordyline australis* gedeiht bei trockener Luft besser, wird aber sehr hoch.

Vermehrung: Kopf- oder Stammstecklinge in ein leichtes Sand-Torf-Gemisch pflanzen und bei gespannter Luft (etwa 20 °C) und 25 °C Bodentemperatur bewurzeln lassen.

Kulturbedingungen

Wasserbedarf und Luftfeuchtigkeit: Während der Wachstumszeit das Substrat feucht, aber nicht nass halten. Im Winter, je nach Temperatur, Wassergaben einschränken. In heißen Räumen muss das Laub häufig besprüht werden.

Lichtansprüche: Sehr hell, im Sommer während der Mittagshitze mit leichter Schattierung.

Düngen: Im Frühjahr und Sommer alle 2 Wochen einen Grünpflanzendünger geben.

Umtopfen und Substrat: Anfangs topft man jährlich, später alle 2–3 Jahre im Frühjahr in Einheitserde um.

Kulturtipp: Diese Keulenlilie benötigt ganzjährig warme Temperaturen und verträgt keine kalte Zugluft.

Cordyline terminalis ▼

◄ *Cordyline terminalis* 'Atoom'

● Verwandte Arten und Sorten

Cordyline terminalis 'Red Edge' hat rot-grün gestreifte Blätter.
C. terminalis 'Prince Albert' besitzt leuchtend rotes und dunkelgrünes Laub.
Die hellgrünen Blätter von *C. terminalis* 'Tricolor' sind rot, rosa und weiß panaschiert.
Cordyline australis hat lange, schmale und spitze, ledrige Blätter – hellgrün bei der Art, bei den Sorten häufig mit Panaschierung.
C. stricta besticht durch den eleganten Habitus mit langen dunkelgrünen, linealischen Blättern.

Krankheiten und Schädlinge

◆ Bei zu trockener Luft rollen sich die Blattränder ein und verbräunen. Besprühen Sie das Laub täglich.
◆ Deformierte und klebrige Blätter sind ein Zeichen für Blattläuse. Ein Spezialinsektizid oder Nützlinge schaffen Abhilfe.

Cordyline terminalis 'Red Edge' ▲

Cordyline australis ►

Cordyline australis 'Red Star' ►

Cordyline stricta ►

Cordyline terminalis 'Tango' ▼

Cordyline terminalis 'Glauca' ▼

Cordyline terminalis 'Kiwi' ▼

Corynocarpus

C. laevigatus Neuseeländischer Karakabaum
syn. *Corynocarpus laevigata*

Allgemeines
Die in Neuseeland heimische immergrüne Art wird als Blattschmuckpflanze kultiviert. Die dunklen, großen, ovalen, ledrigen Blätter glänzen wachsartig. Am Wildstandort wird der Karakabaum größer als 10 m, als Topfpflanze wächst er eher buschig bei 2–3 m Höhe. Die kleinen grünlichen Blüten werden im Zimmer selten gebildet.

Pflege
Die Kultur ist nicht schwierig, allerdings braucht man einen kühlen Raum, einen kühlen Wintergarten oder ein Gewächshaus.
Vermehrung: Im Spätsommer halbverholzte Stecklinge in einem feuchten Sand-Torf-Gemisch bei gespannter Luft bewurzeln lassen. Verwenden Sie ein Bewurzelungspulver.

Kulturbedingungen
Wasserbedarf und Luftfeuchtigkeit: Während der Wachstumsphase mäßig gießen, die Wassergaben im Winter je nach Temperatur einschränken.
Lichtansprüche: Volle Sonne.
Düngen: Im Frühjahr und Sommer alle 3–4 Wochen einen Grünpflanzendünger geben.
Umtopfen und Substrat: Falls nötig, im Frühling in eine Mischung aus Humuserde und guter Gartenerde umtopfen. Den Topfgrund mit einer Dränageschicht versehen.
Kulturtipp: Man kann die Pflanze im Sommer ins Freiland stellen, zum Überwintern wählt man einen sehr hellen Standort mit 10–13 °C.

Krankheiten und Schädlinge
◆ Kleine braune Höcker auf den Zweigen und klebrige Blätter deuten auf Schildläuse hin. Mit in Alkohol getränkten Wattestäbchen entfernen, ein systemisches Insektizid oder Nützlinge einsetzen.

● Verwandte Arten und Sorten
Corynocarpus laevigatus 'Variegatus' hat gelb panaschierte Blätter.

Corynocarpus laevigatus 'Variegatus' ▼

Corynocarpus laevigatus ▼

Crassula

Dickblatt

Allgemeines

Zu dieser Gattung gehören sehr viele sukkulente Arten, die sich äußerlich sehr stark durch Form, Größe und Kulturansprüche unterscheiden. Sie sind vor allem in semiariden und ariden Zonen des südlichen Afrika heimisch.

Crassula arborescens ist stark verzweigt und wird bis zu 1 m hoch. Die fleischigen rundlichen, 3–7 cm langen, silbrig grünen Blätter sind am Rand oft rot überlaufen. Auf älteren Exemplaren erscheinen im Frühling manchmal rosaweiße Blüten.

C. ovata bildet sehr stark verzweigte Triebe mit elliptischen, 2–4 cm großen, mittelgrünen, glänzenden Blättern, manchmal mit rötlichem Rand. Sie wird auch unter anderen botanischen Namen wie *C. portulacea* angeboten.

C. perfoliata **var.** ***minor*** (syn. *C. falcata*) bildet einen dicken fleischigen Spross mit fleischigen, grau überlaufenen, abgeflachten und sichelförmigen, 6–10 cm langen Blättern. Die kleinen roten Blüten erscheinen im Sommer.

C. orbicularis (syn. *C. rosularis*) bildet Rosetten aus abgeflachten Blättern und grüne, rot überlaufene Blütensprosse mit endständigen, lockeren Blütenständen mit kleinen Blüten.

C. rupestris **subsp.** ***marnieriana*** (syn. *C. marnieriana*) besitzt verzweigte Triebe mit fleischigen, kantigen Blättern, die eng übereinander und jeweils paarweise im rechten Winkel versetzt stehen.

Pflege

Crassula-Arten stellen wenig Ansprüche, benötigen aber sehr viel Licht.

Vermehrung: Man nimmt 5–8 cm lange Kopfstecklinge mit mindestens 2 Blattpaaren ab und pflanzt sie in Kakteenerde.

Kulturbedingungen

Wasserbedarf und Luftfeuchtigkeit: Während der Wachstumszeit einmal wöchentlich, im Herbst und Winter nur alle 2 Wochen gießen.
Lichtansprüche: Ganzjährig so viel Sonne wie möglich.
Düngen: Im Frühjahr und Sommer alle 3–4 Wochen einen Kakteendünger geben.
Umtopfen und Substrat: Man topft alle 2 Jahre im Frühling in ein Kakteensubstrat um, auf den Topfgrund kommt eine Dränage.
Kulturtipp: Dickblatt kann den Sommer an einem hellen, geschützten Standort im Freien verbringen. Die Überwinterungstemperatur darf nicht unter 5–7 °C fallen.

Crassula ovata 'Tricolor' ▼

Crassula 'Isabelle' ▼

◄ *Crassula arborescens*

Crassula 'Schmidtii' ▼

Krankheiten und Schädlinge

◆ Weiße, wattige Gebilde am Blattgrund sind ein Zeichen für Schmierläuse. Bei schwachem Befall entfernt man sie mit in Alkohol getränkten Wattestäbchen, ansonsten setzt man ein Insektizid oder Nützlinge ein.

Crassula rosularis ▼

▲ *Crassula ovata*

Crassula rupestris subsp. *marnieriana* 'Hottentot' ▼

Crassula ovata 'Horn Tree' ►

Crassula ovata 'Horn Tree' ►

Crocus

Krokus

Allgemeines

Krokusse lassen sich nicht nur im Garten, sondern auch im Zimmer kultivieren. Aus den Zwiebelknollen wachsen mehrere kelchförmige Blüten empor. Zahlreiche Hybriden mit verschiedenen Blütenfarben und teilweise gestreiften Blütenblättern sind im Handel. Die linealen Blätter entwickeln sich während oder kurz nach der Blüte.

Im September setzt man die Zwiebelknollen in mit grobem Sand angereicherte Einheitserde und stellt die Töpfe an einen kühlen, dunklen Ort (5–10 °C). Sobald sich die Blütenknospen öffnen, kann man die Gefäße in die Wohnung stellen. Ab November gibt es auch bepflanzte Schalen zu kaufen.

Pflege

Nach der Blüte benötigen die Pflanzen einen kühlen Standort. Je wärmer es ist, desto kurzlebiger ist die Blüte.

Vermehrung: Teilung der Zwiebelknollen.

Crocus vernus 'Jeanne d'Arc' ▲

● Verwandte Gattung

Traubenhyazinthen *(Muscari)* werden wie Krokusse vorgezogen. Ihre dichten, meist blauen Blütentrauben stehen auf unbeblätterten Stielen. Im Tuff gepflanzt wirken sie wesentlich üppiger.

Kulturbedingungen

Wasserbedarf und Luftfeuchtigkeit: Die Substratmischung muss immer schwach feucht sein.

Lichtansprüche: Hell, in geheizten Räumen dürfen sich die Pflanzen am Fenster nicht zu stark aufheizen.

Düngen: Bei Saisonpflanzen nicht nötig.

Umtopfen und Substrat: Nach der Blüte pflanzt man die Krokusse, wenn möglich, im Garten aus.

Kulturtipp: Stellen Sie die Pflanzen an einen kühlen Ort (nicht über 16 °C). Zu starkes Gießen führt zum Verfaulen der Zwiebelknollen.

▼ *Crocus vernus* 'Remembrance'

◄ *Crocus chrysanthus*

Crossandra

C. infundibuliformis — Krossandra, Tapirblume

Allgemeines
Die Blätter des im tropischen Asien heimischen Halbstrauches sind lanzettlich, mittelgrün und glänzend mit gewelltem Rand. Von Frühjahr bis Sommer erscheinen die orangeroten bis lachsrosafarbenen Blüten, die in achselständigen, 5–10 cm langen Ähren stehen und von unten nach oben aufblühen. Die Pflanze wird im Zimmer 30–40 cm hoch.

Pflege
Wärme und Feuchtigkeit sind wichtig.
Vermehrung: Im Frühjahr 5–8 cm lange Stecklinge in einem feuchten Sand-Torf-Gemisch (1 : 1) bei gespannter Luft und einer Temperatur von 21 °C bewurzeln lassen.

Tipp
Zur besseren Verzweigung pinziert man die jungen Triebspitzen.

● Verwandte Arten und Sorten
Crossandra infundibuliformis 'Mona Whaled' mit lachsrosafarbenen Blüten ist als Sorte am weitesten verbreitet.

Krankheiten und Schädlinge
◆ Verfärbte Blätter und unterseits kleine weißliche Punkte sind ein Zeichen für Spinnmilben, die sich bei Hitze und Trockenheit vermehren. Luftfeuchtigkeit erhöhen, notfalls ein Akarizid oder Nützlinge einsetzen.

Crossandra infundibuliformis ▼

Kulturbedingungen
Wasserbedarf und Luftfeuchtigkeit: Ein- bis zweimal pro Woche mit lauwarmem, weichem Wasser mäßig gießen, im Winter seltener. Stellen Sie den Topf auf einen Untersetzer mit feuchtem Kies.
Lichtansprüche: Sehr hell, ohne direkte Sonne.
Düngen: Im Frühjahr und Sommer alle 2 Wochen einen Blühpflanzendünger geben.
Umtopfen und Substrat: Etwa alle 2 Jahre im Frühjahr in eine Mischung aus Einheitserde und Moorbeeterde umtopfen.
Kulturtipp: Die Temperatur darf nicht unter 16–18 °C sinken. Wenn die Pflanze unansehnlich wird, verjüngt man sie durch Stecklingsvermehrung.

Crossandra infundibuliformis ▼

Cryptanthus

C. zonatus

Zebraerdstern

Allgemeines

Dekorativ sind die Bromeliengewächse mit ledrigen, rosettenförmig angeordnete Blättern. Die grünbraunen, silbergrau quer gestreiften Blätter von *Cryptanthus zonatus* sind gewellt und unterseits mit weißlichen Schuppen bedeckt. Die Rosette kann bis zu 40 cm breit werden. Das schokoladenbraune, silberweiß gestreifte Laub der Sorte **'Zebrinus'** ist noch kontrastreicher.

Kombinationen: Man kann verschiedene Erdsternarten zusammen in einer flachen Schale ziehen.

Pflege

Die kleinen Pflanzen gedeihen besonders gut in Flaschengärten, da sie eine hohe Luftfeuchtigkeit benötigen.

Vermehrung: Ableger oder Kindel im April abtrennen und einpflanzen.

Gut zu wissen

Die Pflanze stirbt nach der Blüte ab. Die Ableger blühen nach 3–4 Jahren.

● Verwandte Arten und Sorten

Cryptanthus bivittatus hat grüne, gewellte Blätter mit gezähntem Rand, die mit cremeweißen, bei hellem Standort rosa überlaufenen Längsstreifen gezeichnet sind. Die Pflanze wird nur 15–20 cm breit. Die mittelgrünen Blätter von ***C. acaulis*** sind leicht gewellt und mit blassgrauen Schuppen bedeckt.
Die grünen Blätter ***C. bromelioides*** sind weißgelb gestreift.
C. fosterianus hat stark gewellte, rotbraune Blätter mit grauen Querstreifen.

Kulturbedingungen

Wasserbedarf und Luftfeuchtigkeit: Ganzjährig mäßig gießen, das Substrat darf nur leicht feucht sein. Die Rosetten häufig mit weichem, lauwarmem Wasser einnebeln.
Lichtansprüche: Hell, leicht schattiert.
Düngen: Im Frühjahr und Sommer alle 2 Wochen einen schwach dosierten Grünpflanzendünger (oder Orchideendünger) geben.
Umtopfen und Substrat: Falls nötig, im zeitigen Frühjahr in Bromelienerde oder ein humusreiches Substrat mit lockernden Bestandteilen pflanzen.
Kulturtipp: Konstante Kulturbedingungen sind unbedingt nötig.

Krankheiten und Schädlinge

◆ Ist die Luft zu trocken, schrumpeln die Blätter. Nebeln Sie die Pflanze bei höheren Zimmertemperaturen häufiger ein.

Cryptanthus zonatus 'Zebrinus' ►

Cryptanthus bromelioides ▼

Cryptanthus fosterianus ►

Cryptanthus bivittatus 'Tricolor' ▼

Ctenanthe

Ctenanthe

Allgemeines

Die in Brasilien und Costa Rica heimische Gattung ist nahe mit *Calathea* und *Maranta* verwandt. Die schmaleren Blätter stehen auf schlanken Stielen. Bei *Ctenanthe lubbersiana* sind sie leuchtend grün, lanzettlich, oberseits gelb gefleckt und unterseits hellgrün. Sie können 30 cm lang werden. Die Blüten sind unscheinbar.

Die kürzeren Blätter von *C.* ***burle-marxii*** sind hellgrün oval, oberseits mit dunkelgrüner Zickzackzeichnung, unterseits purpurn.

C. ***oppenheimiana*** besitzt 40 cm lange, lanzettliche, dunkelgrüne Blätter, oberseits silbrig panaschiert, unterseits purpurn. Die Blätter der Sorte **'Tricolor'** sind hellgrün-dunkelgrün-weiß panaschiert.

Der schlanke Blattstiel von *C.* ***setosa*** ist behaart, die grüne Blattspreite mit silbrigen, breit V-förmigen Streifen gezeichnet.

C. ***pilosa*** **'Golden Mosaic'** ist eine Sorte mit dunkelgrün-hellgrün-gelb panaschierten Blättern.

Pflege

Die Pflanze ist empfindlich, braucht viel Wärme und hohe Luftfeuchtigkeit. Kälte im Wurzelbereich wird schlecht vertragen.

Vermehrung: Man teilt die Pflanze beim Umtopfen im Frühling.

◄ *Ctenanthe pilosa* 'Golden Mosaic'

Krankheiten und Schädlinge

◆ Bei trockener Luft rollen sich die Blätter ein. Sie müssen häufiger besprüht werden. Stellen Sie den Topf auf einen Untersetzer mit feuchtem Kies.

◆ Verfärbtes und eingetrocknetes Laub tritt bei Spinnmilbenbefall auf. Luftfeuchtigkeit durch häufigeres Besprühen der Blätter erhöhen, falls nötig, ein Akarizid einsetzen.

Kulturbedingungen

Wasserbedarf und Luftfeuchtigkeit: Während der Wachstumszeit das Substrat schwach feucht halten. Man nebelt das Laub häufig ein und gießt bei niedrigen Temperaturen seltener.

Lichtansprüche: Hell, ohne direkte Sonne.

Düngen: Im Frühjahr und Sommer alle 2 Wochen einen Grünpflanzendünger geben.

Umtopfen und Substrat: Falls nötig, topft man im Frühjahr in Einheitserde mit Torfzusatz um.

Kulturtipp: Vermeiden Sie Zugluft, und sorgen Sie für möglichst konstante Temperatur (Minimum 15 °C).

Ctenanthe burle-marxii ►

Ctenanthe setosa ▼

Curcuma

C. alismatifolia

Safranwurz

Allgemeines

Die zu den Ingwergewächsen zählende Staude stammt aus dem tropischen Asien und Australien. Die länglichen, grünen, leicht bereiften Blätter wachsen aufrecht aus dem Wurzelstock. Im Spätfrühling erscheinen kräftige Blütentriebe, die einen endständigen Blütenstand aus unscheinbaren Blüten und großen rosafarbenen Hochblättern tragen. Die Sorten haben unterschiedlich gefärbte Blütenstände.

Pflege

Da die Art in einem Tropenklima mit ausgeprägter Trockenzeit heimisch ist, benötigt sie im Winter eine Ruheperiode.
Vermehrung: Brutknollen beim Umtopfen im Frühjahr abtrennen.

Gut zu wissen

Das Rhizom einiger Arten wird als Gewürz verwendet.

Kulturbedingungen

Wasserbedarf und Luftfeuchtigkeit: Während der Blüte reichlich gießen, die Wassergaben dann bis zum Welken der Blätter einschränken. Bei einsetzendem Wachstum wieder gießen. Bei Hitze häufig besprühen.
Lichtansprüche: Hell, ohne direkte Sonne.
Düngen: Im Frühjahr und Sommer alle 2 Wochen einen Blühpflanzendünger verabreichen.
Umtopfen und Substrat: Die Rhizome vor dem Austrieb in eine Mischung aus Humuserde und guter Gartenerde setzen.
Kulturtipp: Überwintern Sie die Pflanze in einem kühlen Raum (15 °C).

▼ *Curcuma* 'Chocolate'

● Verwandte Arten und Sorten

Curcuma roscoeana hat lange, mittelgrüne Blätter mit dunkelgrünen Blattadern. Die orangeroten Blütenstände wirken sehr zart.

Curcuma alismatifolia ▶

Curcuma 'Siam Summer' ▼

Curcuma roscoeana ▼

Cycas

C. revoluta — Japanischer Sagopalmfarn

Allgemeines
Die mit den Palmen verwandten Pflanzen tragen auf kurzem Stamm einen Schopf gefiederter, gebogener Blätter, die trotz eleganten Aussehens steif und ledrig sind. Der langsamwüchsige Sagopalmfarn bildet pro Jahr oft nur ein Blatt und kommt im Zimmer nicht zur Blüte.

Pflege
Die Kultur ist nicht schwierig, wichtig ist ein heller Standort.
Vermehrung: Hauptsächlich wird durch Samen vermehrt. Für Hobbygärtner ist das sehr aufwendig.

Krankheiten und Schädlinge

◆ Kleine braune Höcker auf der Mittelrippe sind ein Zeichen für Schildläuse, die man mit alkoholgetränkten Wattestäbchen entfernt (Insektizide werden von Palmfarn schlecht vertragen).

Kulturbedingungen

Wasserbedarf und Luftfeuchtigkeit: Ganzjährig mäßig gießen. Bei niedrigen Temperaturen die Wassergaben einschränken.
Lichtansprüche: Hell, mit oder ohne direkte Sonne.
Düngen: Im Frühjahr und Sommer monatlich einen Grünpflanzendünger geben.
Umtopfen und Substrat: In größeren Abständen im Frühjahr in eine Einheitserde mit etwas grobem Sand umtopfen. Wählen Sie eher kleinere Töpfe.
Kulturtipp: Der Palmfarn reagiert sehr empfindlich auf zu viel Wasser – die Blätter vergilben.

Gut zu wissen
Zamia darf nicht mit *Zamioculcas* verwechselt werden, letztere gehören zur Familie der Aronstabgewächse und sind im tropischen Afrika heimisch.

● Verwandte Arten und Sorten
Cycas rumphii wächst sehr langsam. Er bildet schöne, leuchtend grüne, schlanke, 1–2 m lange Blätter. Er erinnert mehr an eine Palme als *C. revoluta.*

◄ *Cycas revoluta*

◄ *Cycas rumphii*

● Verwandte Gattung
Die mit *Cycas* verwandte Gattung ***Zamia*** wird heute meist den *Zamiaceae* zugeordnet. Die Gattung umfasst etwa 30 Arten, die im tropischen und subtropischen Amerika heimisch sind. ***Zamia furfuracea*** hat einen zylindrischen, kurzen, teilweise unterirdischen Stamm und lange, gefiederte blass- bis olivgrüne Blätter, die rotbraun behaart sind. Der Stamm von ***Z. loddigesii*** wächst fast vollständig unterirdisch, die Blätter sind lebhaft grün.

Cyclamen

Cyclamen-Persicum-Hybride

Alpenveilchen

Allgemeines

Alpenveilchen werden überall angeboten und wegen der lebhaft gefärbten Blüten gerne gekauft. Aus einer Knolle entwickeln sich herzförmige, dunkelgrüne Blätter, häufig silbergrau gefleckt. Die roten, rosafarbenen, weißen oder lilafarbenen Blüten – meist mit dunklerem Schlund – haben zurückgeschlagene Kronblätter und stehen auf langen Stielen. Die Blütezeit reicht je nach Kulturbeginn vom Herbst bis zum zeitigen Frühjahr, auch Zwergformen werden angeboten.

Kombinationen: Alpenveilchen in verschiedenen Blütenfarben wirken schön in Schalen zu 3 Pflanzen.

Pflege

Vor allem ein kühler Standort wird benötigt. Obwohl die Pflanzen nach der Blüte meist entsorgt werden, lohnt sich die Weiterkultivierung.

Vermehrung: Die Aussaat ist etwas für Fachleute.

Gut zu wissen

Wählen Sie beim Kauf Pflanzen mit zahlreichen Blütenknospen und einigen bereits geöffneten Blüten. Überprüfen Sie, ob die Knolle gesund ist und weitere Blütenknospen angesetzt hat.

Krankheiten und Schädlinge

◆ Die Blätter vergilben und sterben ab: Der Standort ist zu heiß und zu dunkel. Die Pflanze braucht einen helleren, kühleren Standort.

◆ Deformierte und klebrige Blätter deuten auf Blattlausbefall hin, man setzt ein Spezialinsektizid oder Nützlinge ein.

Kulturbedingungen

Wasserbedarf und Luftfeuchtigkeit: Das Substrat darf nicht austrocknen, aber auch nicht zu nass sein – am besten füllt man Gießwasser in den Untersetzer und leert diesen nach 15 Minuten aus.

Lichtansprüche: Hell, ohne direkte Sonne.

Düngen: Während der Blütezeit alle 2 Wochen einen Blühpflanzendünger geben.

Umtopfen und Substrat: Bei längerer Kultivierung alle 1–2 Jahre.

Kulturtipp: Alpenveilchen müssen kühl stehen – ideal sind Temperaturen um 12–18 °C. Je kühler der Standort, desto länger dauert die Blüte an.

Cyclamen persicum ▼

Cyclamen persicum ▼

Cyclamen persicum ▼

Cymbidium

Kahnorchis

Allgemeines

Aus den ovalen Pseudobulben entwickeln sich lange bandförmige, mittelgrüne bis dunkelgrüne Blätter. Die traubigen Blütenstände bestehen aus zahlreichen, 3–7 cm großen Blüten. Die Blütenfarbe variiert je nach Hybride: cremeweiß bis grün, braun bis rot, gelb, rosa, mit geflecktem Schlund. Die Blüten erscheinen meistens im Winter oder Frühling und halten über mehrere Wochen.

Pflege

Blühende Cymbidien lassen sich recht einfach kultivieren. Um sie wieder zum Blühen zu bringen, bedarf es einer speziellen Behandlung.
Vermehrung: Beim Umpflanzen in je 4–5 Pseudobulben teilen.

Kulturbedingungen

Wasserbedarf und Luftfeuchtigkeit: Vom Frühjahr bis zum Spätsommer mäßig, aber regelmäßig gießen. Im Winter nie ganz austrocknen lassen. Das Laub im Zimmer täglich besprühen.
Lichtansprüche: Sehr hell, während der Mittagszeit keine direkte Sonne.
Düngen: Im Frühjahr und Sommer alle 2–3 Wochen einen Orchideendünger geben.
Umtopfen und Substrat: Man topft alle 2 Jahre unmittelbar nach der Blüte in eine Orchideenerde um. Nach dem Umtopfen wird das Laub täglich eingesprüht, doch erst nach 2–3 Wochen wieder bewässert.
Kulturtipp: Um die Blüte zu induzieren, stellt man die Pflanze im Sommer an einen geschützten, halbschattigen Platz ins Freie. Vor dem ersten Frost kommt sie wieder ins Haus, wenn möglich, an einen kühlen und hellen Platz. Nachts sollte es etwa 10 °C kühler sein als tagsüber.

Krankheiten und Schädlinge

◆ Sind die Blätter klebrig und mit Blattläusen bedeckt, kann man mit einem Insektizid behandeln, spart die Blüten jedoch aus. Blütenstände werden zunächst mit Wasser abgespült. Auch der Einsatz von Schlupfwespen hat sich bewährt.
◆ Die Blätter verfärben sich und sind mit kleinen weißlichen Punkten übersät – ein Zeichen für Spinnmilben, die sich bei Hitze und Trockenheit vermehren. Luftfeuchtigkeit durch Besprühen der Blätter erhöhen, falls nötig, ein Akarizid oder Nützlinge einsetzen.

Cymbidium ▼

Cymbidium 'Majolica Enzan' ▼

Cyperus

C. involucratus

Zypergras

Allgemeines

Diese Pflanze wächst in Feuchtgebieten und beeindruckt durch die ihren eleganten Habitus. Die schlanken, bis zu 1 m hohen Triebe sind von schirmförmigen Hochblättern gekrönt, welche die kleinen, hell- bis dunkelbraunen, unscheinbaren Blüten umgeben. Die echten Blätter stehen unauffällig an der Basis der Triebe.

▼ *Cyperus involucratus*

KRANKHEITEN UND SCHÄDLINGE
◆ Ist es zu heiß und zu dunkel, vergilben die Blätter und sterben ab. Stellen Sie die Pflanze an einen helleren, kühleren und besser belüfteten Platz. ◆ Deformierte und klebrige Blätter deuten auf Blattlausbefall hin. Setzen Sie ein Insektizid oder Nützlinge ein.

Pflege

Die Pflege ist einfach, solange man für genügend Feuchtigkeit im Wurzelbereich und in Blattnähe sorgt.

Vermehrung: Ältere Pflanzen im Frühjahr teilen oder Stecklinge nehmen: Ein 5 cm langes Stängelstück mit Blattschopf abschneiden, die Blätter um die Hälfte einkürzen und den Steckling verkehrt herum in ein Glas mit Wasser (wöchentlich erneuern) stellen. Jungpflanzen entwickeln sich in den Blattachseln.

Gut zu wissen

Katzen knabbern gerne an den Zypergrasblättern.

Cyperus involucratus ▲

▼ *Cyperus kyllinga* 'Alba'

Kulturbedingungen

Wasserbedarf und Luftfeuchtigkeit: Der Ballen muss ständig sehr feucht und der Übertopf teilweise mit Wasser gefüllt sein. Das Laub muss oft besprüht werden.
Lichtansprüche: Hell und sonnig, keine direkte Mittagssonne.
Düngen: Im Frühjahr und Sommer alle 2 Wochen einen Grünpflanzendünger geben.
Umtopfen und Substrat: Wenn der Topf zu klein wird, im zeitigen Frühjahr in eine mit guter Gartenerde angereicherte Einheitserde umpflanzen.
Kulturtipp: Stellen Sie Zypergras im Sommer an einen halbschattigen Ort ins Freie. Zur Überwinterung ist ein kühler Wintergarten geeignet (Minimum 10 °C).

● Verwandte Arten und Sorten

Cyperus involucratus **'Gracilis'** ist eine kleinere Sorte mit steifen dunkelgrünen Hochblättern.

Der echte, in Ägypten heimische **Papyrus** ***(Cyperus papyrus)*** wird wesentlich größer – er treibt bis zu 5 m hohe, glatte Sprosse. Die Stängel tragen einen Tuff langer fadenförmiger Strahlen mit je einer kleinen Blüte am Ende. Diese Art benötigt mehr Wärme.

Cyperus involucratus 'Gracilis' ▶

Cyperus involucratus ▶

Cyperus diffusus ▼

Dalechampia

Dalechampie

Allgemeines

Die Gattung *Dalechampia* gehört zu den Wolfsmilchgewächsen und umfasst etwa 100 Arten, die in verschiedenen Tropenregionen der Welt heimisch sind. Die niedrigen Sträucher oder kletternden Schlingpflanzen besitzen wechselständige, ungeteilte, gebuchtete oder zusammengesetzte Blätter. Kleine Blüten ohne Kronblätter stehen in Büscheln in den Blattachseln und sind von 2 meist rosa getönten Hochblättern umgeben. Die Blüten verblühen rasch, doch die Hochblätter überdauern mehrere Wochen.

Die in Mexiko heimische ***Dalechampia spathulata*** ist ein niedriger Busch mit 15–20 cm langen, lanzettlichen bis spatelförmigen Blättern und spitzen, rosaroten Hochblättern.

D. dioscoreifolia stammt aus Costa Rica. Sie ist eine langsam wachsende Kletterpflanze mit behaarten, spitz-ovalen Blättern mit herzförmigem Blattgrund. Ein Klettergerüst ist notwendig.

Pflege

In einem temperierten Wintergarten oder Gewächshaus ist die Pflege besonders einfach.

Vermehrung: Samen- und Stecklingsvermehrung sind möglich, allerdings schwierig.

Kulturbedingungen

Wasserbedarf und Luftfeuchtigkeit: Während der Wachstumszeit mäßig, aber regelmäßig, im Winter je nach Temperatur seltener gießen.
Lichtansprüche: Hell, im Sommer keine direkte Mittagssonne.
Düngen: Im Frühjahr und Sommer alle 2 Wochen einen Blühpflanzendünger geben.
Umtopfen und Substrat: Falls nötig, im Frühjahr in eine Einheitserde mit etwas Torfzusatz umtopfen.
Kulturtipp: Vermeiden Sie zu starkes Bewässern. Im Sommer fühlt sich die Pflanze an einem sonnigen oder halbschattigen Platz im Freien wohl. Überwinterung in einem kühlen (etwa 15 °C), hellen Raum.

Gut zu wissen

Dalechampien sind im Handel noch nicht sehr verbreitet und werden manchmal unter falschem Namen angeboten, kletternde Arten findet man z. B. als *D. spathulata* bezeichnet.

Dalechampia spathulata ▼

Dalechampia dioscoreifolia ▼

Davallia

D. mariesii Ballfarn

Allgemeines

Typisch für diesen ostasiatischen Farn sind die kriechenden Rhizome. Sie sind von braunroten, haarähnlichen Schuppen bedeckt und erinnern an Kaninchenpfoten. Die mehrfach gefiederten, dunkelgrünen Wedel mit gezähnten Fiederchen sind 15–20 cm lang.

Pflege

Diese Epiphyten gedeihen am besten z. B. im Orchideenkorb oder auf einem Rindenstück. Manche bevorzugen warme, feuchte Standorte.

Vermehrung: Rhizome beim Umtopfen so teilen, dass jedes Teilstück mindestens 2–3 Wedel trägt. Die Rhizomteile legt man auf Substrat und bewurzelt sie unter warmen, feuchten Kulturbedingungen.

Kulturbedingungen

Wasserbedarf und Luftfeuchtigkeit: Der Ballen muss immer leicht feucht sein. Gießen Sie mit kalkfreiem, zimmerwarmem Wasser. Die Luftfeuchtigkeit sollte bei 70 % liegen. Bei Hitze die Pflanze täglich besprühen.
Lichtansprüche: Mittel bis hell, ohne direkte Sonne.
Düngen: Im Frühjahr und Sommer alle 3 Wochen einen Grünpflanzendünger in halber Dosierung geben.
Umtopfen und Substrat: Die Rhizome werden auf der Oberfläche fixiert. Man topft in ein Substrat für Epiphyten um, wenn sich die alte Erde zersetzt hat. Wählen Sie eine große Oberfläche.
Kulturtipp: Die semiwinterharte Art kann im kühlen Wintergarten oder Gewächshaus überwintern.

● Verwandte Arten und Sorten

Davallia fejeensis hat kräftige, mit braunen Schuppen bedeckte Rhizome, auf denen 30–50 cm große, mehrfach gefiederte Wedel stehen. Mit seinem eleganten und überhängenden Laub eignet sich dieser Farn besonders für die Ampelkultur. Er stammt von den Fidschi-Inseln und benötigt ganzjährig konstante Temperaturen um 18–20 °C (Minimum 10 °C).

Die Rhizome von ***D. canariensis*** sind mit hellbraunen Schuppen bedeckt. Sie tragen 20–50 cm große, mittelgrüne Wedel, die aus dreieckigen Fiedern bestehen.

Davallia mariesii ▼

Dendrobium

Dendrobien

Dendrobium stratiotes ▲

Allgemeines

Aus Asien und Nordaustralien stammen Orchideen der Gattung *Dendrobium,* die mehr als 1000 Arten umfasst. Sie wachsen überwiegend epiphytisch, sind immergrün oder laubabwerfend und entwickeln große Blüten. Zahlreiche Arten und Hybriden sind in Kultur, denen eines gemeinsam ist: eine „Kinnbildung" unterhalb des Fruchtknotens. Man kann zur besseren Einordnung 2 große Gruppen unterscheiden: die von ***Dendrobium nobile*** abstammenden Hybriden und von ***D. phalaenopsis*** abstammende Kreuzungen. Informieren Sie sich vor dem Kauf über den natürlichen Lebensraum der Orchidee und ihre Ansprüche.

Das im Himalaja heimische ***D. nobile*** ist Elternpflanze zahlloser Hybriden, die in großer Farbenvielfalt angeboten werden. Typisch sind die schlanken Pseudobulben, die an Bambustriebe erinnern und auf der gesamten Länge schmale, weiche, wechselständige Blätter tragen. Die Blüten (in weißen, gelben, rosa- und lilafarbenen Tönen) erscheinen im Frühjahr bis Sommer an kurzen Stielen in 2er- bis 4er-Gruppen direkt an den Pseudobulben. Dauerhaft benötigt diese Gruppe kühle Räume und eine winterliche Ruhezeit.

Auch das in Australien heimische ***D. phalaenopsis,*** heute eigentlich als *D. bigibbum* bezeichnet, ist Stammart zahlreicher Kulturformen, die teilweise für den Schnittblumenmarkt kultiviert werden. Die schlanken, aufrechten Pseudo-

Dendrobium phalaenopsis ▼

Dendrobium nobile ▼

bulben tragen auf ihrer gesamten Länge steife, dunkelgrüne Blätter. Die oft rundlich geformten Blüten stehen in endständigen Rispen an den Pseudobulben und erscheinen im Frühjahr. Die Farben variieren von Weiß über Gelb bis zu Purpurn und Lila.

Pflege

D. nobile und Hybriden benötigen eine winterliche Ruheperiode von Oktober bis Februar und eher kühle Räume. *D. phalaenopsis* und Hybriden brauchen Wärme und Feuchtigkeit, aber keine Winterruhe – sie werden am besten in einem geheizten Wintergarten oder Gewächshaus gezogen.

Vermehrung: Im Frühjahr abgeblühte Pseudobulben abtrennen, zwischen den Blattknoten zerschneiden oder nur die Sprossspitze der Pseudobulben verwenden. Jedes Teilstück bis zu einem Blattknoten in Orchideensubstrat stecken. Auch neue Triebe, die manchmal an der Spitze der alten Pseudobulben entstehen, eignen sich zur Vermehrung.

Gut zu wissen

Hybriden von laubabwerfenden Arten verlieren ihr Laub während der winterlichen Ruhezeit.

▲ *Dendrobium lobbianum*

◀ *Dendrobium* Thongchai

Kulturbedingungen

Wasserbedarf und Luftfeuchtigkeit: D.-Nobile-Hybriden: Mäßig mit kalkfreiem Wasser gießen. Im Spätsommer die Wassergaben nach und nach einschränken, während der Winterruhe nur so viel gießen, dass die Pseudobulben nicht verwelken. Setzt das Wachstum im Spätwinter wieder ein, bewässert man sehr wenig, bis die Blütenknospen gut entwickelt sind. D.-Phalaenopsis-Hybriden: Im Frühling und Sommer, während der Blüte und Vegetationszeit der Pseudobulben, reichlich mit kalkfreiem Wasser gießen. Nach und nach die Wassergaben einschränken, im Winter so viel Wasser geben, dass die Pseudobulben nicht schrumpfen. Ganzjährig hohe Luftfeuchtigkeit.

Lichtansprüche: Hell, im Frühling und Sommer vor direkter Sonne geschützt.

Düngen: Vom Frühjahr bis Spätsommer alle 2 Wochen einen Orchideendünger geben.

Umtopfen und Substrat: Alle 2 Jahre in ein Orchideensubstrat umtopfen: D.-Nobile-Hybriden nach der Blüte, D.-Phalaenopsis-Hybriden bei wieder einsetzendem Wachstum. Man verwendet kleine Pflanzgefäße und lässt den Wurzelhals etwas über die Substratoberfläche emporragen.

Kulturtipp: D.-Nobile-Hybriden benötigen während der Winterruhe Tagestemperaturen um 16–18 °C und Nachttemperaturen von 10–13 °C. D.-Phalaenopsis-Hybriden ganzjährig bei warmer Temperatur und sehr hoher Luftfeuchtigkeit kultivieren. Es werden Temperaturen bis zu 30 °C ertragen, die Wintertemperaturen dürfen nicht unter 15 °C liegen.

Dichorisandra

D. thyrsiflora Dichorisandra

Allgemeines
Die Art ähnelt zwar dem Ingwer, gehört aber zur selben Familie wie die Dreimasterblume. Dichorisandra ist eine in Brasilien heimische, bis zu 2 m hohe Staude mit kurzen, rhizomähnlichen Wurzeln und glänzend dunkelgrünen, lanzettlichen Blättern, spiralig angeordnet. Im Spätsommer bis Herbst erscheint ein großer Blütentrieb mit einer endständigen, dichten Traube dunkelblauvioletter Blüten.

Pflege
Die Art benötigt hohe Luftfeuchtigkeit, da sie in tropischen Wäldern heimisch ist.
Vermehrung: Am besten durch Teilung beim Umtopfen.

Kulturbedingungen
Wasserbedarf und Luftfeuchtigkeit: Während der Wachstumszeit regelmäßig, aber sparsam gießen, im Winter weniger. Bei heißem Wetter muss das Laub häufig besprüht werden.
Lichtansprüche: Halbschattig.
Düngen: Im Frühjahr und Sommer alle 2 Wochen einen Blühpflanzendünger geben.
Umtopfen und Substrat: Falls nötig, topft man im Frühjahr in eine Mischung aus Blumenerde und guter Gartenerde um.
Kulturtipp: Die Art gedeiht im Winter bei Zimmertemperatur. Zur Blüteninduktion braucht sie aber eine Ruheperiode in einem kühlen Raum bei 15–18 °C.

Krankheiten und Schädlinge
◆ Verfärbt sich das Laub und trocknet ein, ist das ein Zeichen für Spinnmilben. Luftfeuchtigkeit erhöhen, durch Besprühen der Blätter. Falls nötig, setzt man ein Akarizid oder Nützlinge ein.

Dichorisandra thyrsiflora ▼

Dichorisandra thyrsiflora ▼

Dicksonia

Beutelfarn, Taschenfarn

Allgemeines

Dicksonia stammt aus Bergwäldern verschiedener gemäßigter und tropischer Klimazonen. Sie bildet meist aufrechte Rhizome, die wie Stämme aussehen („Scheinstämme") und endständig einen Schopf aus ledrigen Wedeln tragen, die jung noch eingerollt sind. Einige *Dicksonia*-Arten sind so kälteverträglich, dass sie in milden Regionen im Freiland kultiviert werden können – ***Dicksonia antarctica*** verträgt z. B. bis zu –10 °C. Da der Scheinstamm von faserigen Wurzeln umgeben ist, lässt man beim Gießen am besten Wasser von der Stammspitze herunterrieseln.
Am häufigsten ist ***D. antarctica*** in Kultur, die ähnliche ***D. fibrosa*** wird gelegentlich damit verwechselt. Bei beiden Arten sind die Stiele der Wedel mit harten, roten Haaren bedeckt. ***D. squarrosa*** besitzt braunrote, sehr stark behaarte Stiele.

Pflege

Dicksonia verträgt keine trockene und überheizte Luft. Die Pflanzen sind ideal für eine Kultur im ungeheizten Gewächshaus oder Wintergarten.
Vermehrung: Die Aussaat der Sporen ist Fachleuten vorbehalten.

Dicksonia squarrosa ▶

◀ *Dicksonia squarrosa*

Kulturbedingungen

Wasserbedarf und Luftfeuchtigkeit: Man gießt reichlich und lässt besonders bei Hitze Wasser über den Scheinstamm laufen. Bei niedrigeren Temperaturen Wassergaben einschränken. Wedel und Rhizom werden häufig eingenebelt.
Lichtansprüche: Recht hell, indirektes Licht.
Düngen: Im Frühjahr und Sommer alle 2–3 Wochen einen Grünpflanzendünger geben.
Umtopfen und Substrat: Man topft alle 2–3 Jahre im Frühjahr in eine Mischung aus Garten-, Humus-, Moorbeeterde und Sand um.
Kulturtipp: Installieren Sie eine Tröpfchenbewässerung, damit das Wasser direkt ins Zentrum des Blattschopfs gelangt.

Didymochlaena

D. truncatula

Didymochlaena

syn. *Didymochlaena lunulata*

Didymochlaena truncatula ▲▼

Allgemeines

Dieser tropische Farn besitzt aufrechte Rhizome und dreieckige, bis 1,5 m große, glänzend mittelgrüne und zweifach gefiederte Wedel. Sie sind im Jugendstadium rot überlaufen, die Mittelrippe ist mit rotbraunen Schuppen bedeckt.

Pflege

Die Pflanze ist recht pflegeleicht.

Vermehrung: Große Pflanzen können im Frühling geteilt werden.

Kulturbedingungen

Wasserbedarf und Luftfeuchtigkeit: Während des ganzen Jahres immer feucht, aber nicht nass halten. Häufiges Einsprühen der Blätter, besonders während der Heizperiode im Winter, erhöht die Luftfeuchtigkeit.

Lichtansprüche: Halbschattig, keine direkte Sonne.

Düngen: Im Frühjahr und Sommer alle 2 Wochen einen Grünpflanzendünger geben.

Umtopfen und Substrat: Falls nötig, im Frühjahr in eine mit Sand und Torf angereicherte Einheitserde umtopfen.

Kulturtipp: Die Pflanze leidet unter abrupten Temperaturveränderungen. Die Mindesttemperatur liegt im Winter bei 10 °C, 16–18 °C sind optimal.

Krankheiten und Schädlinge

◆ Auf der Mittelrippe und unter den Fiedern setzen sich häufig Schildläuse fest. Mit einem in Alkohol getränkten Wattestäbchen entfernen, ohne dabei die Wedel zu verletzen. Setzen Sie notfalls Nützlinge ein, Insektizide werden nicht vertragen.

Dieffenbachia

Dieffenbachie

Allgemeines

Dieffenbachien sind klassische Zimmerpflanzen, man schätzt sie wegen ihres schönen, panaschierten Laubs. Einige der zahlreichen Sorten können über 2 m hoch werden.

Die meisten stammen von ***Dieffenbachia seguine*** ab, einer kräftigen Staude mit 30–40 cm langen, glänzend dunkelgrünen Blättern mit einigen weißen Punkten.

Die Blätter der beliebten Sorte '**Tropic Snow**' sind vor allem in der Mitte cremeweiß panaschiert. '**Amoena**' (syn. *D. amoena hort.*) ist eine sehr wüchsige Pflanze mit cremeweiß gestreiften Blättern. Die Blätter von '**Camilla**' werden bis zu 20 cm lang und sind in der Mitte breitflächig cremeweiß panaschiert.

Pflege

Die Pflege erfordert etwas Fingerspitzengefühl. Wichtig ist das richtige Gleichgewicht zwischen Wärme, Bewässerung und Luftfeuchtigkeit.

Krankheiten und Schädlinge

◆ Weiße, wattige Gebilde am Blattgrund sind typisch für Schmierläuse. Bei schwachem Befall entfernt man sie mit in Alkohol getränkten Wattestäbchen, ansonsten setzt man ein systemisches Insektizid oder Nützlinge ein.

◆ Verfärbtes und eingetrocknetes Laub deutet auf Spinnmilben hin, die sich bei Hitze und Trockenheit vermehren. Luftfeuchtigkeit durch Besprühen der Blätter erhöhen, ein Akarizid oder Nützlinge einsetzen.

▲ *Dieffenbachia* 'Tropic Snow'

◀ *Dieffenbachia* 'Tropic Snow'

▼ *Dieffenbachia* 'Excellent'

Vermehrung: Kopfstecklinge werden im Frühjahr in Wasser oder in einem Sand-Torf-Gemisch (22 °C, bei gespannter Luft) bewurzelt. Sprossstücke (mit mindestens einem Auge) können in eine Schale mit derselben Substratmischung gelegt und leicht angedrückt werden.

Vorsicht, Gefahr!

Der Saft und alle Teile der Dieffenbachie sind sehr giftig. Beim Hantieren sollte man immer Handschuhe tragen und die Pflanze vor allem außer Reichweite von Kindern und Haustieren platzieren.

Kulturbedingungen

Wasserbedarf und Luftfeuchtigkeit: Während der Wachstumszeit das Substrat immer gut feucht halten. Im Winter wird bei niedrigeren Temperaturen weniger bewässert. Durch häufiges Besprühen der Blätter wird die Luftfeuchtigkeit erhöht.
Lichtansprüche: Dieffenbachien vertragen lichtärmere Standorte gut. Ist es zu dunkel, verlieren die Blätter ihre Panaschierung.
Düngen: Im Frühjahr und Sommer alle 2 Wochen einen flüssigen Grünpflanzendünger geben.
Umtopfen und Substrat: Man topft die Pflanzen im Frühjahr (Jungpflanzen alljährlich) in Einheitserde mit etwas Torfzusatz um.
Kulturtipp: Sorgen Sie für möglichst konstante Temperaturverhältnisse und hohe Luftfeuchtigkeit. Wenn die Pflanzen nach ein paar Jahren an der Basis verkahlen, verjüngt man sie durch Kopfstecklinge.

◄ *Dieffenbachia* 'Camilla'

◄ *Dieffenbachia* 'Mars'

Dieffenbachia 'Vesuvius' ▼

◄ *Dieffenbachia* 'Hilo'

Dieffenbachia 'Paco' ►

Dieffenbachia 'Sublime' ►

Dionaea

D. muscipula Venusfliegenfalle

Allgemeines
Die Venusfliegenfalle ist in den Sümpfen Carolinas (USA) heimisch. Sie bildet bis zu 10 cm große Rosetten. Ihre Fangblätter sind als Klappfallen angelegt. Sie bestehen aus einem vergrößerten, abgeflachten Blattstiel und einer Spreite, die in 2 rundliche, am Rand mit steifen Borsten besetzte Hälften geteilt ist. Auf der Innenseite befinden sich Verdauungsdrüsen und einige Sinneshaare. Gefangene Insekten – die der Pflanze Stickstoff liefern, aber nicht lebensnotwendig sind – werden durch Sekrete verdaut. Nach 10–30 Tagen öffnen die Blätter sich wieder. Die doldenartigen Blütenstände mit kleinen weißen Blüten erscheinen im späten Frühjahr.

Pflege
Die Venusfliegenfalle ist eine Pflanze für das Kalthaus. Sie benötigt während ihrer Wachstumszeit hohe Luftfeuchtigkeit und wird am besten bei 5–10 °C überwintert.
Vermehrung: Aussaat oder die Vermehrung durch Blattstecklinge sind sehr schwierig.

Tipp
Eine Glasglocke über der Pflanze sorgt für hohe Luftfeuchtigkeit. Ab und zu öffnet man die Glocke, damit die Pflanze Insekten fangen kann.

Dionaea muscipula ▼

KULTURBEDINGUNGEN

Wasserbedarf und Luftfeuchtigkeit: Vom Frühling bis zum Herbst reichlich mit weichem Wasser gießen. Im Winter wird weniger bewässert. Sorgen Sie für konstant hohe Luftfeuchtigkeit rund um die Pflanze.
Lichtansprüche: Hell, ohne direkte Sonne.
Düngen: Nicht nötig.
Umtopfen und Substrat: Im Frühjahr in eine Mischung aus gleichen Teilen Torfmoos, grobem Sand und Torf in 10-cm-Töpfe umpflanzen.
Kulturtipp: Die Pflanze benötigt im Winter eine Ruhephase bei kühler Temperatur (Minimum 5 °C).

Große Beute: eine Fliege ▼

Die rechte Pflanze hat eine Spinne erbeutet. ▼

Dischidia

D. pectenoides Urnenpflanze

Allgemeines

Die ungewöhnliche Pflanze stammt von den Philippinen und wächst mit als kletternder Epiphyt. Einzelne Blätter wandeln sich in Urnenblätter mit einer kleinen Öffnung um, die als Wasserreservoir dienen und in die Luftwurzeln hineinwachsen. Im Frühling und Sommer erscheinen kleine, rote dekorative Blüten. Am besten erzieht man die Pflanze an einem Metallbogen.

Pflege

Die Urnenpflanze benötigt eine sehr hohe Luftfeuchtigkeit.
Vermehrung: Stecklinge bewurzeln bei 20 °C und hoher Luftfeuchte.

KULTURBEDINGUNGEN

Wasserbedarf und Luftfeuchtigkeit: Mäßig gießen, das Substrat zwischendurch abtrocknen lassen. Das Laub regelmäßig einnebeln.
Lichtansprüche: Hell, ohne direkte Sonne.
Düngen: Im Frühjahr und Sommer einmal monatlich einen Grünpflanzendünger in halber Dosierung geben.
Umtopfen und Substrat: Falls nötig, im Frühjahr in eine Mischung für epiphytische Orchideen umtopfen. Das Pflanzgefäß darf nicht zu groß sein.
Kulturtipp: Die Pflanze gedeiht bei normalen Zimmertemperaturen (Minimum 15 °C).

Dischidia pectenoides ▼▶

➤ ***Doritaenopsis*** siehe unter *Phalaenopsis*

Dracaena

syn. *Pleomele* Drachenbaum, Schlangenlilie

Allgemeines

Drachenbäume sind als Grünpflanzen sehr verbreitet und wegen ihres häufig panaschierten Laubs geschätzt. Es sind meistens kleine Bäume mit aufrechten, wenig verzweigten Trieben und endständig stehenden breiten oder schmalen Blättern. Die Blüten sind unscheinbar.

Dracaena fragrans kann im Topf 1,5 m hoch werden. Er besitzt bandförmige, grüne, überhängende Blätter. '**Lindenii**' oder '**Massangeana**' haben panaschiertes Laub.

Die Sorte '**Warneckii**' von ***D. deremensis*** hat relativ breite lanzettliche Blätter mit hübschen weißen Längsstreifen, das Laub der Sorte '**Yellow Stripe**' ist grün mit cremegelben Streifen.

D. marginata ist durch schlanken Wuchs gekennzeichnet. Das Laub steht in einem Tuff an der Sprossspitze, die sehr schmalen (1–2 cm), linealen, 30–50 cm langen, dunkelgrünen Blätter sind rot gerandet. Die Sorte '**Tricolor**' besitzt rosa- und cremefarben gestreiftes Laub.

D. reflexa bildet einen aufrechten Stamm, von einem kompakten Schopf bandförmiger dunkelgrüner Blätter gekrönt. Grün und cremefarben panaschiert sind die Blätter bei '**Song of India**'.

D. surculosa (syn. *D. godseffiana*) ist stärker verzweigt und besitzt grüne, silbergrau marmorierte, spitz-elliptische Blätter mit breit abgerundeter Basis. Bei der Sorte '**Florida**' ist fast die gesamte Blattspreite von großen cremeweißen Flecken bedeckt.

Die Triebe des **Panaschierten Drachenbaums** ***(Dracaena sanderiana)*** erinnern an Bambusrohre. Die bandförmigen, leicht gewellten, glänzenden Blätter sind grün mit weißem Rand. Als Topfpflanze wird diese Art im Zimmer selten höher als 1 m. In Wasser kultivierte Stammstücke können außerdem dekorativ arrangiert werden. Man verwendet dazu gerade, geneigte oder spiralig gebogene Formen in verschiedenen Längen von 10–100 cm. Die Pflanze gelangt als „Glücksbambus" („Lucky Bamboo") in den Handel und soll Glück und Harmonie ins Haus bringen.

Pflege

Insgesamt lassen *Dracaena*-Arten sich einfach kultivieren, da sie gut mit trockener Luft und unregelmäßiger Bewässerung zurechtkommen.

Vermehrung: Im Frühling oder Sommer Kopfstecklinge (dabei kürzt man die Blätter um die Hälfte ein) oder Stammstücke in einem feuchten Sand-Torf-Gemisch bei gespannter Luft (22–24 °C) bewurzeln.

Dracaena reflexa 'Song of India' ▶

Gut zu wissen

Wenn der Drachenbaum zu groß wird, schneidet man den Stamm auf der gewünschten Höhe ab. Nach einiger Zeit erscheinen 1–2 neue Triebe.

Kulturbedingungen

Wasserbedarf und Luftfeuchtigkeit: Im Frühjahr und Sommer mäßig gießen, im Winter, je nach Temperatur, die Bewässerung einschränken (zu viel Wasser führt zu Wurzelfäulnis). Bei der Hydrokultur den Flüssigkeitsspiegel mit kalkfreiem Wasser konstant halten. Das Wasser alle 10–15 Tage wechseln.
Lichtansprüche: Hell, bei panaschierten Sorten ohne direkte Sonne.
Düngen: Im Frühjahr und Sommer alle 2 Wochen einen Grünpflanzendünger geben. Bei Hydrokulturen fügt man den Dünger beim Wasseraustausch zu.
Umtopfen und Substrat: Falls nötig, im zeitigen Frühjahr in Einheitserde umtopfen, den Topfgrund mit einer Dränageschicht versehen.
Kulturtipp: Zu viel Wasser ist schädlich, die Temperatur sollte immer über 18 °C liegen. Bei niedrigeren Temperaturen steigt die Fäulnisgefahr für Hydrokulturpflanzen deutlich an.

Dracaena fragrans 'Compacta' ▼

Dracaena fragrans 'Massangeana' ►

Dracaena fragrans 'Janet Craig' ▼

Dracaena fragrans 'Golden Coast' ▼

Krankheiten und Schädlinge

◆ Verfärbtes und vertrocknetes Laub ist ein Zeichen für Spinnmilben. Luftfeuchtigkeit durch Besprühen des Laubs erhöhen. Falls nötig, ein Akarizid oder Nützlinge einsetzen.

Dracaena surculosa ▼

▲ *Dracaena sanderiana* 'Lucky Bamboo'

▲ *Dracaena sanderiana* 'Lucky Bamboo'

Dracaena marginata Magenta' ►

Dracaena reflexa 'Song of India' ►

Dracaena deremensis 'White Jewel' ▼

Drosera

Sonnentau

◄ *Drosera capensis*

Allgemeines

Die Gattung umfasst etwa 100 „insektenfressende“ Staudenarten, die aus verschiedenen Erdteilen, vor allem aber aus feuchten Torfmooren in Australien und Neuseeland stammen. Unter den 3 europäischen Arten ist ***Drosera rotundifolia*** am häufigsten. Sonnentau kann mithilfe einer klebrigen Flüssigkeit auf den Tentakeln selbst größere Insekten fangen und verdauen.

Der **Kapsonnentau** ***(D. capensis)*** bildet eine 10–15 cm hohe Rosette. Die länglichen Blätter sind von grünen oder rötlichen Drüsenhaaren bedeckt. Im Zentrum der Rosette stehen Blütentriebe mit trauben- oder rispenartig angeordneten rosapurpurnen Blüten.

D. aliciae bildet eine 4–6 cm breite Rosette mit ebenfalls dunkelrosafarbenen Blüten.

D. binata besitzt gegabelte, bis zu 25 cm lange Blätter und weiße Blüten.

Pflege

Durch seine besonderen Kulturansprüche ist Sonnentau schwierig zu halten.

Vermehrung: Durch Aussaat der frischen Samen im Frühjahr (um 10–13 °C) oder durch Teilung der Rhizome.

Kulturbedingungen

Wasserbedarf und Luftfeuchtigkeit: Während der Wachstumszeit das Substrat ständig sehr feucht halten. Der Topf darf sogar in ein wenig Wasser stehen. Gießen Sie mit Regenwasser. Im Winter schränkt man die Wassergaben ein. Wichtig ist eine sehr hohe Luftfeuchtigkeit in Pflanzennähe.

Lichtansprüche: Hell, ohne direkte Sonne.

Düngen: Nicht nötig.

Umtopfen und Substrat: Im Frühjahr in Torfmoos oder in eine Mischung aus gleichen Teilen Torf, Torfmoos und Flusssand umtopfen.

Kulturtipp: Eine kühle Winterruhe (etwa 5–15 °C) ist empfehlenswert, doch die kälteempfindlichen Arten können auch bei normaler Zimmertemperatur kultiviert werden. Bei tiefen Temperaturen ziehen die Blätter bis zum Frühjahr manchmal vollständig ein.

Krankheiten und Schädlinge

◆ Grauschimmel *(Botrytis)* bildet einen grauen Rasen auf den Blättern, der durch feuchte und stehende Luft gefördert wird. Luftfeuchtigkeit senken und für häufigen Luftaustausch in Pflanzennähe sorgen.

Drosera capensis ▼

Duchesnea

D. indica Indische Erdbeere, Scheinerdbeere
syn. *Fragaria indica*

Allgemeines
Die kleine, winterharte, ausläuferbildende Staude ist in unseren Gärten recht verbreitet. Mit ihren dreiteiligen Blättern und den roten, aber fade schmeckenden Früchten ist sie der Erdbeerpflanze ähnlich. Die Blüten sind gelb. Für die Zimmerkultur benötigt man ein Klettergerüst, oder man kultiviert die Scheinerdbeere als Ampelpflanze.

Pflege
Die Pflanze bevorzugt einen kühlen und hellen Standort.

Vermehrung: Beim Umtopfen teilen oder die Kindel an den Ausläufern abtrennen und einpflanzen. Im Herbst oder im zeitigen Frühjahr kann man Samen im kalten Frühbeet aussäen.

Kulturbedingungen
Wasserbedarf und Luftfeuchtigkeit: Im Sommer reichlich, im Winter, je nach Temperatur, seltener gießen.

Lichtansprüche: Hell, im Sommer ohne direkte Sonne.

Düngen: Im Frühjahr und Sommer alle 2 Wochen einen Blühpflanzendünger geben.

Umtopfen und Substrat: Falls nötig, topft man im Frühjahr in eine Mischung aus guter Gartenerde und Humuserde um.

Kulturtipp: Überwinterung an einem kühlen, hellen Standort, z. B. im kalten Wintergarten oder Gewächshaus.

Duchesnea indica ▼

Krankheiten und Schädlinge
- Sind die Blätter klebrig und deformiert, handelt es sich um Blattlausbefall. Man setzt ein Insektizid oder Nützlinge ein.

Echeveria

Echeverie

Echeveria 'Topsy-turvy' ▲

Allgemeines

Die Gattung umfasst fast 150 sukkulente Arten, die in semiariden Gebieten Amerikas heimisch sind. Die fleischigen Blätter stehen in einer Rosette, die aufrechten Blütentriebe tragen kleine, glockenförmige Blüten, die gelb, rot, orange oder weiß gefärbt sind. Von den vielen Arten und Sorten werden einige zur Gestaltung von Teppichbeeten verwendet.

Die häufig kultivierte ***Echeveria derenbergii*** **(Derenbergs Echeverie)** bildet eine dichte Rosette aus graugrünen, fleischigen, dachziegelartig angeordneten Blättern. In den Blattachseln entstehen ständig neue Rosetten. Die 7–8 cm hohen Blütentriebe mit kleinen, gelb-roten Blüten erscheinen im Spätwinter.

E. agavoides ist durch fleischige, wachsig hellgrüne, dreieckige Blätter gekennzeichnet. Die 20–50 cm hohen Blütentriebe tragen rote, gelb gerandete Blüten.

E. elegans bildet eine kleine Rosette aus blassbläulich grünen, weiß überlaufenen Blättern und 30 cm hohe Blütentriebe mit rosafarbenen Blüten.

Die kompakte Rosette von ***E. setosa*** besteht aus ovalen, weiß behaarten Blättern. Rot-gelbe Blüten erscheinen im Sommer.

E. leucotricha ist eine strauchige Art mit kräftigen, lanzettlichen, hellgrünen Blättern, dicht mit weißlichen Haaren bedeckt.

E. 'Imbricata' (syn. *E. imbricata, E. pumila* var. *glauca, E. glauca, E. secunda*) entwickelt breite, spatelförmige Blätter und rosarote Blüten mit orangegelben Spitzen.

E. rundellii besitzt kleine Rosetten aus flachen, rot überlaufenen und an der Spitze spärlich bewimperten Blättern.

Stark gekrümmte Blätter und Blüten mit gelber Mitte und orangeroten Spitzen bildet ***E. runyonii*** 'Topsy-turvy'.

E. gibbiflora ist eine kräftige Pflanze. Die 15–25 cm langen, spatelförmigen Blätter mit gewelltem Rand sind rosa überlaufen. Im Herbst erscheinen beblätterte Blütentriebe mit blassroten Blüten.

Krankheiten und Schädlinge

◆ Weiße, wattige Gebilde am Blattgrund sind ein Zeichen für Schmierläuse. Bei schwachem Befall mit einem in Alkohol getränkten Wattestäbchen entfernen, ansonsten ein Insektizid oder Nützlinge einsetzen.

Echeveria 'Imbricata' ►

Kulturbedingungen

Wasserbedarf und Luftfeuchtigkeit: Während der Wachstumszeit sehr sparsam gießen, im Winter, besonders bei niedrigen Temperaturen, fast trocken halten.

Lichtansprüche: So sonnig wie möglich.

Düngen: Im Frühjahr und Sommer alle 2 Wochen einen Kakteendünger geben.

Umtopfen und Substrat: Im Frühling topft man die Pflanzen (Jungpflanzen jährlich) in eine spezielle Kakteenerde um. Geben Sie auf den Topfgrund eine Dränageschicht.

Kulturtipp: Die Blütenbildung wird durch eine kühle Ruhezeit (10–12 °C) im Winter gefördert.

Echeveria rundellii ▼

Verschiedene Echeverien ▼

Echeveria leucotricha ▼

Pflege

Echeverien lassen sich im Zimmer bei hellem Standort gut kultivieren.
Vermehrung: Durch Teilen der Ableger oder über Blattstecklinge.

● Verwandte Gattungen

Die sukkulente Gattung ***Aeonium*** ist nahe mit Hauswurz *(Sempervivum)* verwandt. Die Triebe sind häufig strauchförmig, an ihrer Spitze stehen dekorative Blattrosetten. Meistens sterben die ausgewachsenen Pflanzen nach der Blüte ab. ***A. arboreum*** 'Atropurpureum' besitzt einen verholzten, verzweigten, etwa 1 m hohen Spross. Die ledrigen, spatelförmigen Blätter sind rötlich getönt. Die Blätter von ***A. arboreum*** 'Schwarzkopf' sind fast schwarz. ***A. haworthii*** ist eine verzweigte Art, deren fleischige, blaugraue Blätter purpurn gerandet sind. ***A. tabuliforme*** hat einen sehr kurzen Spross, die sehr flachen, tellerförmigen Rosetten wachsen dicht aneinandergedrängt. Der kräftige, 60–90 cm hohe Stamm von ***A. undulatum*** trägt eine große Rosette aus langen, dunkelgrünen, gewellten Blättern.
Graptopetalum bellum (syn. *Tacitus bellus*) bildet eine flache Rosette aus fleischigen, 1–3 cm langen, braunroten Blättern und verzweigten Blütenständen mit karminroten Blüten. Die Art wurde erst vor etwa 30 Jahren in Mexiko entdeckt.

Aeonium arboreum 'Atropurpureum' ▼

Echinocactus

E. grusonii Goldkugelkaktus, Schwiegermuttersessel

Allgemeines

Dieser anfangs kugelige, später längliche mexikanische Kaktus besitzt einen leuchtend grünen Spross mit 20–40 deutlich hervortretenden Rippen. Die gelben Areolen bilden goldgelbe Stacheln aus. Im Freiland erscheinen bei ausgewachsenen Exemplaren im Sommer leuchtend gelbe, 4–6 cm lange Blüten. *E. grusonii* wächst zwar langsam, wird mit zunehmendem Alter aber sehr groß.
Kombinationen: Kugelkakteen lassen sich besonders gut mit Säulenkakteen kombinieren.

Pflege

Die Art lässt sich an sehr hellen Standorten einfach kultivieren.
Vermehrung: Die Aussaat erfolgt im Frühjahr in Saatschalen mit Bodenheizung. Nach 2 Monaten werden die Keimlinge pikiert.

● Verwandte Arten und Sorten

Echinocactus horizonthalonius bildet einen abgeflachten, grüngrauen Spross mit 7–13 häufig spiralig angeordneten Rippen. Auf den wolligen Areolen stehen kräftige, bräunliche Stacheln. Die 5 cm langen, rosafarbenen, glockigen Blüten erscheinen sogar schon auf Jungpflanzen.
E. platyacanthus zeigt stark ausgeprägte Rippen und graue Areolen mit gräulich braunen Stacheln. Die Blüten sind goldgelb.

Kulturbedingungen

Wasserbedarf und Luftfeuchtigkeit: Im Frühjahr und Sommer den Ballen befeuchten und vor dem nächsten Gießen tiefgründig austrocknen lassen. Im Winter gießt man nur so viel, dass das Substrat nicht vollständig austrocknet.
Lichtansprüche: Ganzjährig so viel Sonne wie möglich.
Düngen: Im Frühjahr und Sommer gibt man alle 2–3 Wochen einen Kakteendünger.
Umtopfen und Substrat: Im Frühjahr in Kakteenerde umtopfen.
Kulturtipp: Sorgen Sie für sparsame Bewässerung und sehr viel Licht! Der Goldkugelkaktus verträgt Wintertemperaturen bis zu 5 °C (Minimum) – in diesem Fall hält man ihn bis zum Einsetzen des Wachstums trocken.

◄ *Echinocactus grusonii* ▼▲

Krankheiten und Schädlinge

◆ Weiße, wattige Gebilde auf dem Spross sind ein Zeichen für Schmierläuse. Bei schwachem Befall mit in Alkohol getränkten Wattestäbchen entfernen, ansonsten ein systemisches Insektizid oder Nützlinge einsetzen.

Epidendrum

Epidendren

Allgemeines

Die Gattung *Epidendrum* ist im tropischen Amerika weit verbreitet und umfasst über 500 verschiedene, meist epiphytische, aber auch lithophytische Orchideen. Zahlreiche Arten sind in Kultur, auch einige interessante Hybriden. Epidendren bilden aufrechte, schlanke, zum Teil verzweigte Sprosse mit Blättern. Nur wenige haben Pseudobulben. Die duftenden Blüten stehen in endständigen Trauben – entweder basal oder in Fortsetzung der Triebe.

Pflege

Wie bei allen Orchideen erfordert die Pflege etwas Fingerspitzengefühl.
Vermehrung: Beim Umtopfen teilen oder Rückbulben abtrennen.

▲▼ *Epidendrum*

Kulturbedingungen

Wasserbedarf und Luftfeuchtigkeit: Während der Vegetationszeit mit kalkfreiem Wasser immer dann gießen, wenn das Substrat abgetrocknet ist. Ab Herbst gießt man nur so viel, dass die Pflanze nicht schrumpft. Die Luftfeuchtigkeit sollte zwischen 50 und 60 % liegen. Stellen Sie die Pflanze auf einen mit feuchtem Kies gefüllten Untersetzer, und besprühen Sie täglich die Triebe. Die jungen Triebe nicht benetzen, sie sind sehr anfällig für Fäulnispilze.
Lichtansprüche: Hell, ohne direkte Sonne.
Düngen: Während der Triebentwicklung alle 2 Wochen mit einem Orchideendünger versorgen oder einen Blumendünger in halber Dosierung verwenden. Während der Ruhezeit nicht düngen.
Umtopfen und Substrat: Wenn nötig im Frühjahr in ein Orchideensubstrat umtopfen und bis zum nächsten Bewässern 10–15 Tage warten.
Kulturtipp: Informieren Sie sich beim Kauf über die geografische Herkunft Ihrer Orchidee, da die Temperaturansprüche davon abhängig sind. Generell benötigen Epidendren eine um 5–8 °C abgesenkte Nachttemperatur.

Krankheiten und Schädlinge

◆ Blattläuse verursachen klebrige und deformierte Blätter. Man setzt ein Insektizid oder Nützlinge ein.
◆ Verfärbtes und vertrocknetes Laub ist ein Zeichen für Spinnmilben, die sich bei heißem, trockenem Wetter vermehren. Luftfeuchtigkeit durch Besprühen der Blätter erhöhen. Falls nötig, ein Akarizid oder Nützlinge einsetzen.

Epipremnum

E. aureum

Goldene Efeutute

syn. *Scindapsus aureus, Raphidophora aurea*

Allgemeines

Die Kletterpflanze bildet kantige, meterlange Triebe, an denen 10–15 cm lange, ovale, an der Basis herzförmige, spitz auslaufende Blätter sitzen. Sie glänzen lebhaft grün und sind gelb gefleckt. Die Efeutute wird als Ampelpflanze kultiviert oder an einer moosumwickelten Stütze gezogen. Nur die Jugendform wird kultiviert. **'Marble Queen'** hat weiße Blätter, die gelb bis cremefarben oder grün gefleckt sind.

Pflege

Ein heller Standort und ausreichend Feuchtigkeit sollten gegeben sein. **Vermehrung:** Kopfstecklinge von 10 cm Länge entweder in Wasser oder einer Sand-Torf-Mischung bewurzeln lassen.

Gut zu wissen

Die Altersform entwickelt tief gelappte Blätter von 60–80 cm Länge.

Epipremnum aureum 'Marble Queen' ►

Krankheiten und Schädlinge

◆ Wenn die Blätter braune Flecken bekommen, wurde die Pflanze wahrscheinlich zu reichlich gegossen. Setzen Sie mit dem Gießen aus, bis der Wurzelballen getrocknet ist, dann etwas mäßiger gießen.

Kulturbedingungen

Wasserbedarf und Luftfeuchtigkeit: Ganzjährig mäßig gießen, im Winter, in Abhängigkeit von der Temperatur, weniger. Die moosumwickelte Stütze häufig besprühen. Töpfe auf Untersetzer mit feuchtem Kies stellen.
Lichtansprüche: Heller, im Winter sonniger Standort. Bei spärlichem Licht verlieren die Blätter die helle Panaschierung.
Dünger: Im Frühling und im Sommer alle 2 Wochen einen Grünpflanzendünger.
Umtopfen und Substrat: Die jungen Pflanzen alljährlich im Frühjahr in mit Sand oder Perlit vermischte Einheitserde umtopfen.
Kulturtipp: Schneiden Sie im Frühjahr die Triebe zurück, damit die Pflanze nicht zu üppig wird. Im kühlen Zimmer (16 °C) überwintern.

● Verwandte Arten und Sorten

Epipremnum aureum 'Marble Queen' ist in der Pflege anspruchsvoll. *E. pictus* 'Argyraeus' hat kleinere, silbern gefleckte Blätter mit satinartiger Oberfläche.

Epipremnum aureum 'Marble Queen' ►

◄ *Epipremnum aureum*

Scindapsus pictus 'Argyraeus' ►

● Verwandte Gattung

Nach mehreren Überarbeitungen der Pflanzensystematik wurden viele Arten, die früher der Gattung ***Scindapsus*** angehörten, in andere Gattungen überführt. Zu dieser Gattung gehört aber nach wie vor eine aus dem tropischen Asien stammende Kletterpflanzenart, ***Scindapsus pictus,*** mit der dekorativen Sorte '**Argyraeus**' (syn. *Pothos argyraeus*).

Episcia

E. cupreata Episcie

Allgemeines

Diese kleine Pflanze stammt aus dem tropischen Amerika. Sie bildet Blattrosetten von 10–15 cm Höhe und Durchmesser. Aus den Rosetten wachsen kriechende oder hängende Ausläufer (Stolone), die ihrerseits Blätter tragen. Die ovalen bis elliptischen Blätter mit gezähntem Rand sind an der Oberseite bronzefarben. Im Frühjahr erscheinen in Trauben rot und gelb gefärbte Blüten. Zahlreiche Sorten mit verschiedenfarbigen Blättern und Blüten sind im Handel.

Pflege

Die Pflege ist nicht einfach. Durchgehend warme Temperaturen und milde Feuchte sind ideal. Geeignet für warmes Gewächshaus oder Glasgefäße.

Vermehrung: Ausläufer neben einer kleinen Blattrosette abschneiden und in einen Topf mit Anzuchterde setzen.

Krankheiten und Schädlinge

◆ Wenn die Blätter klebrig werden und sich verformen, haben Blattläuse die Triebe befallen. Mit Insektiziden imprägnierte Stäbchen werden in die Erde gesteckt. Schlupfwespeneinsatz möglich.

● Verwandte Arten und Sorten

Episcia cupreata 'Acajou' hat silbrig grüne, dunkelbraun geränderte Blätter und orange-rote Blüten.

E. cupreata 'Metallica' hat kupferfarbene Blätter mit einem zentralen silbernen Streifen und rosafarbenen Rändern.

E. cupreata 'Tropical Topaz' mit blassgrünen Blättern und gelben Blüten.

E. dianthiflora besitzt mittelgrüne, samtige Blätter mit gezähntem Saum und einzelne weiße Blüten mit fransigen Rändern.

Die Blüten von *E. reptans* sind rosarot, die Blätter waffelartig grünbraun oder bronzegrün mit silbrigen Adern.

Episcia cupreata 'Tropical Topaz' ▼

Kulturbedingungen

Wasserbedarf und Luftfeuchtigkeit: Ganzjährig regelmäßig, aber verhalten gießen, im Winter bei niedrigeren Temperaturen etwas weniger. Luftfeuchtigkeit erhöhen, indem der Topf in einen Untersetzer mit feuchtem Kies gesetzt wird.

Lichtansprüche: Indirekt bis hell, keine direkte Sonne.

Dünger: Im Frühjahr und Sommer alle 2 Wochen Düngergaben in halber Dosierung.

Umtopfen und Substrat: Falls erforderlich, im Frühjahr in eine durchlässige Erdmischung auf Torfbasis umpflanzen.

Kulturtipp: Kalte Zugluft vermeiden. Im Winter darf die Temperatur nicht unter 16 °C sinken.

Episcia dianthiflora ▼

Episcia dianthiflora ▼

Episcia cupreata 'Musaica' ▼

Erica

E. x hiemalis

Erika, Heide

Allgemeines

Die Heide ist ein typisch herbstlicher Strauch, wegen ihrer späten Blüte beliebt. Die Triebe sind verholzt, die schmalen behaarten hellgrünen Blätter wachsen in dichten Büscheln an den aufrecht stehenden Zweigen. Im Zimmer liegen Höhe und Breite bei etwa 60 cm. Im Herbst und im Winter ist die Pflanze übersät mit 1–2 cm langen, röhrenförmigen, weißen Blüten, die lebhaft rosa übertönt sind.

Pflege

Diese Pflanze braucht eine kühle Umgebung und wird deshalb nur saisonal im Zimmer einen Platz finden.

Vermehrung: Es ist kaum möglich, die Heide selbst zu vermehren.

● Verwandte Arten und Sorten

Erica gracilis ist ein eher kompakter Strauch mit glatten Blättchen und kleinen, kugeligen, blassrosafarbenen bis hochroten Blüten.

E. canaliculata bildet kleine, becherförmige, blassrosafarbene bis weiße Blüten mit dunkelbraunen Staubbeuteln.

Erica subdivaricata ▼

Erica canaliculata ▼

Krankheiten und Schädlinge

◆ Wenn die Blätter abfallen, ist die Luft zu trocken. Luftfeuchtigkeit durch Besprühen der Pflanze erhöhen.

Kulturbedingungen

Wasserbedarf und Luftfeuchtigkeit: Regelmäßig gießen, um das Substrat feucht zu halten. Kein kalkhaltiges Wasser verwenden! Falls die Umgebung warm und trocken ist, täglich mit weichem Wasser besprühen.

Lichtansprüche: Hell, aber keine direkte Sonne.

Dünger: Nicht nötig.

Umtopfen und Substrat: Nicht nötig, da die Pflanze nach der Blüte entsorgt wird.

Kulturtipp: Der beste Platz ist ein kühles, helles Zimmer, z. B. eine schwach geheizte Veranda.

Erica x hiemalis ▼

➤ ***Euanthe*** siehe unter *Vanda*

Eucharis

Amazonaslilie, Herzkelch

Allgemeines

Die Zwiebelpflanzen sind in den lichten Wäldern Zentral- und Südamerikas beheimatet. Ihre weißen, narzissenähnlichen Blüten sitzen am Ende eines Sprosses, der 50 cm hoch werden kann. Die dunkelgrünen, elliptisch geformten Blätter an der Basis sind langstielig. Im Handel sind meist 2 Arten erhältlich: *Eucharis amazonica* und *E.* x *grandiflora,* die jedoch schwierig zu unterscheiden sind. Fachleute hielten die beiden Pflanzen sogar bis vor kurzem für identisch.

Pflege

Die Pflanze ist recht anspruchslos, damit sie jedoch zwei- bis dreimal blüht, muss *Eucharis* mindestens 1 Monat lang kühl stehen und darf nur selten gegossen werden.

Vermehrung: Brutzwiebeln, die sich über der Hauptknolle gebildet haben, werden beim Umtopfen abgetrennt und einzeln in Töpfe gepflanzt.

Kulturbedingungen

Wasserbedarf und Luftfeuchtigkeit: Während der Wachstumsphase mäßig gießen, sobald das Substrat an der Oberfläche trocken ist. Bei kühleren Temperaturen Wassergaben reduzieren.
Lichtansprüche: Hell, aber keine direkte Sonne.
Dünger: Im Frühjahr und Sommer alle 14 Tage einen Grünpflanzendünger geben.
Umtopfen und Substrat: Alle 2–3 Jahre im Frühling in eine Mischung aus guter Gartenerde, Kompost und grobem Sand umtopfen.
Kulturtipp: Überwintern Sie die Pflanze in einem kühlen, hellen Raum bei 13–15 °C.

● Verwandte Gattung

Hymenocallis, auch Schönhäutchen genannt, hat dieselben Ansprüche wie *Eucharis.* Die auf dem amerikanischen Kontinent beheimatete Gattung umfasst etwa 40 Zwiebelpflanzenarten. Im Sommer bilden sich wohlriechende Blütendolden, aus denen die Staubblätter herausragen. Die grundständigen Blätter sind riemenförmig.

Eucharis amazonica ▼

◄ *Eucharis amazonica*

Hymenocallis x festalis ▼

Euphorbia

E. milii

syn. *Euphorbia splendens*

Christusdorn

Allgemeines

Der Christusdorn gehört ebenso wie die Poinsettie (Weihnachtsstern) zu den Euphorbien (Wolfsmilchgewächsen). Es handelt sich um einen kleinen verzweigten, aber kompakt bleibenden Strauch. Die mit langen Dornen bewehrten sukkulenten Sprosse tragen kleine, elliptische, dunkelgrüne Blätter. Die Blüten sind unscheinbar, aber von 2 roten, manchmal auch gelben Hochblättern umgeben. Der Christusdorn blüht ganzjährig, meistens allerdings im Winter.

Pflege

Eine ausgesprochen pflegeleichte Zimmerpflanze.

Vermehrung: Schneiden Sie im Frühjahr oder zum Sommeranfang 7–10 cm lange endständige Stecklinge. Die Schnittstellen unter Wasser halten, damit der Milchsaft aufhört zu fließen. 1–2 Tage antrocknen lassen, dann in einen Topf mit einem leicht angefeuchteten Torf-Sand-Gemisch pflanzen.

Gut zu wissen

Der Christusdorn ist giftig. Sein milchiger Saft reizt die Haut.

Euphorbia milii ▶

Euphorbia milii ▼

Euphorbia milii ▶

Kulturbedingungen

Wasserbedarf und Luftfeuchtigkeit: Mäßig gießen und die Erde anschließend 2–3 cm tief trocknen lassen. Nach der Blüte setzt eine Ruhephase ein, in dieser Zeit noch seltener gießen.
Lichtansprüche: Sehr sonniger Standort.
Dünger: Zwischen Juni und September alle 2 Wochen einen Kakteendünger geben.
Umtopfen und Substrat: Falls nötig, im Frühjahr in Kakteenerde umtopfen. Verwenden Sie feste Handschuhe.
Kulturtipp: Christusdorn verträgt auch Halbschatten, wächst dann aber langsamer und blüht kaum. Die Temperatur darf nicht unter 13 °C sinken.

Euphorbia caput-medusae ▲

● Verwandte Arten und Sorten

Unter den rund 2000 Arten der Gattung *Euphorbia* sind mehr als die Hälfte Sukkulenten mit ganz ungewöhnlichen Formen. ***Euphorbia caput-medusae*** verzweigt sich stark. Die strahligen grau-grünen Äste, die 70 cm lang werden können, tragen kleine lineale, mittelgrüne, fleischige Blätter. ***E. trigona*** wächst aufrecht und verzweigt wie ein Kaktus. Die Blättchen bilden sich an den Kanten der Äste. Mutationen aus ***E. lactea*** ergeben Pflanzen mit abgeflachten, gewellten Sprossen in verschiedenen Farben, die auf den Spross einer anderen Euphorbie gepfropft werden. Im Handel findet man sie manchmal unter dem Namen ***Euphorbia lactea cristata***.

Euphorbia trigona ▲

Euphorbia cristata ▲

Euphorbia fiherenensis ▼

Euphorbia lactea (gepfropfte Pflanzen) ▲

Euphorbia pulcherrima

Poinsettie, Weihnachtsstern

Allgemeines

Die aus Mexiko stammende Pflanze ist um die Weihnachtszeit sehr beliebt, obwohl sie Gärtner auch zu anderen Zeiten zum Blühen bringen können. Der Weihnachtsstern braucht zur Blüte eine kurze Belichtungsdauer von unter 12 Stunden über mindestens 30 Tage. Die winzigen unscheinbaren gelb-grünlichen Blüten sind von großen farbigen Hochblättern umgeben. Meist sind sie lebhaft rot, aber es gibt auch cremeweiße, zartgelbe, blassrosa bis lachsrosa Farbnuancen.

Pflege

Poinsettien sind nicht anspruchsvoll, aber es ist schwierig, sie im Zimmer zum Blühen zu bringen. Sie wird deshalb als saisonale Pflanze gehandelt, die man nach der Blüte wegwirft.

Vermehrung: Für den Laien uninteressant.

Gut zu wissen

Der Milchsaft dieser Euphorbie kann Haut und Schleimhaut reizen.

▼*Euphorbia pulcherrima*

Kulturbedingungen

Wasserbedarf und Luftfeuchtigkeit: Während der Blüte großzügig gießen, sodass die Erde feucht bleibt.

Lichtansprüche: Heller, sonniger Standort.

Dünger: Während der Blüte einmal wöchentlich einen Zimmerpflanzendünger verabreichen.

Umtopfen und Substrat: Falls Sie die Pflanze behalten wollen, pflanzt man sie im Frühjahr in normale Einheitserde, der Sand beigemischt wurde.

Kulturtipp: Den Weihnachtsstern nach der Blüte stark zurückschneiden, in ein kühles, helles Zimmer stellen und wenig gießen. Im Frühjahr umtopfen und regelmäßig gießen und düngen, Triebe entspitzen. Halten Sie die Pflanze ab Mitte September 6–8 Wochen mehr als 12 Stunden in vollkommener Dunkelheit, blüht sie bald wieder.

Krankheiten und Schädlinge

◆ Deformierte und klebrige Blätter weisen auf Blattläuse hin, die mit einem geeigneten Insektizid behandelt werden.

◆ Weiße Fliegen, die bei leichtem Berühren der Pflanze auffliegen, können von Schlupfwespen dezimiert werden. Insektizidbehandlungen müssen alle 8–10 Tage wiederholt werden.

◆ Wenn die Blätter gelb werden und abfallen, ist der Standort zu warm und trocken oder zu dunkel.

Euphorbia pulcherrima ▶

Euphorbia pulcherrima ▼

Eustoma

syn. *Lisianthius* Prärieenzian

Allgemeines

Bei *Eustoma* schätzt man die sommerliche Blütenpracht. Eigentlich ist die Pflanze zweijährig, wird aber meist nach einer Saison entsorgt. Sie bildet Blütentriebe mit gegenständigen, graugrünen ovalen Blättern und schmückt sich im Sommer mit hübschen becherförmigen Blüten in verschiedenen Farbnuancen. Aus ***Eustoma grandiflorum*** (syn. *Lisianthius russellianus*) werden immer wieder neue Sorten gezüchtet. Es gibt außerdem kompakt wachsende Zwergformen.

Pflege

Mit etwas Erfahrung ist die Pflege relativ einfach.

Vermehrung: Vermehrung durch Samen und Stecklinge ist möglich, aber recht schwierig.

Krankheiten und Schädlinge

◆ Schlaffe Blätter deuten auf Wassermangel. Tauchen Sie den Topf so lange in Wasser, bis die Erde völlig durchtränkt ist.

◆ Bei Blattlausbefall werden die Blätter klebrig und verlieren ihre Form. Setzen Sie Nützlinge ein oder ein geeignetes Insektizid.

Kulturbedingungen

Wasserbedarf und Luftfeuchtigkeit: Während der Blüte regelmäßig gießen, damit das Substrat feucht bleibt, Staunässe im Untersetzer vermeiden.

Lichtansprüche: Hell, im Sommer vor der Mittagssonne schützen.

Dünger: Alle 2–3 Wochen einen Blühpflanzendünger geben.

Umtopfen und Substrat: Nicht nötig. Die Pflanze wird nach der Blüte entsorgt.

Kulturtipp: Die Blütenbildung wird durch Langtagbedingungen gefördert.

▲ *Eustoma grandiflorum*

Eustoma grandiflorum ▶

Euterpe

E. edulis

Assaipalme

Allgemeines

Diese aus dem tropischen Amerika stammende Palme ist als Zimmerpflanze interessant, weil sie Schatten gut verträgt. Aus dünnen Sprossen wachsen anmutige, dunkelgrüne, gefiederte Blätter mit langen, spitzen, herabhängenden Fiedern. In ihrer natürlichen Umgebung kann die *Euterpe* 20 m hoch werden, im Topf gezogen wird sie selten größer als 2 m.

▼*Euterpe edulis*

Kulturbedingungen

Wasserbedarf und Luftfeuchtigkeit: Während der Wachstumsphase reichlich gießen, im Winter, je nach vorherrschender Temperatur, weniger, obwohl es keine wirkliche Ruhephase gibt.
Lichtansprüche: Heller bis schattiger Standort, vor direkter Sonne geschützt.
Dünger: Im Frühjahr und Sommer alle 2 Wochen einen Grünpflanzendünger geben.
Umtopfen und Substrat: Alljährlich im Frühjahr junge Pflanzen in eine Mischung aus guter Gartenerde und Kompost umtopfen. Bei größeren Pflanzen, die in Kübeln stehen, genügt es, die Substratoberfläche auszutauschen.
Kulturtipp: Die Pflanze sollte das ganze Jahr über gleichbleibend temperiert stehen, nicht unter 15 °C. Platzwechsel vermeiden.

Pflege

Die Pflanze ist recht anspruchslos, braucht aber Wärme und Feuchtigkeit.
Vermehrung: Samenvermehrung ist schwierig und Profis vorbehalten.

Gut zu wissen

Aufgrund der essbaren Sprossspitze (Palmkohl) wurden manche Arten am Naturstandort stark dezimiert, denn die Palme besitzt nur eine einzige Sprossspitze, und deren Entnahme oder Zerstörung führt zum Tod der Pflanze. Gelb gewordene Blätter dürfen Sie entfernen, aber niemals die Pflanze zurückschneiden.

Krankheiten und Schädlinge

◆ Schildlausbefall wird sichtbar durch kleine braune Erhebungen an Stängeln und Blättern. Entfernung mit einem in Alkohol getränkten Wattestäbchen. Nützlinge oder ein systemisch wirkendes Insektizid bei starkem Befall einsetzen.

◆ Die Blätter verlieren ihre Farbe und sind mit kleinen weißlichen Punkten übersät: Bei Spinnmilbenbefall muss die Luftfeuchtigkeit erhöht werden, z. B. durch Besprühen der Blätter. Akarizideinsatz im Notfall.

Exacum

E. affine

Bitterblatt

Allgemeines

Die auch als Blaues Lieschen bezeichnete kleine Pflanze wird nach der Blüte meist weggeworfen. Von kompaktem Wuchs, wird sie kaum höher als 20 cm und bildet zahllose kleine ovale, fleischige, glänzend grüne Blätter. Darüber erscheinen vom Sommer bis in den Herbst eine Fülle blauvioletter Blüten mit gelben Staubgefäßen. Es gibt Sorten mit dunkleren oder auch mit weißen Blüten.
Kombinationen: Durch mehrere verschiedenfarbig blühende Pflanzen in einer Schale wird ein schöner Farbeffekt erzielt.

Pflege

Die blühende Pflanze ist recht pflegeleicht.
Vermehrung: Stecklingsvermehrung. Die Vermehrung aus Samen ist Profis vorbehalten.

Krankheiten und Schädlinge

◆ Die Pflanze ist anfällig für Blattläuse. Ein geeignetes Insektizid schafft Abhilfe.

Kulturbedingungen

Wasserbedarf und Luftfeuchtigkeit: Regelmäßig gießen, sodass die Erde stets leicht feucht bleibt.
Lichtansprüche: Heller Standort, keine direkte Sonne.
Dünger: Während der Blütezeit alle 2 Wochen einen Blühpflanzendünger geben.
Umtopfen und Substrat: Nicht nötig.
Kulturtipp: Verwelkte Blüten regelmäßig entfernen, um die Bildung neuer Blütenknospen zu fördern.

▲ *Exacum affine* panaschiert

Exacum affine ►

Fatsia

F. japonica

Zimmeraralie

syn. *Aralia japonica, A. sieboldii*

Allgemeines

Der botanische Name des Strauches verrät seine Herkunft: Japan und Taiwan. In mildem Klima gedeihen sie im Freien. Die starken Äste tragen langstielige Blätter mit 7–9 Lappen und 15–40 cm langen Blattspreiten. Die Blätter der Zimmerpflanze sind hellgrün (allerdings dunkler als bei den Fatsien, die im Freien wachsen) und glänzend. Die älteren Pflanzen bilden im Herbst kleine cremeweiße Blüten, die in verzweigten Dolden stehen. In der Wohnung kann die Pflanze innerhalb von 3 Jahren bis zu 1,50 m hoch werden.

Pflege

Der Pflegeaufwand ist mittelmäßig, ein luftiger, kühler Platz sollte zur Verfügung stehen.

Vermehrung: Im Frühjahr 5–8 cm lange Triebstecklinge abschneiden. Pflanzen Sie diese in eine feuchte Mischung aus gleichen Teilen Sand und Torf. Die Stecklinge unter Glas bei 16 °C bewurzeln lassen.

Gut zu wissen

Ältere Pflanzen verlieren die unteren Blätter und verkahlen am Stammgrund.

● Verwandte Arten und Sorten

Fatsia japonica 'Moseri' ist kompakter und hat etwas größere Blätter.

Bei *F. japonica* 'Variegata' sind die Blätter, vor allem an den Rändern, cremeweiß panaschiert.

Kulturbedingungen

Wasserbedarf und Luftfeuchtigkeit: Im Sommer regelmäßig, aber verhalten gießen, damit die Erde feucht bleibt. Im Winter bei niedrigen Temperaturen Wassergaben reduzieren. Die Blätter bei warmem Wetter besprühen.

Lichtansprüche: Hell.

Dünger: Im Frühjahr und im Sommer alle 2–3 Wochen einen Grünpflanzendünger verabreichen.

Umtopfen und Substrat: Anfangs jährlich, später alle 2–3 Jahre in Einheitserde umtopfen, die mit etwas guter Gartenerde angereichert sein sollte. Bei großen Pflanzen die obere Substratschicht erneuern.

Kulturtipp: Für einen buschigen Wuchs im Frühjahr die Vorjahrestriebe zur Hälfte herausschneiden. Die Pflanze im Winter in ein leicht temperiertes Zimmer stellen (ideal sind 10–12 °C).

Krankheiten und Schädlinge

◆ Battläuse und Spinnmilben können lästig werden. Verwenden Sie Pestizide, oder setzen Sie Nützlinge ein.

◄ *Fatsia japonica*

➤➤ **Farn** siehe *Adiantum, Asplenium, Blechnum, Davallia, Dicksonia, Didymochlaena, Hemionitis, Nephrolepis, Pellaea, Phlebodium, Platycerium, Polystichum, Pteris*

x *Fatshedera lizei*

Efeuaralie

Allgemeines

Dieser Strauch ist aus einer Kreuzung zwischen *Fatsia japonica* und *Hedera hibernica* hervorgegangen. Er wird 1–2 m hoch, trägt an aufrechten Zweigen große, dunkelgrün schimmernde fünflappige Blätter. Die Zweige brauchen gewöhnlich eine Stütze. Die Sorte **'Variegata'** hat cremeweiß gerandete Blätter, sie ist licht- und wärmebedürftiger als die anderen.

Kombinationen: Will man ein kompaktes Aussehen erreichen, werden mehrere Exemplare in einen Topf gepflanzt.

Pflege

Die Pflanze ist robust und anspruchslos, allerdings sollte sie kühl stehen.

Vermehrung: Man schneidet im Frühjahr 7–10 cm lange endständige Stecklinge und setzt diese in ein Gemisch aus gleichen Teilen feuchten Torf und Sand. Bei 20 °C unter Glas bewurzeln.

Gut zu wissen

Dem französischen Gärtner Lizé gelang es 1910, einen Efeu *(Hedera helix)* mit einer Aralie *(Fatsia japonica)* zu kreuzen. Der botanische Name setzt sich aus den beiden Elternnamen und dem Namen des Züchters zusammen. Das x zeigt, dass es sich um eine Kreuzung handelt.

Kulturbedingungen

Wasserbedarf und Luftfeuchtigkeit: Mäßig gießen und die obere Erdschicht abtrocknen lassen, bevor erneut gegossen wird. Steht die Pflanze im Winter kühl, darf die Erde nicht vollständig austrocknen. Im geheizten Zimmer besprühen Sie die Blätter ab und zu mit Wasser.

Lichtansprüche: Hell bis sehr hell. Pflanzen mit panaschierten Blättern brauchen mehr Licht, aber keine direkte Sonne.

Dünger: Im Frühjahr und im Sommer alle 2–3 Wochen einen Grünpflanzendünger verabreichen.

Umtopfen und Substrat: Wird der Topf zu eng, im Frühjahr in Einheitserde umtopfen.

Kulturtipp: Staunässe vermeiden. Während die Efeuaralie mit grünen Blättern eine winterliche Ruhephase bei 7–10 °C schätzt, braucht die panaschierte Sorte eine Temperatur über 16 °C.

Krankheiten und Schädlinge

◆ Klebrige und deformierte Blätter sind ein Hinweis auf Blattläuse an den Jungtrieben. Ein Insektizid oder Nützlinge können eingesetzt werden.

◆ Bei Spinnmilbenbefall vertrocknen die Blätter. Die Tiere mögen warme, trockene Luft. Besprühen Sie die Blätter. Notfalls mit einem Akarizid behandeln.

x *Fatshedera lizei* 'Pia Bont' ▼

x *Fatshedera lizei* ▼

Ficus

F. benjamina

Birkenfeige

Allgemeines

Die Birkenfeige ist eine der beliebtesten Zimmerpflanzen, da sie in ihrem Aussehen einem kleinen Baum ähnelt mit feinen, hängenden Ästen und ovalen, spitz auslaufenden Blättern. Diese sind leicht gewellt und 5–10 cm lang. Sie werden mit zunehmendem Alter dunkler. Birkenfeigen können etwa 2 m hoch werden, sie eignen sich aber auch für die Kultivierung als Bonsai. Zahlreiche Sorten mit panaschierten Blättern sind im Angebot.

Pflege

F. benjamina benötigt einen hellen Platz und darf nach einer Eingewöhnungszeit nicht mehr verstellt werden. Die Pflanze verliert bei Umweltveränderungen leicht die Blätter.

Vermehrung: Stecklingsvermehrung ist möglich, aber schwierig. Zum Bewurzeln werden Temperaturen über 25 °C in Boden und Luft benötigt.

Gut zu wissen

Die Pflege der Sorten mit panaschierten Blättern ist anspruchsvoller.

Krankheiten und Schädlinge

◆ Wenn an den Zweigen und Stielen der Pflanze kleine braune Erhebungen erscheinen, die Blätter klebrig werden und einen schwärzlichen Belag bekommen, handelt es sich um Schildläuse, auf deren Ausscheidungen (Honigtau) sich Pilze angesiedelt haben. Sie können mit einem in Alkohol getauchten Wattestäbchen entfernt werden. Bei starkem Befall hilft der Einsatz von Schlupfwespen oder ein systemisch wirkendes Insektizid.

◆ Zu häufiges Gießen hat meist einen starken Blattverlust zur Folge. Substrat vor dem nächsten Gießen austrocknen lassen.

Ficus benjamina ▼

Kulturbedingungen

Wasserbedarf und Luftfeuchtigkeit: Während der Vegetationszeit mäßig gießen und die Erde immer halb abtrocknen lassen. Bei niedrigeren Temperaturen die Wassergaben reduzieren. Bei heißem Wetter oder trockener Raumluft die Blätter einnebeln.

Lichtansprüche: Heller Standort ohne direkte Sonne.

Dünger: Im Frühjahr und im Sommer alle 2 Wochen einen Grünpflanzendünger geben.

Umtopfen und Substrat: Falls erforderlich, im Frühjahr in normale Einheitserde umtopfen. Den Gefäßboden zuvor mit einer dicken Dränageschicht versehen. Bei großen Pflanzen genügt es, die oberflächliche Substratschicht auszutauschen.

Kulturtipp: Die Birkenfeige verträgt keine Staunässe an den Wurzeln und keine Zugluft. Im Winter darf die Temperatur nicht unter 15 °C sinken.

Ficus benjamina ▶

● Verwandte Arten und Sorten

Etliche Sorten von ***Ficus benjamina*** haben einheitlich grüne Blätter, z. B. **'Danielle'** (sehr dunkles Grün), **'Monique'** (gekräuselte Blätter) oder **'Reginald'** (hellgrüne, fast goldfarbene Blätter). Bei anderen sind die Blätter cremeweiß panaschiert, wie bei **'Starlight'**, **'Variegata'** und **'De Gantel'**, oder zartgelb wie bei **'Golden King'**. ***Ficus*** **'Alii'** ist ein strauchartiger Gummibaum, der 2–3 m hoch werden kann, mit bambusähnlichen Blättern. Er ist sehr robust und mit einem weniger hellen Standort zufrieden. In Büroräumen oder Empfangshallen ist er ein idealer Blickfang.

Ficus benjamina 'Naomi' ▶

Ficus benjamina 'Golden King' ▲

Ficus benjamina 'Reginald' ▼

Ficus benjamina 'Curly' ▼

Ficus benjamina 'Judi' ▶

Ficus benjamina 'Danielle' ▼

Ficus benjamina 'Starlight' ▼

Ficus benjamina 'Wiandi' ▶

Ficus deltoidea

Feige, Gummibaum

syn. *Ficus diversifolia*

Allgemeines

Dieser langsam wachsende Gummibaum bildet lederartige, verkehrt eiförmige, 4–8 cm lange, sattgrüne Blätter mit braunroter Unterseite. Er ist der einzige *Ficus,* der als Zimmerpflanze reichlich Früchte in Form gelber oder mattroter Beeren von 0,5–1 cm Durchmesser trägt, die an kurzen Stielen sitzen. Die aus Südostasien stammende Pflanze wird im Topf selten größer als 90 cm.

Pflege

Wie die meisten Gummibäume ist auch diese Art robust.

Vermehrung: Zwischen April und Juni schneidet man 5–10 cm lange Stecklinge von Seitentrieben und pflanzt sie in eine Mischung aus gleichen Teilen Torf und Sand. Eine hohe Luftfeuchtigkeit ist zur Bewurzelung nötig.

Gut zu wissen

Die Blätter sind giftig, der milchige Saft kann die Haut reizen.

Kulturbedingungen

Wasserbedarf und Luftfeuchtigkeit: Vom Frühjahr bis Ende des Sommers mäßig gießen, zwischendurch die Erde abtrocknen lassen. Im Winter braucht die Pflanze weniger Wasser. Im Sommer öfter das Laub besprühen – falls der *Ficus* in einem gut geheizten Zimmer steht, auch im Winter.

Lichtansprüche: Hell, aber keine sommerliche Mittagssonne.

Dünger: Im Frühjahr und im Sommer alle 2–3 Wochen einen Grünpflanzendünger geben.

Umtopfen und Substrat: Junge Pflanzen jährlich, ältere alle 2 oder 3 Jahre in Einheitserde umtopfen.

Kulturtipp: Die Pflanze wächst buschiger, wenn Sie im Frühjahr die Spitzen der jungen Triebe abknipsen.

Krankheiten und Schädlinge

◆ Wenn braune Erhebungen unter den Blättern und an den Zweigen auftreten und die Pflanze klebrig wird, ist sie von Schildläusen befallen, die mit einem in Alkohol getränkten Wattestäbchen entfernt werden können. Systemisch wirkende Insektizide bei starkem Befall verwenden oder Nützlinge einsetzen.

◆ Auch Spinnmilben treten häufiger an Ficus auf, die sich in warmer, trockener Umgebung vermehren. Erhöhen Sie die Luftfeuchtigkeit. Notfalls mit einem Akarizid oder Nützlingen behandeln.

Ficus deltoidea ▶

Ficus deltoidea ▼

Ficus elastica

Gummibaum

Allgemeines

In den 1970er-Jahren war der Gummibaum sehr beliebt, und auch heute schätzt man ihn wegen seiner Robustheit und seines hohen Wuchses. Er hat einen geraden Stamm und ist kaum oder gar nicht verzweigt. Seine großen, lederartigen Blätter sind dunkelgrün und glänzen an der Oberseite, während die Unterseite eher matt ist. Einige Sorten haben panaschierte Blätter, z. B. **'Decora'**: Die jungen Blätter sind unterseits leicht rötlich, im ausgewachsenen Zustand mit cremefarbenen Mittelrippen. In einen großen Behälter gepflanzt, kann der Gummibaum über 2 m hoch werden.

Pflege

Diese robuste Pflanze ist pflegeleicht.

Vermehrung: Zwischen April und Juni 10–15 cm lange Stecklinge von Seitentrieben schneiden und in eine Mischung aus gleichen Teilen Torf und Sand setzen. Vermehrung durch Abmoosen ist möglich, verlangt aber einen „grünen Daumen". Es dient im Wesentlichen dazu, eine verkahlte Pflanze zu verjüngen.

Gut zu wissen

Der Gummibaum geht eher durch zu viel als durch zu wenig Wasser zugrunde.

Kulturbedingungen

Wasserbedarf und Luftfeuchtigkeit: Im Sommer mäßig gießen; zwischendurch die obere Erdschicht trocknen lassen. Im Winter Wassergaben stark reduzieren, besprühen Sie aber die Blätter, wenn die Zimmerluft trocken ist.

Lichtansprüche: Hell, indirektes Licht.

Dünger: Im Frühjahr und Sommer alle 2 Wochen einen Grünpflanzendünger geben.

Umtopfen und Substrat: Im Frühjahr, anfangs jedes Jahr, später dann alle 2–3 Jahre in mit Torf angereicherte Einheitserde umtopfen.

Kulturtipp: Vermeiden Sie im Winter kalte Zugluft (Temperatur nicht unter 16 °C).

Ficus elastica ▼

Ficus elastica 'Belize' ►

Krankheiten und Schädlinge

◆ Kleine braune Erhebungen auf der Blattunterseite sind das Kennzeichen für Schildläuse. Mit einem in Alkohol getränkten Wattestäbchen können die Läuse entfernt werden. Außerdem helfen systemisch wirkende Insektizide und Nützlinge.

◆ Weiße wattige Häufchen an den Blättern weisen auf Schmierläuse hin. Wenige Tiere können mit einem in Alkohol getränkten Wattestäbchen abgewischt werden. Ansonsten helfen systemisch wirkende Insektizide.

◆ Wenn die Blätter die Farbe verlieren und kleine weißliche Pünktchen aufweisen, deutet das auf Spinnmilbenbefall hin. Sorgen Sie für höhere Luftfeuchtigkeit. Notfalls behandelt man mit einem Akarizid.

● Verwandte Arten und Sorten

Ficus elastica **'Doescheri'** hat graugrün, cremegelb und weiß gefleckte, lederartige Blätter mit rosafarbenen Stielen und Mittelrippen.

Bei ***F. elastica*** **'Robusta'** sind die Blätter größer und rundlicher.

F. elastica 'Schijveriana' besitzt blassgrüne, dunkel lavierte Blätter.

◄ *Ficus elastica* 'Melany'

Ficus elastica 'Tineke' ►

Ficus elastica 'Abidjan' ►

Ficus elastica 'Robusta' ▼

Ficus lyrata

Leiergummibaum

Allgemeines

Die 25–45 cm langen Blätter dieses *Ficus* ähneln dem Korpus einer Geige. Sie sind lederartig und glänzend sattgrün, mit nach oben gerichteten Blattadern und gewellten Rändern. Die Pflanze wächst langsam zu stattlicher Größe heran. Der Stamm verzweigt sich kaum.

Pflege

Die Pflanze ist anspruchslos.

Vermehrung: Im Frühjahr 10–15 cm lange Stecklinge schneiden, in eine Substratmischung aus Torf und Sand setzen. Bewurzelung bei 25 °C unter Glas.

Gut zu wissen

Reinigen Sie die Blätter dieses *Ficus* regelmäßig mit einem feuchten Schwamm, wobei Sie sie schützend mit einer Hand halten.

Ficus lyrata 'Bambino' ▼

Kulturbedingungen

Wasserbedarf und Luftfeuchtigkeit: Vom Frühjahr bis Anfang Herbst mäßig gießen, zwischendurch die Erde abtrocknen lassen. Bei niedrigeren Temperaturen im Winter die Wassergaben einschränken.

Lichtansprüche: Heller Standort ohne direkte Sonne.

Dünger: Im Frühjahr und Sommer alle 14 Tage einen Grünpflanzendünger verabreichen.

Umtopfen und Substrat: Im Jugendstadium jährlich zum Vegetationsbeginn, später seltener, in gute Einheitserde. Eine Dränageschicht auf dem Topfboden ist sinnvoll.

Kulturtipp: Der Leiergummibaum mag keine Staunässe.

Krankheiten und Schädlinge

- In warmer, trockener Umgebung vermehren sich Spinnmilben, die Blätter vertrocknen und zeigen weißliche Punkte. Besprühen Sie die Blätter häufiger mit Wasser. Notfalls wenden Sie ein Akarizid an, oder setzen Sie Nützlinge ein.
- Kleine braune Erhebungen deuten auf Schildläuse hin. Mit einem in Alkohol getränkten Wattestäbchen kann man sie entfernen. Schlupfwespen oder ein Insektizid helfen bei starkem Befall.
- Werden die Blätter gelb und fallen ab, gießen Sie zu viel. Lassen Sie die Erde über einige Zeit austrocknen.

Ficus lyrata ▼

Ficus pumila
syn. *Ficus repens*

Kletterfeige

Allgemeines
Die kletternde oder hängende Art kann man gut an einem moosumwickelten Stab emporklettern lassen, an dem sie sich mit ihren Luftwurzeln festhält. Ihre 1–3 cm langen herzförmigen Blätter sind dunkelgrün. Es gibt auch panaschierte Sorten.

Kombinationen: Lassen Sie die Kletterfeige an einem anderen, aufrecht wachsenden *Ficus* emporranken oder die Oberfläche einer Blumenbank überwuchern.

Pflege
Da die zarten Blätter rasch vertrocknen, muss auf eine ausreichende Wasserzufuhr geachtet werden. Sehr gut schattenverträglich.

Vermehrung: Man nimmt im Frühjahr 10–15 cm lange endständige Stecklinge ab und lässt sie in einem Sand-Torf-Gemisch (1 : 1) bei 20–22 °C unter Glas oder Folie bewurzeln.

Tipp
Die Kletterfeige verzweigt sich zwar von Natur aus, aber Sie können die Spitzen der Triebe pinzieren, damit die Pflanze weitere Verzweigungen bildet.

Krankheiten und Schädlinge

◆ Gespinste auf der Blattunterseite und vertrocknende Blätter sind ein Zeichen für Spinnmilben. Sorgen Sie für mehr Luftfeuchtigkeit. Abhilfe schafft ein Akarizid und der Einsatz von Nützlingen.

◆ Kleine braune Höcker an Stielen und Blättern, die klebrig werden: Schildläuse kann man mit einem in Alkohol getränkten Wattestäbchen abstreifen, mit einem systemisch wirkenden Insektizid oder Nützlingen bekämpfen.

● Verwandte Arten und Sorten
Ficus pumila **'Minima'** hat dünne Zweige und kleine, weniger als 1 cm lange Blätter.

F. pumila **'Variegata'** mit cremeweiß gesprenkelten Blättern.

F. pumila **'White Sunny'** hat weißgeränderte Blätter.

Ficus pumila 'White Sunny' ▶

Kulturbedingungen

Wasserbedarf und Luftfeuchtigkeit: Die Erde stets feucht halten und nie austrocknen lassen. Besprühen Sie die Blätter regelmäßig mit weichem Wasser.

Lichtansprüche: Mäßig hell bis schattig. Pflanzen mit panaschierten Blättern müssen heller stehen.

Dünger: Im Frühjahr und im Sommer alle 2–3 Wochen einen Grünpflanzendünger geben.

Umtopfen und Substrat: Wird der Topf zu eng, im Frühjahr umpflanzen in Einheitserde mit Torfzusatz.

Kulturtipp: Meiden Sie starke Temperaturschwankungen, und gießen Sie sehr regelmäßig. Diese Art verträgt Temperaturen um 5–7 °C.

▼ *Ficus pumila* am Fuß eines *Ficus benjamina*

Fittonia

Fittonie, Silbernetzblatt

Allgemeines

Die Gattung ist in den tropischen feuchten Wäldern Südamerikas heimisch und entwickelt kriechende Triebe mit wunderbar gezeichneten Blättern. Die Blüten sind unscheinbar. ***Fittonia verschaffeltii*** bildet bis zu 10 cm lange ovale Blätter. Sie sind dunkelgrün und karminrot geädert. ***F. verschaffeltii* 'Argyroneura'** hat olivgrüne silbrig schimmernde Blätter und weiße Adern. Die zur Art gehörende Sorte **'Nana'** ist eine Zwergform mit kleinen 2–3 cm langen Blättern, die sich gut für einen Flaschengarten eignet. ***F. verschaffeltii* 'Pearcei'** hat blassgrüne, karminrot geäderte kleine Blätter. Eine aufrecht wachsende Art ist ***F. gigantea*** mit großen ovalen, leicht spitzen grünen Blättern und dunkelrosafarbener Äderung.

Pflege

Fittonien brauchen eine hohe Luftfeuchtigkeit und gleichmäßige Temperatur.
Vermehrung: Im Frühjahr Kopfstecklinge schneiden und in einem Sand-Torf-Gemisch (1 : 1) bei 22–24 °C unter Glas oder Folie bewurzeln lassen. Vermehrung durch natürliche Absenker ist ebenfalls möglich.

Kulturbedingungen

Wasserbedarf und Luftfeuchtigkeit: Das ganze Jahr über mit weichem, temperiertem Wasser gießen, dabei das Substrat stets feucht halten. Die Pflanze auf einen mit feuchtem Kies gefüllten Untersetzer stellen, die Blätter regelmäßig besprühen.
Lichtansprüche: Mäßig hell bis schattig.
Dünger: Im Frühjahr und Sommer alle 2–3 Wochen einen Grünpflanzendünger in halber Dosierung geben.
Umtopfen und Substrat: Alle 1–2 Jahre im Frühjahr in mit Torf und Moorbeeterde angereicherten Humus setzen. Der Topf sollte nicht sehr tief sein.
Kulturtipp: Zugluft und grelles Licht meiden. Sorgen Sie für möglichst konstante Temperatur (zwischen 18 und 21 °C).

Krankheiten und Schädlinge

◆ Wenn die Blätter gelb werden und sich an den Rändern zusammenrollen, ist die Luft zu trocken. Erhöhen Sie die Luftfeuchtigkeit.

Gut zu wissen

Nach 2–3 Jahren werden Fittonien oft unansehnlich. Am besten ziehen Sie dann aus Stecklingen neue Pflanzen.

◄ *F. verschaffeltii* 'Argyroneura'

▼ Fittonia-Hybriden

➤ **Fleischfressende Pflanzen** siehe unter *Dionaea, Drosera, Nepenthes, Sarracenia, Utricularia*

➤ ***Fortunella*** siehe *Citrus*

Gardenia

G. augusta Kapgardenie

syn. *Gardenia jasminoides*

Allgemeines

Der kleine buschige Strauch stammt aus China. Vor den glänzenden, dunkelgrünen Blättern kommen seine Blüten wunderbar zur Geltung. Die einzelnen weißen Blüten haben einen Durchmesser von 4–8 cm, sind gefüllt oder halb gefüllt und duften intensiv. Gardenien blühen meist zwischen Juni und Oktober. Im Topf werden sie selten höher als 40–50 cm.

Pflege

Im Gewächshaus lassen sich Gardenien einfacher kultivieren als in der Wohnung.

Vermehrung: 8–10 cm lange endständige Stecklinge pflanzt man in ein Sand-Torf-Gemisch (1 : 1). Unter Glas oder Folie bei 18–21 °C bewurzeln lassen. Nach dem Anwachsen stutzen.

Tipp

Schneiden Sie zu lange Zweige im März zurück, damit die Pflanze ihr kompaktes Aussehen behält.

● Verwandte Arten und Sorten

'Veitchiana' blüht im Winter. (Falls sich im Sommer und Anfang Herbst Knospen bilden, müssen diese abgeknipst werden, sonst verzögert sich die Blüte.)

Kulturbedingungen

Wasserbedarf und Luftfeuchtigkeit: Während der Vegetationszeit regelmäßig mit leicht temperiertem, weichem Wasser gießen, damit die Erde leicht feucht bleibt. Im Herbst und Winter seltener bewässern. Wenn es warm ist, die Blätter häufiger besprühen.

Lichtansprüche: Hell, während sommerlicher Mittagshitze vor direkter Sonne schützen.

Dünger: Im Frühjahr und Sommer alle 2–3 Wochen einen Blühpflanzendünger geben.

Umtopfen und Substrat: Alle 2–3 Jahre im Frühjahr in eine Mischung aus Einheits- und Moorbeeterde umpflanzen.

Kulturtipp: Im Winter gedeiht die Gardenie am besten auf einer Veranda bei 12–16 °C.

Krankheiten und Schädlinge

◆ Weiße wattige Ablagerungen auf den Blättern deuten auf Schmierläuse hin. Sie werden mit einem in Alkohol getränkten Wattestäbchen entfernt. Wenn das nicht hilft, verwendet man ein Insektizid oder setzt Schlupfwespen ein.

◆ Bei vertrocknenden Blättern und weißlichen Punkten darauf handelt es sich um Spinnmilbenbefall infolge zu warmer und trockener Umgebung. Erhöhen Sie die Luftfeuchtigkeit. Notfalls mit einem Akarizid behandeln.

Gardenia augusta ▲

Gardenia augusta ►

➤ ***Galanthus*** siehe *Crocus*

➤ ***Gibasis*** siehe *Tradescantia*

Globba

G. winitii Globba

Allgemeines

Die Zierde der aus Thailand stammenden ausdauernden Rhizompflanze aus der Familie der Ingwergewächse sind die außergewöhnlichen Blüten, denen sie ihren englischen Namen *dancing girl* (Tänzerin) verdankt. Die Pflanze bildet einen Horst mittelgrüner lanzettlicher Blätter. Aus jedem Stiel erscheint gegen Ende des Sommers und im Herbst ein Blütenstand aus kleinen gelben Blüten und rosavioletten Hochblättern. Im Topf kann die Pflanze 60 cm hoch werden. Zahlreiche Hybriden mit verschiedenfarbigen Hochblättern sind erhältlich.

Pflege

Die Pflanze ist anspruchsvoll in Bezug auf Licht und Feuchtigkeit. Am besten platziert man sie auf einer geheizten Veranda oder im warmen Gewächshaus.
Vermehrung: Teilen Sie die dicken Büschel beim Umtopfen. Aussaat von Samen im Frühjahr bei 18–22 °C.

Krankheiten und Schädlinge

◆ Weiße wattige Gebilde an der Blattbasis deuten auf Schmierläuse hin, die mit einem in Alkohol getauchten Wattestäbchen beseitigt werden können. Bei starkem Befall hilft ein Insektizid oder der Einsatz von Nützlingen.

Kulturbedingungen

Wasserbedarf und Luftfeuchtigkeit: Während der Vegetationszeit kontinuierlich, aber nicht übermäßig gießen. Im Winter sparsamer bewässern. Luftfeuchtigkeit erhöhen, indem man den Topf auf einen mit feuchtem Kies gefüllten Untersetzer stellt. Wenn es warm ist, die Blätter einnebeln.
Lichtansprüche: Heller Standort, keine direkte Sonne.
Dünger: Im Frühjahr und Sommer alle 2–3 Wochen einen Dünger für blühende Pflanzen geben.
Umtopfen und Substrat: Im Frühling, falls erforderlich, in Anzuchterde, die mit guter Gartenerde angereichert und mit Grobsand aufgelockert wurde, umtopfen.
Kulturtipp: Halten Sie die Pflanze bei gleichmäßiger Temperatur über 20 °C.

◀ *Globba winitii*

Globba winitii ▶

Globba (weißblühend) ▼

Gloriosa

G. superba 'Rothschildiana'

syn. *Gloriosa rothschildiana*

Prachtlilie, Ruhmeskrone

Allgemeines

Die Ruhmeskrone ist eine kletternde Knollenpflanze, deren lange, lanzettliche, glänzende Blätter an den Enden spitz zulaufen und dabei eine 3–5 cm lange Ranke bilden. Im Sommer erscheinen in der Blattachsel Blüten, die aus sechs zurückgebogenen, gelbgeränderten roten Blütenblättern und stark abstehenden, langen Staubgefäßen bestehen. Die Pflanze braucht eine Stütze, an der sie emporklettern kann. Sie kann 1–2 m hoch werden. Ihre Knollen werden kühl und trocken überwintert.

Pflege

Helles Licht und erhöhte Luftfeuchtigkeit sind wichtig. Idealer Platz ist ein warmes oder temperiertes Gewächshaus.

Vermehrung: Durch Teilung der Knollen im zeitigen Frühjahr.

Gut zu wissen

Die Gloriosa ist sehr giftig. Schon das Hantieren mit den Knollen kann Hautreizungen auslösen.

Gloriosa superba 'Rothschildiana' ▼▶

Krankheiten und Schädlinge
◆ Deformierte und klebrige Blätter weisen auf Blattläuse hin. Bekämpfung mit einem Insektizid oder Nützlingen.

Kulturbedingungen

Wasserbedarf und Luftfeuchtigkeit: Die Knolle nach der Pflanzung mäßig gießen, bis die ersten Triebe sichtbar werden. Im Frühjahr und Sommer die Erde feucht halten. Gießen Sie allmählich sparsamer, bis die oberirdischen Teile verschwinden. Die Luftfeuchtigkeit sollte über 50 % liegen.

Lichtansprüche: Hell, aber direkte Sonne vermeiden.

Dünger: Im Frühjahr und im Sommer alle 2 Wochen einen Blühpflanzendünger verabreichen.

Umtopfen und Substrat: Gegen Ende des Winters die Knollen in frische Komposterde setzen und allmählich die Temperatur erhöhen.

Kulturtipp: Die Knollen während des Winters trocken bei 11–14 °C aufbewahren. Gehen Sie vorsichtig mit den Knollen um, denn sie sind empfindlich.

Gloxinia

G. sylvatica

Seemannsglöckchen

syn. *Seemania sylvatica*

Allgemeines

Diese in Südamerika beheimatete Pflanze mit schuppigen Rhizomen wird wegen ihrer hübschen orange-roten Blüten kultiviert. Die Blätter haben einen leicht gezähnten Rand und sind dunkelgrün. Die Blüte von Oktober bis März wird durch die Bedingungen des Kurztages ausgelöst. Die röhrenförmigen, samtig orangeroten Blüten besitzen einen gelben Schlund. Die Pflanze wird etwa 60 cm hoch.

Pflege

Die Pflanze ist anspruchsvoll und daher für Anfänger wenig geeignet.

Vermehrung: Teilen Sie die Rhizome beim Umtopfen im Frühjahr, oder vermehren Sie Triebstecklinge im Juni unter Schutzhauben.

Gut zu wissen

G. sylvatica ist nicht zu verwechseln mit der Gloxinie, die Sie im Blumenladen kaufen können und die zur Gattung *Sinningia* gehört.

▼*Gloxinia sylvatica*

Krankheiten und Schädlinge

◆ Vertrocknende Blätter und Gespinste an der Blattunterseite sind ein Hinweis auf Spinnmilben. Luftfeuchtigkeit erhöhen und notfalls ein Akarizid einsetzen.

Kulturbedingungen

Wasserbedarf und Luftfeuchtigkeit: Während der Vegetationsphase mäßig gießen, Staunässe vermeiden. Nach der Blüte das Gießen reduzieren, bis die Pflanze im Frühjahr wieder zu wachsen beginnt. Die Luftfeuchtigkeit wird verbessert, wenn Sie den Topf auf einen Untersetzer mit feuchtem Kies stellen.

Lichtansprüche: Hell, keine direkte Sonne.

Dünger: Im Frühjahr und Sommer alle 2–3 Wochen einen Blühpflanzendünger geben.

Umtopfen und Substrat: Nach der Ruhephase so in ein Gemisch aus Komposterde und Torf setzen, dass die Rhizome an der Oberfläche sichtbar sind.

Kulturtipp: Die Pflanze verträgt weder Zugluft noch übermäßiges Gießen.

● Verwandte Arten und Sorten

Gloxinia perennis bildet einen einzigen hohen Stiel, an dem ovale, grüne Blätter sitzen, mit rot gefärbter Unterseite. Glockenförmige, flaumige, hellviolette Blüten erscheinen im Sommer in den Blattachseln am oberen Teil des Stiels.

◄ *Gloxinia perennis*

➤ **Graptopetalum** siehe *Echeveria* ➤ **Gramineae** siehe Bambus, *Pogonatherum*

Grevillea

G. robusta
Australische Silbereiche

Allgemeines
In ihrem natürlichen Herkunftsland Australien wird der Baum 15–35 m hoch. Im Topf bleibt er bei 1–2 m Höhe und 50 cm Breite. Seine 15–30 cm langen, zweifach fein gefiederten Blätter ähneln dem Farn. Anfangs braun, sind die ausgewachsenen Blätter dunkelgrün und an der Unrterseite seidig behaart. Als Zimmerpflanze kommt sie nur an einem sehr hellen Standort zur Blüte. Die Trauben orangefarbener oder roter Blüten sind attraktiv.

Pflege
Die Pflanze braucht viel Licht und im Winter kühle Temperaturen. Ideal ist die Kultivierung im Kalthaus.
Vermehrung: Durch Samen im Frühjahr, bei 20–25 °C.

Gut zu wissen
Silbereichen können allergische Hautreaktionen auslösen.

Kulturbedingungen
Wasserbedarf und Luftfeuchtigkeit: Während der Vegetationsperiode so gießen, dass der Erdballen feucht bleibt. Lassen Sie das Substrat im Winter abtrocknen, bevor Sie erneut gießen. Bei Temperaturen über 18 °C erhöht man die Luftfeuchtigkeit, indem der Topf auf einen Untersetzer mit feuchtem Kies gestellt wird.
Lichtansprüche: Hell, im Winter so hell wie möglich.
Dünger: Im Frühjahr und Sommer alle 2 Wochen einen Grünpflanzendünger verabreichen.
Umtopfen und Substrat: Alljährlich im Frühling in eine Mischung aus Einheits- und Moorbeeterde umtopfen.
Kulturtipp: Stellen Sie die Pflanze im Winter an einen kühlen (7–10 °C), sehr hellen Platz.

Grevillea robusta ▲

◄ *Grevillea* 'Fireworks'

Grevillea 'Fireworks' ►

Grevillea robusta ►

Guzmania

Guzmanie

Allgemeines

Diese Bromeliengewächse wachsen in den feuchten tropischen Wäldern des amerikanischen Kontinents. Die Gattung umfasst etwa 120 Arten und zahlreiche Hybriden, die zumeist von ***Guzmania lingulata*** abstammen. Diese Pflanze bildet eine Rosette aus 20–45 cm langen grünen gestreiften Blättern, aus der sich ein Schaft erhebt, um den versetzte lebhaft rote, orange- oder rosafarbene Hochblätter stehen. Die eigentlichen röhrenförmigen gelben Blüten sitzen im Zentrum.
Guzmania monostachia (syn. *G. tricolor*) hat glänzende streifige grüne Blätter und eine lange Blütenähre aus weißen Blüten und Hochblättern, die am Boden der Ähre grün-purpurn gestreift und zur Spitze hin rot oder orange sind.
G. dissitiflora besitzt lange bogenförmige grüne Blätter mit roten Streifen. Während der Blüte hat sie lebhaft rote Hochblätter sowie gelbe und weiße Blüten.
G. wittmackii hat leicht schuppige, dunkelgrüne Blätter mit brauner Blattscheide. Die Blüte besteht aus roten Hochblättern, die um weiße röhrenförmige Blüten angeordnet sind.

Guzmania lingulata ▲

Guzmania lingulata ▼

▲*Guzmania* 'Omar Morobe'

▼*Guzmania lingulata* 'Torch'

Kulturbedingungen

Wasserbedarf und Luftfeuchtigkeit: Während der Vegetationszeit das Substrat stets feucht halten. Füllen Sie das Herz der Rosette im Sommer regelmäßig mit kalkfreiem Wasser. Sorgen Sie für erhöhte Luftfeuchtigkeit um den Topf.
Lichtansprüche: Hell, ohne direkte Sonne, sonst werden die Farben matt.
Dünger: Geben Sie im Frühjahr und im Sommer alle 2–3 Wochen einen Grünpflanzendünger in halber Dosierung.
Umtopfen und Substrat: Pflanzen Sie die neuen Stecklinge in Spezialerde für epiphytische Bromeliengewächse.
Kulturtipp: Im Winter darf in der Rosette kein Wasser stehen. Stellen Sie die Pflanze in einen Raum mit mehr als 18 °C.

Krankheiten und Schädlinge

◆ Weiße wattige Gebilde an der Blattunterseite weisen auf Schmierläuse hin. Geringen Befall entfernt man mit einem in Alkohol getauchten Wattestäbchen. Ansonsten mit einem Insektizid oder Nützlingen bekämpfen.

Pflege

Guzmanien vertragen keine Kälte und Nässe. Diese bewirken, dass die Blüte fault.
Vermehrung: Die Vermehrung bleibt dem Fachmann überlassen.

Gut zu wissen

Die Hauptrosette geht nach der Blüte zugrunde. Der Blütenstand sieht jedoch sehr lange dekorativ aus.

Guzmania dissitiflora ►

◄ *Guzmania wittmackii*

Guzmania 'Sunstar' ▼

Guzmania 'Marjan' ▼

▼ *Guzmania* 'Omar Morobe'

Guzmania 'Samba' ▼

◄ *Guzmania* 'Tutti Frutti'

Gymnocalycium

Gymnocalycium

Allgemeines

Diese Gattung umfasst etwa 50 Arten von Wüstenkakteen, die in Südamerika heimisch sind. Es sind kleine kugelige Kakteen mit ausgeprägten stachelbewehrten Rippen. Oft heben sich die hellen gebogenen Stacheln deutlich vom Dunkelgrün des Kaktus ab. Mit beginnendem Sommer erscheinen große trichterförmige Blüten in Rot, Rosa oder Weiß. Aus einer der Arten, ***Gymnocalycium mihanovichii,*** wurden chlorophyllfreie rote, rosa, gelbe, violette und weiße Sorten gezüchtet. Um sie zu kultivieren, müssen sie auf einen grünen Kaktus gepfropft werden.

Pflege

Die pflegeleichten Kakteen müssen sehr hell stehen.

Vermehrung: Säen Sie im Frühjahr frische Samen bei 20 °C. Sprossende Arten bilden Kindel.

Gymnocalycium zeggarea ▲

Gymnocalycium hybopleurum ▼

Kulturbedingungen

Wasserbedarf und Luftfeuchtigkeit: Während der Wachstumsperiode sparsam gießen und drei Viertel des Wurzelballens zwischendurch trocknen lassen. Während der Ruhephase darf das Substrat nicht vollständig austrocknen.

Lichtansprüche: Hell, aber keine direkte Mittagssonne (in ihrer Heimat wachsen diese kleinen Kakteen im Schutz von Büschen).

Dünger: Im Frühjahr und Sommer alle 2–3 Wochen einen Kakteendünger geben.

Umtopfen und Substrat: Alle 2–3 Jahre im März oder April in Kakteenerde umtopfen.

Kulturtipp: Stellen Sie *Gymnocalycium* im Winter in ein helles, kühles Zimmer (7–10 °C).

Krankheiten und Schädlinge

◆ In den Vertiefungen zwischen den Rippen können sich Schmierläuse ansiedeln. Bei geringem Befall entfernt man sie mit einem in Alkohol getauchten Wattestäbchen. Ansonsten hilft ein Insektizid oder der Einsatz von Schlupfwespen.

Gymnocalycium mihanovichii (Dieser kleine Kugelkaktus ist farbig und wird auf normale grüne Kakteen gepfropft.) ▼

Gynura

G. aurantiaca — Purpursamtpflanze

Allgemeines
Diese ausdauernde Pflanze mit basal verholztem Stamm wächst zunächst aufrecht, dann halbkletternd. Ihre 10–20 cm langen, ovalen, grob gezähnten Blätter sind dunkelgrün und mit einem Flaum violetter Härchen überzogen. Sie bekommt kleine unscheinbare orange-gelbe Blüten, die so unangenehm riechen, dass man sie am besten rechtzeitig zugunsten des Blattwachstums abknipst. Wenn man ihr eine Stütze gibt, kann die Pflanze 60 cm hoch werden.

Pflege
Die robuste Pflanze braucht viel Licht, Wärme und Feuchtigkeit.
Vermehrung: Im zeitigen Frühjahr 10 cm lange Stecklinge schneiden, die in einem Sand-Torf-Gemisch (1 : 1) bei 18–20 °C bewurzelt werden.

Gut zu wissen
Die jungen Pflanzen sind attraktiver. Verjüngen Sie deshalb regelmäßig durch Stecklinge. Pinzieren der Triebspitzen fördert die Verzweigung.

● Verwandte Arten und Sorten
Gynura aurantiaca 'Purple Passion' (syn. *G. sarmentosa*) ist eine kletternde Form, deren Blätter an der Unterseite mit einem dichten purpurnen Flaum überzogen sind.

Kulturbedingungen
Wasserbedarf und Luftfeuchtigkeit: Während der Vegetationszeit mäßig gießen, im Winter noch weniger. Vermeiden Sie Wasser auf den Blättern. Der Topf sollte auf einen Untersetzer mit feuchtem Kies gestellt werden.
Lichtansprüche: Hell, sonnig (keine Mittagssonne).
Dünger: Im Frühjahr und im Sommer alle 3 Wochen einen Grünpflanzendünger geben.
Umtopfen und Substrat: Im Frühjahr in Einheitserde, der etwas Torf untergemischt wurde.
Kulturtipp: Die Temperatur sollte möglichst konstant gehalten werden. Die Pflanze liebt Wärme, verträgt aber bis zu 13 °C.

Krankheiten und Schädlinge
◆ Klebrige und deformierte Blätter weisen auf Blattläuse. Streifen Sie sie mit den Fingern ab. Bei starkem Befall kann ein Insektizid oder Nützlinge eingesetzt werden.

Gynura aurantiaca ►

Gynura aurantiaca ▼

Hedera

H. helix Gewöhnlicher Efeu

Allgemeines

Die Jugendform des Gewöhnlichen Efeus bildet rankende Triebe mit dunkelgrünen drei- bis fünflappigen Blättern. Aus ihm sind zahlreiche Sorten hervorgegangen. **'Parsley Crested'** hat leuchtend grüne Blätter mit welligem, gezähntem Rand. Die Blätter von **'Glacier'** zeigen unterschiedliche Größe, haben einen wechselnd breiten weißen Rand und sind in der Mitte graugrün. Bei **'Goldheart'** sind die kleinen dunkelgrünen Blätter goldgelb gefleckt. **'Sagittifolia'** hat dunkelgrüne tief eingeschnittene, spitz auslaufende Blätter. Die Pflanze kann am Spalier oder als Ampelpflanze gezogen werden.

Kombinationen: Mit Efeusorten in verschiedenen Blattformen und -farben oder mit anderen Pflanzen, die dekorative Blätter haben.

Pflege

Efeu ist pflegeleicht, die ideale Pflanze für Anfänger.

Vermehrung: 8–10 cm lange Stecklinge schneiden und bei Zimmertemperatur zum Bewurzeln in Wasser stellen oder in Anzuchterde pflanzen.

Gut zu wissen

Die meisten Efeuarten bilden kurze Haftwurzeln, die sich an jeder feuchten Oberfläche festklammern können.

Kulturbedingungen

Wasserbedarf und Luftfeuchtigkeit: Mäßig während der Wachstumsperiode und sparsam im Winter gießen, vor allem bei niedrigen Temperaturen. Bei Wärme die Blätter häufig einnebeln.
Lichtansprüche: Hell. Panaschierte Sorten brauchen täglich 2–3 Stunden Sonne. Ansonsten direkte Sonne vermeiden.
Dünger: Im Frühjahr und im Sommer 2–3 Wochen einen Grünpflanzendünger geben.
Umtopfen und Substrat: Alljährlich im Frühjahr in Einheitserde.
Kulturtipp: Zu lange oder kahle Triebe abschneiden. Verjüngen Sie alte Pflanzen durch Stecklinge. Bei 10 °C überwintern.

Hedera helix ▼

Krankheiten und Schädlinge

◆ Deformierte klebrige Blätter weisen auf Blattläuse hin. Sie können ein Insektizid einsetzen oder räuberische Insekten.
◆ Die Blätter vertrocknen und vergilben: Spinnmilben. Erhöhen Sie die Luftfeuchtigkeit. Notfalls mit einem Akarizid oder Nützlingen behandeln.

Hedera helix 'Kolibri' ▲

◄ 'Gloire de Marengo'

● Verwandte Arten und Sorten

Hedera canariensis ist eine sehr wüchsige Art mit dreieckigen, kaum gelappten Blättern. Seine Sorte **'Gloire de Marengo'** hat graugrün panaschierte und breit cremegelb geränderte Blätter und braucht höhere Temperaturen.

Hedera helix 'Golden Kolibri' ▲

Hedera helix ▶

Hedera helix 'Esther' ▲

Hedera helix 'Elija' ▶

▲ *Hedera helix* 'Evergreen'

Hedera helix 'Goldchild' ▶

Hedera helix 'Stricta' ▼

Hedera helix 'Glacier' ▶

Heliconia

Falsche Paradiesvogelblume, Hummerschere

Allgemeines

Zu dieser Gattung zählen etwa 100 Arten immergrüner ausdauernder Pflanzen mit kurzen Rhizomen, die in den tropischen Wäldern Zentral- und Südamerikas heimisch sind. Die Pflanzen bilden sehr große gestielte, spatelförmige Blätter (bis zu 1,50 m lang), die denen von Bananen ähneln. Je nach Art blühen die Pflanzen zu verschiedenen Zeiten des Jahres. Die aufrecht stehenden oder hängenden Blütenrispen bestehen aus intensiv in Rot-, Gelb- und Orangetönen gefärbten Hochblättern. Diese sind spiralig oder in 2 Reihen angeordnet und schützen die eigentlichen unauffälligeren Blüten. In der Floristik sind *Heliconia*-Blüten sehr begehrt.

Pflege

Am besten im Wintergarten oder warmen Gewächshaus bei viel Licht und hoher Luftfeuchtigkeit kultivieren.

Vermehrung: Beim Umtopfen im Frühjahr können Sie Rhizome abtrennen. Samenaussaat im Frühjahr bei 24 °C.

Kulturbedingungen

Wasserbedarf und Luftfeuchtigkeit: Während der Wachstumsperiode das Substrat immer leicht feucht halten. Im Winter wird seltener gegossen. Sorgen Sie für hohe Luftfeuchtigkeit, indem Sie täglich das Laub besprühen.

Lichtansprüche: Sehr hell, in der Mittagssonne leicht schattiert.

Dünger: Im Frühjahr und Sommer alle 2 Wochen einen Blühpflanzendünger verabreichen.

Umtopfen und Substrat: Im Frühjahr in eine Mischung aus guter Gartenerde und Humus umtopfen.

Kulturtipp: Wärme (mindestens 15 °C) und Feuchtigkeit sind das ganze Jahr über unerlässlich.

Heliconia bihai ▼

Krankheiten und Schädlinge

◆ Schildläuse erkennt man an kleinen braunen Höckern und klebrigen Blättern. Mit einem in Alkohol getränkten Wattestäbchen abstreifen, ein systemisch wirkendes Insektizid oder Nützlinge einsetzen.

◆ In warmer, trockener Umgebung vermehren sich Spinnmilben, die vertrocknete Blätter verursachen. Luftfeuchtigkeit erhöhen, mit einem Akarizid behandeln oder Nützlinge einsetzen.

Heliconia psittacorum ▲

Heliconia 'Olympic Flame' ▲

Heliconia ▼

Hemigraphis

Hemigraphis

Allgemeines

Zu dieser aus den tropischen Gebieten Asiens stammenden Gattung gehören Pflanzen mit kriechendem Wuchs, die besonders durch ihr farbiges Laub auffallen. Die kleinen weißen Blüten sitzen am Ende von Ähren, sind jedoch bei Zimmerpflanzen eher selten.

Hemigraphis alternata (syn. *H. colorata*) hat herzförmige bis ovale gezähnte Blätter, an der Oberseite grau-purpurn, an der Unterseite purpurrot, die an rotvioletten Stielen sitzen (Höhe: 15 cm, Breite: 40–50 cm).

H. **'Exotica'** fällt auf durch ihre runzligeren ovalen Blätter. Sie sind oben grün purpurn überhaucht und an der Unterseite dunkelrot.

H. **'Crispy Red Flame'**, eine neue holländische Züchtung von aufrechtem Wuchs, wird nicht höher als 30 cm. Ihre Blätter sind gewaffelt, an der Oberseite leuchtend dunkelgrün mit purpurnem Rand und auf der Unterseite dunkelviolett.

H. repanda ist bodendeckend. Alle Arten eignen sich gut für Glasgefäße und wirken vor allem zu mehreren.

Pflege

Feuchtwarme Umgebung muss gegeben sein.

Vermehrung: Im April nimmt man die Pflanze aus dem Topf und pflanzt die natürlich bewurzelten Sprosse neu ein.

Krankheiten und Schädlinge

◆ Sobald man die Pflanze nur leicht berührt, erhebt sich ein kleiner Schwarm von Weißen Fliegen, die schwer zu bekämpfen sind. Eine mehrmalige Insektizidbehandlung alle 8–10 Tage ist nötig.

Kulturbedingungen

Wasserbedarf und Luftfeuchtigkeit: In der Wachstumsperiode reichlich gießen, im Winter den Wurzelballen leicht feucht halten. Den Topf auf einen Untersetzer mit feuchtem Kies stellen, Temperatur über 21 °C, die Blätter täglich besprühen.

Lichtansprüche: Hell, indirektes Licht.

Dünger: Im Frühjahr und Sommer alle 2–3 Wochen einen Grünpflanzendünger verabreichen.

Kulturtipp: Das ganze Jahr sollte die Temperatur zwischen 18 und 24 °C liegen bei erhöhter Luftfeuchtigkeit.

Hemigraphis repanda ▶

◀ *Hemigraphis* 'Crispy Red Flame'

Hemionitis

Hemionitis

Allgemeines

Aus feuchten und schattigen Gebieten Asiens und des tropischen Amerika kommen diese Farnarten mit immergrünen Blättern. Die großen rundlichen Wedel, die an dunkleren Stielen sitzen, sind nicht, wie bei zahlreichen anderen Farnen, fein ausgezackt. Die von ***Hemionitis arifolia*** sind vielmehr einfach, herzförmig bis lanzettlich und glänzend mittelgrün. Bei ***H. palmata*** ist die Blattspreite in 5 rundliche Lappen mit gezähntem Rand gegliedert. An der Unterseite der fruchtbaren Wedel, die schmaler sind als die unfruchtbaren, bilden die Sporen ein Netz von Linien entlang den Blattadern. Die Stiele der fruchtbaren Wedel sind lang und starr.

Pflege

In der feuchten Atmosphäre eines Terrariums oder im temperierten bis warmen Gewächshaus lässt sich die Pflanze gut halten.
Vermehrung: Die reifen Samen der Sporen kann man bei 19–24 °C aussäen. Bei *Hemionitis palmata* wachsen Jungpflanzen am Fuß der Mutterpflanze, die man ablöst und einzeln in Töpfe pflanzt.

Krankheiten und Schädlinge

◆ Bei zu geringer Luftfeuchtigkeit vertrocknen die Blattränder. Man stellt den Topf auf einen Untersetzer mit feuchtem Kies und besprüht die Blätter häufig.

Kulturbedingungen

Wasserbedarf und Luftfeuchtgkeit: Während der Wachstumszeit mäßig gießen, damit das Substrat leicht feucht bleibt. Bei niedrigeren Temperaturen Wassergaben reduzieren. Sorgen Sie für hohe Luftfeuchtigkeit.
Lichtansprüche: Hell, aber keine direkte Sonne.
Dünger: Im Frühjahr und Sommer alle 14 Tage einen Grünpflanzendünger in halber Dosierung geben.
Umtopfen und Substrat: Umgetopft wird bei Bedarf im Frühjahr in eine Mischung aus Moorbeeterde und Blattkompost, der zur besseren Dränage etwas Grobsand untergemischt wurde.
Kulturtipp: Vermeiden Sie vor allem in der kalten Jahreszeit Staunässe. Diese Farne gewöhnen sich an die Zimmertemperatur (mindestens 10 °C).

◄ *Hemionitis arifolia* ►

Hibiscus

Hibiskus, Roseneibisch

Allgemeines

Annähernd 250 Arten krautiger Pflanzen, Sträucher und Bäume umfasst die Gattung. Die Blätter der einjährigen oder ausdauernden Arten zeigen verschiedene Formen. Zimmerpflanzen stammen vor allem von ***Hibiscus rosa-sinensis*** (Chinesischer Roseneibisch) ab. Dieser im tropischen Asien beheimatate immergrüne Strauch mit dem glänzenden Laub kann im Topf 2 m hoch werden. Die 7–15 cm langen ovalen und spitz zulaufenden Blätter haben gezähnte Ränder. Der Durchmesser der einzeln stehenden Blüten beträgt 10–12 cm. Bei dieser Art sind sie rot, haben 5 Blütenblätter, die um ein langes Büschel von Staubgefäßen angeordnet sind. Es gibt zahlreiche Sorten in Farbnuancen von Weiß bis Rot, Gelb bis Orange, manche mit gefüllten Blüten.

Krankheiten und Schädlinge

- Fallen die Blütenknospen ab, bevor sie sich öffnen, ist entweder kalte Zugluft oder Staunässe an den Wurzeln die Ursache.
- Deformierte klebrige Blätter weisen auf Blattläuse hin. Behandeln Sie gezielt mit einem Insektizid oder Nützlingen.
- Vertrocknete farblose Blätter stammen von Spinnmilben, die sich in warmer, trockener Umgebung vermehren. Die Blätter regelmäßig einnebeln, ein Akarizid oder Raubmilben einsetzen.

Pflege

Die Pflanze braucht viel Licht und ist dankbar für eine winterliche Ruhephase bei niedrigeren Temperaturen, z. B. auf einer kühlen Veranda. Hibiskus braucht im Laufe der Zeit sehr viel Platz!

Vermehrung: Während der Vegetationsperiode 7–10 cm lange nicht verholzte Stecklinge schneiden und in eine feuchte Sand-Torf-Mischung setzen. Bei 20–22 °C unter einer Plastikhaube bewurzeln.

Hibiscus rosa-sinensis ▶

Kulturbedingungen

Wasserbedarf und Luftfeuchtigkeit: Während der Wachstumsperiode mäßig, aber sehr regelmäßig gießen, im Winter je nach Temperatur weniger. Wenn es warm ist, die Luftfeuchtigkeit erhöhen.
Lichtansprüche: Hell, mit etwas Sonne (im Sommer Mittagssonne meiden).
Dünger: Im Frühjahr und Sommer alle 8–10 Tage einen Blühpflanzendünger geben.
Umtopfen und Substrat: Anfangs jährlich im Frühjahr, später alle 2 Jahre in Geranienerde umtopfen. Wenn die Pflanze ihre optimale Größe erreicht hat, muss man nur die obere Substratschicht austauschen.
Kulturtipp: Schneiden Sie die Pflanze im Frühjahr auf halbe Größe zurück, um ihre Verzweigung und Blüte zu fördern.

Hibiscus rosa-sinensis ▲

Verschiedene Blütenfarben von *Hibiscus rosa-sinensis*

Hippeastrum

Amaryllis, Ritterstern

Allgemeines

Der Ritterstern ist eine Zwiebelpflanze, die gut in mäßig warmen Räumen gedeiht. Es gibt zahlreiche ein- oder zweifarbig weiß- bis rot- oder orangeblühende Hybriden. Im Spätherbst oder im Winter beginnt das Wachstum. Der dicke Blütenschaft entwickelt sich teilweise vor den leuchtend grünen riemenförmigen Blättern.

Pflege

Eigentlich ist der Pflegeaufwand gering, allerdings sind einige Regeln zu beachten, wenn die Zwiebel im folgenden Jahr erneut blühen soll.

Vermehrung: Beim Umtopfen die Brutknospen, die sich an der Basis der Zwiebel gebildet haben, lösen und einzeln einpflanzen. Bis zur Blüte dauert es einige Jahre.

Gut zu wissen

Die Gattung *Hippeastrum* wird oft mit der im südlichen Afrika beheimateten Gattung *Amaryllis* verwechselt, die im Herbst blüht. Dagegen stammt die Gattung *Hippeastrum* aus Südamerika und blüht dort im Frühling.

Alle Teile der Pflanze können leichte Verdauungsbeschwerden auslösen.

Krankheiten und Schädlinge

◆ Bei hohen Temperaturen kann ein Pilz, der Rote Brenner, auf der Zwiebel und den Blättern rote Flecken hervorrufen. Vorbeugung: Die Blätter dürfen beim Gießen nicht mit Wasser in Berührung kommen. Hohe Temperaturen meiden.

Kulturbedingungen

Wasserbedarf und Luftfeuchtigkeit: Anfangs schwach, später mehr gießen, wenn der Blütenschaft sich zu entwickeln beginnt. Während der Blüte die Erde stets feucht halten. Sobald die Blätter gelb werden, das Gießen einstellen.

Lichtansprüche: Hell, während des Wachstums etwas sonnig.

Dünger: Nach der Blüte bis zum Sommerende alle 2 Wochen einen Blühpflanzendünger geben.

Umtopfen und Substrat: Nach dem Überwintern die Zwiebel in Einheitserde umtopfen, dabei die obere Hälfte unbedeckt lassen. Dann stellt man den Topf an einen warmen, hellen Platz und beginnt ganz allmählich wieder mit dem Gießen.

Kulturtipp: Am Ende des Sommers die Pflanze nicht mehr gießen. Wenn die Blätter verwelkt sind, schneidet man sie ab und stellt den Topf 3 Monate lang kühl (10–15 °C) und trocken.

Hippeastrum 'Wonderland' ▶

Hippeastrum-Hybride ▶

Howea

H. forsteriana
Kentiapalme, Howea

syn. *Kentia forsteriana*

Allgemeines
Die Kentiapalme ist relativ schnellwüchsig. Am Hauptstamm, der sich mit der Zeit verdickt, sitzen lang gestielte, biegsame, dunkelgrüne Blattwedel. Diese wachsen zunächst aufrecht, stehen aber schließlich fast waagerecht ab, ohne überzuhängen. Die Kentiapalme braucht also viel Platz, um sich auszubreiten.

Pflege
In der Wohnung ist die *Howea* pflegeleicht.

Vermehrung: Reife Samen in Saatkästchen bei 27 °C säen (dauert sehr lange).

Gut zu wissen
In der Wohnung kann die Kentiapalme mehr als 20 Jahre alt werden.

Kulturbedingungen
Wasserbedarf und Luftfeuchtigkeit: Während der Wachstumsperiode so gießen, dass das Substrat feucht bleibt. Im Winter je nach Umgebungstemperatur die Wassergaben reduzieren. Wenn es warm ist, besprühen Sie ab und zu die Blätter.

Lichtansprüche: Hell, keine direkte Sonne.

Dünger: Im Frühjahr und Sommer alle 2–3 Wochen einen Grünpflanzendünger geben.

Umtopfen und Substrat: Alle 2 Jahre im Frühling die jungen Pflanzen in Einheitserde umtopfen. Später nur die obere Substratschicht austauschen.

Kulturtipp: Vermeiden Sie Staunässe im Untersetzer. Die Kentiapalme fühlt sich wohl bei normaler Zimmertemperatur (mindestens 12 °C).

Krankheiten und Schädlinge
◆ Kleine braune Höcker am Stamm und den Wedeln sind Zeichen für Schildläuse. Mit einem in Alkohol getauchten Wattestäbchen entfernen, ein systemisch wirkendes Insektizid oder Nützlinge einsetzen.

◆ Spinnmilben, die sich bei warmer und trockener Umgebung vermehren, verursachen vertrocknete, vergilbte Blätter. Erhöhen Sie die Luftfeuchtigkeit. Notfalls ein Akarizid oder Nützlinge einsetzen.

◀▶ *Howea forsteriana*

Hoya

H. carnosa Porzellanblume, Wachsblume

Allgemeines

Die *Hoya* ist ursprünglich in Indien, China und Myanmar (Birma) zu Hause. An den oft meterlangen, verholzenden Trieben sitzen dicke 3–8 cm lange, glänzend dunkelgrüne, elliptische Blätter. Im Sommer duften weiße bis blassrosafarbene, in der Mitte rote Blüten, von denen jeweils 10–30 in einer Dolde stehen. Die panaschierte Sorte **'Variegata'** hat cremefarbene, manchmal rosa überhauchte Blattränder.

Pflege

Die Pflanze benötigt einen hellen Standort.

Vermehrung: Im Frühjahr schneidet man 8–10 cm lange Stecklinge und pflanzt sie in eine leicht feuchte Sand-Torf-Mischung (1 : 1). Bei 18–20 °C unter einer Plastikhaube bewurzeln lassen.

Gut zu wissen

Schneiden Sie einen verholzten Zweig, der erstmals geblüht hat, nicht ab, denn er wird neue Blütenknospen ansetzen.

● Verwandte Arten und Sorten

Hoya bella (syn. *H. lanceolata* subsp. *bella*), die Zwergporzellanblume, ist weniger wüchsig, hat biegsame flaumige Zweige mit 2–3 cm langen ovalen spitz zulaufenden fleischigen Blättern. Die duftenden Blüten haben einen Durchmesser von 0,5–2 cm, sie sind weiß und in der Mitte rotviolett. Die Dolden bestehen aus etwa 7–9 Blüten.

H. linearis bildet lange hängende Sprosse mit 5–6 cm langen und 0,5 cm breiten linealen Blättern. Die Dolden setzen sich aus etwa 12 cremeweißen Blüten zusammen, die zart nach Lilien duften.

Eine wüchsige Art ist ***H. longifolia*** mit langen hängenden und dicht beieinanderliegenden Blättern. Die neue Sorte **'China Beans'** hat Blätter, die an Stangenbohnen erinnern.

▲ *Hoya carnosa* 'Variegata'

Hoya longifolia 'China Beans' ▶

Hoya bella ▼

Hoya bella ▼

Krankheiten und Schädlinge
◆ Wenn die Blätter sich entfärben und eintrocknen, sind Spinnmilben die Ursache. Besprühen Sie die Blätter. Behandeln Sie notfalls mit einem Akarizid.

Kulturbedingungen
Wasserbedarf und Luftfeuchtigkeit: Während der Wachstumsperiode mäßig mit weichem Wasser gießen. Im Winter sparsamer. Wenn es warm ist, die Blätter (aber nicht die Blüten!) mit weichem Wasser in Zimmertemperatur besprühen. **Lichtansprüche:** Hell, täglich 3–4 Stunden Sonne. **Dünger:** Im Frühling und Sommer alle 2–3 Wochen einen Blühpflanzendünger verabreichen. **Umtopfen und Substrat:** Alle 2–3 Jahre im zeitigen Frühjahr in Einheitserde umtopfen, die mit etwas Torf gelockert wurde. Porzellanblumen blühen üppiger, wenn sie ein wenig eng im Topf stehen. **Kulturtipp:** Eine winterliche Ruhephase in heller, kühler Umgebung (12–15 °C) muss eingehalten werden. Sobald die Pflanze Blütenknospen angesetzt hat, darf sie nicht mehr umgestellt werden.

Hyacinthus

H.-Orientalis-Hybriden

Hyazinthe

Allgemeines

Hyazinthen sind die Frühlingsboten des Gartens, schmücken aber ebenso die Wohnung, die sie mit lebhaften Farben und ihrem starken Duft erfüllen. Diese Zwiebelpflanze entwickelt leuchtend grüne, lineale Blätter, aus deren Mitte sich eine Blütentraube erhebt, die dicht mit duftenden kleinen glockenförmigen Blüten besetzt ist. Die Sortenauswahl ist enorm.

Am besten kaufen Sie vorbehandelte Zwiebeln. (Mithilfe einer Spezialbehandlung kann die Blüte vorzeitig bereits im Winter einsetzen.) Stecken Sie diese zwischen September und November in Einheitserde, der Grobsand untergemischt wurde, und stellen Sie die Töpfe kühl (5–10 °C) und dunkel (in den Keller oder auch ins Gemüsefach des Kühlschranks). Sobald die Zwiebeln 5–6 cm lange Sprosse gebildet haben (was je nach Sorte nach 7–12 Wochen Aufenthalt im Dunkeln der Fall ist), stellen Sie die Töpfe in ein normal geheiztes helles Zimmer.

Pflege

Um Hyazinthen in der Wohnung zum Blühen zu bringen, brauchen Sie nur die verschiedenen Kultivierungsphasen zu befolgen.

Vermehrung: Nicht möglich.

Hyacinthus orientalis ►

Hyacinthus orientalis ▼

Kulturbedingungen

Wasserbedarf und Luftfeuchtigkeit: Während der Blüte mäßig, aber regelmäßig gießen, sodass die Erdmischung etwas feucht bleibt.
Lichtansprüche: Sehr hell. Drehen Sie die Pflanze regelmäßig, damit der Blütenstiel gerade bleibt.
Dünger: Entfällt.
Umtopfen und Substrat: Nach der Blüte kann man die Zwiebeln im Garten auspflanzen. Dort werden sie erneut blühen.
Kulturtipp: Um die Blütezeit zu verlängern, braucht die Pflanze einen kühlen Platz (um 15–16 °C).

Hyacinthus orientalis ▲

Gut zu wissen

Es ist auch eine Kultivierung in speziellen Hyazinthengläsern möglich. Dabei wird das Glas gerade so viel mit Wasser gefüllt, dass nur die Wurzeln, nicht aber die Basis der Zwiebel mit dem Wasser in Berührung kommt. So kann die Pflanze nicht faulen.

Tipp

Wenn Sie in regelmäßigen Intervallen Zwiebeln kultivieren, z. B. alle 2 Wochen, wird der Frühlingsbeginn kein Ende nehmen.

● Verwandte Gattungen

Einige weitere früh blühende Zwiebelpflanzen eignen sich für die Kultivierung in der Wohnung. Dies gilt für **Narzissen** *(Narcissus)*, die wegen ihrer leuchtenden Farben sehr beliebt sind. Wählen Sie vorzugsweise früh blühende Arten und Sorten, oder kleinwüchsige wie **'Tête-à-tête'**, die nur 15–20 cm hoch wird. **Tazette-Narzissen** bekommen zart duftende Blüten.
Auch mit **Tulpen** *(Tulipa)* lassen sich Schalen frühlingshaft bepflanzen. Wählen Sie auch hier zeitig blühende Arten und Sorten, z. B. **Kaufmanniana**- oder **Fosteriana**-Hybriden. Wenn Sie die Zwiebeln vortreiben, können Sie sich bereits ab Ende Dezember an blühenden Tulpen in der Wohnung erfreuen.

Tulipa ▶

Narcissus 'Tête-à-Tête' ▼

Narcissus tazetta 'Paper White' ▼

Hydrangea

H. macrophylla

Hortensie

Allgemeines

Hortensien haben eigentlich recht hohe Ansprüche an die Pflege und sind keine typischen Zimmerpflanzen. Dennoch werden sie, meistens im Frühling, als Topfpflanzen angeboten. Es handelt sich um „vorgetriebene Pflanzen", bei denen eine frühere Blüte induziert wurde. Die großen runden rosafarbenen, weißen oder blauen Blütenstände schweben über großen, ovalen, gezähnten Blättern. In relativ kühler Umgebung (unter 16 °C) kann die Blüte 6 Wochen dauern, bei normaler Zimmertemperatur allerdings nur 3–4 Wochen.

Krankheiten und Schädlinge

◆ Deformierte klebrige Blätter weisen auf Blattläuse hin. Insektizide oder der Einsatz von Nützlingen schaffen Abhilfe.

Kulturbedingungen

Wasserbedarf und Luftfeuchtigkeit: Erde sehr feucht halten, der Wurzelballen darf nie austrocknen.
Lichtansprüche: Hell, keine direkte Sonne.
Dünger: Um die Blütezeit zu verlängern, gibt man alle 8–10 Tage einen Blühpflanzendünger.
Umtopfen und Substrat: Wenn die Überwinterung klappt, alle 1–2 Jahre im Frühjahr in Azaleenerde.
Kulturtipp: Stellen Sie die Pflanze kühl (13–18 °C).

Hydrangea macrophylla 'Fireworks White' ▼

Hydrangea macrophylla 'Blaumeise' ▼

Hydrangea macrophylla ▼

Hydrangea macrophylla ▶

Pflege

Viel Wasser, ein kühler und sehr heller Platz werden benötigt. Nach der Blüte entsorgen oder im Garten im Halbschatten auspflanzen. Auch eine Weiterkultivierung ist möglich.
Vermehrung: Im Frühjahr Kopfstecklinge schneiden.

Gut zu wissen

Blau blüht diese Art nur in saurem Boden mit einem pH-Wert unter 5,5. Bei höherem pH-Wert sind die Blüten reinrosa. Weißblühende Sorten sind davon unbeeinflusst.

➤ **Hymenocallis**
siehe *Eucharis*

Hypoestes

H. phyllostachya — Hüllenklaue

Allgemeines

Die panaschierten Blätter machen diese aus Madagaskar stammende Pflanze so beliebt. Sie hat 3–5 cm lange lanzettlich ovale dunkelgrüne Blätter, die mit rosafarbenen Flecken gesprenkelt sind. Es gibt weiß, blassrosa bis leuchtend rosa und rot panaschierte Sorten.

Kombinationen: Bepflanzen Sie eine Schale mit 2 oder 3 Sorten in mehreren Farben.

Pflege

In einem hellen Raum ist die Pflege unproblematisch.

Vermehrung: Schneiden Sie im Sommer 8–10 cm lange endständige Stecklinge, die Sie in Wasser oder in einer feuchten Sand-Torf-Mischung unter einer Plastikhaube bei 18–21 °C bewurzeln lassen.

Gut zu wissen

Die handelsüblichen Pflanzen sind recht kompakt. Werden die Triebe nach einer Weile lang und unansehnlich, verjüngen Sie die Pflanze durch Stecklinge.

● Verwandte Arten und Sorten

H. phyllostachya 'Carmina' hat leuchtend rote grün geäderte Blätter.

Bei der Sorte *H. phyllostachya* 'Splash' sind die rosafarbenen Flecken großflächiger als bei der Art.

H. phyllostachya 'Witana' hat cremefarbene Blätter, die von dunkelgrünen Adern durchzogen sind.

Krankheiten und Schädlinge

◆ Deformierte klebrige Blätter stammen von Blattläusen. Behandeln Sie mit einem Insektizid, oder setzen Sie Nützlinge ein.

◆ Schildläuse erkennt man an den kleinen braunen Höckern. Entfernung mit einem in Alkohol getränkten Wattestäbchen, einem systemisch wirkenden Insektizid oder durch Einsatz von Schlupfwespen.

Kulturbedingungen

Wasserbedarf und Luftfeuchtigkeit: Während der Wachstumsperiode regelmäßig gießen, damit die Erde feucht bleibt, im Winter sparsamer. Lassen Sie die obere Schicht trocknen, bevor Sie erneut gießen.

Lichtansprüche: Hell, keine direkte Sonne.

Dünger: Im Frühling und Sommer alle 2 Wochen einen Grünpflanzendünger geben.

Umtopfen und Substrat: Im Frühjahr in Einheitserde umtopfen oder die Pflanze durch Stecklinge verjüngen.

Kulturtipp: Bei mindestens 15 °C überwintern. Je wärmer die Pflanze steht, desto sorgsamer müssen Sie auf gute Luftfeuchtigkeit achten.

Hypoestes phyllostachya ▶

Hypoestes phyllostachya ▶

Impatiens

I. Neuguinea Gruppe

Allgemeines

Die in leuchtenden Farben blühenden Sorten der *I.* Neuguinea Gruppe eignen sich gut als Topfpflanzen. Es handelt sich um Hybriden aus Kreuzungen mehrerer Arten, darunter *Impatiens hawkerii* und *I. hookeriana.* Die dunkelgrünen, lanzettlichen Blätter sind häufig gelb oder dunkelrot panaschiert, die großen Blüten (5–6 cm) leuchten in zahlreichen Nuancen von Rot und Rosa, manchmal auch Gelb.

Kombinationen: Verschiedene Blütenfarben in einer Schale zusammenpflanzen.

Pflege

Die Pflanze ist sehr anspruchslos.

Vermehrung: Im Spätfrühling oder Sommer 8–10 cm lange endständige Stecklinge schneiden und in Wasser oder in Stecklingserde bewurzeln lassen.

Tipp

Wenn die Pflanze zu üppig wird, schneiden Sie die langen Sprosse stark zurück. Die Spitzen dieser Sprosse ergeben ausgezeichnete Stecklinge.

I. Neuguinea Gruppe ►

Krankheiten und Schädlinge

◆ Deformierte und klebrige Blätter sind ein Zeichen für Blattläuse, die mit einem Insektizid oder Nützlingen bekämpft werden.
◆ Weiße Fliegen schrecken bei der kleinsten Berührung der Pflanze sofort auf. Sie sind schwer zu bekämpfen. Behandeln Sie mehrmals, etwa alle 8–10 Tage, mit einem geeigneten Insektizid.
◆ Die Blätter entfärben sich und trocknen ein: Spinnmilben, die sich in warmer, trockener Umgebung vermehren. Luftfeuchtigkeit erhöhen, ein Akarizid oder Raubmilben einsetzen.

I. Neuguinea Gruppe ►

Impatiens velvetea ▲

Kulturbedingungen

Wasserbedarf und Luftfeuchtigkeit: Während der Wachstumsperiode regelmäßig, aber verhalten gießen. Zwischendurch die obere Substratschicht abtrocknen lassen. Bei niedrigeren Temperaturen die Wassergaben reduzieren.
Lichtansprüche: Hell, keine direkte Sonne.
Dünger: Im Frühjahr und Sommer alle 2 Wochen einen Blühpflanzendünger geben.
Umtopfen und Substrat: Im zeitigen Frühjahr in Einheitserde umtopfen.
Kulturtipp: Kontrollieren Sie regelmäßig beim Gießen den Schädlingsbefall. Man verjüngt unansehnliche Exemplare durch Stecklinge. Mindesttemperatur 12 °C.

● Verwandte Arten und Sorten

Die Fleißigen Lieschen, die zur Sommerbepflanzung des Gartens verwendet werden, sind Kultivare von ***Impatiens walleriana.*** Sehr dekorativ und über Monate blühfreudig sind sie auch als Zimmerpflanze. An den fleischigen verzweigten Sprossen sitzen oval-spitze hellgrüne Blätter und zahlreiche flache Blüten, je nach Sorte in einer großen Farbauswahl. Es gibt zweifarbige, gefüllte oder Zwergformen oder auch Sorten mit panaschierten Blättern.
I. repens bildet kriechende, rote Triebe mit kleinen rundlichen bis nierenförmigen, dunkelgrünen Blättern. Ihre Unterseite ist purpurn. Die mützenförmigen Blüten sind leuchtend gelb.
I. velvetea wächst aufrecht und wird bis zu 90 cm hoch. In den Blattachseln sitzen 4–6 cm lange grüne, gelbe oder rote Blüten mit weißer Lippe.

Impatiens repens ▲

Impatiens niamniamensis ►

I. Neuguinea Gruppe ▼

Impatiens velvetea ►

Ixora

I. coccinea Dschungelbrand

Allgemeines
Ein in Indien und Sri Lanka heimischer Strauch, der im Topf selten höher als 60 cm wird. Die verzweigten Triebe tragen glänzend dunkelgrüne, 5–10 cm lange Blätter. Die jungen Blätter sind bronzefarben getönt. Vom Sommer bis Herbst bildet *Ixora* rundliche üppige Blütenstände von 5–12 cm Durchmesser, die sich aus stieltellerförmigen Blüten zusammensetzen. Die Farbskala reicht von Rot, Orange und Rosa zu Gelb.

Pflege
Der hohe Licht-, Wärme- und Feuchtigkeitsbedarf macht die Pflege aufwendig. Leichter ist die Pflanze auf einer geheizten Veranda oder im warmen Gewächshaus zu kultivieren.

Vermehrung: Im Juli/August durch halbverholzte Stecklinge im bodenbeheizten Minigewächshaus. Bewurzelungspulver verwenden. Die Vermehrung ist schwierig.

Tipp
Wächst die Pflanze sparrig, nach der Blüte um die Hälfte einkürzen.

Krankheiten und Schädlinge
◆ Kleine braune Höcker an Stängeln und Blättern: Ursache sind Schildläuse, die man mit alkoholgetränkten Wattestäbchen abstreifen kann. Außerdem helfen systemisch wirkende Insektizide oder Nützlingseinsatz.

Kulturbedingungen
Wasserbedarf und Luftfeuchtigkeit: Das ganze Jahr über mäßig, aber regelmäßig gießen. Zwischendurch die Substratoberfläche abtrocknen lassen. Verwenden Sie weiches, temperiertes Wasser. Sorgen Sie für erhöhte Luftfeuchtigkeit.
Lichtansprüche: Ganzjährig möglichst hell, im Hochsommer ohne direkte Mittagssonne. Den Lichtmangel im Winter mit künstlicher Beleuchtung kompensieren.
Dünger: Im Frühjahr und Sommer alle 2 Wochen einen Blühpflanzendünger verabreichen.
Umtopfen und Substrat: Jährlich im Frühjahr in eine Mischung aus Einheitserde und Torf pflanzen, die durch etwas Grobsand aufgelockert wird.
Kulturtipp: Die Temperatur darf niemals unter 16 °C sinken.

◄ *Ixora* 'Maui Geel'

Ixora coccinea ►

◄ *Ixora* 'Jacqueline'

Jasminum

J. polyanthum Jasmin

Allgemeines
Diese Kletterpflanze stammt aus China. An ihren schlanken grünen Trieben sitzen dunkelgrüne, fünf- bis siebenfach gefiederte Blätter. Die rispenartig angeordneten, rosa überhauchten weißen Blüten sind stieltellerförmig und duften intensiv. Die Blüte beginnt im Frühling. Die Pflanze benötigt eine Stütze, um die sie sich winden kann.

Pflege
Der Pflegeaufwand ist mittelmäßig, zur Blütenbildung muss die Pflanze kühl, z. B. auf einer temperierten Veranda, überwintern.
Vermehrung: Halbverholzte Stecklinge im Frühjahr schneiden, die man unter einer Plastikhaube in einer feuchten Sand-Torf-Mischung bewurzeln lässt.

Gut zu wissen
Abgeblühtes sollte zurückgeschnitten werden.

Krankheiten und Schädlinge
◆ Sind die Blätter klebrig und deformiert, wurden die Triebe von Blattläusen befallen. Bekämpfung mit einem Insektizid oder Nützlingen.

Kulturbedingungen
Wasserbedarf und Luftfeuchtigkeit: Während der Wachstumsperiode reichlich mit weichem, angewärmtem Wasser gießen. Bei niedrigeren Temperaturen die Wassergaben verringern. Bei warmer Umgebung für ausreichende Luftfeuchtigkeit sorgen und die Blätter regelmäßig einnebeln.
Lichtansprüche: Hell, bei Mittagssonne im Sommer schattieren.
Dünger: Im Frühjahr und Sommer alle 2 Wochen einen Blühpflanzendünger verabreichen.
Umtopfen und Substrat: Falls nötig, im zeitigen Frühjahr in Einheitserde umpflanzen.
Kulturtipp: Jasmin muss kühl überwintert werden, darf aber gegen Ende des Winters nicht zu schnell zu treiben beginnen.

Jasminum polyanthum ▼

Jasminum officinale ▼

Jatropha

J. podagrica

Guatemalarhabarber

Allgemeines

Die sukkulente Staude hat einen kurzen, an der Basis verdickten grauen Stamm, an dessen Ende sich lederartige, gelappte Blätter entwickeln. Im Sommer bekommt die Pflanze 0,5–1 cm große leuchtend scharlachrote bis korallenrote Blüten, die an langen grünen, mitunter rot getönten Stängeln sitzen. *Jatropha* ist in Mittelamerika und auf den Antillen beheimatet. Im Topf kann die Pflanze 1 m hoch werden.

Pflege

An einem sehr hellen Standort ist die Pflege einfach.

Vermehrung: Im Frühjahr durch Samen oder durch endständige Stecklinge von Seitentrieben. Die Stecklinge lässt man einige Tage trocknen und pflanzt sie dann in ein leicht feuchtes Sand-Torf-Gemisch. Bei 25 °C bewurzeln lassen.

Gut zu wissen

Kontakt mit dem Saft der Pflanze kann Hautreizungen hervorrufen.

Krankheiten und Schädlinge

◆ Schildläuse, erkennbar an den kleinen braunen Höckern, treten manchmal auf. Entfernung mit einem in Alkohol getauchten Wattestäbchen, Einsatz eines systemisch wirkenden Insektizids oder von Nützlingen.

Kulturbedingungen

Wasserbedarf und Luftfeuchtigkeit: Während des Wachstums so gießen, dass das Substrat immer etwas feucht bleibt. Im Herbst wird weniger, im Winter gar nicht gegossen.

Lichtansprüche: Sehr hell, ohne direkte Sonne an heißen Tagen.

Dünger: Im Frühjahr und Sommer alle 3–4 Wochen einen Kakteendünger geben.

Umtopfen und Substrat: Falls erforderlich, die Pflanze im Frühjahr in eine Mischung aus Humus, Torf und Grobsand umtopfen.

Kulturtipp: Die Pflanze benötigt eine winterliche Ruhephase bei etwa 15 °C, in der sie nicht gegossen wird.

Jatropha multifida ▼

Jatropha integerrima ▼

Jatropha podagrica ►

Juncus

J. effusus 'Spiralis'

Korkenzieherbinse

syn. *J. effusus* f. *spiralis*

Allgemeines

Die ausdauernde Binse bildet blattlose, zylindrische, glänzend dunkelgrüne Triebe, die spiralig gedreht sind und bis zu 50 cm hoch werden können. Im Sommer bekommt die Pflanze kleine grünlich braune Blüten, locker angeordnet. Die Korkenzieherbinse kann im Topf oder in flachem Wasser (höchstens 10 cm tief) gehalten werden. Sie braucht eine Eingewöhnungszeit. Der Wildtyp *Juncus* wird in Japan wegen seiner langen Halme angebaut; sie dienen zur Herstellung der Tatami-Matten.

Pflege

Diese Pflanze der Feuchtgebiete braucht Sonne und nimmt Trockenheit übel.
Vermehrung: Teilen Sie die Pflanzen im Frühjahr beim Umtopfen.

Gut zu wissen

Sobald ein aufrechter Spross erscheint, trennen Sie ihn mit Rhizom ab, damit sich die Pflanze nicht zum Wildtyp zurückentwickelt.

Kulturbedingungen

Wasserbedarf und Luftfeuchtigkeit: Das Substrat muss ständig sehr feucht sein. Im Untersetzer darf Wasser stehen bleiben, vor allem wenn es warm ist. Ist die Luft trocken, besprühen Sie ab und zu die Triebe.
Lichtansprüche: Hell und sonnig.
Dünger: Im Frühjahr und Sommer alle 2 Wochen einen Grünpflanzendünger geben.
Umtopfen und Substrat: Falls erforderlich, wird im zeitigen Frühjahr in Einheitserde umgetopft, die mit guter Gartenerde angereichert wurde.
Kulturtipp: Im Sommer kann *Juncus* draußen in der Sonne stehen. Das Gießen darf man dabei nicht vergessen. Im Winter ist eine Veranda oder ein frostfreies Gewächshaus der richtige Platz für die Pflanze.

● Verwandte Arten und Sorten

Von *J. effusus* gibt es Sorten mit panaschierten Blättern, z. B. **'Vitatus'** und 'Zebrinus'.

Juncus 'Pencil Grass' bildet Büschel aufrechter dunkelgrüner Halme mit schwarzen Spitzen. Die Pflanze wird 30 cm hoch.

Juncus effusus 'Golden Line' ▶

Juncus effusus 'Spiralis' ▼

Juncus 'Pencil Grass' ▲

Justicia

J. brandegeana Garnelenjustizie, Zimmerhopfen
syn. *Beloperone guttata*

Allgemeines
Die Blätter dieses kleinen, anmutigen Strauches sind lanzettlich und mittelgrün, die Oberseite glänzt, während die Unterseite flaumig behaart ist. Fast das ganze Jahr über erscheinen kleine, weiße, schnell verwelkende Blüten, von ährenförmig angeordneten rosa-braunen bis grün-gelben Hochblättern umgeben, die lange an der Pflanze bleiben. Im Topf kann die Justizie 60 cm hoch werden.

Pflege
Die Pflanze schön und kompakt zu erhalten, ist nicht ganz einfach.
Vermehrung: Im Frühjahr 5–8 cm lange Stecklinge schneiden und in ein feuchtes Sand-Torf-Gemisch (1 : 1) pflanzen. Bei 20–22 °C unter einer Plastikhaube bewurzeln lassen. Nach der Bewurzelung stutzen.

Gut zu wissen
Pflanzen, die den Winter im Warmen verbracht haben und etwas kümmerlich aussehen, schneidet man am Winterende rigoros zurück.

Kulturbedingungen
Wasserbedarf und Luftfeuchtigkeit: Während der Wachstumsperiode häufig gießen, aber kein Wasser im Untersetzer stehen lassen. Bei niedrigeren Temperaturen die Wassergaben reduzieren.
Lichtansprüche: Hell, etwas direkte Sonne.
Dünger: Alle 2–3 Wochen im Frühjahr und Sommer einen Blühpflanzendünger geben.
Umtopfen und Substrat: Jährlich im Frühjahr in Einheitserde umtopfen, der etwas Torf untergemischt wurde.
Kulturtipp: Verjüngen Sie die Pflanze nach 2–3 Jahren. Schneiden Sie regelmäßig die Spitzen bei jungen Pflanzen, damit sie buschiger wachsen. Die Garnelenjustizie dankt eine winterliche Ruhephase im Kühlen (15 °C).

● Verwandte Arten und Sorten
Justicia brandegeana **'Yellow Queen'** hat leuchtend gelbe Hochblätter. Die **Jacobinie** oder ***Justicia carnea*** (syn. *Jacobinia pohliana, J. magnifica*) wächst aufrecht, wenig verzweigt. Die lederartigen, dunkelgrünen Blätter sind länglich eiförmig und von stark verzweigten Adern durchzogen. Von Juni bis Oktober erscheinen Blütenstände aus rosigen, röhrenförmigen Blüten. Im Topf kann die ***Justicia carnea*** 1,20 m hoch werden.
J. rizzinii (syn. *Jacobinia pauciflora, Libonia floribunda*) ist ein niedriger rundlicher Strauch mit ovalen, mittelgrünen Blättern und röhrenförmigen gelben und roten Blüten, die an hängenden Ähren sitzen.

Justicia brandegeana ▶

Justicia rizzinii ▶

Justicia carnea ▶

Kalanchoe

K. blossfeldiana Kalanchoe, Flammendes Käthchen

Allgemeines

Die kleine buschige Sukkulente wird 30–40 cm hoch und breit. Über fleischigen, gezackten Blättern von rundlicher bis ovaler Form stehen dichte Büschel kleiner röhrenförmiger Blüten in allen denkbaren Nuancen von Rosa, Rot, Orange oder Gelb. Die Blüte wird durch den Kurztag eingeleitet, sie blüht gewöhnlich im Winter. In Gärtnereien wird die Belichtung allerdings künstlich reduziert, sodass man praktisch das ganze Jahr über blühende Pflanzen findet. Die Zeit der Blüte dauert ungefähr 3 Monate.

Pflege

Eine ideale Pflanze für Anfänger.

Vermehrung: Man schneidet nach der Blüte Stecklinge und pflanzt diese in ein feuchtes Sand-Torf-Gemisch (1 : 1). Sorgen Sie für eine Temperatur von 21–23 °C.

Gut zu wissen

Als Zimmerpflanze ist die Kalanchoe schwer zum Blühen zu bringen. Meistens wird sie deshalb nach der Blüte entsorgt.

Kulturbedingungen

Wasserbedarf und Luftfeuchtigkeit: Während der Wachstumsperiode einmal in der Woche mäßig gießen, im Winter weniger.
Lichtansprüche: Hell, sonnig, bei heißer Mittagssonne schattieren.
Dünger: Während der Blüte alle 2–3 Wochen einen Blühpflanzendünger geben.
Umtopfen und Substrat: Umgetopft wird im Frühjahr in Kakteenerde.
Kulturtipp: Geben Sie das Gießwasser in den Untersetzer, denn die Blätter reagieren sehr empfindlich auf Nässe. Das restliche Wasser schüttet man nach 10–15 Minuten weg.

Kalanchoe blossfeldiana ▶

◀ *Kalanchoe blossfeldiana*

● Verwandte Arten und Sorten

Kalanchoe 'Tessa' wächst mit sich ausbreitenden, hängenden Trieben. Die glöckchenförmigen Röhrenblüten sind rot oder orange und blühen im Winter.
K. 'Wendy' bekommt große rote glockenförmige Blüten mit gelbem Saum.
Die Blätter von *K. pumila* sind blassgrün, weiß überzogen, an der Spitze gezähnt. Im Frühjahr bekommt sie kleine rosa Blüten mit purpurfarbenen Streifen.

Krankheiten und Schädlinge

◆ Weiße wattige Gebilde an der Blattbasis weisen auf die schwer zu bekämpfenden Schmierläuse hin. Entfernung mit einem in Alkohol getränkten Wattestäbchen, ansonsten ein systemisch wirkendes Insektizid verwenden oder Nützlinge einsetzen.

Kalanchoe 'Mirabella' ▼

Kalanchoe 'Tessa' ▼

Kalanchoe 'Wendy' ▼

▲ *Kalanchoe* 'African'

Kalanchoe-Hybride, glöckchenförmig blühend ►

Kalanchoe

Pflanzen mit dekorativen Blättern

Allgemeines

Die ***Kalanchoe*** gehört zu den Dickblattgewächsen und ist in den Halbwüsten Afrikas zu Hause – zahlreiche Arten stammen aus Madagaskar. An ihren fleischigen Trieben sitzen dekorative Blätter unterschiedlicher Form und Größe. Manche Arten, z. B. ***Kalanchoe daigremontiana*** (syn. *Bryophyllum daigremontianum*), das Brutblatt, bilden an den Blatträndern junge Pflänzchen, die sich zur Vermehrung eignen. ***K. beharensis*** ist eine buschige Art mit großen, samtigen, dreieckigen Blättern, die von kurzen Härchen bedeckt sind. Ganz von einem dichten weißen Filz überzogen ist ***K. tomentosa***. Ihre grob gezähnten Blätter sind oft braun-rot gerändert. Bei ***K. thyrsiflora*** sind die hellgrünen Blätter silbrig bereift und an ihrem Ende rötlich gefärbt.

Pflege

Pflegeleichte Pflanzen, sofern man sie nicht übermäßig gießt.

Vermehrung: Stecklinge mit 1 oder 2 Blättern schneiden und sie zum Bewurzeln in ein feuchtes Sand-Torf-Gemisch setzen oder, falls vorhanden, die an den Blatträndern gebildeten Jungpflanzen als Ableger setzen.

Kulturbedingungen

Wasserbedarf und Luftfeuchtigkeit: Während der Wachstumsperiode mäßig gießen, im Winter nur alle 2 Wochen, damit die Erde nicht austrocknet.

Lichtansprüche: Hell, indirektes Licht.

Dünger: Im Frühjahr und Sommer einmal im Monat einen Kakteendünger geben.

Umtopfen und Substrat: Schnell wachsende Arten werden jährlich, die anderen seltener, im Frühjahr in Kakteenerde umgetopft.

Kulturtipp: Gießen Sie kein Wasser auf die Blätter, die keine Nässe vertragen. An einem kühlen Ort, z. B. auf einer Veranda (mindestens 10 °C), überwintern.

Krankheiten und Schädlinge

◆ Weiße wattige Gebilde an der Blattbasis sind ein Zeichen für Schmierläuse. Mit einem in Alkohol getauchten Wattestäbchen abstreifen. Bei stärkerem Befall ein Insektizid oder Schlupfwespen einsetzen.

Kalanchoe tomentosa ▼

◀ *Kalanchoe thyrsiflora*

Kalanchoe beharensis ▼

Kohleria

K. amabilis
Kohlerie, Gleichsaum
syn. *Isoloma amabile*

Allgemeines
Kohlerien, mit ihren samtigen Blüten sind ausdauernde, schuppige Rhizome bildende Pflanzen aus den tropischen Wäldern Amerikas. An den aufrecht oder kriechend wachsenden Sprossen von *Kohleria amabilis* sitzen große gezähnte Blätter mit purpurn gefärbten Rippen. Im Sommer erscheinen in den Blattachseln 2–3 cm lange, glockenförmige Blüten in dunklem Rosa, deren Schlund und Blütenzipfel purpurne Streifen aufweisen. Diese Art ist als Hängepflanze besonders attraktiv.

Pflege
Kohlerien sind anspruchsvolle Pflanzen.
Vermehrung: Beim Umtopfen im Frühjahr teilt man die Rhizome.

● Verwandte Arten und Sorten
Kohleria eriantha bekommt gelb gefleckte rote Blüten: Aus dieser Art gehen viele Hybriden hervor.
K. digitaliflora bildet Rispen purpurrosafarbener, röhrenförmiger Blüten mit weißem Schlund und purpurgrün gesprenkelten Kronzipfeln.

Krankheiten und Schädlinge
◆ Wenn in warmer, trockener Umgebung die Blätter sich entfärben und eintrocknen, sind Spinnmilben am Werk. Erhöhen Sie die Luftfeuchtigkeit, und behandeln Sie notfalls mit einem Akarizid.

Kulturbedingungen
Wasserbedarf und Luftfeuchtigkeit: Während der Wachstumsperiode mäßig gießen, nach der Blüte weniger. Im Winter den „schlafenden" Rhizomen gerade so viel Wasser geben, dass die Erde nicht austrocknet. Luftfeuchtigkeit erhöhen, indem der Topf auf einen Untersetzer mit feuchtem Kies gestellt wird.
Lichtansprüche: Hell, indirektes Licht.
Dünger: Im Frühjahr und Sommer alle 2 Wochen einen Blühpflanzendünger geben.
Umtopfen und Substrat: Umgetopft wird im Februar oder März in Einheitserde, der etwas Torf oder Perlit untergemischt wird.
Kulturtipp: Achten Sie während der Vegetationphase auf konstante Temperatur zwischen 20 und 24 °C. Die „schlafenden" Rhizome brauchen 10–15 °C.

Kohleria lindeniana ▼

Kohleria amabilis ▼ ►

Lachenalia

Lachenalie, Kaphyazinthe

Allgemeines

Zu dieser aus Südafrika stammenden Gattung gehören ausdauernde Zwiebelpflanzen. Die grundständigen einfarbigen oder gesprenkelten Blätter sind lanzettlich und dick. Meist beginnt ihr Wachstum nach einer Ruhephase im Sommer, die Blüte erscheint zum Jahresanfang. An nackten, manchmal gefleckten Trieben sitzen zahlreiche röhrenförmige Blüten. Aus ***Lachenalia aloides*** (syn. *L. tricolor*), die 20–30 cm hoch wird und gelbe und rote Blüten bekommt, wurden zahlreiche Hybriden gezüchtet.

Pflege

Die Pflanzen sind anspruchsvoll und nicht leicht zu kultivieren.

Vermehrung: Brutzwiebeln beim Umtopfen abtrennen und einzeln in Töpfe pflanzen.

Gut zu wissen

Gießen Sie nach dem Einpflanzen sparsam, bis die ersten Triebe erscheinen.

Kulturbedingungen

Wasserbedarf und Luftfeuchtigkeit: Während der Wachstumsperiode mäßig gießen – die Zwiebel ist fäulnisanfällig. Nach der Blüte Wassergaben reduzieren, bis die Blätter verwelken, dann nicht mehr gießen, bis im Herbst die neuen Triebe erscheinen.

Lichtansprüche: Volle Sonne. Bei winterlichem Lichtmangel empfiehlt sich eine zusätzliche Lichtquelle.

Dünger: Während des Wachstums alle 2 Wochen einen Grünpflanzendünger geben.

Umtopfen und Substrat: Die Zwiebeln im September (jeweils mehrere in einen Topf) so tief pflanzen, wie sie hoch sind, in eine durchlässige Mischung aus Humus, Torf und Sand.

Kulturtipp: Wärme vermeiden. Bei 15–18 °C verlängert sich die Blüte. Danach müssen die Töpfe kühl stehen (8–12 °C).

Krankheiten und Schädlinge

◆ Wenn die Spitze der Zwiebel zu faulen beginnt, muss unverzüglich mit einem Fungizid in Pulverform behandelt werden.

Lachenalia aloides ▼

◀ *Lachenalia aloides*

Lachenalia aloides ▶

Leea

L. guineensis 'Burgundy' Leea

Allgemeines

Leea guineensis ist ein immergrüner Strauch (in seinem Ursprungsgebiet ein kleiner Baum) mit 25 bis 60 cm langen gefiederten Blättern. Die gezähnten Fiederblättchen laufen leicht spitz zu. Bei der Art *L. guineensis* sind die jungen Blätter hellgrün, bei der Sorte 'Burgundy' bronzefarben, sodass ein hübscher Kontrast zu den leuchtend dunkelgrünen Blättern entsteht. Im Topf blüht die Pflanze selten, sie bekommt dann scharlachrote Knospen, die sich zu kleinen rosafarbenen Blüten öffnen. Im Topf kann die Pflanze 1,50 m hoch werden. Die Gattung *Leea* stammt vorwiegend aus den tropischen Regionen Asiens.

Pflege

Die Pflanze braucht hohe Luftfeuchtigkeit, ansonsten lässt sie sich leicht kultivieren.

Vermehrung: Im Sommer halbverholzte Stecklinge von den Zweigenden schneiden und bei 25 °C in einem Minigewächshaus bewurzeln lassen. Verwenden Sie vor dem Stecken ein Bewurzelungspulver.

● Verwandte Arten und Sorten

Leea coccinea hat bronzegrüne Blätter. Manchmal wird die Art als *L. guineensis* 'Burgundy' angeboten.

Krankheiten und Schädlinge

◆ Wenn die Blätter sich entfärben und eintrocknen, sind Spinnmilben verantwortlich. Luftfeuchtigkeit durch Besprühen der Blätter erhöhen. Verwenden Sie ein Akarizid, oder setzen Sie Nützlinge ein.

Leea guineensis 'Burgundy' ▼

Kulturbedingungen

Wasserbedarf und Luftfeuchtigkeit: Während der Wachstumsperiode regelmäßig gießen, um die Erde leicht feucht zu halten. Im Winter die obere Substratschicht 1–2 cm tief trocknen lassen, bevor man erneut gießt. Luftfeuchtigkeit erhöhen, indem der Topf auf einen Untersetzer mit feuchtem Kies gestellt wird.

Lichtansprüche: Hell, keine direkte Sonne.

Dünger: Im Frühjahr und Sommer alle 2–3 Wochen einen Grünpflanzendünger geben.

Umtopfen und Substrat: Im Frühjahr in Einheitserde umpflanzen, die mit Grobsand versetzt wurde, um sie durchlässiger zu machen.

Kulturtipp: Besprühen Sie regelmäßig die Blätter, vor allem im Winter im geheizten Zimmer. Vermeiden Sie kalte Zugluft. Die Pflanze verträgt keine Temperaturen unter 16 °C.

Leea rubra ▼

➤ **Leptinella** siehe *Muehlenbeckia*

Licuala

L. grandis Palaspalme, Strahlenpalme

Allgemeines
Mit ihren schön gerundeten, lang gestielten, glänzend grünen Palmblättern, die mit faserigen Blattbasen an einem dünnen hohen Stamm sitzen, besticht diese Palme. Durch die zusammenhängenden Segmente sieht das Blatt wie ein Fächer aus. In ihrer Heimat, den Neuen Hebriden, kann sie 3 m hoch werden.

Pflege
Die Palme gedeiht am besten in einem warmen Gewächshaus oder auf einer Veranda mit ausreichender Luftfeuchtigkeit.
Vermehrung: Aussaat von Samen ins Minigewächshaus im Frühjahr bei 25 °C.

Licuala grandis ▶

Kulturbedingungen

Wasserbedarf und Luftfeuchtigkeit: Während der Wachstumsperiode ein- bis zweimal wöchentlich reichlich gießen, im Winter seltener. Hohe Luftfeuchtigkeit ist unabdingbar. Bei trockenem Wetter besprüht man die Blätter zweimal täglich.
Lichtansprüche: Hell, im Sommer Mittagssonne vermeiden.
Dünger: Im Frühjahr und Sommer alle 2 Wochen einen Grünpflanzendünger verabreichen.
Umtopfen und Substrat: Umgetopft wird, falls nötig, im Frühjahr in eine Mischung aus Humus und guter Gartenerde, mit etwas Perlit versetzt.
Kulturtipp: Sorgen Sie für eine gleichmäßige Temperatur (mindestens 15 °C), und vermeiden Sie Zugluft.

Krankheiten und Schädlinge

◆ Kleine braune klebrige Höcker an den Blättern weisen auf Schildläuse hin. Mit einem in Alkohol getränkten Wattestäbchen entfernen, ein systemisch wirkendes Insektizid oder Nützlinge einsetzen.
◆ Bei Spinnmilbenbefall entfärben sich die Blätter und trocknen ein. Erhöhen Sie die Luftfeuchtigkeit durch Besprühen der Blätter. Behandeln Sie mit einem Akarizid, oder setzen Sie Nützlinge ein.

Lithops und andere Eiskrautgewächse

Lebende Steine

Allgemeines

Diese kleinen Blattsukkulenten haben tatsächlich große Ähnlichkeit mit Steinen. Einige verwandte Arten ähneln sich besonders. Bei jeder Pflanze schauen nur 2 rundliche, fleischige Blätter aus der Erde, durch eine Spalte getrennt, aus der gegen Ende des Sommers oder im Herbst eine margeritenähnliche weiße oder gelbe Blüte wächst. Oft ist die Oberfläche der Blätter bläulich grau, braun gefärbt oder gefleckt. Im Frühjahr entwickeln sich junge Blätter und ersetzen die alten.

Kombinationen: Mehrere Arten von Eiskrautgewächsen in einer Schale zusammenpflanzen.

Pflege

Lebende Steine sind pflegeleicht, sie brauchen aber viel Sonne und durchlässiges Substrat.

Vermehrung: Durch Samen oder durch Teilung von Pflanzengruppen zum Sommerbeginn.

● Verwandte Arten und Sorten

Auch die Gattung *Conophytum* wird zu den Lebenden Steinen gezählt. Aus 2 miteinander verwachsenen Blättern, die durch eine Spalte getrennt sind, wächst ebenfalls eine Blüte.

Kulturbedingungen

Wasserbedarf und Luftfeuchtigkeit: Vom Sommer bis zum Ende der Blüte nur in den Untersetzer gießen, zwischendurch die Kakteenerde durchtrocknen lassen. Nach der Blüte bekommt die Pflanze erst wieder Wasser, wenn neue Blätter erscheinen.

Lichtansprüche: Volle Sonne.

Dünger: Nicht unbedingt nötig.

Umtopfen und Substrat: Alle 3 Jahre im Frühjahr in Kakteenerde umtopfen.

Kulturtipp: Die Ruhephase nach der Blüte unbedingt einhalten. Im Winter können Sie *Lithops* in ein kühles Zimmer stellen, bei etwa 12 °C.

Krankheiten und Schädlinge

◆ Weiße wattige Gebilde an der Blattbasis weisen auf Schmierläuse hin. Mit einem in Alkohol getränkten Wattestäbchen entfernen oder Nützlinge einsetzen.

Lithops ▼

Livistona

Livingstonpalme

Allgemeines

Zu dieser Gattung zählen etwa 30 Palmenarten, die in den feuchten Wäldern oder nahe den Wasserläufen verschiedener tropischer Gebiete heimisch sind. Stachelige Blattstiele mit Palmblättern sitzen am Ende des Stammes. Im Topf bleibt die Silhouette meist gedrungen und stämmig. In Südfrankreich wachsen manche Arten, etwa *L. australis*, im Freiland (in gut durchlässigem Boden vertragen sie bis zu –8 °C). *L. rotundifolia* ist eine aus Malaysia stammende Art und empfindlicher (benötigt mindestens 13 °C). Sie hat rundliche, tief eingeschnittene Blätter.

Pflege

Helligkeit, am besten in einem temperierten Gewächshaus, ist notwendig.
Vermehrung: Durch Samen im Minigewächshaus, mit Bodenheizung.

Kulturbedingungen

Wasserbedarf und Luftfeuchtigkeit: Während der Wachstumsperiode zweimal wöchentlich gießen, zwischendurch die obere Substratschicht abtrocknen lassen. Je nach Umgebungstemperatur im Winter weniger gießen. Bei trockener Luft regelmäßig die Blätter einnebeln.
Lichtansprüche: Volle Sonne. Junge Exemplare von *L. rotundifolia* brauchen gedämpftes Licht.
Dünger: Im Frühjahr und Sommer alle 14 Tage einen Grünpflanzendünger geben.
Umtopfen und Substrat: Falls nötig, wird im Frühjahr in ein Gemisch aus guter Gartenerde und Humus umgetopft.
Kulturtipp: Vor allem im Winter auf genügend Luftfeuchtigkeit achten.

Krankheiten und Schädlinge

◆ Schildläuse erkennt man an den klebrigen, braunen Höckern. Mit einem in Alkohol getauchten Wattestäbchen entfernen, ein systemisch wirkendes Insektizid oder Nützlinge einsetzen.
◆ Bei Spinnmilbenbefall werden die Blätter bleich und trocknen ein. Erhöhen Sie die Luftfeuchtigkeit durch Besprühen der Blätter. Ein Akarizid oder der Einsatz von Nützlingen schaffen Abhilfe.

◄ *Livistona rotundifolia*

Livistona rotundifolia ▲

Ludisia

Ludisie, Blutständel

Allgemeines

Oft nicht erkannt, handelt es sich hierbei um aus China stammende Orchideen mit sehr dekorativen Blättern, die auch als „Schmuckorchideen“ bezeichnet werden. ***Ludisia discolor,*** die meistkultivierte Art, bildet samtige dunkelgrüne Blätter mit silbriger bis orangeroter Zeichnung, die rosettenförmig um ein kriechendes Rhizom angeordnet sind. Endständig erscheint ein Blütenstand, der aus kleinen, unauffälligen weißen Blüten mit gelber Lippe besteht.

Ludisia discolor var. *dawsoniana* ▶

Kulturbedingungen

Wasserbedarf und Luftfeuchtigkeit: Regelmäßig, aber nicht übertrieben mit weichem Wasser gießen, um das Substrat feucht zu halten. Nach der Blüte Wassergaben reduzieren.
Lichtansprüche: Schattig.
Dünger: Im Frühjahr und Sommer alle 3 Wochen Orchideendünger verabreichen.
Umtopfen und Substrat: Falls nötig, wird im Frühjahr in eine Spezialerde für Erdorchideen umgetopft. Verwenden Sie keine tiefen Töpfe.
Kulturtipp: Die optimale Temperatur liegt bei 16–20 °C. Kalte Zugluft vermeiden.

Krankheiten und Schädlinge

◆ Blattläuse kann man mit dünnem Wasserstrahl abspritzen oder Nützlinge wie Schlupfwespen einsetzen. Pestizide werden schlecht vertragen.

Pflege

Die Pflege erfordert etwas Erfahrung.
Vermehrung: Durch Triebstecklinge oder Teilung des Rhizoms (etwas fülliger wirkt die Pflanze aber schöner).

Ludisia ▼

Mandevilla

Dipladenie, Falscher Jasmin

Allgemeines

Die Sorten und vor allem Hybriden dieser Lianen stammen meist von ***Mandevilla sanderi*** (syn. *Dipladenia sanderi*) ab. Es sind wüchsige Pflanzen mit 5–8 cm langen lederartigen, spitz endenden elliptischen Blättern in glänzendem Dunkelgrün. Vom Frühjahr bis in den Herbst erscheinen Büschel meist rosafarbener oder roter, manchmal auch weißer 4–7 cm großer Blüten mit orangefarbenem Schlund. ***M. boliviensis*** bildet dünne, stark verzweigte Äste und bekommt weiße, in der Mitte gelbe Blüten. *Mandevilla* braucht unbedingt eine Stütze und gedeiht am besten im temperierten Gewächshaus oder einem geschlossenen Blumenfenster.

Pflege

Dipladenien sind auf hohe Luftfeuchtigkeit angewiesen und deshalb relativ schwer in der Wohnung zu halten.

Vermehrung: Im Frühjahr noch nicht verholzte Stecklinge mit einem Blattpaar schneiden und in ein feuchtes Sand-Torf-Gemisch pflanzen. Bei 25–27 °C unter einer Plastikhaube bewurzeln lassen.

Gut zu wissen

Dipladenien sind giftig. Der Saft kann Hautreizungen auslösen.

Krankheiten und Schädlinge

◆ Werden an den Blattunterseiten kleine braune Höcker sichtbar, handelt es sich um Schildläuse. Mit einem in Alkohol getränkten Wattestäbchen entfernen, ein systemisch wirkendes Insektizid oder Nützlinge einsetzen.

◆ Spinnmilbenbefall führt zur Entfärbung und Vertrocknung der Blätter. Man erhöht die Luftfeuchtigkeit durch Besprühen der Blätter (aber nicht der Blüten). Notfalls ein Akarizid oder Nützlinge einsetzen.

◀ karminrote *Mandevilla sanderi*

▲▼ rosa *Mandevilla sanderi*

Kulturbedingungen

Wasserbedarf und Luftfeuchtigkeit: Während des Wachstums das Substrat stets feucht halten. Nach der Blüte weniger und im Winter sparsam gießen. Sorgen Sie für hohe Luftfeuchtigkeit im Umfeld der Pflanze.
Lichtansprüche: Hell, direkte Mittagssonne vermeiden.
Dünger: Im Frühjahr und Sommer alle 2 Wochen einen Blühpflanzendünger geben.
Umtopfen und Substrat: Falls nötig, im Frühjahr in Einheitserde umtopfen, der Moorbeeterde beigemischt wurde.
Kulturtipp: Die Blüte wird durch eine winterliche Ruhephase (bei 13–15 °C) gefördert. Schneiden Sie die Pflanze nach der Blüte im Herbst stark zurück.

Mandevilla sanderi ►

dunkelrote *Mandevilla* ▼

Mandevilla-Hybride 'Yellow' ▼

Mandevilla-Hybride 'Rubin' ▼

Mandevilla boliviensis ►

Mandevilla boliviensis ▼

Maranta

Pfeilwurz

Maranta leuconeura 'Erythroneura' ▲

Allgemeines

Zu dieser Gattung gehören etwa 30 Arten von Immergrünen, die in den Regenwäldern des tropischen Amerika beheimatet sind. Charakteristisch sind die Blätter, die sich nachts einrollen. Die meisten Sorten stammen von *Maranta leuconeura* ab. Die an kurzen Stielen sitzenden länglichen Blätter sind wunderbar farbig panaschiert. Die dunkelgrünen Blätter von *M. leuconeura* 'Erythroneura' sind an der mittleren Blattrippe gelblich grün panaschiert, die Blattadern lebhaft rot gefärbt. Bei *M. leuconeura* 'Massangeana' sind die dunkelgrünen Blätter entlang den Blattadern silbergrau panaschiert und an der Unterseite purpurn. *M. leuconeura* 'Kerchoviana' hat sehr schlanke Blätter, die mit braungrünen, viereckigen Flecken gemustert sind. Sie eignet sich am besten zur Zimmerkultur.

Eine weitere hübsche Art ist *M. bicolor* mit großen blassgrünen, dunkelgrün gefleckten, auf der Unterseite purpurnen Blättern.

Maranta wächst in niedrigen Horsten, die Zweige hängen über den Topfrand herab. Sie können aber auch an einer mit Moos umwickelten Stütze entlanggeführt werden, wenn man eine aufrechte Silhouette wünscht.

Pflege

Erhöhte Luftfeuchtigkeit ist unerlässlich.

Vermehrung: Zwischen Mai und September von den Seitentrieben Stecklinge mit 2–3 Blättern schneiden. In einer feuchten Sand-Torf-Mischung unter Folie bei 21 °C bewurzeln lassen.

Kulturbedingungen

Wasserbedarf und Luftfeuchtigkeit: Während des Wachstums regelmäßig gießen, um die Erde feucht zu halten. Bei niedrigeren Temperaturen Wassergaben reduzieren. Den Topf auf einen Untersetzer mit feuchtem Kies stellen, die Blätter häufig einnebeln.

Lichtansprüche: Schattig bis hell, keine direkte Sonne.

Dünger: Im Frühjahr und Sommer alle 2 Wochen einen Grünpflanzendünger geben.

Umtopfen und Substrat: Im Frühjahr in Einheitserde umpflanzen, der Torf beigemischt wurde. Der Topf sollte nicht sehr tief, eher weit sein. Er passt besser zu dem flachen Wurzelsystem der Pflanze.

Kulturtipp: Neben einer hohen Luftfeuchtigkeit braucht die Pfeilwurz eine gleichbleibend milde Temperatur (nicht unter 15 °C).

Krankheiten und Schädlinge

◆ Wenn die Blätter bleich werden und eintrocknen, sind Spinnmilben die Ursache, die sich in warmer, trockener Umgebung vermehren. Luftfeuchtigkeit erhöhen. Notfalls ein Akarizid oder Nützlinge einsetzen.

Maranta leuconeura 'Kerchoviana' ▲

Masdevallia

Masdevallie

Allgemeines

Masdevallien sind kleine bis mittelgroße Orchideen mit immergrünen Blättern, die in den hoch gelegenen Wäldern Zentral- und Südamerikas wachsen. Sie entwickeln kurze Sprosse mit einem einzelnen Blatt an einem kriechenden Rhizom. Die langen ovalen Blätter sind mittelgrün. Die Blütenstiele erheben sich darüber mit einer oder mehreren Blüten. Form und Farbe der Blüten ist variabel, charakteristisch sind jedoch die langen Zipfel. Die Kultivierung ist äußerst schwierig.

Pflege

Die Pflege erfordert sehr viel Pflanzenkenntnis und Fingerspitzengefühl.
Vermehrung: Stecklinge von wenig verholzten Trieben abnehmen. Vor dem Einpflanzen in Bewurzelungspulver tauchen.

Kulturbedingungen

Wasserbedarf und Luftfeuchtigkeit: Das ganze Jahr über regelmäßig mit weichem Wasser gießen, „Fußbad" vermeiden, denn das Rhizom ist anfällig für Fäulnis. Hohe Luftfeuchtigkeit ist unabdingbar.
Lichtansprüche: Mäßig hell.
Dünger: Im Frühjahr und Sommer alle 2 Wochen einen Orchideendünger verabreichen.
Umtopfen und Substrat: Diese Orchideen wollen in Ruhe gelassen werden. Falls nötig, vorsichtig den Ballen in einen etwas größeren Topf setzen und mit feinkörniger Orchideenerde auffüllen. Warten Sie 10–14 Tage bis zum nächsten Gießen.
Kulturtipp: Halten Sie die Pflanze bei 12–18 °C.

Krankheiten und Schädlinge

◆ Wenn die Blätter fleckig werden, handelt es sich meist um Blattfäule, die in „verbrauchter" Luft entsteht. Vermeiden Sie unbedingt stickige Luft.

Masdevallia x Aquarius ▼

Masdevallia coccinea ▼

Masdevallia x Aquarius ▼

Masdevallia coccinea ▼

Masdevallia coccinea ▼

Masdevallia coccinea ▼

Medinilla

M. magnifica Medinille

Allgemeines

Dieser auf den Philippinen beheimatete Strauch bekommt herrliche, sehr exotisch aussehende Blüten. Der Stängel ist holzig und vierkantig, die Blätter groß und lederartig mit glänzendem Schimmer und vorstehenden, etwas blasseren Adern. Meist werden die hängenden Blüten ab Winterende bis zum Sommer gebildet. Sie bestehen aus mehreren Etagen großer rosafarbener Hochblätter, die Trauben kleiner korallenroter Blüten umhüllen. Im Topf kann die Medinille bis zu 1,50 m hoch werden.

Pflege

Medinilla eignet sich eher für das Gewächshaus als für die Wohnung. Sie braucht Wärme, hohe Luftfeuchtigkeit und viel Licht, im Winter 8 Wochen bei 11–15 °C.

Vermehrung: Sie erfolgt durch endständige Stecklinge, gelingt in der Wohnung nur schwer.

Gut zu wissen

Wenn sich die Blütenknospen bilden, dürfen Sie die Pflanze nicht mehr bewegen.

Medinilla magnifica ▼

Kulturbedingungen

Wasserbedarf und Luftfeuchtigkeit: Während des Wachstums regelmäßig mit weichem, temperiertem Wasser gießen und das Substrat immer leicht feucht halten. Im Winter Wassergaben reduzieren und erst dann gießen, wenn die Blütenschäfte sichtbar werden. Den Topf auf einen Untersetzer mit feuchtem Kies stellen und die Blätter täglich besprühen.
Lichtansprüche: Hell, Sonnenlicht im Sommer durch leichten Vorhang dämpfen.
Dünger: Im Frühjahr und Sommer alle 2 Wochen einen Blühpflanzendünger verabreichen.
Umtopfen und Substrat: Falls nötig, gegen Ende des Winters in Einheitserde umtopfen, die mit Torf, Blätterkompost und Sand angereichert wurde.
Kulturtipp: Die Bildung der Blütenknospen wird angeregt, wenn die Pflanze bei 15–18 °C an einem hellen Standort überwintert.

Krankheiten und Schädlinge

◆ Schildläuse an der Blattunterseite entfernt man mit einem in Alkohol getränkten Wattestäbchen oder durch Einsatz eines systemisch wirkenden Insektizids.
◆ Bei Spinnmilbenbefall entfärben sich die Blätter und trocknen ein. Luftfeuchtigkeit erhöhen. Behandeln Sie notfalls mit einem Akarizid.

▲ *Medinilla magnifica*

➤ **Megaskepasma** siehe unter *Ruellia*

➤ **Metrosideros** siehe unter *Callistemon*

Mikania

Mikanie

Allgemeines

Die Gattung *Mikania* gehört zur Familie der Korbblütler. Sie umfasst zahlreiche holzige oder krautige Kletterpflanzen, die in tropischen oder warm-gemäßigten Gebieten wachsen. Die am häufigsten kultivierte Art ist ***Mikania ternata.*** Sie bildet lange herabhängende Triebe, an denen fünflappige, tief ausgezackte flaumige Blätter sitzen, die an der Oberseite grün, an der Unterseite purpurrot sind. Die Blüten sind klein und kugelförmig. Topfpflanzen gelangen nur selten zur Blüte.

Pflege

Die Pflanzen sind leicht zu pflegen, müssen aber im Winter kühl stehen.
Vermehrung: Im Frühjahr Stecklinge schneiden und in einem feuchten Sand-Torf-Gemisch bei 22–25 °C unter einer Plastikhaube bewurzeln.

Tipp

Pinzieren Sie die Triebe, wenn die Pflanze sparrig wächst. Wird sie an der Basis unansehnlich, verjüngt man durch Stecklinge.

Krankheiten und Schädlinge

◆ Wenn die Blätter sich entfärben und eintrocknen, sind sie von Spinnmilben befallen. Luftfeuchtigkeit erhöhen, indem man die Pflanze auf ein feuchtes Kiesbett stellt. Falls erforderlich, ein Akarizid oder Nützlinge einsetzen.

Kulturbedingungen

Wasserbedarf und Luftfeuchtigkeit: Während des Wachstums regelmäßig gießen, damit die Erde etwas feucht bleibt. Bei niedrigeren Temperaturen die Wassergaben reduzieren. Die Luftfeuchtigkeit im Umfeld der Pflanze muss hoch sein.
Lichtansprüche: Hell, im Sommer indirekt.
Dünger: Im Frühjahr und Sommer alle 2 Wochen einen Grünpflanzendünger geben.
Umtopfen und Substrat: Jährlich oder alle 2 Jahre im Frühjahr in eine Mischung aus Humus und guter Gartenerde umtopfen.
Kulturtipp: *Mikania* wird in einem hellen, kühlen Zimmer (12–15 °C) überwintert.

Mikania ternata ▼

Miltoniopsis

Stiefmütterchenorchidee

Allgemeines

Die Stiefmütterchen ähnelnden großen flachen, oft duftenden Blüten tragen eine Zeichnung an der Basis der Lippe. Es gibt zahlreiche Hybriden von *Miltoniopsis*, von reinem Weiß bis zu tiefem Rot, dazwischen finden sich zarte Nuancen von Gelb und Rosa. Die Pflanze bildet grüne Pseudobulben, an denen ovale, hellgrüne Blätter sitzen. Diese Orchideen stammen aus Berggebieten und mögen daher eine kühle und feuchte Umgebung.

Pflege

Die Pflege wird erschwert durch die notwendige kühle Umgebung.

Vermehrung: Man teilt die Pseudobulben, wenn sie über den Topfrand hinauswachsen.

Kulturbedingungen

Wasserbedarf und Luftfeuchtigkeit: Das ganze Jahr über regelmäßig, aber nicht übertrieben mit weichem Wasser gießen. Sorgen Sie für gute Luftfeuchtigkeit und Luftaustausch. Bei trockener Luft besprühen Sie die Pflanze, ohne die Blüten und jungen Triebe zu benetzen.

Lichtansprüche: Hell, indirektes Licht.

Dünger: Im Frühjahr und Sommer alle 2 Wochen einen Orchideendünger geben, in der übrigen Zeit des Jahres alle 3–4 Wochen.

Umtopfen und Substrat: Alle 1–2 Jahre nach der Blüte in ein Substrat für epiphytische Orchideen umtopfen. Am besten benutzen Sie etwas schmalere Töpfe.

Kulturtipp: Tagsüber braucht *Miltoniopsis* 18 °C und 13–15 °C bei Nacht. Im Sommer sollte die Temperatur nicht mehr als 22–24 °C betragen.

Krankheiten und Schädlinge

◆ Wenn die Blätter bleich werden und eintrocknen, handelt es sich um Spinnmilbenbefall. Verbessern Sie die Luftfeuchtigkeit, besprühen Sie die Blätter häufig. Notfalls setzt man ein Akarizid oder Nützlinge ein.

Miltoniopsis ▼

➤ ***Monstera*** siehe unter *Philodendron*

Muehlenbeckia

Mühlenbeckie, Drahtstrauch

Allgemeines

Zu dieser Gattung zählen etwa 15 Arten von Sträuchern und Kletterpflanzen, die in den felsigen Gebieten und in den Wäldern Ozeaniens und Südamerikas heimisch sind. Als Topfpflanze, wie z. B. ***Muehlenbeckia complexa,*** bildet sie lange, windende Triebe mit dunkelgrünen, rundlichen Blättern und im Sommer kleine unscheinbare grünlich weiße Blüten. Da sie Kälte gut verträgt, werden oft mehrere Exemplare zu herbstlichen Arrangements zusammengepflanzt. Manchmal werden sie auch zu kunstvollen Figuren geschnitten.

Pflege

Die Pflanzen stehen am besten kühl und luftig. Da sie sehr wüchsig sind, ist ein regelmäßiger Schnitt erforderlich.

Vermehrung: Im Frühjahr Kopfstecklinge schneiden und zu mehreren in einem feuchten Sand-Torf-Gemisch unter einer Plastikhaube bewurzeln.

● Verwandte Gattung

Leptinella wachsen büschelig und kriechend und sind in denselben Gegenden beheimatet. Oft haben sie duftende, gelappte oder gefiederte Blätter. Die sommerlichen Blüten erinnern an Knöpfe.

Kulturbedingungen

Wasserbedarf und Luftfeuchtigkeit: Während des Wachstums mäßig gießen, ohne Wasser im Untersetzer stehen zu lassen. Im Winter die Wassergaben der Temperatur anpassen.

Lichtansprüche: Hell, im Sommer indirekt.

Dünger: Im Frühjahr und Sommer alle 2 Wochen einen Grünpflanzendünger verabreichen.

Umtopfen und Substrat: Alle 1–2 Jahre im Frühjahr in Anzuchterde umtopfen, die mit Grobsand aufgelockert ist.

Kulturtipp: Stellen Sie die Pflanze im Winter in ein kühles helles Zimmer, eine Veranda oder ein mäßig temperiertes Gewächshaus. Starke Fröste werden nicht vertragen, in mildem Klima überwintern sie aber im Freien.

Krankheiten und Schädlinge

◆ Klebrige und deformierte Blätter sind ein Hinweis auf Blattläuse an den Trieben. Ein Insektizid oder der Einsatz von Schlupfwespen helfen.

Leptinella dioica ▲

Muehlenbeckia complexa ▼

Murraya

Orangenraute

Allgemeines

Zu dieser Gattung zählen einige Arten dornenfreier Bäume und Sträucher mit zusammengesetzten Blättern. Manche dieser Pflanzen eignen sich als Bonsais, z. B. ***Murraya paniculata*** (syn. *M. exotica*). In seinem natürlichen Lebensraum in Südostasien kann dieser Baum 3 m hoch werden. Seine immergrünen Blätter bestehen aus 9–11 ovalen Fiedern in glänzendem Dunkelgrün. Im Frühjahr bekommt er kleine weiße duftende Blüten, die zu roten Beeren reifen.

Pflege

Die ursprünglich tropische Pflanze braucht Wärme und verträgt keine kalte Zugluft.

Vermehrung: 8–10 cm lange halbverholzte Stecklinge schneiden und in einem feuchten Sand-Torf-Gemisch unter einer Haube mit Wärme von unten bewurzeln. Sehr schwierig.

● Verwandte Arten und Sorten

Die nah verwandte Art ***Murraya koenigii*** (Curryblatt) wird auf der Insel Réunion unter dem Namen Caloupilé kultiviert. Ihre in lanzettliche Fiedern geteilten sehr aromatischen Blätter sind ein typisches Gewürz der indischen und kreolischen Küche.

▼ *Murraya paniculata*

▲ *Murraya paniculata*

Kulturbedingungen

Wasserbedarf und Luftfeuchtigkeit: Während des Wachstums mit weichem Wasser gießen, und das Substrat feucht halten. Im Winter je nach Raumtemperatur seltener gießen. Besprühen Sie die Blätter täglich mit temperiertem, weichem Wasser.

Lichtansprüche: Sehr hell, keine Mittagssonne.

Dünger: Im Frühjahr und Sommer alle 2–3 Wochen einen Grünpflanzendünger geben.

Umtopfen und Substrat: Alle 2 Jahre im Frühjahr in Anzuchterde pflanzen, der etwas Torf und Sand untergemischt wurde.

Kulturtipp: Die Pflanze muss an einem sehr hellen Platz bei mindestens 15 °C überwintern.

Krankheiten und Schädlinge

◆ Bei Berührung der Pflanze fliegen Weiße Fliegen sofort auf. Die saugenden Insekten sind schwer zu bekämpfen. Man muss mehrmals etwa alle 8–10 Tage ein Insektizid einsetzen.

Musa

Banane

Allgemeines

Bananen zählen zu den Stauden und sind in verschiedenen tropischen Gebieten der Welt beheimatet. Sie haben große wirtschaftliche Bedeutung. Die großen ruderförmigen Blätter bilden mit ihrer scheidenförmigen Basis einen Scheinstamm. In ihrem natürlichen Lebensraum können manche Arten 5 m hoch werden. Von ***Musa acuminata,*** einer asiatischen Art, wurden zahlreiche Sorten hauptsächlich wegen ihrer Früchte gezüchtet. **'Dwarf Cavendish'** ist eine kompakte Zwergform, die auch im Haus gedeiht. Im Topf wächst diese Banane 1–2 m in die Höhe. Die mittelgrünen Blätter werden 60–90 cm lang und 30 cm breit. Der Blütenschaft besteht aus hängenden Blütenständen mit purpurfarbenen lederartigen Hochblättern. Die 5 cm großen Blüten erscheinen im Juni und Juli und reifen zu essbaren Früchten.

Pflege

Die Bananenstaude braucht Wärme und Feuchtigkeit. Im Sommer ins Freie an einen windgeschützten Platz stellen.

Vermehrung: Teilen Sie beim Umtopfen die verzweigten Rhizome.

Gut zu wissen

Die Banane stirbt nach der Blüte ab. Man entfernt die Blütenschäfte, nach der Fruchtreife, dann bilden sich Ableger am Fuß der Pflanze.

Musa acuminata ▼

➤ ***Muscari*** siehe unter *Crocus*

➤ ***Narcissus*** siehe unter *Hyacinthus*

Kulturbedingungen

Wasserbedarf und Luftfeuchtigkeit: Von April bis September ist der Wasserbedarf hoch, im Herbst und Winter niedriger. Sorgen Sie für genügend Luftfeuchtigkeit im Umfeld der Pflanze.
Lichtansprüche: Hell, indirektes Licht.
Dünger: Im Frühjahr und Sommer alle 2 Wochen einen Grünpflanzendünger geben.
Umtopfen und Substrat: Alle 2 Jahre in Einheitserde pflanzen, die mit Torf angereichert wurde.
Kulturtipp: *Musa* liebt eine warme und feuchte Umgebung. Ideal gedeiht sie im warmen Gewächshaus.

Krankheiten und Schädlinge

◆ Spinnmilben, die sich in warmer, trockener Umgebung vermehren, findet man häufiger. Erhöhen Sie die Luftfeuchtigkeit durch Besprühen der Blätter. Notfalls ein Akarizid oder Raubmilben einsetzen.

Musa 'Laterita' ▼

Musa uranoscopos ▼

Musa 'Tropicana' ►

Nematanthus

N. gregarius
Goldfischpflanze, Bauchblume
syn. *Hypocyrta radicans*

Allgemeines
Die in den tropischen Wäldern Brasiliens beheimatete Pflanze wird 40 cm hoch. An ihren kriechenden, manchmal kletternden Trieben sitzen 2–4 cm lange fleischige, grün glänzende Blätter. Im Sommer ist die Pflanze mit kleinen orangefarbenen Röhrenblüten übersät.

Pflege
Die Pflanze braucht eine ausgedehnte Winterruhe bei 13–15 °C, ansonsten ist sie pflegeleicht.

Vermehrung: Im Frühjahr 8–10 cm lange endständige Stecklinge schneiden und in eine feuchte Sand-Torf-Mischung (1 : 1) pflanzen. Bei 20–22 °C unter Folie bewurzeln lassen.

Krankheiten und Schädlinge

◆ Klebrige und deformierte Blätter sind ein Hinweis auf Blattläuse. Man verwendet ein geeignetes Insektizid oder setzt Nützlinge ein.

Kulturbedingungen

Wasserbedarf und Luftfeuchtigkeit: In der Wachstumsperiode so viel gießen, dass das Substrat feucht bleibt. Entsprechend der Raumtemperatur reduziert man im Winter die Wassergaben.
Lichtansprüche: Hell, aber keine volle Sonne.
Dünger: Im Frühjahr und Sommer alle 2 Wochen einen Blühpflanzendünger geben.
Umtopfen und Substrat: Alle 2–3 Jahre im Frühjahr in Einheitserde umtopfen, die mit etwas Torf aufgelockert wird.
Kulturtipp: Am Winterende die langen Triebe um die Hälfte kürzen, damit die Pflanze sich besser verzweigt. Sie lässt sich übrigens gut als Ampelpflanze halten.

▲ *Nematanthus gregarius*

Nematanthus gregarius ▶

Neoregelia

N. carolinae 'Tricolor'

Neoregelie

Allgemeines

Dieses aus den tropischen Wäldern Südamerikas stammende Bromeliengewächs bildet eine üppige Rosette aus 12–20 langen, gezähnten und grün-elfenbeinfarben, längs gestreiften Blättern. Vor der Blüte, die unabhängig von der Jahreszeit ist, färben sich die Herzblätter lebhaft rot. Diese Färbung bleibt mehrere Monate erhalten. Die eigentlichen Blüten sind weiß oder bläulich und unscheinbar und erscheinen in der Tiefe der Rosette.

Pflege

Neoregelia ist anpassungsfähig mit mittlerem Pflegeaufwand.

Vermehrung: Man löst die Ableger rund um die Pflanze, wenn sie mindestens halb so hoch wie diese sind, und pflanzt sie einzeln in Bromelienerde.

Kulturbedingungen

Wasserbedarf und Luftfeuchtigkeit: Das ganze Jahr über mäßig mit weichem Wasser gießen und darauf achten, dass die Rosette bis zur Blüte stets mit Wasser gefüllt ist. Die Blätter bei Wärme häufig besprühen.

Lichtansprüche: Hell, außer im Winter keine direkte Sonne.

Dünger: Im Frühjahr und Sommer alle 2–3 Wochen einen Grünpflanzendünger in halber Dosierung geben.

Umtopfen und Substrat: Umtopfen ist nur selten erforderlich, da die Mutterpflanze nach der Blüte abstirbt.

Kulturtipp: Will man die jungen Pflanzen zum Blühen bringen, muss man ihre Bedürfnisse beachten. Neoregelia ist eine wärmebedürftige Pflanze (mindestens 15–16 °C).

Krankheiten und Schädlinge

◆ Kleine braune Erhebungen auf den Blättern deuten auf Schildläuse hin. Mit einem in Alkohol getränkten Wattestäbchen entfernen, ein systemisch wirkendes Insektizid oder Schlupfwespen einsetzen.

Neoregelia concentrica ▼

Neoregelia carolinae 'Tricolor' ▼

Neoregelia 'Flandria' ▼

Neoregelia carolinae 'Tricolor' ▼

Nepenthes

Kannenstrauch

Allgemeines

Zu dieser Gattung gehören 70 Arten insektenfangender Pflanzen, die in den Sumpfgebieten der tropischen Regenwälder wachsen, einige auch epiphytisch auf Bäumen. Die Mittelrippe der 5–7 cm langen lanzettlichen bis bandförmigen, mittelgrünen Blätter läuft in eine Ranke aus, die in eine hohle Kanne mündet. Der gestreifte Rand der Öffnung produziert eine Flüssigkeit, die Insekten und kleinere Tierchen anlockt. Diese stürzen in die Falle, ertrinken und dienen als zusätzliche Stickstoffquelle. Je nach Kulturbedingungen schwankt die Größe dieser wüchsigen Pflanze. Sie kann im Frühjahr zurückgeschnitten werden. Es gibt zahlreiche Hybriden.

Pflege

Die Kultivierung ist sehr schwierig. Die Pflanze ist unter anderem auf hohe Luftfeuchtigkeit angewiesen.

Vermehrung: *Nepenthes* kann durch Samen, Stecklinge oder Absenker vermehrt werden. Für den Laien ist das jedoch schwierig.

Nepenthes rafflesiana ▼▶

Krankheiten und Schädlinge

◆ Wenn *Nepenthes* keine Kannen mehr entwickelt, ist wahrscheinlich die Luft zu trocken. Besprühen Sie die Pflanze mehrmals am Tag.

Kulturbedingungen

Wasserbedarf und Luftfeuchtigkeit: Während des Wachstums jeden zweiten Tag gießen. Das Substrat muss feucht bleiben, im Untersetzer darf aber kein Wasser stehen. Das Gießwasser muss vollkommen kalkfrei sein und immer Zimmertemperatur haben. Im Winter zweimal wöchentlich gießen. Die maximale Luftfeuchtigkeit von etwa 90 % kann mithilfe eines Luftbefeuchters erzeugt werden.
Lichtansprüche: Hell, keine direkte Sonne.
Dünger: Im Frühjahr und Sommer alle 10 Tage einen Orchideendünger geben. Im Winter düngt man einmal im Monat.
Umtopfen und Substrat: Alle 2 Jahre im Frühling in eine lockere Mischung aus 40 % Kiefernrinde, 40 % Perlit und 20 % Torf in Lattenkörbchen umpflanzen.
Kulturtipp: Das Substrat darf nicht dauernd nass sein, aber auch nicht austrocknen. Die Temperatur richtet sich nach dem Herkunftsgebiet der Pflanzen: bei Pflanzen aus Regionen unter 1000 m Höhe 24 °C am Tag und 15–21 °C nachts, bei Pflanzen aus größeren Höhen 18 °C am Tag und 10 °C in der Nacht.

Nepenthes tobaicca ▼

Nepenthes dicksoniana ►

Nepenthes alata ▼

Nepenthes madagascariensis ▼

Nephrolepis

N. exaltata — Aufrechter Schwertfarn

Allgemeines

Aus dem Rhizom dieses Farns entwickeln sich bogenförmige, lange Wedel aus schmalen lebhaft grünen Fiedern mit gewelltem Rand. Bei einigen Sorten können sie über 1 m lang werden. Es gibt zahlreiche Sorten mit mehr oder weniger fein eingeschnittenen, geteilten, gefransten oder gefiederten Blättern. Auch Zwergformen sind bekannt.

Pflege

Die Pflanze ist anpassungsfähig, gedeiht aber am besten in einer Umgebung mit hoher Luftfeuchtigkeit.

Vermehrung: Beim Umtopfen im Frühjahr teilen. Die Vermehrung aus Sporen ist sehr kompliziert.

● Verwandte Arten und Sorten

Der Aufrechte Schwertfarn *Nephrolepis exaltata* 'Bostoniensis' hat größere, anfangs aufrechte, später überhängende Wedel.

Bei *N. exaltata* 'Elegantissima' sind die Wedel zweifach gefiedert.

N. exaltata 'Gracillima' besitzt sehr schmale, dreifach gefiederte Wedel.

N. exaltata 'Hilii' ist eine sehr wüchsige Sorte mit zweifach gefiederten und geschlitzten oder gelappten Fiedern.

N. exaltata 'Mini Ruffle' hat einen gedrungenen Wuchs.

N. exaltata 'Verona' entwickelt hängende Wedel und ist eine sehr dekorative Ampelpflanze.

N. cordifolia, eine weniger wüchsige Art, wirkt eher starr. Ihre Wedel sind kürzer und schmaler als die von *Nephrolepis exaltata.*

Nephrolepis exaltata ▼

Kulturbedingungen

Wasserbedarf und Luftfeuchtigkeit: Während des Wachstums großzügig gießen, damit das Substrat feucht bleibt. Im Winter je nach Raumtemperatur Wassergaben reduzieren. Besprühen Sie täglich das Laub, damit die Spitzen der Wedel nicht austrocknen.

Lichtansprüche: Hell, keine direkte Sonne.

Dünger: Im Frühjahr und Sommer alle 2–3 Wochen Grünpflanzendünger in halber Dosierung geben.

Umtopfen und Substrat: Alljährlich zum Frühjahrsanfang in Einheitserde umtopfen, die mit Torf und Sand vermischt wurde.

Kulturtipp: Der Farn braucht genügend Platz und eine hohe Luftfeuchtigkeit. Er verträgt Zimmertemperatur, nimmt aber auch eine leichte Kühle nicht übel (15 °C).

Krankheiten und Schädlinge

◆ Kleine braune Erhebungen an den Wedeln weisen auf Schildläuse hin. Mit einem in Alkohol getränkten Wattestäbchen entfernen. Ist der Befall stark, verwendet man systemisch wirkende insektizide Stäbchen, die in die Erde gesteckt werden, denn Farne vertragen Aerosole schlecht, oder setzen Sie Nützlinge ein.

Nephrolepis exaltata 'Bostoniensis' ▼

Nephrolepis cordifolia ▼

Nertera

N. granadensis
syn. *Nertera depressa*

Nertera, Korallenmoos

Allgemeines
Die polsterbildende Pflanze mit dünnen, kriechenden und hängenden Trieben bildet kleine grüne, rundliche Blätter. Kultiviert wird sie aber vor allem wegen ihrer orangefarbenen Beeren, die wie Perlen aussehen und die Pflanze monatelang, meist vom Sommer bis in den Winter, schmücken. Die Beeren entstehen aus kleinen unscheinbaren grünlichen Blüten. Die Art stammt aus den kühlen, feuchten Gebieten Südamerikas.

Pflege
Nur wenn man einen kühlen Raum zur Verfügung hat, kann die Pflanze mit gezielter Pflege längere Zeit kultiviert werden, ansonsten trennt man sich nach der Fruchtreife von ihr.
Vermehrung: Teilung der Pflanze im Frühjahr oder Aussaat im März.

Gut zu wissen
Um den Fruchtansatz zu fördern, kann die Pflanze manuell bestäubt werden, d. h., der Pollen wird mit einem feinen Pinsel von einer Blüte auf die andere übertragen.

Kulturbedingungen
Wasserbedarf und Luftfeuchtigkeit: Das Substrat muss ständig feucht sein, aber keine Staunässe aufweisen. Nach der Reife weniger gießen, bis die Pflanze wieder zu blühen beginnt. Damit die Blätter nicht faulen, gießt man in den Untersetzer. Bei warmer Umgebung stellen Sie den Topf auf einen Untersetzer mit feuchtem Kies.
Lichtansprüche: Hell, keine direkte Sonne.
Dünger: Von der Blüte bis zur Reifung der Beeren einmal im Monat einen schwach dosierten Dünger geben.
Umtopfen und Substrat: Im Frühjahr in Einheitserde umtopfen, die mit Grobsand oder Perlit vermischt wird. Auch Kakteensubstrat ist geeignet.
Kulturtipp: Stellen Sie die Pflanze, während sie Beeren trägt, in ein luftiges, kühles Zimmer (16–18 °C). Im Winter steht *Nertera* am besten bei 10–12 °C in einem kühlen Wintergarten.

Krankheiten und Schädlinge
◆ Wenn sich die Blätter im Winter schwarz verfärben, wurde übermäßig gegossen. Die Wurzeln faulen bei zu viel Feuchtigkeit.

Nertera granadensis ▶

Nertera granadensis ▼

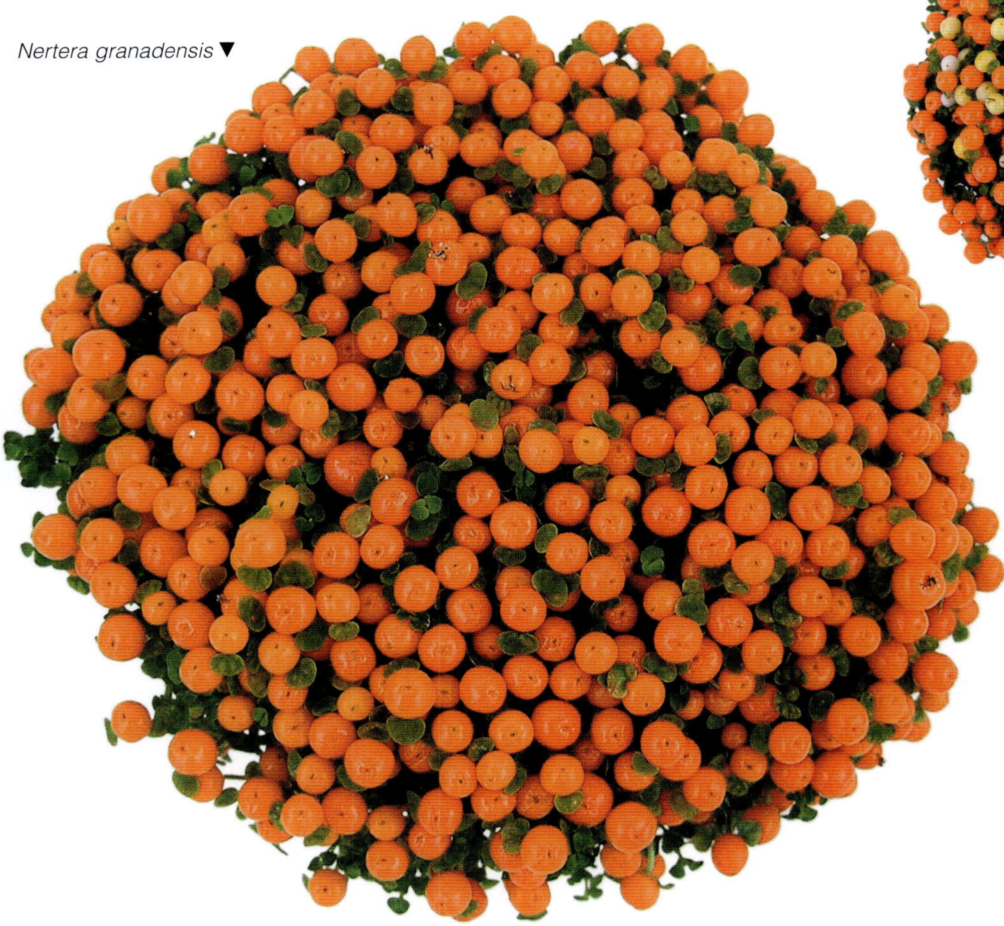

Nidularium

N. billbergioides Nestrosette
syn. *Canistropsis billbergioides*

Allgemeines
Als breite Rosette aus leuchtend grünen, bandförmigen, spitz zulaufenden Blättern wächst das Bromeliengewächs aus den Regenwäldern Brasiliens. Der Blütenstand erhebt sich mittig, deutlich höher als die Blätter. Er besteht aus röhrenförmigen weißen Blüten, die von sehr haltbaren orangefarbenen Hochblättern umgeben sind. *Nidularium* kann das ganze Jahr über zur Blüte gelangen. Bei der Sorte **'Citrinum'** ist die Rosette kleiner, und den sternförmigen Blütenstand zieren zitronengelbe Hochblätter.

Pflege
Die Pflanzen sind nicht ganz pflegeleicht, brauchen eine hohe Luftfeuchtigkeit und einen eher schattigen Platz.

Vermehrung: Man trennt die Triebe, die sich an der Basis der Pflanze gebildet haben, ab, wenn sie etwa 10 cm lang sind, und pflanzt sie in Töpfe. Die Blüte erscheint nach 2–3 Jahren.

Gut zu wissen
Wie alle Bromeliengewächse, geht auch die Nestrosette nach der Blüte zugrunde, doch ist sie leicht durch die Ableger zu ersetzen.

Krankheiten und Schädlinge
◆ Wenn die Blattspitzen eintrocknen, ist die Luft zu trocken. Besprühen Sie die Blätter häufiger. Eine oder mehrere Schalen mit Wasser um die Pflanze aufstellen.

Kulturbedingungen
Wasserbedarf und Luftfeuchtigkeit: Während des Wachstums regelmäßig gießen. Im Herzen der Rosette sollte immer etwas Wasser stehen, das alle 2 Wochen erneuert werden muss. Während des Winters hält man die Rosette wasserfrei und gießt selten. Verwenden Sie stets weiches Wasser. Erhöhte Luftfeuchtigkeit wird erreicht, indem man die Pflanze auf einen Untersetzer mit feuchtem Kies stellt und die Blätter häufig besprüht.

Lichtansprüche: Hell, indirektes Licht.

Dünger: Im Frühjahr und im Sommer alle 2–3 Wochen einen Grünpflanzendünger in halber Dosierung geben.

Umtopfen und Substrat: Die Ableger in Bromelienerde pflanzen. *Nidularium* fühlt sich wohl in Töpfen mit 8–10 cm Durchmesser.

Kulturtipp: In voller Sonne verbrennen die Blätter. Die Temperatur darf nicht unter 18 °C fallen.

● Verwandte Arten und Sorten
Nidularium fulgens und seine Sorten werden häufig kultiviert. Blassgrüne, riemenförmige Blätter mit dunkelgrünen Punkten und leuchtend rote, lanzettliche Hochblätter sind typisch.

N. ***innocentii*** bekommt dunkelgrüne, auf der Unterseite stark glänzende Blätter und eine Rosette aus rotbraunen Hochblättern, die um grünlich weiße Blüten stehen. Die Blätter der Sorte **'Lineatum'** sind weiß gestreift. **'Nana'** hat kürzere, auf der Unterseite purpurne Blätter.

N. ***regelioides*** bildet hellgrüne, dunkelgrün überhauchte Blätter und eine Rosette von leuchtend roten Hochblättern um rote und weiße Blüten.

Nidularium billbergioides 'Citrinum' ▼

Odontoglossum

Zahnzungen

Allgemeines

Zu dieser Gattung zählen etwa 100 epiphytische Orchideen, die in Zentral- und Südamerika in 2000–3000 m Höhe wachsen. Unzählige Hybriden, darunter viele intergenerische (Bastarde zwischen zwei oder mehreren Gattungen), sind daraus hervorgegangen. *Odontoglossum*-Arten bilden grüne Pseudobulben, an deren Ende 1–3 schmale, ovale mittelgrüne Blätter sitzen. Die Blütenstiele der einzelnen Hybriden wachsen aus der Basis der Pseudobulben und sind aufrecht oder gebogen. Sie tragen zahlreiche Blüten, in nach Sorten variierenden Formen und Farben.

Pflege

Die Pflanzen mögen es nicht zu warm, nachts müssen die Temperaturen deutlich absinken. Sie sind deshalb nicht leicht zu kultivieren. Einige intergenerische Hybriden vertragen Wärme besser.

Vermehrung: Beim Umtopfen mindestens 3 Rückbulben mit einem Trieb abtrennen. Bis zur Bewurzelung in eine Plastiktüte mit feuchtem Perlit geben.

Gut zu wissen

Die berühmte Hybride *Vuylstekeara cambria,* deren Sorten 'Edna' und 'Plush' Verkaufsrekorde erzielten, gehört ebenfalls zu dieser Gruppe. Bei den Gärtnern steht die Bezeichnung *Cambria* inzwischen für Hybriden komplexer Herkunft, die unter anderem wegen ihrer relativ unproblematischen Pflege gezüchtet wurden.

▼ *Odontoglossum* Burkhard 'Holm Gera'

Kulturbedingungen

Wasserbedarf und Luftfeuchtigkeit: Während die Pseudobulben an Umfang zunehmen regelmäßig mit weichem Wasser gießen. Das Substrat darf nie ganz austrocknen. Bei kühlem Wetter gießt man seltener. Immer für hohe Luftfeuchtigkeit sorgen.

Lichtansprüche: Hell, bei sommerlicher Mittagssonne schattieren.

Dünger: Während des Wachstums alle 2 Wochen Orchideendünger geben.

Umtopfen und Substrat: Wenn die neuen Triebe ausreichend entwickelt sind und neue Wurzeln erscheinen, topft man in Orchideenspezialerde um. Warten Sie etwa 10–14 Tage, bevor Sie anfangen zu gießen.

Kulturtipp: Bei Temperaturen über 24 °C braucht *Odontoglossum* Schatten und hohe Luftfeuchtigkeit durch Besprühen der Blätter. Der Temperaturunterschied zwischen Tag und Nacht sollte 8–10 °C betragen.

Rossioglossum grande ►

Krankheiten und Schädlinge

◆ Wenn weiße wollige Gebilde an der Blattbasis auftreten, handelt es sich um Schmierläuse. Mit einem in Alkohol getauchten Wattestäbchen entfernen. Bei starkem Befall setzt man ein geeignetes Insektizid oder Schlupfwespen ein.

● Verwandte Arten und Sorten

Die nachstehend genannten intergenerischen Hybriden – Kreuzungen zwischen 2 oder 3 Gattungen – stellen ähnliche Ansprüche an die Pflege: ***Odontocidium*** *(Odontoglossum* x *Oncidium),* ***Odontioda*** *(Odontoglossum* x *Cochlioda),* ***Vuylstekeara*** *(Odontoglossum* x *Cochlioda* x *Miltonia)* und ***Wilsonara*** *(Odontoglossum* x *Cochlioda* x *Oncidium).*

◄ x *Vuylstekeara cambria* 'Plush'

Odontoglossum cordatum ▲

▼ *Odontoglossum rossii*

Oncidium

Schwielenorchideen

Allgemeines

Zu dieser Gattung gehören etwa 450 Orchideenarten in sehr verschiedenen Formen und Größen. *Oncidium* ist Bestandteil zahlreicher Hybridzüchtungen mit anderen Gattungen, z. B. mit *Odontoglossum*. Da die Oncidien aus ganz verschiedenen Lebensräumen stammen, unterscheiden sich auch ihre Kulturbedingungen, vor allem die Ansprüche an die Temperatur. Bei den Blüten dominiert im Allgemeinen die Farbe Gelb, dazu eine vorstehende Lippe. Bei Kreuzungen mit *O. ornithorhynchum* zeigen Blüten Nuancen von Rot oder Rosa.

Pflege

Sehr verschiedene, mehr oder weniger anspruchsvolle Orchideen gibt es in dieser Gruppe. Suchen Sie sich die für Sie passendste aus.

Vermehrung: Große Pflanzen werden beim Umtopfen geteilt.

Kulturbedingungen

Wasserbedarf und Luftfeuchtigkeit: Während des Wachstums der Pseudobulben reichlich mit weichem Wasser gießen, zwischendurch das Substrat trocknen lassen. In der Ruhezeit seltener gießen oder nur leicht die Oberfläche des Substrats besprühen. Für hohe Luftfeuchtigkeit sorgen. Blätter von sukkulenten Oncidien nicht benässen.

Lichtansprüche: Sukkulente Oncidien müssen sehr hell stehen. Arten mit Pseudobulben brauchen weniger Licht.

Dünger: Während der aktiven Wachstumsphase alle 14 Tage einen Orchideendünger geben.

Umtopfen und Substrat: Alle 2 Jahre, wenn die Pflanze einen neuen Trieb bekommt, in Spezialorchideenerde umtopfen. Benutzen Sie kleine Töpfe.

Kulturtipp: Informieren Sie sich beim Kauf von Oncidien gut über deren Bedürfnisse. Die meisten dieser Orchideen gewöhnen sich jedoch an Temperaturen im Bereich von 18–25 °C am Tag und 13–16 °C in der Nacht.

Krankheiten und Schädlinge

◆ Wenn die Blätter blass und gelb werden, vermehren sich in warmer, trockener Umgebung Spinnmilben. Luftfeuchtigkeit erhöhen durch Besprühen der älteren Blätter. Notfalls setzt man ein Akarizid oder Raubmilben ein.

Oncidium boissiense ▼

▼ *Oncidium kramerianum*

Opuntia

Opuntie, Feigenkaktus

Allgemeines

Eine umfangreiche, verschiedenartige Gattung mit etwa 200 Arten aus den trockenen Gebieten Amerikas. Typisch sind die flachen ohrenförmigen Segmente (oder Glieder) für eine Untergattung, andere bilden rundliche Sprossglieder. Der Feigenkaktus ***(Opuntia ficus-indica)*** wächst in Südfrankreich und bringt essbare Früchte hervor. Als Zimmerpflanzen werden hauptsächlich ***Opuntia microdasys*** und einige ihrer Sorten kultiviert. Der langsam wachsende Kaktus wird selten höher als 40 cm und gelangt in Wohnungen nicht zur Blüte. Er hat 6–15 cm lange ovale, mittelgrüne Segmente, dicht mit Warzen besetzt, aus denen kleine Büschel winziger Dornen (Glochidien) sprießen. Bei ***O. microdasys*** sind sie gelb, bei ***O. microdasys*** var. ***albispina*** weiß und bei ***O. rufida*** (syn. *O. microdasys* var. *rufida*) rötlich braun. ***O. robusta*** hat glatte, dicke bläulich grüne Segmente. In den braunen Warzen sitzen rötliche Glochidien, in den oberen einige blassgelbe bis weißliche Dornen.

Pflege

In einem sehr hellen Zimmer bereitet die Pflege keine Probleme.
Vermehrung: Im Frühjahr oder Sommer Sprossglieder ablösen und 2–3 Tage antrocknen lassen. In feuchtem Substrat bewurzeln sie sich in wenigen Wochen.

Gut zu wissen

Glochidien dringen leicht in die Haut ein und sind schwer zu entfernen. Sie können heftige Hautreaktionen auslösen. Stellen Sie die Pflanze außer Reichweite von Kindern und nicht in die Hauptgehwege im Haus.

Kulturbedingungen

Wasserbedarf und Luftfeuchtigkeit: Während des Wachstums mäßig gießen, das Substrat zwischendurch antrocknen lassen. Im Winter sparsam gießen. Die Segmente dürfen nicht nass werden.
Lichtansprüche: So viel Sonne wie möglich.
Dünger: Im Frühjahr und Sommer alle 3–4 Wochen einen Kakteendünger geben.
Umtopfen und Substrat: Alljährlich im Frühjahr in Kakteenerde umtopfen. Benutzen Sie dabei Gartenhandschuhe.
Kulturtipp: Im Winter benötigt *Opuntia microdasys* Temperaturen über 10 °C, sonst bekommen die Sprossglieder braune Flecken.

Krankheiten und Schädlinge

◆ Der Kaktus wird manchmal von Schmierläusen befallen, die an den wattigen Gebilden erkennbar sind. Mit einem in Alkohol getränkten Wattestäbchen entfernen, ein systemisch wirkendes Insektizid oder Schlupfwespen einsetzen.

▲ *Opuntia microdasys*

Opuntia microdasys ▶

➤ ***Orchideen*** *siehe unter* ***Calanthe, Cattleya, Cymbidium, Doritaenopsis, Epidendrum, Euanthe, Ludisia, Masdevallia, Miltoniopsis, Odontoglossum, Oncidium, Paphiopedilum, Phalaenopsis, Vanda, Zygopetalum***

Oxalis

O. triangularis Sauerklee

Allgemeines

Diese rhizombildende Sauerkleeart stammt aus Brasilien, wo sie auf Moorböden in der Sonne wächst. Sie wird 25–30 cm hoch und hat attraktive langstielige Blätter, die aus vier purpurfarbenen dreieckigen Lappen zusammengesetzt sind. Das Laub erinnert an Kleeblätter. Im Sommer erscheinen zahlreiche blassrosafarbene Blüten.

Pflege

Die Pflanze benötigt einen sehr hellen Standort.
Vermehrung: Am besten klappt die Vermehrung durch Kopfstecklinge im Frühjahr, die bei gespannter Luft und 25 °C bewurzeln.

Oxalis triangularis ▲

Kulturbedingungen

Wasserbedarf und Luftfeuchtigkeit: Während der Wachstumsphase großzügig gießen, jedoch kein Wasser im Untersetzer stehen lassen. Im Herbst die Wassergaben einschränken und, wenn die Blätter verwelkt sind, ganz einstellen. Im Frühjahr nimmt man das Gießen wieder auf.
Lichtansprüche: Sehr hell, im Sommer während der Mittagshitze schattiert.
Dünger: Im Frühjahr und Sommer alle 2 Wochen einen Grünpflanzendünger geben.
Umtopfen und Substrat: Im zeitigen Frühjahr, bevor das Wachstum einsetzt, werden die jungen Pflanzen in eine Mischung aus Komposterde, Gartenerde und grobem Sand umgetopft.
Kulturtipp: Man überwintert die Zwiebelchen kühl und trocken.

Oxalis 'Fanny' ►

Krankheiten und Schädlinge

◆ Wenn die Blätter klebrig werden und sich verformen, haben Blattläuse die Triebe befallen. Setzen Sie ein Insektizid oder Nützlinge ein.
◆ Weiße Fliegen schwirren bei der kleinsten Berührung der Pflanze hoch. Sie sind schwer zu behandeln. Verwendet man ein geeignetes Insektizid, muss die Anwendung konsequent alle 8–10 Tage wiederholt werden.

Oxalis triangularis ▼

Pachira

P. aquatica

Sumpfrasierpinselbaum

Allgemeines

Diese Pflanze wird oft mit geflochtenem Stamm angeboten. In der Natur ist *Pachira* ein Baum, der in den Sumpfgebieten Zentralamerikas wächst. Im Topf kann er 2 m hoch werden. Er entwickelt einen glatten Stamm oder mehrere verholzte Zweige und hat große immergrüne Blätter, die aus 5–9 glänzenden ovalen Fiedern zusammengesetzt sind. In der Wohnung kommt *Pachira* selten zum Blühen.

Pflege

Während des Wachstums wird Wärme und Luftfeuchtigkeit benötigt. Am besten kultiviert man die Pflanze im warmen Gewächshaus.

Vermehrung: Am Sommerende werden Stecklinge geschnitten, die bei Wärme unter einer Haube bewurzeln. Für Laien schwierig.

Gut zu wissen

Pachira gehört in dieselbe Familie wie *Adansonia* (Affenbrotbaum), und wie diese speichert sie Wasser in ihrem Stamm.

Pachira aquatica ▼

◄ *Pachira aquatica*

Kulturbedingungen

Wasserbedarf und Luftfeuchtigkeit: Während des Wachstums das Substrat ständig feucht halten. Es darf aber kein Wasser im Untersetzer stehen bleiben. Im Winter lässt man die oberste Substratschicht trocknen, bevor man erneut gießen. Achten Sie auf eine hohe Luftfeuchtigkeit.

Lichtansprüche: Hell, im Sommer volle Mittagssonne vermeiden.

Dünger: Im Frühjahr und Sommer alle 2–3 Wochen einen Grünpflanzendünger geben.

Umtopfen und Substrat: Im Frühjahr werden die jungen Pflanzen jährlich, die älteren alle 2–3 Jahre in Einheitserde umgetopft. Bei großen Kübelpflanzen reicht es, die obere Substratschicht auszutauschen.

Kulturtipp: Stellen Sie die Pflanze warm (mindestens 15 °C) und hell, aber vor direkter Sonne geschützt.

Krankheiten und Schädlinge

◆ Wenn die Blätter sich entfärben und eintrocknen, ist die Umgebung zu warm und zu trocken und die Pflanze von Spinnmilben befallen. Besprühen Sie die Blätter häufiger. Notfalls ein Akarizid einsetzen.

Pachypodium

P. lamerei

Dickfuß

Allgemeines

Die ausdauernden Sukkulenten stammen aus den trockenen Gebieten Südafrikas und Madagaskars. Der Stamm von *Pachypodium lamerei* ist dick, mit Dornen stark bewehrt, versehen mit größeren linealen, dunkelgrünen Blättern. In ihrem ursprünglichen Lebensraum kann die Pflanze 5–6 m hoch werden. Im Topf werden Pachypodien selten größer als 1,50 m. Alte Pflanzen können zur Blüte gelangen. Die stieltellerförmigen Blüten sind cremeweiß mit gelber Mitte.

Pflege

Die Pflanze ist fäulnisanfällig bei zu viel Feuchtigkeit. Eine Winterruhe muss unbedingt eingehalten werden.

Vermehrung: Aussaat bei 20–24 °C. Zum Frühlingsende können auch Kopfstecklinge in ein leicht feuchtes Sand-Torf-Gemisch gepflanzt werden.

Pachypodium bispinosum ▲

▲ *Pachypodium bispinosum*

Pachypodium lamerei ▼

● Verwandte Arten und Sorten

P. bispinosum bildet einen dicken Fuß, teilweise unter der Erde sitzend. Die dünnen dornigen Zweige tragen lanzettliche, hellgrüne, behaarte Blätter.

Kulturbedingungen

Wasserbedarf und Luftfeuchtigkeit: Während des Wachstums sparsam gießen. Im Winter muss die Pflanze trocken stehen.

Lichtansprüche: Volle Sonne.

Dünger: Im Frühjahr und Sommer einmal monatlich einen Kakteendünger verabreichen.

Umtopfen und Substrat: Alle 3–4 Jahre im Frühjahr wird in sehr durchlässige Kakteenerde umgetopft.

Kulturtipp: Stellen Sie die Pflanze im Winter in ein helles, kühles Zimmer (13–15 °C), und gießen Sie nicht mehr. Während dieser Zeit kann die Pflanze einen Teil ihrer Blätter verlieren.

Krankheiten und Schädlinge

◆ Kleine braune Höcker auf den Blättern sind Merkmale für Schildläuse. Mit einem in Alkohol getauchten Wattestäbchen entfernen, ein systemisch wirkendes Insektizid oder Schlupfwespen einsetzen.

Pachystachys

P. lutea

Gelbe Dickähre

Pachystachys lutea ▲

Allgemeines

Diese hübsche, aus Peru stammende Pflanze wird seit den 1960er-Jahren wieder kultiviert und ist wegen ihrer lang anhaltenden Blüte beliebt. Die Pflanze bildet dunkelgrüne lanzettliche, leicht gewaffelte Blätter. Die 5–10 cm langen endständigen Blütenähren bestehen aus goldgelben Hoch- und Deckblättern, aus denen 4–5 cm lange weiße Blüten mit zwei Lippen herauswachsen. Während die Blüte schon nach wenigen Tagen welkt, bleiben die Hochblätter lange erhalten.

Pflege

Mit etwas Erfahrung ist die Pflege einfach.

Vermehrung: Im Frühjahr 8–10 cm lange Stecklinge schneiden, die in einer feuchten Sand-Torf-Mischung bei 18–20 °C unter einer Haube bewurzeln. Nach der Bewurzelung einmal stutzen.

Krankheiten und Schädlinge
◆ Wenn die Blattspitzen braun werden, ist die Luft zu trocken. Besprühen Sie die Blätter öfter.

Pachystachys lutea ▼

Kulturbedingungen
Wasserbedarf und Luftfeuchtigkeit: Während des Wachstums so gießen, dass das Substrat feucht bleibt, aber nicht nass ist. Das Substrat im Winter vor dem Gießen einige Zentimeter tief trocknen lassen. Luftfeuchtigkeit erhöhen, indem man den Topf auf einen Untersetzer mit feuchtem Kies stellt. Besprühen Sie die Blätter (aber nicht die Blüten), wenn es warm ist. **Lichtansprüche:** Hell, indirektes Licht. **Dünger:** Im Frühjahr und Sommer alle 3 Wochen einen Blühpflanzendünger geben. **Umtopfen und Substrat:** Alljährlich im Frühjahr in Einheitserde mit Torfzusatz umpflanzen. Am Boden des Topfes eine dickere Dränageschicht auffüllen. **Kulturtipp:** Im Frühjahr kürzt man sämtliche Sprosse bis auf 15 cm. Die Pflanze verträgt keine Hitze. Die maximale Temperatur im Sommer beträgt 21 °C.

Palisota

Palisota

Allgemeines
Die im tropischen Afrika beheimatete Gattung gehört zur Familie der Commelinengewächse. Sie besteht aus Rhizomstauden mit dickfleischigen bis fehlenden Stängeln. Die großen Basalblätter sind mit rötlichen oder bräunlichen Haaren gesäumt und haben eine hellere Mittelrippe. Die kleinen Blüten sitzen an endständigen Rispen und reifen manchmal zu rotvioletten Beeren. Die Blätter von *Palisota bracteosa* zeigen eine cremefarbene Streifung entlang der Blattrippe.

Pflege
Im Gegensatz zu anderen Commelinenpflanzen ist die Pflege schwierig.
Vermehrung: Große Pflanzen beim Umtopfen teilen. Jedes Teilstück muss mehrere Blätter und gut ausgebildete Wurzeln besitzen.

Krankheiten und Schädlinge

◆ Wenn die Blätter verblassen und eintrocknen, vermehren sich Spinnmilben. Luftfeuchtigkeit erhöhen durch Besprühen der Blätter. Notfalls ein Akarizid oder Nützlinge einsetzen.

Kulturbedingungen

Wasserbedarf und Luftfeuchtigkeit: Während des Wachstums mit Wasser in Zimmertemperatur gießen, aber kein Wasser im Untersetzer stehen lassen. Im Winter gießt man seltener und lässt zwischendurch die obere Substratschicht gut trocknen. Achten Sie auf ausreichende Luftfeuchtigkeit um den Topf.
Lichtansprüche: Hell, keine direkte Sonne.
Dünger: Im Frühjahr und Herbst alle 2 Wochen einen Grünpflanzendünger geben.
Umtopfen und Substrat: Nur wenn unbedingt nötig, wird im Frühjahr umgepflanzt. „Störungen“ werden schlecht vertragen.
Kulturtipp: *Palisota* bevorzugt warme Zimmer mit hoher Luftfeuchtigkeit. Am besten ist ein Warmhaus. Die Temperatur darf nicht unter 16 °C sinken.

▲ *Palisota 'Westlandia'*

Cochliostema odoratissimum, eine verwandte Gattung von *Palisota* ▶

➤ **Palmen** siehe unter *Caryota, Chamaedorea, Chrysalidocarpus, Cocos, Cycas, Euterpe, Howea, Licuala, Livistona, Phoenix, Rhapis*

Pandanus

P. veitchii

Schraubenbaum

Allgemeines

P. veitchii, polynesischer Herkunft, hat dekorative, ananasähnliche Blätter. Auf einem kurzen verholzten Stamm entwickeln sich lange gebänderte, ledrige grün und cremefarben gestreifte Blätter, mit feinen Dornen besetzt. In der Natur bildet die Pflanze dicke Luftwurzeln, die ihr als Stützen dienen. Als Zimmerpflanze muss sie gestützt werden.

Pflege

Die Pflanze wird sehr groß, ist aber bezüglich der Luftfeuchtigkeit nicht anspruchsvoll.

Vermehrung: Im zeitigen Frühjahr die Austriebe an der Basis der Pflanze mit Wurzeln abtrennen und in ein Sand-Torf-Gemisch pflanzen. Bei 20–24 °C unter einer Haube bewurzeln lassen.

● Verwandte Arten und Sorten

Pandanus veitchii 'Compacta' ist eine gedrungene Sorte mit 40–60 cm langen kontrastreicher gestreiften Blättern.

Kulturbedingungen

Wasserbedarf und Luftfeuchtigkeit: Während des Wachstums mäßig mit weichem, handwarmem Wasser gießen, im Winter die Wassergaben reduzieren.

Lichtansprüche: Hell, aber keine pralle Sonne.

Dünger: Im Frühjahr und Sommer alle 3–4 Wochen einen Grünpflanzendünger geben.

Umtopfen und Substrat: Alle 2 Jahre im Frühling wird in Einheitserde umgetopft, der Torf und Sand untergemischt wurde. Vorsicht: Die Blattränder sind sehr scharf.

Kulturtipp: Importierter Samen wird nur selten angeboten. Säen Sie sofort aus.

Krankheiten und Schädlinge

◆ Bei Spinnmilbenbefall entfärben sich die Blätter und trocknen ein. Erhöhen Sie die Luftfeuchtigkeit durch Besprühen der Blätter. Ein Akarizid oder der Einsatz von Nützlingen schafft Abhilfe.

◄ *Pandanus veitchii*

▼ *Pandanus veitchii*

Paphiopedilum

Venusschuh

◄ *Paphiopedilum* Hybride

Allgemeines

Bei den meisten angebotenen Venusschuhen handelt es sich um Hybriden, die robuster sind als die botanischen Arten. Die Pflanze bildet relativ kurze gebänderte Blätter, die an der Basis dachziegelartig übereinanderliegen. Bei der Wildform der kühlen Gebiete sind sie gleichmäßig grün, dagegen marmoriert bei denen, die in warmen Klimaten heimisch sind. An jedem Blütenstiel sitzt eine wachsartige Blüte, mit einer pantoffelförmig ausgebildeten Lippe. Die Hybriden zeigen sich in vielen Nuancen von Weiß, Gelb, Grün, Braun, Rosa und Purpur und sind oft getupft, gestreift oder getigert.

Pflege

Die jeweiligen Ansprüche dieser Pflanzen sind abhängig von ihrer Herkunft. Bei Hybriden mit marmorierten Blättern darf der Temperaturunterschied zwischen Tag und Nacht nur gering sein.

Vermehrung: Es wird beim Umtopfen geteilt, wenn die Pflanzen zu üppig werden. Venusschuhe gedeihen besser in gedrängter Gesellschaft.

◄ *Paphiopedilum*-Hybride

➤ ***Parthenocissus*** siehe unter *Cissus*

Kulturbedingungen

Wasserbedarf und Luftfeuchtigkeit: Mäßig gießen und das Substrat zwischendurch 2 cm tief trocknen lassen. Die Blattscheide fault sehr leicht und darf deshalb nicht nass werden. Im Winter wenig gießen, ohne das Substrat ganz austrocknen zu lassen. Verwenden Sie einen mit feuchtem Kies befüllten Untersetzer.
Lichtansprüche: Im Sommer halbschattig, im Winter heller ohne direkte Sonne.
Dünger: Im Frühjahr und Sommer alle 3–4 Wochen einen Orchideendünger verabreichen.
Umtopfen und Substrat: Falls nötig, wird nach der Blüte in Orchideenspezialerde umgetopft. Danach darf 2 Wochen lang nicht gegossen werden (besprühen Sie in dieser Zeit nur täglich leicht das Substrat).
Kulturtipp: Um die Blüte anzuregen, wird die Orchidee ab Herbst nachts kühl gestellt. Der Unterschied zur Tagestemperatur sollte für Hybriden mit marmorierten Blättern 5–7 °C, für solche mit gleichmäßig grünen Blättern 8–10 °C betragen.

▲ *Paphiopedilum armeniacum*

Paphiopedilum 'Anja Beverly Hills' ▼

▲ *Paphiopedilum* 'Gina Short'

Paphiopedilum ▼

Paphiopedilum 'Van Dyck' ▼

Pavonia

P. multiflora

Pavonie

syn. *Triplochlamys multiflora*

Allgemeines

Dieser aus Brasilien stammende 2–3 m hoch werdende Strauch gehört zur Familie der Malvengewächse. Seine leuchtend roten Blüten werden auch als brasilianische Kerzen bezeichnet. An den aufrechten Sprossen sitzen ovale bis lanzettliche gezähnte grüne Blätter. Von September bis März erscheinen becherförmige purpurrote Blüten. Die roten Segmente stellen in Wirklichkeit eine zweite Reihe von Kelchblättern dar, die kleinen violetten Blütenblätter stehen zusammengerollt in der Mitte. Bei den Zimmerpflanzen bleiben die Blüten im Allgemeinen geschlossen.

Pflege

Die pflegeaufwendige Pflanze braucht sehr viel Licht und hohe Luftfeuchtigkeit. Ideal ist die Kultur im warmen Gewächshaus.

Vermehrung: Halbverholzte Stecklinge in einem Minigewächshaus mit Bodenheizung bewurzeln lassen. Verwenden Sie Bewurzelungspulver.

Krankheiten und Schädlinge

◆ Kleine braune Höcker an den Sprossen und verklebte Blätter weisen auf Schildlausbefall hin. Entfernung mit in Alkohol getränkten Wattestäbchen, mit einem systemisch wirkenden Insektizid oder mithilfe von Schlupfwespen.

◆ Wenn die Blätter sich entfärben und eintrocknen, vermehren sich bei Wärme und Trockenheit Spinnmilben. Luftfeuchtigkeit erhöhen durch Besprühen der Blätter. Notfalls ein Akarizid oder Raubmilben einsetzen.

Kulturbedingungen

Wasserbedarf und Luftfeuchtigkeit: Während des Wachstums mäßig feucht halten, mit handwarmem Wasser gießen. Im Winter die Bewässerung reduzieren. Die Luftfeuchtigkeit sollte bei 50 % liegen.

Lichtansprüche: Hell, keine direkte Sonne.

Dünger: Im Frühjahr und Sommer alle 2 Wochen einen Blühpflanzendünger geben.

Umtopfen und Substrat: Falls erforderlich, wird im Frühjahr in Einheitserde umgetopft, die mit Torf oder Perlit aufgelockert wurde.

Kulturtipp: Die Pflanze leidet unter kalter Zugluft. Im Winter darf die Temperatur nicht unter 16 °C sinken.

Pavonia multiflora ▶

Pellaea

Klippenfarn

Allgemeines

Diese Gattung umfasst annähernd 80 Arten laubwerfender oder immergrüner terrestrischer Farne, die hauptsächlich aus den warmen Regionen Amerikas stammen. Als Zimmerpflanze wird *Pellaea rotundifolia* am meisten kultiviert. Die 20–30 cm langen bogenförmigen Wedel haben eine braune lederartige Mittelrippe, an der wechselständig kleine, 2 cm lange rundliche, glänzend dunkelgrüne Blätter sitzen. Bei *P. falcata* sind die Wedel länger, die Mittelrippe ist sehr schuppig und mit 2–5 cm langen lanzettlichen Blättchen besetzt.
Kombinationen: Diese Farne lassen sich gut kombinieren und eignen sich für Glasgefäße.

Krankheiten und Schädlinge

◆ Schildläuse erkennt man an den braunen Höckern auf den Wedeln. Ein systemisch wirkendes Insektizid oder Nützlinge schaffen Abhilfe.

Kulturbedingungen

Wasserbedarf und Luftfeuchtigkeit: Das Substrat muss ständig leicht feucht sein, im Untersetzer darf aber kein Wasser stehen. Die Wassergaben im Winter reduzieren.
Lichtansprüche: Halbschattig bis hell, keine direkte Sonne.
Dünger: Im Frühjahr und im Sommer alle 2–3 Wochen einen Grünpflanzendünger verabreichen.
Umtopfen und Substrat: Jungpflanzen jährlich im Frühjahr, später alle 2–3 Jahre in Einheitserde mit Torfbeimischung umtopfen. Verwenden Sie keine tiefen Töpfe, denn die Wurzeln wachsen eher flächig.
Kulturtipp: Wenn die Umgebung warm ist, besprühen Sie ab und zu die Blätter. Klippenfarn verträgt Temperaturen bis 10 °C.

Pellaea falcata ▲

Pflege

Besser als viele andere Farne verträgt Klippenfarn relativ trockene Luft.
Vermehrung: Man teilt im Frühjahr das Rhizom. Pflanzen Sie die Wedel und Wurzeln tragenden Teilstücke in einzelne Töpfe.

▲ *Pellaea rotundifolia*

Pellionia

P. repens

Melonenbegonie

syn. *Elatostema repens*, *Pellionia daveauana*

Allgemeines

Pellionien gehören zur Familie der Nesselgewächse. Die kriechenden Kräuter sind schön gezeichnet und als Bodendecker oder Ampelpflanze verwendbar. *Pellionia repens* bildet grünrosafarbene Sprosse, die 60 cm lang werden können und mit elliptisch bis oval geformten Blättern besetzt sind. Die bläulich dunkelgrüne Blattoberseite ist grau und grün gemustert, oft mit einem Hauch Bronze, während die Unterseite rosafarben und purpurn gerändert ist.

Pflege

Eine sehr hohe Luftfeuchtigkeit ist unabdingbar. *Pellionia* gedeiht gut in Glasvitrinen und Flaschengärten.

Vermehrung: Ab März Triebstecklinge bei 22–23 °C im Minigewächshaus bewurzeln. Mehrere Pflanzen in einen Topf setzen.

Gut zu wissen

In geheitzten Zimmern gedeiht die Pflanze schlecht.

● Verwandte Arten und Sorten

Pellionia pulchra (syn. *Elatostema pulchrum*) hat malvenfarbene Sprosse und ovale Blätter mit dunkelgrüner Oberseite, hellpurpurner Unterseite und sehr dunklen langen Blattadern.

Krankheiten und Schädlinge

◆ Weiße wattige Gebilde an der Blattbasis weisen auf Schmierläuse hin. Sie können mit in Alkohol getränkten Wattestäbchen abgestreift werden. Ist der Befall sehr stark, setzt man ein systemisch wirkendes Insektizid oder Nützlinge ein.

Kulturbedingungen

Wasserbedarf und Luftfeuchtigkeit: Während der Wachstumsperiode braucht die Pflanze viel Wasser, im Winter wird weniger gegossen. Die Luftfeuchtigkeit muss über 50 % liegen.
Lichtansprüche: Hell, keine direkte Sonne.
Dünger: Im Frühjahr und Sommer alle 2 Wochen einen Grünpflanzendünger geben.
Umtopfen und Substrat: Nur wenn der Topf für die Pflanze zu eng geworden ist, wird im Frühjahr in Einheitserde mit etwas Torf umgetopft.
Kulturtipp: Stellen Sie die Pflanze im Winter außer Reichweite von Heizkörpern auf einen großen Untersetzer mit feuchtem Kies.

Pellionia repens ▲

Pentas

P. lanceolata Pentas

Allgemeines
Im Topf wird der aus tropischen Regionen stammende Strauch etwa 50 cm hoch. Die aufrechten Sprosse tragen gegenständige, lanzettliche, dunkelgrüne Blätter. Die Blüten stehen in kugeligen Trugdolden. Je nach Sorte blüht Pentas weiß bis magentafarben, dazwischen in Nuancen von Rosa bis Lavendelblau. Die Blüte dauert je nach Kultur vom Sommer bis in den Winter.

Pflege
Neben einem sonnigen Platz und hohem Wasser benötigt die Pflanze zur Blühinduktion eine Ruheperiode.
Vermehrung: Lassen Sie ab März 5–7 cm lange Stecklinge in einer Sand-Torf-Mischung unter einer Schutzhaube bei 22–24 °C bewurzeln.

Gut zu wissen
Nach 2–3 Jahren, wenn die Pflanze unansehnlich wird, verjüngen Sie sie durch Stecklinge.

Kulturbedingungen

Wasserbedarf und Luftfeuchtigkeit: Sparsam gießen, das Substrat soll nur leicht feucht bleiben. Während der Ruhephase nach der Blüte Wassergaben reduzieren. Die Erde darf aber nicht austrocknen.
Lichtansprüche: Sehr hell, mindestens 4 Stunden Sonne am Tag.
Dünger: Im Frühjahr und Sommer alle 2 Wochen einen Blühpflanzendünger geben.
Umtopfen und Substrat: Jungpflanzen werden jährlich im Frühjahr in Einheitserde umgetopft.
Kulturtipp: Gönnen Sie der Pflanze nach der Blüte eine ungefähr zweimonatige Ruheperiode. Im Winter kühl (etwa 15 °C) stellen, ein Gewächshaus oder eine helle Veranda sind optimale Standorte.

Pentas lanceolata ▶

Pentas lanceolata ▼

Krankheiten und Schädlinge

- Wenn die Blätter gelb und schlaff werden, wurde die Pflanze wahrscheinlich zu reichlich gegossen.
- Die Blätter entfärben sich und trocknen ein: In zu warmer und trockener Umgebung vermehren sich Spinnmilben. Luftfeuchtigkeit durch Besprühen der Blätter erhöhen. Notfalls ein Akarizid oder Raubmilben einsetzen.

Peperomia

P. obtusifolia

Peperomie, Zwergpfeffer

syn. *Peperomia magnoliifolia*

Allgemeines

Diese 15–30 cm hohe Peperomie bildet aufrechte, später herabhängende Triebe, die sich mit ledrigen mittelgrünen kurzgestielten Blättern schmücken. Im Frühjahr oder Sommer erscheinen 10–12 cm hohe Ähren mit weißen Blüten. *Peperomia obtusifolia* ist die am meisten im Handel zu findende Art mit gelb bis grün panaschierten Auslesen.

Kombinationen: Oft wird die Peperomie mit Zwergformen von Blühpflanzen zusammen arrangiert.

Pflege

Die Pflanze ist ziemlich robust, verträgt aber kein übermäßiges Gießen.

Vermehrung: Schneiden Sie 10 cm lange Blatt- und Triebstecklinge. Sie bewurzeln sich rasch in einer feucht gehaltenen Sand-Torf-Mischung.

Gut zu wissen

Kürzen Sie im Frühjahr die kriechenden Zweige, die sich im Winter entblättert haben. Triebspitzen pinzieren, damit die Pflanze sich besser verzweigt.

Peperomia caperata 'Schumi' ▼

KRANKHEITEN UND SCHÄDLINGE

◆ Verlieren die Blätter ihre Farbe und trocknen ein, sind Spinnmilben die Ursache. Verbessern Sie die Luftfeuchtigkeit. Falls nötig, ein Akarizid oder Nützlinge einsetzen.

▼ *Peperomia rotundifolia*

Peperomia obtusifolia ▶

◀ *Peperomia caperata* 'Helios'

Kulturbedingungen

Wasserbedarf und Luftfeuchtigkeit: Während der Vegetationszeit mäßig gießen und das Substrat zwischendurch einige Zentimeter durchtrocknen lassen. In warmer Umgebung die Blätter mit temperiertem, weichem Wasser besprühen.
Lichtansprüche: Hell, bei panaschierten Sorten etwas direkte Sonne, aber keine direkte Mittagssonne.
Dünger: Im Frühjahr und Sommer alle 3 Wochen einen Grünpflanzendünger in halber Dosierung geben.
Umtopfen und Substrat: Nur falls nötig, wird im Frühjahr in eine Mischung aus gleichen Teilen Humus und Torf umgetopft. Verwenden Sie relativ niedrige Töpfe.
Kulturtipp: Wenig Wasser, aber ausreichende Luftfeuchtigkeit ist das Geheimnis der Kultivierung. Die Temperatur sollte nicht unter 15 °C sinken.

● Verwandte Arten und Sorten

Peperomia argyreia bildet einen Horst 5–10 cm langer dicker, rundlicher und etwas spitz zulaufender Blätter. Die dunkelgrüne, silbergrau gestreifte Blattspreite wird von einem roten Blattstiel getragen. Das ganze Jahr über erscheinen Ähren cremeweißer Blüten. An den kriechenden Trieben von *P. scandens* **'Variegata'** sitzen fleischige, ovale bis elliptische hellgrüne Blätter mit breitem cremegelbem Saum.

P. caperata ist ebenso wie ihre zahlreichen Sorten sehr beliebt. Die stark gekräuselte herzförmige Blattspreite ist dunkelgrün und schimmert fast schwarz in der Tiefe der Furchen. Vom Sommer bis in den Herbst erheben sich über den Blättern rosafarbene Blütenschäfte mit Ähren weißer Blüten. **'Emerald Ripple'** hat dunkelgrüne Blätter, **'Little Fantasy'** ist eine Zwergform, die nur 8 cm hoch wird. Bei **'Luna Red'** sind Blätter und Stiele dunkelpurpurrot, während die Blätter von **'Tricolor'** blassgrün mit cremefarbenem Saum und in der Mitte rosa überhaucht sind.

◄ *Peperomia scandens*

Peperomia caperata 'Pink Lady' ▼

Peperomia caperata 'Alesi' ▼

Peperomia 'Pixie' ▼

Peperomia verticillata ▼

Peperomia pereskiifolia ►

Peperomia caperata 'Lilian' ►

Phalaenopsis

Phalaenopsis, Malayenblume

Allgemeines

Phalaenopsis sind epiphytische Orchideen. Sie haben keine Pseudobulben, bilden fleischige Wurzeln und dachziegelartig übereinanderliegende, breit ovale, dunkelgrüne Blätter. Zu jeder Jahreszeit erscheinen aufrechte und gebogene Blütenschäfte mit zum Teil über 20 großen Blüten, die an einen Schwan oder Schmetterling erinnern. Bei den Hybriden gibt es eine riesige Farbpalette, meist in Nuancen von Weiß, Rosa, Purpur und manchmal Gelb. Oft sind die Blüten mehr oder weniger gefleckt oder gestreift. Phalaenopsis blüht lange (manchmal mehrere Monate). Kleinblütige Sorten verblühen schneller.

Pflege

Phalaenopsis zählen zu den pflegeleichten Orchideen.
Vermehrung: Bilden sich kleine Pflänzchen mit kräftigen Wurzeln an den Blütenstielen (Keikis), trennt man diese ab und pflanzt sie vorsichtig in Orchideenerde. Warm stellen und sparsam gießen.

Kulturbedingungen

Wasserbedarf und Luftfeuchtigkeit: Das ganze Jahr über sparsam mit weichem, handwarmem Wasser gießen, zwischendurch das Substrat einige Zentimeter tief trocknen lassen. Man gießt niemals Wasser in das Herz der Pflanze. Stellen Sie den Blumentopf auf feuchten Kies, und besprühen Sie häufig die Blätter (aber nicht die Blüten).
Lichtansprüche: Hell, ohne direkte Sonne. Sonneneinstrahlung führt zu einer Rötung der Blätter und Verbrennungen, falls die Pflanze nicht in den Schatten gestellt wird.
Dünger: Bei Wachstumsbeginn alle 2 Wochen einen Grünpflanzendünger in halber oder Dritteldosierung, anschließend einen stark verdünnten Dünger für blühende Pflanzen geben, bis die Blüten aufzugehen beginnen.
Umtopfen und Substrat: Alle 2 Jahre im Frühjahr oder zum Herbstanfang in Orchideenerde umtopfen. Niemals eine blühende Pflanze umtopfen. Bei neu angelegten Blättern warten, bis diese ein paar Zentimeter groß sind.
Kulturtipp: Achten Sie während des ganzen Jahres auf gleichbleibende Temperatur (20–22 °C).

Krankheiten und Schädlinge

◆ Wenn weiße wattige Gebilde an der Blattbasis auftreten, hat die Pflanze Schmierläuse. Versuchen Sie, diese mit einem in Alkohol getauchten Wattestäbchen abzuwischen. Bei starkem Befall ein Insektizid oder Nützlinge einsetzen.

Phalaenopsis ►

◄ *Phalaenopsis*

◀ *Phalaenopsis pallens*

Phalaenopsis lueddemanniana ▲

Phalaenopsis 'Mivac' ▶

x *Doritaenopsis* ▼

Gut zu wissen

Man schneidet den verblühten Blütenschaft nicht an der Basis ab, sondern lässt 2 oder 3 Augen (kleine Verdickungen am Schaft) stehen. An einem dieser verbliebenen Augen entwickelt sich ein neuer Blütenschaft.

● Verwandte Arten und Sorten

Die botanischen Arten, die von spezialisierten Züchtern angeboten werden, sind in der Wohnung schwerer zu halten.

Phalaenopsis amabilis bekommt 10 cm große weiße Blüten mit einer gelb gesäumten Lippe und rot gezeichnetem Schlund.

Die dunkelgrünen Blätter von ***P. schilleriana*** sind an der Oberseite silbergrau gesprenkelt und unterseits purpurfarben. Die sehr zahlreichen Blüten sind rosa mit weißer oder gelber rötlich purpurn gefleckter Lippe.

Auch ***P. stuartiana*** besitzt silbrig gefleckte Blätter; die weißen Blüten sind purpurn gefleckt, die Lippe ist gelb und rosa.

● Intergenerische Hybriden

x *Doritaenopsis* sind intergenerische Hybriden, die durch Kreuzungen von *Phalaenopsis* und *Doritis* entstanden sind. Zwar sind sie etwas wärmebedürftiger, werden aber praktisch kultiviert wie *Phalaenopsis*. Die Blätter dieser Hybriden sind meist dick und vertragen Licht und Trockenheit besser. Oft blühen sie länger, aber nicht ein zweites Mal. Die wichtigste bei diesen Kreuzungen verwendete Art ist ***Doritis pulcherrima,*** eine asiatische Orchidee, an deren aufrechtem Schaft Blüten in dunklem Mauve mit weiß gestreifter, dunkelpurpurner Lippe sitzen. Die Blüten der Hybriden sind meist kleiner als die von *Phalaenopsis*.

Weitere intergenerische Hybriden sind x ***Ascenopsis*** *(Ascocentrum* x *Phalaenopsis)* und x ***Renanthopsis*** *(Renanthera* x *Phalaenopsis)*.

Philodendron

Baumfreund

Allgemeines

Diese Gattung umfasst etwa 330 Arten von Sträuchern, kleinen Bäumen und kletternden Pflanzen mit Luftwurzeln. Ihre Heimat sind die tropischen Regenwälder Amerikas. Die kultivierten Arten sind wegen ihrer lederartigen Blätter in sehr verschiedenen Formen und Farben beliebt. Die Altersform der Blätter sieht oft ganz anders aus als die Jugendform.

Der in der Jugend rotpurpurne ***Philodendron erubescens*** ist eine Kletterpflanze aus Kolumbien. An ihren purpurfarbenen Sprossen sitzen ovale, an der Basis herzförmige Blätter. Die an der Oberseite glänzend dunkelgrüne, unterseits kupferrote Blattspreite wird von einem 20–30 cm langen purpurnen Blattstiel getragen. An jedem Internodium entwickeln sich Luftwurzeln. An einer Stütze gezogen kann diese Pflanze mehr als 2 m hoch werden. Besonders attraktiv sind Sorten wie **'Imperial Red'** und **'Red Emerald'**. *P.* 'Burgundy' ist eine lang-

Kulturbedingungen

Wasserbedarf und Luftfeuchtigkeit: Während der Wachstumsperiode mäßig feucht halten und Staunässe vermeiden. Bei niedrigeren Temperaturen Wassergaben reduzieren. Die Blätter häufig einnebeln.
Lichtansprüche: Hell, keine direkte Sonne.
Dünger: Im Frühjahr und Sommer alle 2 Wochen einen Grünpflanzendünger geben.
Umtopfen und Substrat: Junge Pflanzen alljährlich in eine Mischung aus gleichen Teilen Einheitserde und Torf oder Perlit umtopfen. Bei großen Pflanzen wird nur die obere Substratschicht ausgetauscht.
Kulturtipp: Bei hellem Stand vertragen Philodendren bis 30 °C. Im Winter kann die Nachttemperatur auf 15–16 °C absinken. Reinigen Sie die Blätter regelmäßig mit einem feuchten Schwamm.

Krankheiten und Schädlinge

◆ Wenn die unteren Blätter gelb werden und abfallen, haben Sie die Pflanze zu stark gegossen. Stellen Sie das Gießen ein, bis sich die Pflanze erholt hat, und gießen Sie dann sparsamer.

Philodendron scandens ▶

Philodendron 'Lemon' ▼

Philodendron melanochrysum ▼

◄ *Philodendron* 'Imperial Red'

Philodendron 'Mondaianeru' ▼

Philodendron 'Red Emerald' ▼

▼ *Philodendron melinonii*

Philodendron 'Fun Bun' ▼

Philodendron 'Cobra' ►

Philodendron 'Silver King' ▼

samer wachsende Hybride mit in der Jugend leuchtend roten lanzettlichen Blättern, die später oben olivgrün und an der Unterseite purpurrot werden.
Als Zimmerpflanze findet man sehr häufig den kletternden *P. scandens*. Er wächst schnell, bekommt lange schlanke, wenig verzweigte Triebe, an denen kleine herzförmige, spitz zulaufende bronzegrüne Blätter sitzen. Diesen Philodendron können Sie als Ampelpflanze oder an einer Stütze kultivieren.
P. bipinnatifidum (syn. *P. selloum*) entwickelt einen kurzen aufrechten holzigen Stamm, an dessen Spitze eine Rosette leuchtend grüner Blätter sitzt, die stark gefiedert und am Rand gewellt sind. Die Blattstiele sind 40–60 cm lang, die Blattspreiten können 30–40 cm lang und 30 cm breit sein. Diese Art ist sehr wüchsig und beansprucht viel Platz.

Pflege

In einem hellen, großen Zimmer sind Philodendren, vor allem die Kletterpflanzen, pflegeleicht.
Vermehrung: Endständige Stecklinge bewurzeln sich leicht bei 21–24 °C in einer leicht feuchten Sand-Torf-Mischung unter einer Schutzhaube. Nicht kletternde Arten vermehrt man am besten durch Abmoosen.

Tipp

Soll Philodendron an einer Stütze emporwachsen, umwickelt man diese mit Moos. Feucht gehalten fördert es Entwicklung und Verankerung der Luftwurzeln.

● Verwandte Gattung

Monstera deliciosa (Fensterblatt) ist eine dem Philodendron verwandte und ebenso beliebte Art. Aus den schlanken, wenig verzweigten Sprossen wachsen zahlreiche Luftwurzeln. In der Jugendform ähneln sich die Blätter der beiden Arten, die charakteristisch gelappten Blätter von *Monstera* entstehen erst im Lauf der Zeit. An 30 cm langen Stielen sitzend, können die Blattspreiten 40–50 cm breit werden. Mit etwas Erfahrung bringt man das Fensterblatt auch im Zimmer zur Blüte, die vor allem durch das cremeweiße Hüll- oder Scheidenblatt, das einen fleischigen Blütenkolben umhüllt, auffällt. Helles Licht und erhöhte Luftfeuchtigkeit fördern das Wachstum. ***M. deliciosa*** **'Variegata'** ist eine seltenere Sorte mit cremefarben panaschierten Blättern.

Monstera deliciosa ►

Monstera deliciosa 'Variegata' ▼

Phlebodium

P. aureum Goldtüpfelfarn, Hasenfußfarn
syn. *Polypodium aureum*

Allgemeines

Dieser in Zentral- und Südamerika beheimatete Farn bildet verzweigte und kriechende Rhizome, die an der Oberfläche des Substrats wachsen und von langen bräunlich gelben behaarten Schuppen bedeckt sind. Die etwa 1 m langen Wedel bestehen aus etwa 20 tief eingeschnittenen beidseitig blaugrünen Fiedern. Die langen glatten Blattstiele sind braun wie die Mittelrippe.

Pflege

Zwar ist dieser Farn ziemlich anspruchslos, er braucht aber eine erhöhte Luftfeuchtigkeit.

Vermehrung: Die Rhizome im Frühjahr in 5–8 cm lange Stücke teilen und bei 18–20 °C unter einer Schutzhaube bewurzeln lassen. Auch Sporenaussaat ist möglich, dauert aber länger.

Krankheiten und Schädlinge

◆ Kleine braune Höcker an den Wedeln sind ein Zeichen für Schildläuse. Mit in Alkohol getränkten Wattestäbchen abwischen. Systemisch wirkende Insektizide werden häufig nicht vertragen, setzen Sie bei starkem Befall Schlupfwespen ein.

Kulturbedingungen

Wasserbedarf und Luftfeuchtigkeit: Während des Wachstums das Substrat immer gut feucht halten. Im Winter je nach Raumtemperatur seltener gießen. Die Luftfeuchtigkeit sollte bei 50 % liegen.

Lichtansprüche: Hell, niemals volle Sonne.

Dünger: Im Frühjahr und Sommer alle 2 Wochen einen Grünpflanzendünger in halber Dosierung verabreichen.

Umtopfen und Substrat: Im Frühjahr, wenn die Rhizome die Oberfläche des Topfes bedecken, wird in Anzuchterde umgetopft, die mit Fasertorf und Perlit vermischt wurde.

Kulturtipp: Diesen Farn können Sie das ganze Jahr über bei Raumtemperatur halten; er verträgt aber auch noch 10 °C.

Phlebodium aureum ▼

Phlebodium aureum ▼

Phoenix

P. canariensis Kanarische Dattelpalme

Allgemeines

Diese Art gedeiht besser als die echte Dattelpalme *(Phoenix dactylifera)*. Als Kübelpflanze kann *P. canariensis* über 2 m hoch werden. Sie entwickelt einen kurzen gedrungenen Stamm, aus dem große gefiederte Palmzweige wachsen, die aus zahlreichen linealen starren dunkelgrünen Fiedern zusammengesetzt sind. Die in Rispen sitzenden gelben Blüten sind selten.

Pflege

Die Pflege ist nicht schwierig, im Winter braucht die Dattelpalme allerdings eine Ruhephase bei 10–13 °C.

Vermehrung: Die Samenvermehrung dauert sehr lange und ist nicht empfehlenswert. *Phoenix roebelenii* bringt manchmal Ableger hervor, die sich für eine Vermehrung eignen.

Gut zu wissen

Die Kanarische Dattelpalme ist eine nahe Verwandte der Dattelpalme *Phoenix dactylifera*, die schneller wächst, aber weniger elegant wirkt.

● Verwandte Arten und Sorten

Phoenix roebelenii ist eine kleinwüchsigere, sehr anmutig wirkende Palme mit gebogenen Palmblättern, die aus zahlreichen schmalen glatten dunkelgrünen Fiedern bestehen. Sie ist anspruchsvoller als *P. canariensis*.

Phoenix canariensis ▶

Kulturbedingungen

Wasserbedarf und Luftfeuchtigkeit: Während des Wachstums großzügig und regelmäßig gießen, damit das Substrat feucht bleibt. Im Winter entsprechend der Umgebungstemperatur seltener gießen. Bei Wärme besprüht man die Blätter mit weichem Wasser.

Lichtansprüche: Das ganze Jahr über so viel Sonne wie möglich.

Dünger: Im Frühjahr und Sommer alle 2–3 Wochen einen Grünpflanzendünger geben.

Umtopfen und Substrat: Jungpflanzen alljährlich im Frühjahr, später alle 2–3 Jahre, in eine Mischung aus Einheitserde und guter Gartenerde (2 : 1) und einem Teil Sand umpflanzen. Bei großen Kübelplanzen genügt es, die oberflächliche Substratschicht auszutauschen.

Kulturtipp: Stellen Sie Ihre Palme im Sommer auf eine Terrasse oder in den Garten.

Krankheiten und Schädlinge

◆ Kleine braune Erhebungen auf den Palmzweigen sind ein Zeichen für Schildläuse. Mit in Alkohol getränkten Wattestäbchen abstreifen, ein systemisch wirkendes Insektizid oder Nützlinge einsetzen.

Phoenix roebelenii ▼

Pilea

P. cadierei Vietnamesische Kanonierblume

Allgemeines

Die aufrecht wachsende dicht belaubte Pflanze wird etwa 40 cm hoch, sollte aber regelmäßig entspitzt werden, damit sie schön kompakt bleibt. Die mehr oder weniger blasig aufgetriebenen, ovalen und gezähnten dunkelgrünen Blätter sind silbrig gefleckt. Die unscheinbaren Blüten ähneln denen von Brennnesseln, zu deren Familie *Pilea* gehört.

Kombinationen: Gut kombinierbar mit grünen und blühenden Pflanzen, deren Schönheit *Pilea* mit ihren panaschierten Blättern unterstreicht. In einem großen Kübel kann sie auch als Bodendecker dienen.

Pflege

Eine ausgesprochen pflegeleichte Pflanze.

Vermehrung: Stecklinge bewurzeln sich leicht in einer leicht feuchten Sand-Torf-Mischung oder in Wasser.

Kulturbedingungen

Wasserbedarf und Luftfeuchtigkeit: Während des Wachstums mäßig, im Winter seltener gießen. Die Blätter dürfen nicht nass werden.

Lichtansprüche: Leicht schattig bis schattig, keine direkte Sonne.

Dünger: Im Frühjahr und Sommer alle 2–3 Wochen einen Grünpflanzendünger geben.

Umtopfen und Substrat: Falls erforderlich, wird im Frühjahr in Einheitserde umgetopft, die mit etwas Torf versetzt wurde.

Kulturtipp: Werden die Sprosse kahl und unansehnlich, empfiehlt es sich, die Pflanze durch Stecklinge zu verjüngen. Die Mindesttemperatur beträgt 10 °C.

Krankheiten und Schädlinge

◆ Wenn die Blätter klebrig werden und sich verformen, sind die jungen Triebe von Blattläusen befallen. Ein Insektizid oder Nützlinge schaffen Abhilfe.

◄ *Pilea cadierei*

● Verwandte Arten und Sorten

Pilea involucrata hat behaarte stark gekräuselte Blätter, die an den Sprossspitzen in dichten Rosetten stehen. Die Oberseite der Blätter ist kupfrig grün, die Unterseite dunkelpurpurn. Die Blätter von *P. involucrata* 'Norfolk' sind bronzefarben mit 2 silbrigen Längsstreifen. Die kriechenden Sprosse bilden Absenker.

Pilea involucrata 'Norfolk' ▼

Pilea glaucophylla 'Greyzy' ▼

Pilea depressa 'Sao Paulo' ▲

Pilea 'Moon Valley' ▲

Pilea involucrata 'Silver Tree' ▲

Pinguicula

Fettkraut

Allgemeines

Fettkraut zählt zu den fleischfressenden Stauden, die mittels ihrer klebrigen Blätter Insekten fangen. Sie wachsen in den sumpfigen Gebieten der nördlichen Hemisphäre und Südamerikas. Anders als die in gemäßigten Zonen beheimateten Arten brauchen die aus warmen Regionen stammenden keine Ruhephase. Fettkraut bildet Rosetten fleischiger gelblich grüner Blätter, die schleimige Substanzen ausscheiden. Insekten werden auf diese Weise angelockt und bleiben daran kleben. Sobald ein Insekt gefangen wurde, rollt sich der Blattrand langsam ein, um den Verdauungsprozess zu erleichtern. Fettkraut bekommt meist im Frühling an dünnen Stielen sitzende hübsche Blüten in verschiedenen Farben.

Pflege

Die benötigte hohe Luftfeuchtigkeit von über 75 % ist in der Wohnung nur schwer erreichbar.
Vermehrung: Trennen Sie gegen Ende des Sommers die Jungpflanzen ab, die sich um die Mutterpflanze gebildet haben.

Kulturbedingungen

Wasserbedarf und Luftfeuchtigkeit: Im Topfboden sollte während der Wachstumsperiode etwas (weiches) Wasser stehen. Im Winter je nach Umgebungstemperatur ein- bis zweimal wöchentlich gießen. Durch Besprühen der Blätter wird die Luftfeuchtigkeit erhöht.
Lichtansprüche: Hell, indirektes Licht. Direkte Sonne verbrennt die Blätter.
Dünger: Im Frühjahr und Sommer einmal im Monat Orchideendünger, ein Viertel der Normaldosis, verabreichen.
Umtopfen und Substrat: Etwa alle 2–4 Jahre im Frühjahr in eine Mischung aus hellem Torf, Perlit und Sphagnum umtopfen.
Kulturtipp: Halten Sie die Pflanze im Winter bei 10–15 °C. Arten, die nicht sehr wüchsig sind, eignen sich für Glasgefäße, sofern diese regelmäßig belüftet werden. Ansonsten entwickeln sich schnell Pilze.

Krankheiten und Schädlinge

◆ Pestizide werden von Fettkraut nicht vertragen. Bei Schädlingsbefall umgibt man die Pflanze mit einer fest verschlossenen durchsichtigen Plastiktüte. Die Schädlinge gehen innerhalb von 10 Tagen zugrunde.

▲ *Pinguicula* x *weser*

Platycerium

Geweihfarn

▼ *Platycerium superbum*

Allgemeines

Diese Gattung umfasst 17 Arten in tropischen Regenwäldern beheimateter epiphytischer Farne mit immergrünen Blättern und kurzem Rhizom. Als Zimmerpflanze wird ***Platycerium bifurcatum***, fälschlicherweise auch als ***P. alcicorne*** bezeichnet, am häufigsten kultiviert. Dieser Farn bildet aufrechte, später hängende fruchtbare Wedel, die an ein Elchgeweih erinnern, hellgrün und zart behaart sind und 50–60 cm lang werden. Daneben werden sogenannte Nischenblätter zum Sammeln von Humus entwickelt. Sie sind bräunlich, steril und schieben sich übereinander.

Bei ***P. superbum*** (syn. *P. grande*) sind die sterilen Wedel tief gelappt. Mit einer Länge von 50 cm bis 1 m bilden sie eine eindrucksvolle Krone.

Pflege

Bei richtiger Pflege lässt sich der Geweihfarn mehrere Jahre einigermaßen problemlos in der Wohnung halten.

Vermehrung: Sie ist dem Fachmann vorbehalten.

Platycerium bifurcatum ▼

Kulturbedingungen

Wasserbedarf und Luftfeuchtigkeit: Normalerweise taucht man den Geweihfarn einmal wöchentlich für eine Viertelstunde vollständig unter Wasser, im Sommer etwas öfter, im Winter seltener. Anschließend abtropfen lassen. In warmer Umgebung mit handwarmem, weichem Wasser besprühen.

Lichtansprüche: Hell, keine direkte Sonne.

Dünger: Im Sommer einmal im Monat Grünpflanzendünger in halber Dosierung in das Tauchwasser geben.

Umtopfen und Substrat: Falls erforderlich, in eine sehr durchlässige Mischung aus Torf- und Lauberde umtopfen. Dieser Farn kann auch auf einem Stück Baumrinde oder in einem Hängekorb kultiviert werden.

Kulturtipp: Vermeiden Sie unbedingt Staunässe im Bereich der Wurzeln. Im Winter mag es der Geweihfarn gern etwas kühl (aber nicht unter 15 °C).

Krankheiten und Schädlinge

◆ Kleine braune Höcker an den Wedeln weisen auf Schildläuse hin. Reiben Sie diese vorsichtig mit in Alkohol getränkten Wattestäbchen ab. Insektizide werden nicht vertragen, setzen Sie Nützlinge zur Bekämpfung ein.

Plectranthus

Mottenkönig, Harfenstrauch

Allgemeines

Zu dieser Gattung gehören 200–300 Einjährige, Stauden und Sträucher, die aus verschiedenen warmen Gebieten der Erde stammen. Ihr hängender Wuchs und die bei manchen Sorten panaschierten Blätter – besonders bei den Hybriden – machen sie so attraktiv.

Plectranthus forsteri (syn. *P. coleoides*) bildet hängende Sprosse, an denen 6–10 cm lange ovale blassgrüne Blätter mit gezähntem Rand sitzen. Die Sorte '**Marginatus**' hat cremeweiß geränderte Blätter.

P. oertendahlii, als Ampelpflanze besonders gut geeignet, ist eine wüchsige Art mit 3–4 cm langen rundlichen gezackten Blättern. Sie sind hellgrün, unterseits rötlich, was vor allem bei hellem Standort zur Geltung kommt.

Die blühenden Hybriden bekommen im Winter aufrecht stehende Rispen mit kleinen röhrenförmigen zweilippigen Blüten in Nuancen von Rosa, Mauve oder Weiß.

Kombinationen: Der Harfenstrauch harmoniert gut mit anderen grünen oder blühenden Zimmerpflanzen.

Pflege

Plectranthus ist eine anspruchslose, wüchsige Pflanze.

Vermehrung: Im Frühjahr oder Sommer 5–8 cm lange Kopfstecklinge in Wasser oder einer feuchten Sand-Torf-Mischung (1 : 1) bewurzeln lassen.

Gut zu wissen

Kürzen Sie regelmäßig die Sprossspitzen, damit die Pflanze sich besser verzweigt und buschiger wird.

Krankheiten und Schädlinge

◆ Wenn die Blätter sich entfärben und eintrocknen, ist die Pflanze von Spinnmilben befallen. Luftfeuchtigkeit durch Besprühen des Laubs erhöhen. Behandeln Sie notfalls mit einem Akarizid, oder setzen Sie Nützlinge ein.

Plectranthus forsteri 'Marginatus' ▼

Kulturbedingungen

Wasserbedarf und Luftfeuchtigkeit: Während des Wachstums großzügig gießen, aber kein Wasser im Untersetzer stehen lassen. Im Winter bei niedrigeren Temperaturen Wassergaben reduzieren.

Lichtansprüche: Hell, mit etwas Sonne.

Dünger: Im Frühjahr und Sommer alle 2 Wochen einen Grünpflanzendünger geben.

Umtopfen und Substrat: Diese Pflanzen müssen selten umgetopft werden. Am besten alle 2–3 Jahre durch Stecklinge erneuern. Für die Kultur verwendet man Einheitserde.

Kulturtipp: Im kühlen Zimmer bei 13–15 °C überwintern.

Plectranthus-Hybride ▶

Plectranthus oertendahlii ▼

Pogonatherum

P. paniceum

Katzengras

Allgemeines

Das zu den Gräsern zählende Katzengras ist in China, Ostasien und Australien zu Hause. Es bildet kompakte Büschel aufrechter bambusähnlicher Halme, die 30–40 cm hoch werden können. Mit zunehmendem Alter neigen sich die Halme. Die Pflanze breitet sich rasch aus. Stark verzweigt, bildet sie eine buschige Silhouette mit schmalen linealen gelbgrünen Blättern.

Pflege

Diese Pflanze ist anspruchsvoll. Sie braucht Wärme und hohe Luftfeuchtigkeit.
Vermehrung: Teilen der Horste im Frühjahr.

Gut zu wissen

Verjüngen Sie die Pflanze durch Teilen, wenn sie unansehnlich wird.

Kulturbedingungen

Wasserbedarf und Luftfeuchtigkeit: Das Substrat sollte ständig feucht bleiben. Sorgen Sie für erhöhte Luftfeuchtigkeit, indem Sie den Topf auf einen Untersetzer mit feuchtem Kies stellen. Besprühen Sie die Blätter oft.
Lichtansprüche: Hell, keine direkte Sonne während der heißen Jahreszeit.
Dünger: Im Frühjahr und Sommer alle 2–3 Wochen einen Grünpflanzendünger geben.
Umtopfen und Substrat: Alljährlich im Frühjahr in eine Mischung aus guter Gartenerde und Humus mit etwas Torf umtopfen. Verwenden Sie einen großen Topf.
Kulturtipp: Unregelmäßige Wasserversorgung wird nicht vertragen und hat meist Wurzelfäule zur Folge. Die Überwinterungstemperatur darf nicht unter 16 °C sinken.

Krankheiten und Schädlinge

◆ Wenn die Blätter sich zusammenfalten und gelb werden, ist die Luft zu trocken. Luftfeuchtigkeit erhöhen und die Blätter häufig besprühen.

Pogonatherum paniceum ▼

Polyscias

Fiederaralie

Allgemeines

Zu dieser Gattung zählen etwa 100 Arten von Sträuchern und kleinen Bäumen mit hübschem immergrünem Laub, die in den tropischen Gebieten Afrikas, Asiens und des Pazifiks heimisch sind, was ihre hohe Wärmebedürftigkeit erklärt.

Polyscias scutellaria 'Balfourii' (bisher unter dem Namen *P. balfouriana* im Handel) bildet verzweigte Triebe mit glänzend dunkelgrünen, oft weiß geränderten Blättern, deren Form sich mit dem Alter ändert. Erst sind sie einfach und rundlich, später entwickeln sich 3 größere runde Fiedern.

P. guilfoylei wächst als Zimmerpflanze strauchartig und wenig verzweigt mit endständigen, großen, gefiederten, fast runden Blättern. Die jeweils 5–9 Fiederblättchen sind geteilt oder bogenförmig ausgeschnitten und mit unregelmäßigen dornigen Zähnen besetzt. Die Sorte **'Victoriae'** ist kleiner, weniger buschig und cremeweiß panaschiert.

P. fruticosa **(Rötliche Fiederaralie, Ming-Aralie)** ist eine Art mit stark ausgezackten Blättern, die aus 3–7 schmalovalen bis lanzettlichen Fiederblättchen mit gezähntem Rand bestehen.

Die zahlreichen lebhaft grünen schmalen Fiederblättchen von *P. filicifolia* haben einen glatten oder fein gezähnten Rand.

Pflege

Fiederaralien sind anspruchsvoll. Um üppiges Laub zu entwickeln, brauchen sie Wärme und hohe Luftfeuchtigkeit.

Vermehrung: Im Frühjahr 8–10 cm lange Kopfstecklinge in einer feuchten Sand-Torf-Mischung (1 : 1) unter einer Plastikhaube bei 21–24 °C bewurzeln lassen.

Kulturbedingungen

Wasserbedarf und Luftfeuchtigkeit: Während des Wachstums mäßig, aber regelmäßig gießen, damit das Substrat feucht bleibt. Im Winter Wassergaben reduzieren. Besprühen Sie die Blätter täglich.
Lichtansprüche: Hell, keine direkte Sonne.
Dünger: Im Frühjahr und Sommer alle 2 Wochen einen Grünpflanzendünger geben.
Umtopfen und Substrat: Alle 2 Jahre im Frühjahr in Einheitserde umtopfen, der ein wenig Torf und Sand untergemischt wurde.
Kulturtipp: Fiederaralien haben keine echte Ruhephase. Im Winter brauchen sie mindestens 18 °C und ständig hohe Luftfeuchtigkeit.

Krankheiten und Schädlinge

◆ Wenn Blätter abgeworfen werden, ist die Luft zu trocken. Stellen Sie den Topf in ein weites Gefäß, das mit feuchtem Kies gefüllt ist.
◆ Bei Spinnmilbenbefall verblassen die Blätter und trocknen ein. Luftfeuchtigkeit durch Besprühen der Blätter erhöhen. Notfalls kann ein Akarizid oder Nützlinge eingesetzt werden.

Gut zu wissen

Polyscias mögen es nicht, wenn man ihren Standort verändert. Sie lassen sich sehr gut zu Bonsais erziehen.

Polyscias guilfoylei ▶

Polyscias scutellaria 'Balfourii' ▼

▼ *Polyscias* 'Fabian'

Polyscias fruticosa ▼

Polystichum

P. falcatum var. *falcatum* — Schildfarn

syn. *Cyrtomium falcatum, Phanerophlebia falcata*

Allgemeines

Dieser sehr verbreitete robuste Farn, der in China und in Japan zu Hause ist, wird fälschlicherweise noch immer als *Cyrtomium falcatum* angeboten. Aus Rhizomen wachsen leuchtend dunkelgrüne, 20–60 cm lange Wedel mit gezähnten sichelförmigen Fiederblättchen. Der Schildfarn verdankt seinen Namen den Fiedern, die eher an die Blätter von Stechpalmen erinnern als an die klassischen Segmente eines Farnwedels. Die erst grünen, später braunen Sporenkapseln sitzen an den Unterseiten der Blätter. Verschiedene Sorten sind im Handel.

Pflege

Dieser Farn ist als Zimmerpflanze besonders pflegeleicht. Er möchte allerdings eher etwas kühl stehen.

Vermehrung: Teilen Sie die Pflanze im zeitigen Frühjahr. Jedes Teilstück sollte mindestens 3–4 Farnwedel besitzen.

Krankheiten und Schädlinge

◆ Wenn kleine braune Erhebungen an Sprossen und Fiederblättchen auftreten, handelt es sich um Schildläuse. Mit in Alkohol getränkten Wattestäbchen entfernen, ein systemisches Insektizid oder Schlupfwespen einsetzen.

● Verwandte Arten und Sorten

Der aus Asien stammende ***Polystichum tsus-simense*** bildet ein von schwärzlichen Schuppen überzogenes Rhizom, aus dem 20–30 cm lange Wedel sprießen. Diese setzen sich aus dunkelgrünen lanzettlichen Fiedern zusammen, die ihrerseits aus 1–2 cm langen Blättchen bestehen. Die jungen, noch geschlossenen Wedel sind von silbrigen Schuppen bedeckt.

P. setiferum ist ein immergrüner Farn mit weichen gefiederten dunkelgrünen Wedeln.

Kulturbedingungen

Wasserbedarf und Luftfeuchtigkeit: Während des Wachstums das Substrat stets leicht feucht halten. Im Winter weniger gießen, vor allem, wenn der Farn kühl steht. Bei Temperaturen über 22 °C muss man die Blätter oft besprühen.

Lichtansprüche: Halbschattig bis recht hell, keine direkte Sonne.

Dünger: Im Frühjahr und Sommer alle 2 Wochen einen Grünpflanzendünger geben.

Umtopfen und Substrat: Wenn der Topf zu klein wird, pflanzt man im zeitigen Frühjahr in Einheitserde um, die mit Torf aufgelockert wurde. Sobald die Pflanze in einem 15–18 cm weiten Topf steht, muss nur noch die obere Substratschicht ausgetauscht werden.

Kulturtipp: Der Farn braucht im Winter einen kühlen Platz. Stellen Sie ihn, wenn möglich, auf eine Veranda.

Polystichum setiferum ▼

Polystichum falcatum ►

Portulacaria

P. afra Strauchportulak, Speckbaum

Allgemeines

Der Strauchportulak, manchenorts auch Jadebaum genannt, ist ein im südlichen Afrika heimischer sukkulenter Strauch oder kleiner Baum, der als Topfpflanze etwa 1 m hoch werden kann. Wegen seines langsamen und schön verzweigten Wuchses wird *P. afra* oft als Bonsai angeboten. An seinen fleischigen Zweigen sitzen ungestielte gegenständige, rundliche, leuchtend grüne Blätter. Die blassrosafarbenen Blüten sind unscheinbar.

Pflege

Die sonnenhungrige Pflanze wird am besten auf einer Veranda oder in einem temperierten Gewächshaus kultiviert.

Vermehrung: Im Frühjahr oder Sommer Triebstecklinge schneiden und in einem leicht feuchten Sand-Torf-Gemisch bewurzeln lassen.

Gut zu wissen

In einigen Reservaten Afrikas dient der Strauchportulak als Nahrung für Elefanten, deshalb heißt er dort auch Elefantenbusch.

Portulacaria afra 'Variegata' ▼

Portulacaria afra ▲

Kulturbedingungen

Wasserbedarf und Luftfeuchtigkeit: Während des Wachstums sparsam gießen, zwischendurch das Substrat durchtrocknen lassen. Halten Sie die Pflanze im Winter fast trocken.

Lichtansprüche: Volle Sonne.

Dünger: Im Frühjahr und Sommer einmal im Monat einen Kakteendünger geben.

Umtopfen und Substrat: Falls nötig, pflanzt man den Strauchportulak im Frühjahr in Kakteenerde um.

Kulturtipp: Stellen Sie die Pflanze im Winter in ein kühles helles Zimmer, bei 10–15 °C.

Krankheiten und Schädlinge

◆ Wenn an der Blattbasis weiße wattige Gebilde erscheinen, ist die Pflanze von Schmierläusen befallen. Mit in Alkohol getränkten Wattestäbchen kann man sie entfernen. Bei starkem Befall setzt man ein Insektizid oder Nützlinge ein.

Primula

P. obconica Becherprimel

Allgemeines
Diese meist als Einjährige gezogene ausdauernde Pflanze bildet eine Rosette großer, etwas ledriger Blätter mit gezacktem Rand und behaartem mittelgrünen Blattstiel. Während des Winters und im Frühjahr entwickeln sich tellerförmige Blüten von 2–3 cm Durchmesser, die in Dolden an langen Stielen stehen und in vielen Nuancen von Rosa, Rot, Blauviolett und Weiß vorkommen.

Kombinationen: Mehrere Primelsorten mit verschiedenen Farben bringen ebenso den Frühling ins Haus wie die Kombination mit anderen Frühjahrsblühern.

Pflege
Meist wird die Becherprimel nach der Blüte entsorgt. Bei entsprechender Pflege kann man sie aber noch einmal zum Blühen bringen. Bei 12–15 °C blühen Primeln länger.

Vermehrung: Die Aussaat bei niedrigen Temperaturen zwischen Februar und Juni ist nur selten von Erfolg gekrönt und bleibt dem Gärtner überlassen.

Kulturbedingungen

Wasserbedarf und Luftfeuchtigkeit: Mäßig gießen, um das Substrat nur leicht feucht zu halten. Im Untersetzer darf kein Wasser stehen bleiben. Im warmen Zimmer stellt man den Topf auf einen Untersetzer mit feuchtem Kies, die Blätter dürfen nicht besprüht werden.

Lichtansprüche: Hell, Mittagssonne meiden.

Dünger: Während der Blüte alle 2 Wochen einen Blühpflanzendünger in halber Dosierung geben.

Umtopfen und Substrat: Falls Sie die Pflanze behalten wollen, topfen Sie sie nach der Blüte oder im Herbst, ohne die Wurzeln zu beschädigen, in mit etwas Torf vermischte Einheitserde um.

Kulturtipp: Stellen Sie die Pflanze nach der Blüte kühl (15–16 °C) und hell. Gießen Sie sparsam, und düngen Sie regelmäßig. Wenn möglich, im Sommer an eine schattige Stelle auf dem Balkon oder im Garten stellen.

Gut zu wissen
Manche Primeln, vor allem *Primula obconica,* enthalten einen Reizstoff (Primin), der bei empfindlichen Personen allergische Reaktionen auslösen kann.

Primula obconica ▶

Krankheiten und Schädlinge

◆ Vergilbende Blätter weisen auf eine zu warme und zu trockene Umgebung oder zu kalkhaltiges Wasser hin. Gießen Sie daher möglichst mit weichem Wasser.

Primula vulgaris

● Verwandte Arten und Sorten

Die Fliederprimel ***Primula malacoides*** hat hellgrüne 5–10 cm lange ovale gezähnte Blättern. Die sternförmigen Blüten mit einem Durchmesser von 1–2 cm stehen in übereinander angeordneten Dolden auf 30–40 cm hohen dünnen Schäften. Oft ziert die weißen, rosafarbenen oder roten Blüten ein gelbes Auge. Diese Primel wird nach der Blüte entsorgt, neue Pflanzen werden aus Samen gezogen.

Die Hybriden von ***Primula vulgaris*** sind eigentlich für das Freiland gedacht, können aber auch farbenprächtig kombiniert im Haus gehalten werden. Allerdings sind die Einzelblüten in warmer Umgebung sehr kurzlebig. Nach der Blüte kann man ***P. vulgaris*** und Hybriden in den Garten auspflanzen.

Primula malacoides ▼

Primula malacoides ▼

Primula malacoides ▼

Primula vulgaris ▼

Primula vulgaris ▼

Primula vulgaris ▼

Pseuderanthemum

Pseuderanthemum

Allgemeines

Etwa 60 Pseuderanthemum-Arten sind in den Wäldern tropischer Gebiete beheimatet. Als Zimmerpflanze wird vor allem ***Pseuderanthemum atropurpureum*** **'Tricolor'** kultiviert, ein aufrechter Strauch mit wenig verzweigten Sprossen, an denen 10–15 cm lange ovale, purpurbronzene, cremegelb und rosa gefleckte Blätter sitzen. Im Gewächshaus gezogene Pflanzen bekommen, wenn sie ausgewachsen sind, im Winter kompakte endständige Ähren, an denen kleine röhrenförmige rosa überhauchte weiße Blüten sitzen.

Pflege

Die anspruchsvolle Pflanze braucht Wärme und hohe Luftfeuchtigkeit.

Vermehrung: Im Sommer halbverholzte Stecklinge schneiden und unter einer Plastikhaube bei 22–25 °C mit Bodenwärme bewurzeln lassen. Verwenden Sie Bewurzelungspulver.

Kulturbedingungen

Wasserbedarf und Luftfeuchtigkeit: Das ganze Jahr über mäßig mit handwarmem Wasser gießen. Indem man den Topf auf ein feuchtes Kiesbett stellt, wird die Luftfeuchtigkeit erhöht. Besprühen Sie bei trockener Luft das Laub häufig.

Lichtansprüche: Sehr hell mit leichter Schattierung.

Dünger: Im Frühjahr und Sommer alle 2 Wochen einen Grünpflanzendünger geben.

Umtopfen und Substrat: Wenn die Wurzeln beginnen, durch die Abzugslöcher des Topfs zu wachsen, topft man im Frühjahr in eine Mischung aus Humus und guter Gartenerde um.

Kulturtipp: Vermeiden Sie kalte Zugluft, und achten Sie im Winter darauf, dass die Temperatur über 16 °C liegt. Ideal ist die Kultur im warmen Gewächshaus.

Krankheiten und Schädlinge

◆ Bleichen die Blätter und trocknen ein, ist bei zu warmer und zu trockener Umgebung die Spinnmilbe der Verursacher. Luftfeuchtigkeit durch Besprühen der Blätter erhöhen. Notfalls ein Akarizid oder Raubmilben einsetzen.

● Ähnliche Gattungen

Aus derselben Pflanzenfamilie *(Acanthaceae)* stammen weitere Pflanzen mit dekorativen Laub.

Strobilanthes dyerianus ist ein aufrechter, stark verzweigter Strauch. An seinen behaarten Sprossen sitzen spitz zulaufende ovale dunkelgrüne Blätter, oberseits metallisch schimmernd und mit dunkelpurpurner Unterseite.

Sanchezia nobilis, ein Halbstrauch, bildet rötliche Zweige mit dunkelgrünen lanzettlichen gezähnten Blättern mit gelben Flecken beidseits der Blattadern. Die Pflanze neigt zur Verkahlung und muss periodisch verjüngt oder ersetzt werden.

◄ *Strobilanthes dyerianus*

Pteris

Saumfarn

Allgemeines

Zu dieser riesigen Gattung zählen zahlreiche Arten von laubwerfenden oder immergrünen Farnen, die aus tropischen Wäldern stammen. Aus den unterirdischen Rhizomen wachsen Büschel mehr oder weniger ausgezackter Wedel. Der Kretische Saumfarn, ***Pteris cretica,*** wird nicht höher als 20–30 cm. Seine Wedel, die an einem starren schwärzlichen Stiel sitzen, bestehen aus schmalen linealen hellgrünen Fiedern mit gewellten Rändern. Bei ***P. cretica*** **'Albolineata'** sind die Fiedern entlang der Mittelrippe weiß panaschiert. ***P. cretica*** **'Wimsettii'** ist eine Sorte mit sehr fein geschlitzten gekräuselten Blättern.

P. ensiformis besitzt verschiedene Wedel: Die fruchtbaren sind groß und bestehen aus schmalen Fiedern, die sterilen sind breiter mit breiteren Fiedern. ***P. ensiformis*** **'Victoriae'** bildet Wedel, deren Fiederblättchen entlang der Mittelrippe silberweiß marmoriert sind. Bei schattigem Standort kommt die Panaschierung deutlicher zur Geltung.

Kombinationen: Diese Pflanzen vertragen sich gut mit anderen Farnen, mit attraktiven Grünpflanzen oder mit blühenden Pflanzen.

Pflege

Die robusten Pflanzen sind in der Wohnung recht pflegeleicht.

Vermehrung: Teilung des Rhizoms im Frühjahr oder Vermehrung durch Sporen, die bei 22 °C gut keimen.

Kulturbedingungen

Wasserbedarf und Luftfeuchtigkeit: Man gießt regelmäßig mit weichem Wasser, damit das Substrat ständig feucht bleibt. Je nach Temperatur wird die Wasserversorgung im Winter gedrosselt. Die Pflanze auf einen Untersetzer mit feuchtem Kies stellen und die Wedel häufig besprühen, vor allem bei Wärme.

Lichtansprüche: Recht hell bis hell, keine direkte Sonne.

Dünger: Im Frühjahr und Sommer alle 3 Wochen einen Grünpflanzendünger in halber Dosierung geben.

Umtopfen und Substrat: Alle 2–3 Jahre im Frühjahr in Einheitserde umtopfen, der etwas Torf beigemischt wurde.

Kulturtipp: Vermeiden Sie kalte Zugluft und abrupte Temperaturänderungen. Die Mindesttemperatur zur Kultivierung liegt bei 13 °C.

Pteris ensiformis ►

▲ *Pteris cretica* 'Albolineata'

Krankheiten und Schädlinge

◆ Auf klebrig werdenden Wedeln erkennt man kleine braune Höcker: Das sind Schildläuse. Mit in Alkohol getränkten Wattestäbchen abwischen, ein systemisch wirkendes Insektizid oder Nützlinge einsetzen.

▲ *Pteris cretica* 'Roweri'

Pteris cretica 'Parkeri' ▲

Pteris straminea ▶

◀ *Pteris fauriei*

▼ *Pteris quadriaurita* 'Tricolor'

◀ *Pteris tremula*

Radermachera

R. sinica Radermachera
syn. *Stereospermum sinicum*

Allgemeines

Dieser aufrecht und buschig wachsende Strauch überwindet als Zimmerpflanze mühelos die 1-m-Grenze. An seinen Trieben sitzen große Blätter, die aus spitzovalen Fiedern in herrlich leuchtendem Grün zusammengesetzt sind. Durch die in verschiedenen Höhen ansetzenden Zweige wirkt die Pflanze sehr anmutig.

Pflege

Ohne sorgfältige Pflege wird die Pflanze schnell die Blätter abwerfen. Im Winter braucht sie einen kühlen Platz.

Vermehrung: Kopfstecklinge im Frühjahr unter einer Plastikhaube bei 20–22 °C in einem feuchten Sand-Torf-Gemisch (1 : 1) bewurzeln lassen oder importierten Samen aussäen.

● Verwandte Arten und Sorten

Es gibt eine panaschierte Sorte, die man aber selten im Handel findet.

Kulturbedingungen

Wasserbedarf und Luftfeuchtigkeit: Während des Wachstums mäßig, aber regelmäßig gießen, im Winter, je nach Temperatur der Umgebung, sparsamer. In warmen Räumen die Blätter mit handwarmem, weichem Wasser besprühen.

Lichtansprüche: Hell, im Sommer keine direkte Sonne.

Dünger: Im Frühjahr und Sommer alle 2–3 Wochen einen Grünpflanzendünger geben.

Umtopfen und Substrat: Anfangs jährlich im Frühjahr in Einheitserde für Zimmerpflanzen umtopfen.

Kulturtipp: Stellen Sie die Radermachera im Winter an einen kühlen Platz (um 16 °C). Die Pflanze nimmt Zigarettenrauch sehr übel.

Radermachera sinica ►

Krankheiten und Schädlinge

◆ Wenn die Blätter abfallen, kann das unter Umständen an Staunässe liegen. Lassen Sie das Substrat trocknen, und beginnen Sie dann ganz langsam wieder mit dem Gießen.

Rhapis

Rutenpalme, Steckenpalme

Allgemeines

Diese Gattung, die in den subtropischen Wäldern Chinas und Südostasiens zu Hause ist, umfasst etwa 10 Arten kleiner mehrstämmiger Palmen. Die am häufigsten kultivierte Art ist ***Rhapis excelsa,*** eine sehr elegante Palme, die eine Gruppe aufrechter, faseriger Stämme bildet. Die Palmwedel bestehen aus 5–8 stumpf endenden schmalen Segmenten in leuchtendem Dunkelgrün. Das Wachstum ist langsam, die Palme kann jedoch 1,50 m hoch werden. Bei älteren Pflanzen neigen die unteren Blätter dazu, braun zu werden und sich zu lösen.

Kulturbedingungen

Wasserbedarf und Luftfeuchtigkeit: Während des Wachstums mäßig gießen, zwischendurch das Substrat einige Zentimeter tief trocknen lassen. Je nach Temperatur die Wassergaben im Winter reduzieren. Stellen Sie den Topf auf einen Untersetzer mit feuchtem Kies, um die Luftfeuchtigkeit zu erhöhen.
Lichtansprüche: Hell, im Winter ein wenig direkte Sonne.
Dünger: Im Frühjahr und Sommer alle 2–3 Wochen einen Grünpflanzendünger geben.
Umtopfen und Substrat: Falls nötig, wird alle 2–3 Jahre im Frühjahr in Einheitserde mit Torfzusatz umgetopft. Bei großen Pflanzen erneuert man nur die obere Substratschicht.
Kulturtipp: Stellen Sie die Rutenpalme im Winter in ein helles, kühles Zimmer (etwa 15 °C). Die Temperatur darf 7 °C nicht unterschreiten.

◄ *Rhapis excelsa*

Die Sorte ***R. excelsa*** **'Zuikonishiki'** wird nicht höher als 60 cm. Ihre Blätter sind cremegelb panaschiert.

R. humilis wächst raumgreifender. Sie hat dünne Stämme und rundlichere Blätter, die sich aus 10–20 spitz zulaufenden Gliedern zusammensetzen.

Pflege

Wenn die Pflanze genügend Licht und Luftfeuchtigkeit bekommt, wächst sie problemlos.

Vermehrung: Trennen Sie im Frühjahr basale Triebe mit einigen Wurzeln ab, und pflanzen Sie diese in Anzuchterde. Stellen Sie den Topf an einen warmen Platz, und wässern Sie wenig, bis das Wachstum wieder einsetzt.

Krankheiten und Schädlinge

◆ Kleine braune Höcker auf den Blättern sind eindeutig Schildläuse. Mit in Alkohol getränkten Wattestäbchen entfernen, ein systemisch wirkendes Insektizid oder Schlupfwespen einsetzen.

Rhipsalidopsis

R. gaertneri Osterkaktus

syn. *Hatiora gaertneri*

Allgemeines

Der epiphytisch lebende Kaktus bildet im Gegensatz zum Weihnachtskaktus *(Schlumbergera)* abgerundete, meist rötlich gerandete Sprossglieder. Jeder Trieb besteht aus mehreren 4 cm langen, flachen mittelgrünen Segmenten. Im März und April öffnen sich die 3–4 cm langen glockenförmigen Blüten in Rot- und Rosatönen.

Pflege

Um prächtig zu blühen, braucht die Pflanze im Winter eine kühle Ruhephase (bei 12–15 °C).

Vermehrung: Nach der Blüte zweigliedrige Stecklinge abtrennen, 1–2 Tage trocknen lassen und dann in einem Sand-Torf-Gemisch (1 : 1) bei 20–22 °C bewurzeln lassen. Immer leicht feucht halten.

Rhipsalidopsis ▼

Kulturbedingungen

Wasserbedarf und Luftfeuchtigkeit: Während des Wachstums mäßig gießen, damit das Substrat nur leicht feucht bleibt. Im Winter sowie 2–3 Wochen nach der Blüte weniger gießen. Besprühen Sie im warmen Zimmer die Blätter häufig.

Lichtansprüche: Hell, keine direkte Mittagssonne.

Dünger: Im Frühjahr und Sommer alle 2–3 Wochen einen Kakteendünger geben.

Umtopfen und Substrat: Nur falls unbedingt nötig, den Kaktus nach der Ruhephase in leichtes, durchlässiges Substrat umtopfen (z. B. für epiphytische Bromeliengewächse).

Kulturtipp: Kalte Zugluft und kaltes kalkhaltiges Wasser verträgt der Osterkaktus nicht.

Tipp

Meiden Sie Temperaturschwankungen sowie Änderungen von Luftfeuchtigkeit und Licht, sobald der Kaktus Blütenknospen angesetzt hat.

● Verwandte Arten und Sorten

Rhipsalidopsis rosea (syn. *Hatiora rosea*) hat kürzere Glieder (2 cm lang) und eher sternförmige blassrosafarbene Blüten.

Zwischen beiden Arten gibt es außerdem zahlreiche Kreuzungen.

Krankheiten und Schädlinge

◆ Weiße wattige Erhebungen auf den Segmenten weisen auf die schwer zu bekämpfenden Schmierläuse hin. Mit einem in Alkohol getränkten Wattestäbchen entfernen. Bei starkem Befall setzt man ein systemisch wirkendes Insektizid oder Nützlinge ein.

Rhipsalis

Binsenkaktus, Rutenkaktus

Allgemeines

Diese aus den Wäldern um den Äquator stammenden epiphytischen Kakteen zeigen sich in verschiedener Gestalt. Die stark verzweigten kriechenden Sprosse können dünne röhrige, runde, flache oder eckige Segmente tragen. *Rhipsalis* eignet sich ausgezeichnet als Ampelpflanze. Gegen Ende des Winters entwickeln sich kleine sternförmige Blüten, die zu kugeligen weißen durchscheinenden Früchten reifen. Einige Arten und ihre Früchte erinnern an Misteln. In Frankreich werden sie deshalb manchmal als Mistelkaktus bezeichnet.

Rhipsalis baccifera bildet lange, zylindrische Sprosse, die weder Blätter noch Nadeln haben. Der Kaktus blüht weiß oder cremefarben.

R. capilliformis bekommt sehr dünne, reich verzweigte blassgrüne Sprosse mit seidig behaarten Areolen. Die kleinen Blüten sind grünlich weiß.

Mit seidigen weißen Haaren bedeckt und mit längs verlaufenden Rippen markiert, zeigen sich die dunkelgrünen Sprosse von ***Erythrorhipsalis pilocarpa*** (syn. *Rhipsalis pilocarpa*), einer verwandten Gattung. Gegen Ende des Winters erscheinen an den Sprossspitzen kleine cremeweiße, stark duftende Blüten.

Pflege

Erkundigen Sie sich vor dem Kauf nach pflegeleichteren robusten Arten. In warmer Umgebung schätzt der Kaktus eine hohe Luftfeuchtigkeit.

Vermehrung: Im Frühjahr oder Sommer 5–8 cm lange Triebstecklinge oder Sprossglieder abtrennen und einige Stunden trocknen lassen. Pflanzen Sie mehrere Stecklinge in einen Topf mit Anzuchterde.

Kulturbedingungen

Wasserbedarf und Luftfeuchtigkeit: Während des Wachstums regelmäßig, aber verhalten mit weichem Wasser gießen. Im Winter Wassergaben einschränken. Besprühen Sie die Pflanze in warmer Umgebung täglich.

Lichtansprüche: Halbschattig bis hell, aber keine direkte Sonne.

Dünger: Im Frühjahr und Sommer einmal im Monat Kakteendünger verabreichen.

Umtopfen und Substrat: Alle 2 Jahre im Frühjahr wird in ein Substrat aus Torf und Grobsand oder in Substrat für epiphytische Kakteen umgetopft.

Kulturtipp: Während des Sommers können *Rhipsalis* draußen im Schatten stehen. Im Winter ist ein kühleres Zimmer (um 15 °C) optimal.

Krankheiten und Schädlinge

◆ Wenn weiße wattige Gebilde an den Sprossen auftreten, handelt es sich um Schmierläuse, die mit in Alkohol getränkten Wattestäbchen entfernt werden können. Bei starkem Befall setzt man ein Insektizid oder Schlupfwespen ein.

Rhipsalis baccifera ▼

Rhipsalis baccifera ▼

Rhododendron

Azalee, Alpenrose

Allgemeines

Bei den meisten Topfazaleen handelt es sich um **Rhododendron-Simmsii-Hybriden**, auch als Indische Azaleen bekannt, die zum Teil als ***Azalea indica*** angeboten werden. ***R. simsii*** stammt aus China und Taiwan. Im Allgemeinen werden Rhododendren ab Winterbeginn bis Ende des Frühjahrs blühend angeboten. Sie haben kleine ovale, wie Lack glänzende, oft behaarte, stark dunkelgrüne Blätter. Mit 5–7 cm Durchmesser sind die einfachen oder gefüllten Blüten ziemlich groß, sie sitzen zu 2–5 büschelartig an den Triebspitzen und bieten ein riesiges Farbenspektrum von Rot-, Rosa-, Orange-, Magenta-, Lachs- und Weißnuancen. Je nach Sorte können sie 20–50 cm hoch sein.

Krankheiten und Schädlinge

◆ Wenn die Blätter eintrocknen und abfallen, steht die Pflanze zu warm und zu trocken. Geben Sie ihr einen kühleren Platz. Regelmäßiges Besprühen mit weichem Wasser hilft.

◆ Spinnmilbenbefall, begünstigt durch Wärme und Trockenheit, äußert sich durch eingetrocknete Blätter und zarte Gespinste an der Pflanze. Setzen Sie ein Akarizid oder Raubmilben zur Bekämpfung ein.

Pflege

In einer geheizten Wohnung über 20 °C halten Azaleen meist nicht länger als ein paar Wochen. Im Sommer ein luftiger Platz, zur Blütenbildung 5–12 °C, während der Blüte 18 °C sind Voraussetzung für die Kultivierung.

Vermehrung: Die Fachleute vermehren Azaleen durch Triebstecklinge.

Gut zu wissen

Pinzieren Sie regelmäßig die Triebspitzen, damit die Pflanze schön kompakt bleibt. Entfernen Sie verwelkte Blüten.

Rhododendron-Hybride ►

▼ Rhododendron-Hybride

Kulturbedingungen

Wasserbedarf und Luftfeuchtigkeit: Während der Blüte jeden zweiten oder dritten Tag gießen, der Wurzelballen soll leicht feucht bleiben. Kein kalkhaltiges Wasser verwenden. Sobald die Umgebung wärmer als 16 °C ist, muss die Luftfeuchtigkeit erhöht werden.
Lichtansprüche: Während der Blüte hell, ohne direkte Sonne; in der übrigen Zeit schattiert.
Dünger: Nur bei längerer Kultivierung benötigt die Pflanze im Sommer alle 2–3 Wochen einen Dünger für Moorbeetpflanzen.
Umtopfen und Substrat: Falls erforderlich, topfen Sie nach der Blüte in Moorbeeterde um.
Kulturtipp: Im Haus sollte die Azalee nicht wärmer als 15–18 °C stehen, damit Sie sich länger an der Blüte erfreuen können. Danach geben Sie ihr einen sehr kühlen Platz und gießen sparsam mit weichem Wasser. Wenn es warm ist, kann man die Luftfeuchtigkeit durch häufiges Besprühen der Blätter erhöhen. Holen Sie die Pflanze vor den ersten Frösten ins Haus, und stellen Sie sie in ein kühles Zimmer (7–13 °C), während sich die Blütenknospen entwickeln.

▼ Rhododendron-Hybride

▼ *Rhododendron* x *obtusum*

Rhododendron x *obtusum* ▼

Rhododendron x *obtusum* ▼

Rhododendron-Hybride ▼

Rosa

Rose

Allgemeines

Bei den Topfrosen, die in der Wohnung gehalten werden können, handelt es sich um Miniaturformen. Sie stammen von Arten ab, die höhere Temperaturen gut vertragen. Diese Rosen sind in der Regel reich verzweigt und buschig. Ihre Blätter bestehen aus 5–7 gezähnten Fiedern in leuchtendem Dunkelgrün. Die kleinen einfachen oder gefüllten Blüten sind in den verschiedensten Farben, vorwiegend in Nuancen von Gelb, Rot und Rosa erhältlich. Die Pflanzen werden gewöhnlich 20–30 cm hoch.

Pflege

Topfrosen für Innenräume sind vergänglich und werden nach der Blüte entsorgt. In einem kalten Gewächshaus oder auf einer Veranda kann man sie unter Umständen überwintern.

Vermehrung: Die Vermehrung ist aufwendig und bleibt Fachleuten überlassen.

Krankheiten und Schädlinge

- Klebrige und deformierte Blätter sind ein Zeichen für Blattläuse an den Trieben. Ein Insektizid oder Schlupfwespen schaffen Abhilfe.
- Die Blätter verblassen und trocknen ein, weil sich in zu warmer trockener Umgebung Spinnmilben vermehren. Luftfeuchtigkeit durch Besprühen der Blätter erhöhen. Setzen Sie notfalls ein Akarizid oder Raubmilben ein.

Kulturbedingungen

Wasserbedarf und Luftfeuchtigkeit: Blühende Pflanzen regelmäßig gießen, damit der Wurzelballen feucht bleibt. Während der Ruhephase braucht die Rose nur wenig Wasser, sofern sie im kalten Gewächshaus steht.

Lichtansprüche: Volle Sonne.

Dünger: Im Frühjahr und Sommer alle 2–3 Wochen einen Rosendünger geben.

Umtopfen und Substrat: Nur bei Weiterkultivierung topft man die Pflanze jeweils im zeitigen Frühjahr in Rosenerde um oder in gute Gartenerde, die mit organischem Dünger (Typ: dehydratisierter Mist) angereichert wurde.

Kulturtipp: Entfernen Sie regelmäßig die verwelkten Blüten, und schneiden Sie Ihre Rose nach der Blüte ein wenig zurück. Nach dem ersten Flor stellt man sie am besten ins Freie. Auf diese Weise kräftigt sie sich bis zum Herbst.

Rosa ▼

Ruellia

Ruellie, Rudel

Allgemeines

Zur Gattung *Ruellia* (oder *Dipteracanthus,* die Zuordnung ist umstritten) gehören etwa 200 sehr verschiedene Arten, von denen nur einige angeboten werden. Sie stammen aus warmen Regionen, haben gegenständige, ganzrandige, meist behaarte Blätter. Dekoratives Laub besitzt z. B. ***Ruellia makoyana,*** deren Blätter silbrig geädert und auf der Unterseite purpurn sind und die einzelne karminrosafarbene Trichterblüten hervorbringt. ***R. colorata*** bekommt endständige Blüten mit leuchtend rosaroten, sehr dauerhaften Hochblättern.

Pflege

Ruellien sind nicht sehr anspruchsvoll, sie brauchen gute Luftfeuchtigkeit und mäßige Wärme.
Vermehrung: Im Frühjahr Kopfstecklinge in einem feuchten Sand-Torf-Gemisch unter einer Schutzhaube bei 21–24 °C bewurzeln lassen.

Krankheiten und Schädlinge

- ◆ Wenn die Blätter klebrig werden und sich verformen, sind Blattläuse an den jungen Trieben. Man setzt ein Insektizid oder Nützlinge ein.
- ◆ Die Blätter entfärben sich und trocknen ein: ein Zeichen für Spinnmilben, die sich in warmer und trockener Umgebung vermehren. Luftfeuchtigkeit erhöhen. Notfalls ein Akarizid oder Nützlinge einsetzen.

Ruellia colorata ▼

Kulturbedingungen

Wasserbedarf und Luftfeuchtigkeit: Während des Wachstums den Wurzelballen feucht halten, im Untersetzer darf kein Wasser stehen bleiben. Je nach Temperatur im Winter die Wassergaben reduzieren. Luftfeuchtigkeit erhöhen, indem man den Topf auf ein feuchtes Kiesbett stellt. Die behaarten Blätter dürfen nicht nass werden.
Lichtansprüche: Hell, keine direkte Sonne.
Dünger: Im Frühjahr und Sommer alle 2 Wochen einen Grünpflanzendünger geben.
Umtopfen und Substrat: Alle 1–2 Jahre im Frühling in Einheitserde, der ein wenig Torf untergemischt wurde, umtopfen.
Kulturtipp: Meiden Sie starke Temperaturschwankungen und kalte Zugluft. Pinzieren Sie die jungen Triebe, um die Verzweigung zu fördern.

Ruellia-Hybride ▲

Ruellia-Hybride ▲

● Verwandte Gattung

Megaskepasma gehört derselben Familie an wie die Ruellien. Bei diesem aus dem tropischen Amerika stammenden Strauch sitzen gegenständige ovale Blätter an abgeflachten Stielen. An deren Enden bilden sich Ähren mit kleinen weißen Blüten, die von roten Hochblättern umgeben sind.

◄ *Megaskepasma erythrochlamys* 'Zomerster'

Saintpaulia

Usambaraveilchen

Allgemeines

Die zahlreichen Hybriden und Sorten des Usambaraveilchens stammen von verschiedenen Arten. Die Pflanze bildet Rosetten dunkel- bis mittelgrüner, samtiger, rundlicher fleischiger Blätter, deren Größe je nach Sorte variiert. Die Blütenschäfte tragen Büschel von weißen, rosafarbenen, roten, violetten, zwei- oder mehrfarbigen Blüten. Diese können einfach oder gefüllt sein, manchmal mit gewellten oder gefransten Blütenblättern. Die größeren Sorten werden knapp 20–25 cm hoch, sie können aber einen Durchmesser von 40 cm erreichen. Seit ein paar Jahren sind auch Miniatursorten im Handel.

Kombinationen: Pflanzen Sie mehrere verschiedenfarbige Sorten in einer großen Schale zusammen.

Pflege

Die Beliebtheit der Usambaraveilchen beruht nicht zuletzt auf ihrer Anspruchslosigkeit.

Vermehrung: Gestielte Blattstecklinge werden bis zur Blattspreite in feuchte Stecklingserde gesteckt. Sie bewurzeln unter einer Plastikhaube bei 20–24 °C.

Gut zu wissen

Gießen Sie stets von unten, denn der Wurzelhals der Usambaraveilchen ist äußerst fäulnisanfällig.

Krankheiten und Schädlinge

◆ Weiße wattige Gebilde an den Blättern weisen auf schwer zu bekämpfende Schmierläuse hin. Mit in Alkohol getränkten Wattestäbchen wischt man sie ab. Die Blätter von Usambaraveilchen nehmen Sprühinsektizide sehr übel, setzen Sie bei starkem Befall Nützlinge ein.

Kulturbedingungen

Wasserbedarf und Luftfeuchtigkeit: Das ganze Jahr über sparsam gießen. Usambaraveilchen sind sehr empfindlich gegen Staunässe an den Wurzeln. Blätter nicht nass machen, sie werden leicht fleckig.

Lichtansprüche: Hell, im Sommer keine direkte Sonne.

Dünger: Usambaraveilchen brauchen das ganze Jahr über Blühpflanzendünger. Von Frühjahr bis Herbst alle 2 Wochen, im Winter alle 3–4 Wochen.

Umtopfen und Substrat: Wenn die Wurzeln aus dem Topf wachsen, setzt man die Pflanze nach einer Blühphase in Geranienerde um, die mit Torf oder Perlit gelockert wurde.

Kulturtipp: Achten Sie auf richtiges Gießen. Die ideale Temperatur für Usambaraveilchen beträgt 18–24 °C.

zweifarbig blühende Saintpaulia-Hybriden ▶

Saintpaulia-Hybriden ▶

➤ ***Sanchezia*** siehe unter *Pseuderanthemum*

Sansevieria

Bogenhanf

Allgemeines

Sansevierien zählen zu den pflegeleichtesten Pflanzen. Sie stammen aus den trockenen Gebieten Südafrikas und Asiens, bestehen aus Rhizomen, die dicke Blätter hervorbringen, welche aufrecht in Horsten oder in mehr oder weniger breiten Rosetten stehen. ***Sansevieria trifasciata*** **'Laurentii'** ist eine sehr beliebte Sorte mit aufrechten fleischigen spitzen Blättern, hellgrün und dunkelgrün quer gestreift, mit cremegelber Borte. Die Blätter können 1 m lang werden. Die bei Topfpflanzen seltenen Blütenstände tragen weiße intensiv duftende Blüten. Bei ***S. trifasciata*** **'Bantel's Sensation'** sind die Blätter wie bei der Art marmoriert, allerdings mit unregelmäßigen cremefarbenen Querstreifen im oberen Teil der großen Blätter. Die Zwergform ***S. trifasciata*** **'Hahnii'** wird nur 15 cm hoch, hat eine Rosettenform und gelb und grau marmorierte Blätter. Die Blätter von ***S. trifasciata*** **'Golden Hahnii'** sind mit breiten gelben Rändern gesäumt. ***S. trifasciata*** **'Silver Hahnii'** hat silbrig grüne, dunkelgrün gefleckte Blätter.

Eine seltene Art ist ***S. cylindrica*** mit starren, graugrün gestreiften, dunkelgrünen zylindrischen Blättern.

Pflege

Der Bogenhanf ist eine robuste ideale Anfängerpflanze. Nur übermäßiges Wässern nimmt sie übel.

Vermehrung: Beim Umtopfen kann man die an den Rhizomen sitzenden Ableger abtrennen. Wenn sie genügend Wurzeln gebildet haben, pflanzt man sie in Kultursubstrat, andernfalls lässt man sie erst in einem Torf-Sand-Gemisch

Kulturbedingungen

Wasserbedarf und Luftfeuchtigkeit: Während der Wachstumszeit sehr sparsam gießen, das Substrat zwischendurch gut trocknen lassen. Im Winter die Wassergaben noch mehr einschränken. Trockene Luft wird gut vertragen.

Lichtansprüche: Hell; stechende Sonne meiden. Leichter Schatten wird gut vertragen, allerdings sind die Blätter dann weniger bunt.

Dünger: Im Frühjahr und Sommer alle 3–4 Wochen einen schwach dosierten Grünpflanzendünger oder Dünger für Sukkulenten geben.

Umtopfen und Substrat: Alle 2–3 Jahre in leichte und durchlässige Kakteenerde umtopfen. Die Pflanze fühlt sich wohl, wenn der Topf ein bisschen eng ist.

Kulturtipp: Normale Zimmertemperatur bekommt der Pflanze, sie sollte aber nicht unter 13 °C sinken.

Krankheiten und Schädlinge

◆ Wenn die Blätter weich und braun werden, wurde die Pflanze zu stark gewässert. Achten Sie daher darauf, den Wurzelhals beim Gießen nicht zu benetzen, und lassen Sie das Substrat vor der nächsten Wassergabe erst gut trocknen.

Sansevieria trifasciata 'Laurentii' ▶

Sansevieria trifasciata 'Hahnii' ▼

bewurzeln. Sansevierien können auch durch Blattstecklinge vermehrt werden, doch das Verfahren eignet sich nicht für die gelb geränderten Sorten, weil es Pflanzen mit grünen Blättern ergibt. Die Blattstecklinge lassen sich in einem Sand-Torf-Gemisch bei 20–22 °C bewurzeln.

Gut zu wissen

Brechen Sie auf keinen Fall die Blattspitzen ab, denn dann wächst die Pflanze nicht mehr weiter.

Sansevieria trifasciata 'Golden Hahnii' ▲

Sansevieria trifasciata ▼

▼ *Sansevieria cylindrica*

Sarracenia

Schlauchpflanze, Krugpflanze, Sarrazenie

Allgemeines

Diese Gattung umfasst 8 Arten immergrüner oder laubwerfender insektenfangender Stauden mit urnenförmigen sehr dekorativen Insektenfallen. Der natürliche Lebensraum von ***Sarracenia purpurea*** sind die sauren Moore und Sümpfe Amerikas und des arktischen Kanada bis hinunter nach New Jersey. Aus kurzen dicken Rhizomen entwickeln sich zu Nektar produzierenden Krügen modifizierte, in Rosetten stehende Blätter. Der Nektar lockt Insekten an, die in die Krüge krabbeln und dort gefangen und verdaut werden. Die am Grund engen, dann weiten Krüge mit aufrechtem Deckel sind grün mit purpurnen Adern. Im Frühjahr erscheinen gleichfarbige Blüten mit einem Durchmesser von 3–8 cm. Die Pflanze wird 10–15 cm hoch, kann aber bis zu 1 m in die Breite wachsen. Die Blätter von ***S. rubra*** werden 10–70 cm lang, sie sind rotgrün gefärbt, haben einen purpurn geäderten Deckel und bekommen dunkelpurpurne Blüten an langen Stielen. Es gibt auch zahlreiche natürliche und künstliche Hybriden.

Pflege

Man benötigt einen sehr hellen, luftigen, im Winter ungeheizten Platz oder ein kaltes Gewächshaus zur Kultivierung.

Vermehrung: Sarrazenien lassen sich durch frische Samen auf eingeweichtem Torfmoos vermehren oder durch Teilen der Pflanze im Frühjahr.

Tipp

Die Pflanze sollte nicht jedes Jahr geteilt werden, sie entwickelt erst im Lauf der Jahre ihre Schönheit.

Kulturbedingungen

Wasserbedarf und Luftfeuchtigkeit: Von Mai bis September das Substrat ständig feucht halten. Verdunstungsschalen, die man auch für die Kultivierung von Orchideen verwendet, können hier zum Einsatz kommen. Sie liefern Wasser und Luftfeuchtigkeit.

Lichtansprüche: Ganzjährig volle Sonne.

Dünger: Unnötig.

Umtopfen und Substrat: Verwenden Sie weite (mindestens 20 cm Durchmesser) und tiefe Töpfe. Falls nötig, im Frühjahr in leicht saures Substrat aus hellem Torf, kalkfreiem Sand oder Perlit und Polystyrol umtopfen.

Kulturtipp: Sarrazenien vertragen einen großen Temperaturbereich. Im Winter sollten sie kühl stehen, bei 8–12 °C (nicht unter 5 °C).

Krankheiten und Schädlinge

◆ Wenn die Blätter weich und bräunlich werden, haben Sie zu viel gegossen. Achten Sie künftig darauf, den Wurzelhals der Pflanze beim Gießen auszusparen, und lassen Sie das Substrat trocknen, bevor Sie erneut gießen.

Sarracenia rubra ▲

Sarracenia purpurea ▶

Saxifraga

S. stolonifera Judenbart

Allgemeines

Zur Gattung *Saxifraga* (Steinbrech) gehören zahlreiche Gartenpflanzen. Dagegen wird die in China und Japan beheimatete *Saxifraga stolonifera* als Zimmerpflanze, hauptsächlich in Ampelkultur, gezogen. Sie bildet lockere Rosetten rundlicher dunkelgrüner, an der Oberseite silbrig geäderter und an der Unterseite purpurner Blätter. An den Enden der zahlreichen fadenförmigen rötlichen Ausläufer sitzen neue Pflänzchen. Eine sehr dekorative, allerdings weniger wüchsige Sorte ist *S. stolonifera* 'Tricolor' mit cremeweiß geränderten, bei hellem Standort rosa überhauchten Blättern.

Pflege

Die Pflege ist einfach, allerdings will der Judenbart im Winter kühl stehen. Damit die Pflanze recht üppig bleibt, sollte sie jedoch regelmäßig verjüngt werden.

Vermehrung: Im Frühjahr trennt man die jungen Pflänzchen ab, die sich an den Enden der Ausläufer gebildet haben, und lässt sie bewurzeln. Sie können auch (wie Absenker) an der Mutterpflanze bleiben und erst nach dem Bewurzeln abgelöst werden.

Kulturbedingungen

Wasserbedarf und Luftfeuchtigkeit: Während der Wachstumszeit das Substrat nur leicht feucht halten. Im Winter noch weniger gießen und das Substrat vor dem nächsten Gießen bis in die Tiefe trocknen lassen. Bei Temperaturen über 18 °C sollte der Topf auf einen Untersetzer mit feuchtem Kies gestellt werden.

Lichtansprüche: Schattig bis hell, indirektes Licht. Die panaschierte Sorte muss hell stehen und braucht täglich mindestens 3 Stunden Sonne.

Dünger: Im Frühjahr und Sommer alle 3–4 Wochen einen Grünpflanzendünger geben.

Umtopfen und Substrat: Falls nötig, im Frühjahr in Einheitserde umtopfen, die mit etwas Torf oder Grobsand vermischt ist.

Kulturtipp: Man überwintert die Pflanze in einem wenig geheizten Zimmer, bei 10–15 °C. Die panaschierte Sorte mag es etwas wärmer (15–18 °C).

Krankheiten und Schädlinge

◆ Deformierte und klebrige Blätter sind ein Zeichen für Blattläuse. Ein Insektizid oder Nützlinge schaffen Abhilfe.

◆ Wenn die Blätter die Farbe verlieren und eintrocknen, ist es zu warm und zu trocken, sodass sich Spinnmilben vermehren. Luftfeuchtigkeit durch Besprühen der Blätter erhöhen. Notfalls ein Akarizid oder Nützlinge einsetzen.

Saxifraga stolonifera 'Tricolor' ►

Schefflera

S. arboricola — Kleine Strahlenaralie

syn. *Heptapleurum arboricola*

Allgemeines

Dass diese Art so populär ist, verdankt sie ebenso sehr ihrem dekorativen Aussehen wie ihrer Anspruchslosigkeit. Die Pflanze entwickelt meist einen einzigen, bis zu 2 m hohen Stamm, den langgestielte, aus 7–10 strahlenförmigen grünen Fiedern bestehende Blätter schmücken. Sofern man nicht mehrere einzelne Pflanzen in einen Topf setzt, braucht *Schefflera* wenig Raum.

Pflege

Die Kleine Strahlenaralie lässt sich problemlos in der Wohnung kultivieren.

Vermehrung: 5–8 cm lange Kopfstecklinge lässt man in Wasser oder in einem feuchten Sand-Torf-Gemisch bei 20–24 °C bewurzeln.

Kulturbedingungen

Wasserbedarf und Luftfeuchtigkeit: Während des Wachstums mäßig gießen und das Substrat vor dem nächsten Gießen etwas durchtrocknen lassen. Im Winter, je nach Umgebungstemperatur, die Wassergaben einschränken.

Lichtansprüche: Hell, ohne direkte Sonne. Die panaschierten Sorten brauchen mehr Licht.

Dünger: Im Frühjahr und Sommer alle 2–3 Wochen einen Grünpflanzendünger geben.

Umtopfen und Substrat: Junge Pflanzen im Frühjahr in Einheitserde umtopfen. Sobald die Pflanze ihre optimale Größe erreicht hat, wird nur einmal im Jahr die obere Substratschicht ausgetauscht.

Kulturtipp: Erhöhen Sie die Luftfeuchtigkeit, wenn die Umgebung warm ist, indem Sie den Topf auf ein feuchtes Kiesbett stellen. Im Winter braucht die Pflanze mindestens 12–15 °C (die panaschierten Sorten 16–18 °C).

Tipp

Binden Sie den Hauptstamm an eine Stütze, damit er gerade bleibt.

◄▼ *Schefflera arboricola*

Krankheiten und Schädlinge

◆ Kleine braune Höcker an Stielen und Blättern weisen auf Schildläuse hin. Mit einem in Alkohol getränkten Wattestäbchen abstreifen, ein systemisch wirkendes Insektizid oder Nützlinge einsetzen.
◆ Wenn die Blätter verblassen und eintrocknen, ist es zu warm und zu trocken, für Spinnmilben optimale Bedingungen. Luftfeuchtigkeit durch Besprühen der Blätter erhöhen. Notfalls ein Akarizid oder Raubmilben einsetzen.
◆ Die Blätter fallen ab: Daran kann zu reichliches Gießen oder kalte Zugluft schuld sein.

● Verwandte Arten und Sorten

Schefflera arboricola 'Geisha Girl' zeigt einen kompakteren Wuchs. Die grünen Blätter haben stärker gerundete Fiedern.
Die Blätter von *S.* ***arboricola*** 'Variegata' sind gelb und grün panaschiert.
S. ***actinophylla*** (syn. *Brassaia actinophylla*) hat leuchtend grüne, lackglänzende Blätter, fünf- bis siebenfach gefiedert. Die sich ausbreitende Pflanze benötigt viel Platz.

Schefflera actinophylla ▼

Schefflera arboricola ▼

Schefflera

S. elegantissima

Fingeraralie

syn. *Dizygotheca elegantissima*

Allgemeines

Die wegen ihrer schmalen leichten Blätter geschätzte Fingeralralie kann in der Wohnung mehr als 1 m hoch werden, doch wächst sie langsam. An dem wenig verzweigten Hauptstamm sitzen aus schmalen fein gezackten Fiedern zusammengesetzte Blätter. Diese sind anfangs kupferrot und wechseln allmählich zu einem dunklen Bronzegrün.

Kombinationen: Das elegante Laub bildet einen hübschen Kontrast zu Pflanzen mit breitflächigeren und panaschierten Blättern.

Pflege

Wenn die Luft nicht zu trocken ist, gedeiht die Pflanze recht gut in der Wohnung.

Vermehrung: Im Allgemeinen wird die Pflanze durch Samen vermehrt, oft aber erfolglos.

● Verwandte Arten und Sorten

Schefflera elegantissima 'Castor' hat größere und dichter stehende Blätter.

Kulturbedingungen

Wasserbedarf und Luftfeuchtigkeit: Während des Wachstums sparsam mit handwarmem, weichem Wasser gießen, sodass das Substrat leicht feucht bleibt. Je nach Umgebungstemperatur im Winter wenig Wasser geben. Täglich die Blätter besprühen. Setzen Sie den Topf auf ein feuchtes Kiesbett.

Lichtansprüche: Hell, keine direkte Sonne.

Dünger: Im Frühjahr und Sommer alle 2–3 Wochen einen Grünpflanzendünger geben.

Umtopfen und Substrat: Wenn die Wurzeln den Topf ausfüllen, setzt man die Pflanze im Frühjahr in Humus, dem etwas Sand untergemischt wurde.

Kulturtipp: Vermeiden Sie kalte Zugluft, denn sie führt häufig zum Blattabwurf. Im Winter darf die Temperatur nicht unter 16 °C sinken.

Krankheiten und Schädlinge

◆ Bei Spinnmilbenbefall verblassen die Blätter und trocknen ein. Erhöhen Sie die Luftfeuchtigkeit durch Besprühen der Blätter. Notfalls ein Akarizid oder Nützlinge einsetzen.

◆ Weiße wattige Gebilde auf den Blättern sind ein Zeichen für Schmierläuse. Mit einem in Alkohol getränkten Wattestäbchen abstreifen. Bei starkem Befall setzt man ein systemisches Insektizid oder Schlupfwespen ein.

▼ *Schefflera elegantissima*

Schefflera venulosa ▼

◄ *Schefflera elegantissima* 'Castor'

Schlumbergera

Gliederkaktus, Weihnachtskaktus

Allgemeines

Meist sind es Auslesen von ***Schlumbergera truncata*** (syn. *Zygocactus truncatus*) und einige Hybriden, die heute als Zimmerpflanzen angeboten werden. Sie bilden hängende Sprosse, die mitunter länger als 60 cm sind und aus flachen mittelgrünen Gliedern, mehr oder weniger stark gezähnt, bestehen. Die röhrenartigen Blüten sind aus mehreren Reihen sternförmig angeordneter Blütenblätter zusammengesetzt und werden 5–8 cm lang und 2–3 cm breit. Es gibt rosa-, rot- oder weiß-, manchmal auch gelbblühende Weihnachtskakteen. Sie blühen aber nicht nur zur Weihnachtszeit.

Pflege

Mit etwas Erfahrung lassen sich diese Kakteen leicht in der Wohnung kultivieren.

Vermehrung: Im Frühjahr oder Sommer Sprossabschnitte mit 2–3 Gliedern abnehmen, einige Stunden trocknen lassen und in einem Sand-Torf-Gemisch zur Bewurzelung anregen.

Gut zu wissen

Die Blütenknospen können abfallen, wenn der Weihnachtskaktus umgestellt wird, bei plötzlichen Temperaturveränderungen oder kalter Zugluft.

Tipp

Im Sommer stellt man *Schlumbergera* an einen geschützten, halbschattigen Platz im Freien.

Kulturbedingungen

Wasserbedarf und Luftfeuchtigkeit: Während der Blüte und vom Frühjahr bis Anfang Herbst regelmäßig gießen. Es darf kein Wasser im Untersetzer stehen. Die Wassergaben 2–3 Wochen nach der Blüte stark einschränken und erst im Herbst vor der Blüte wieder mit dem Gießen anfangen.

Lichtansprüche: Hell bis leicht schattig, im Sommer keine direkte Sonne.

Dünger: Im Frühjahr und Sommer alle 2 Wochen einen Kakteendünger geben.

Umtopfen und Substrat: Falls erforderlich, nach der Blüte in Kakteenerde umtopfen.

Kulturtipp: Es fördert eine reiche Blüte, wenn der Kaktus im Herbst eine Zeit lang kühl steht (15–18 °C) und ganz wenig gegossen wird.

Krankheiten und Schädlinge

◆ Weiße wattige Gebilde an den Segmenten weisen auf Schmierläuse hin. Mit einem in Alkohol getauchten Wattestäbchen abwischen. Bei starkem Befall setzt man ein systemisch wirkendes Insektizid oder Schlupfwespen ein.

Schlumbergera ▼

Schlumbergera ▼

Schlumbergera ▼

➤ **Scindapsus** siehe unter *Epipremnum*

Scirpus

S. cernuus Frauenhaar
syn. *Isolepis cernua*

Allgemeines
Diese zu den Riedgräsern gehörende kleine Pflanze bildet einen dichten Schopf von 20–30 cm langen schmalen hellgrünen Halmen, die direkt aus dem Rhizom wachsen. Anfangs stehen sie aufrecht, hängen aber später um den Topf herab. Im Lauf des Jahres entwickeln sich an den Spitzen der Blätter winzige weiße oder cremefarbene Blüten.

Pflege
Die Pflanze ist recht pflegeleicht. Bei über 13 °C wächst sie unermüdlich.

Vermehrung: Im Frühjahr teilt man die Pflanze beim Umtopfen.

Tipp
Sie können die Länge der Halme selbst beeinflussen. An schattigeren Standorten hängen die grasähnlichen Halme bald über, bei voller Sonne bleiben sie kompakt und stehen aufrecht.

KULTURBEDINGUNGEN

Wasserbedarf und Luftfeuchtigkeit: Während des Wachstums soll das Substrat immer sehr feucht sein. Wasser im Untersetzer ist erlaubt. Bei kühler Umgebung gießt man weniger.
Lichtansprüche: Mäßig hell.
Dünger: Während des Wachstums (über 13 °C) einmal im Monat Grünpflanzendünger geben.
Umtopfen und Substrat: Sobald die Pflanze den Topf ausfüllt, in ein Substrat aus gleichen Teilen Einheitserde, Torf und guter Gartenerde umtopfen.
Kulturtipp: Mit zunehmendem Alter wird die Pflanze unansehnlich und sollte durch Teilung verjüngt werden. Sie eignet sich gut als Ampelpflanze. Achten Sie darauf, dass das Substrat dann nicht zu rasch austrocknet.

Scirpus cernuus ▶

Scutellaria

S. costaricana Helmkraut

Allgemeines
Die Gattung *Scutellaria* umfasst zahlreiche Arten Einjähriger, rhizombildender krautiger Stauden und Halbsträucher. Es sind richtige Kosmopoliten, die hauptsächlich in gemäßigten Zonen und tropischen Gebirgen verbreitet sind. Als Zimmerpflanzen eignet sich vor allem die aus Costa Rica stammende *Scutellaria costaricana*. Die Pflanze entwickelt aufrechte purpurne Sprosse, an denen 10–15 cm lange ovale bis elliptische, leicht gekräuselte dunkelgrüne Blätter sitzen. Endständig entwickeln sich Ähren mit leuchtend roten röhrenförmigen Blüten mit gelber Mitte. Es gibt Hybriden in verschiedenen Nuancen von Rot, Rosa und Purpur.

Pflege
In der Wohnung sind Scutellarien anspruchsvoll. Es ist ratsam, sie im warmen Gewächshaus zu halten.
Vermehrung: Im Frühjahr Grünstecklinge in einem feuchten Sand-Torf-Gemisch unter einer Plastikhaube bei Bodenwärme bewurzeln lassen. Es glückt nicht immer.

Kulturbedingungen
Wasserbedarf und Luftfeuchtigkeit: Während des Wachstums regelmäßig mit handwarmem Wasser gießen, damit der Wurzelballen feucht bleibt, im Winter seltener gießen. Hohe Luftfeuchtigkeit schaffen und bei Wärme die Blätter täglich besprühen.
Lichtansprüche: Hell, keine direkte Sonne.
Dünger: Im Frühjahr und Sommer alle 2 Wochen Blühpflanzendünger geben.
Umtopfen und Substrat: Wenn nötig, im Frühjahr in eine Mischung aus Humus und Komposterde mit etwas Grobsand umtopfen.
Kulturtipp: *Scutellaria costaricana* braucht Wärme (mindestens 15 °C), hohe Luftfeuchtigkeit und viel Licht.

Krankheiten und Schädlinge
◆ Verblassen die Blätter und trocknen ein, sind Spinnmilben die Ursache, die es warm und trocken lieben. Durch Besprühen der Blätter erhöht man die Luftfeuchtigkeit. Notfalls ein Akarizid oder Nützlinge einsetzen.
◆ Kleine Weiße Fliegen schweben bei Berührung der Pflanze sofort hoch. Diese *Aleurodinae* sind kleine Pflanzensaft saugende Insekten, die schwer bekämpfbar sind. Behandeln Sie mehrmals in Abständen von 8–10 Tagen mit einem Insektizid.

Scutellaria costaricana ▼

Scutellaria costaricana 'Red Fountain' ▼

Sedum

Fetthenne, Mauerpfeffer

Allgemeines

Zur Gattung *Sedum* gehören rund 600 recht verschiedene, in der Regel sukkulente Arten, die auf der nördlichen Hemisphäre, auf Madagaskar, in gebirgigen Gegenden Südafrikas und Südamerikas zu Hause sind, viele davon frosthart. Die meisten als Zimmerpflanzen kultivierten Arten stammen aus Mexiko und zeichnen sich durch besonders attraktive Blätter aus. An den reich verzweigten fleischigen Sprossen sitzen ebenfalls fleischige stiellose Blätter. Die Schlangenfetthenne, ***Sedum morganianum,*** bildet hängende Sprossen, die mit zylindrischen weiß bereiften Blättchen bedeckt sind. Als Ampelpflanze ist sie besonders attraktiv. Bei ***S. burrito*** sind die grünen Blätter der jungen Triebe purpurn überhaucht. Die Blätter von ***S. rubrotinctum*** färben sich rot, wenn die Umgebung warm und trocken ist.

Pflege

Die Fetthenne ist pflegeleicht, braucht aber viel Licht und im Winter eine Ruhephase bei 5–12 °C.

Vermehrung: Im Frühjahr bis Sommer nimmt man 5–8 cm lange Triebstecklinge ab, entfernt einige Blätter an der Basis und lässt sie 1–2 Tage trocknen. Sie bewurzeln in einem leicht feuchten Sand-Torf-Gemisch, aber auch in Kakteensubstrat.

Krankheiten und Schädlinge

◆ Weiße wattige Gebilde an der Blattbasis sind ein Zeichen für Schmierläuse. Man kann sie mit einem in Alkohol getränkten Wattestäbchen abstreifen. Setzen Sie bei starkem Befall ein Insektizid oder Nützlinge ein.

Sedum burrito ▼

Kulturbedingungen

Wasserbedarf und Luftfeuchtigkeit: Während des Wachstums mäßig gießen und das Substrat zwischendurch austrocknen lassen. Je nach Umgebungstemperatur im Winter seltener gießen.
Lichtansprüche: Ganzjährig volle Sonne.
Dünger: Im Frühjahr und Sommer alle 2 Wochen einen Grünpflanzendünger geben.
Umtopfen und Substrat: Alle 1–2 Jahre im Frühjahr in Kakteenerde umtopfen. Verwenden Sie möglichst keine tiefen Töpfe.
Kulturtipp: Überwintern Sie die Pflanze auf einer Veranda oder in einem kühlen Gewächshaus, etwa bei 12 °C.

Sedum morganianum ▼

Selaginella

Moosfarn, Mooskraut

Allgemeines

Zu dieser Gattung gehören etwa 700 Arten, die hauptsächlich in tropischen Regenwäldern vorkommen. Die kultivierten Arten sind vor allem wegen ihrer zierlichen, an Farn erinnernden Blätter begehrt. ***Selaginella martensii*** bildet aufrechte, später hängende verzweigte Triebe, an denen glänzende mittelgrüne fleischige, 1–2 cm lange Blätter sitzen. Die Pflanze wird etwa 15 cm hoch und wächst 20–25 cm in die Breite. Bei *S. martensii* 'Variegata' sind die Blattspitzen silbrig weiß panaschiert.

S. kraussiana ist eine schnell wachsende kriechende Art, die einen dicken Teppich aus leuchtend grünen Blättern bildet. Das Laub der Sorte **'Aurea'** ist goldgrün.

S. apoda bildet weiche flächendeckende Triebe, an denen winzige blassgrüne Blättchen sitzen.

S. lepidophylla, die Rose von Jericho, kann mehrere Monate völliger Trockenheit unbeschadet überstehen. Sie rollt sich zu einer dichten Kugel zusammen und entfaltet sich wieder, sobald sie in Wasser gelegt wird. Die trockenen Pflanzen werden als Kuriosität verkauft.

Kombinationen: In einer großen Schale lassen sich Selaginellen gut mit Farnen kombinieren, im Terrarium auch mit anderen Pflanzen aus Feuchtgebieten.

Pflege

Die anspruchsvollen Pflanzen brauchen vor allem eine warme und feuchte Umgebung.

Vermehrung: Größere Gruppen kann man beim Umtopfen teilen, 5–8 cm lange Stecklinge lässt man in feuchtem Substrat bewurzeln. Durch Ausläufer vermehren sich die Pflanzen oft selbst.

Selaginella martensii 'Jori' ▶

Kulturbedingungen

Wasserbedarf und Luftfeuchtigkeit: Das ganze Jahr über das Substrat feucht halten, kein Wasser im Untersetzer stehen lassen. Wird die Pflanze nicht im geschlossenen Blumenfenster oder Glasgefäß kultiviert, muss sie mit weichem Wasser besprüht werden.

Lichtansprüche: Schattig.

Dünger: Alle 2–3 Wochen einen schwach dosierten Grünpflanzendünger geben.

Umtopfen und Substrat: Falls nötig, im Frühjahr in eine Mischung aus Torf, Sand und Moorbeeterde umtopfen.

Kulturtipp: Halten Sie Ihre Pflanze ganzjährig bei 18–24 °C und hoher Luftfeuchtigkeit. Vermeiden Sie trockene und kalte Zugluft.

Selaginella apoda ▼

Selaginella kraussiana ▼

Senecio

Greiskraut, Kreuzkraut

Allgemeines

Diese recht verschiedenen verholzten oder krautigen, aufrecht oder kriechend wachsenden Pflanzen (mehr als 1000 Arten) bilden unterschiedlich geformte, mitunter sukkulente Blätter. Die meisten als Zimmerpflanzen kultivierten Arten stammen aus Südafrika. Wie Efeu bildet ***Senecio macroglossus*** windende Sprosse mit dreieckigen gelappten Blättern aus. Im Sommer bekommt das Kreuzkraut gelbe Blüten. Auch Formen mit panaschierten Blättern sind im Angebot. ***S. mikanoides,*** der Sommerefeu, wurde mittlerweile der Gattung *Delairea* zugeordnet. Aus dem Himalaya stammt ***S. cephalophorus,*** ein verzweigter Strauch, an dessen fleischigen Trieben dicke bläulich grüne Blätter und orangefarbene Blüten sitzen.

Pflege

Die Pflanzen brauchen sehr viel Licht und eine winterliche Ruhephase in kühler Umgebung.

Vermehrung: Aussaat im Minigewächshaus bei 19–24 °C im Frühjahr. Von manchen Arten kann man Stecklinge in Wasser bewurzeln lassen.

Kulturbedingungen

Wasserbedarf und Luftfeuchtigkeit: Während des Wachstums gießen Sie mäßig, im Winter nur so viel, dass das Substrat nicht gänzlich austrocknen kann.

Lichtansprüche: Ganzjährig hell, dabei im Sommer während der brennenden Mittagshitze schattieren.

Dünger: Im Frühjahr und im Sommer geben Sie alle 2–3 Wochen einen Grünpflanzendünger.

Umtopfen und Substrat: Falls nötig, alljährlich im Frühjahr in mit Sand vermischte Einheitserde umtopfen oder, bei Arten mit sukkulenten Blättern, in Kakteenerde.

Kulturtipp: Überwintern Sie Greiskraut bei 10–13 °C auf einer Veranda oder in einem temperierten Gewächshaus. Sukkulente Arten, die zu viel Wasser bekommen, faulen leicht.

Krankheiten und Schädlinge

◆ Wenn die Blätter klebrig werden und sich verformen, sind die jungen Triebe von Blattläusen befallen. Setzen Sie ein Insektizid oder Nützlinge ein.

▼ *Senecio cephalophorus*

Senecio cephalophorus ▼

Siderasis

S. fuscata
Siderasis

syn. *Tradescantia fuscata*

Allgemeines

Zur Gattung *Siderasis* gehört nur eine Art, *S. fuscata.* Die kleine tropische Pflanze stammt aus Brasilien und bildet eine Rosette, die höchstens 8 cm hoch wird, aus elliptischen etwa 25 cm langen Blättern. Ihre Oberseite ist hellgrün mit einem silbernen Mittelstreifen, die Unterseite purpurfarben. Gegen Ende des Sommers bildet die Pflanze Blüten mit 3 Kronblättern in Violett bis Purpurrosa.

Pflege

Außerhalb eines geschlossenen Glasgefäßes kann man die Pflanze kaum halten. **Vermehrung:** An erwachsenen Pflanzen entstehen Ableger, die man abtrennen kann. Vorsicht: Die Wurzeln dürfen nicht beschädigt werden. Pflanzen Sie die Ableger einzeln, und halten Sie sie in einem beheizten Minigewächshaus.

Siderasis fuscata ▼

Kulturbedingungen

Wasserbedarf und Luftfeuchtigkeit: Das ganze Jahr über mäßig gießen und für sehr hohe Luftfeuchtigkeit sorgen, die nur in einem geschlossenen Glasgefäß hergestellt werden kann.
Lichtansprüche: Halbschattig, keine direkte Sonne.
Dünger: Im Frühjahr und Sommer alle 6 Wochen einen Grünpflanzendünger geben.
Umtopfen und Substrat: Junge Pflanzen alljährlich im Frühjahr in eine Mischung aus Einheitserde, Torf und Sand umtopfen.
Kulturtipp: Bieten Sie der Pflanze eine möglichst gleichbleibende Temperatur zwischen 20 und 24 °C. Zu hohe Wassergaben verursachen Fäulnis an der Blattbasis.

Krankheiten und Schädlinge

◆ Wenn die Blätter braun werden, wurde die Pflanze zu viel gegossen. 2 Wochen lang kaum Wasser geben und für hohe Luftfeuchtigkeit sorgen.

▲ Siderasis fuscata

Sinningia

Gloxinie

Allgemeines

Die im Handel angebotenen Pflanzen sind hauptsächlich Hybriden von ***Sinningia speciosa*** – auch als „Floristengloxinie" bekannt, zur Abgrenzung der nahe verwandten Gattung *Gloxinia*. Die hübschen Pflanzen bilden eine Rosette großer ovaler leuchtend grüner behaarter Blätter, die aus einer Knolle wachsen. Zwischen den Blättern erscheinen im Sommer etwa 10 cm hohe Blütenstiele mit einer länglichen glockenförmigen Blüte in Nuancen von Rot, Blauviolett oder Weiß. Die Ränder des Blütenkelchs sind meist gefranst oder stark gewellt. Manche Hybriden haben zweifarbige oder gefleckte Blüten.

Krankheiten und Schädlinge

◆ Deformierte und klebrige Blätter weisen auf Befall durch Blattläuse hin. Setzen Sie ein Insektizid oder Nützlinge ein.

Pflege

Auf Dauer ist die Gloxinie schwer zu halten. Sie benötigt hohe Luftfeuchtigkeit und einen sehr hellen Platz. Die Blätter sind fäulnisanfällig.

Vermehrung: Die Samenvermehrung bleibt Experten vorbehalten.

Tipp

Sobald die Blätter trocken werden, gießen Sie nicht mehr, und lassen Sie die Knolle den Winter über trocken stehen.

Sinningia speciosa ▼

Sinningia speciosa ▼

Sinningia speciosa ▶

Kulturbedingungen

Wasserbedarf und Luftfeuchtigkeit: Im Sommer mit wenig handwarmem, weichem Wasser gießen und dabei die Blätter nicht benetzen. Man erhöht die Luftfeuchtigkeit, indem der Topf auf feuchten Kies gestellt wird. Ab Herbst, wenn die Ruhephase der Pflanze einsetzt, gießt man noch weniger.

Lichtansprüche: Sehr hell, keine direkte Sonne.

Dünger: Im Frühjahr und Sommer alle 2–3 Wochen einen Blühpflanzendünger geben.

Umtopfen und Substrat: Ende Februar die Knolle in Einheitserde mit Torfbeimischung setzen. Das Substrat sollte die Knolle bis an den Rand bedecken.

Kulturtipp: Im Winter sollte die Knolle kühl (etwa 15 °C) und völlig trocken stehen. Sie können Gloxinien aber auch wie eine Saisonpflanze behandeln und nach der Blüte entsorgen.

Sinningia speciosa ▼▲

Sinningia speciosa ►

Soleirolia

S. soleirolii

Bubiköpfchen, Helxine

syn. *Helxine soleirolii*

Krankheiten und Schädlinge

◆ Wenn die Blätter gelb werden, faulen die Wurzeln. Gießen Sie seltener.

Allgemeines

Diese mattenbildende kleinwüchsige Pflanze entwickelt verzweigte, manchmal rosafarbene Triebe mit kleinen, 2–6 mm langen, seidenweichen Blättern. Die aus Korsika stammende Art eignet sich gut als Bodendecker in einem großen Blumentopf oder einer Blumenbank. Sie gedeiht gut in Terrarien und nicht zu warmen Räumen.

Pflege

Bubiköpfchen sind pflegeleicht, brauchen aber eine winterliche kühle Ruhephase.

Vermehrung: Ist ganz einfach: Man trennt im Frühjahr Triebe von der Pflanze ab und setzt sie wieder in Substrat.

● Verwandte Arten und Sorten

Soleirolia soleirolii 'Argentea' hat silbrig weiß panaschierte Blättchen.

Bei *S. soleirolii* 'Aurea' sind die Blättchen goldgrün.

▲ *Soleirolia soleirolii*

Soleirolia soleirolii ▼

Kulturbedingungen

Wasserbedarf und Luftfeuchtigkeit: Während des Wachstums reichlich gießen, Staunässe vermeiden. Im Winter bei niedrigeren Temperaturen die Wassergaben reduzieren. Achten Sie auf gute Luftfeuchtigkeit.

Lichtansprüche: Mittel bis hell, im Sommer leicht schattiert.

Dünger: Im Frühjahr und Sommer alle 3–4 Wochen einen Grünpflanzendünger in halber Dosierung geben.

Umtopfen und Substrat: Umgetopft wird im Frühjahr in Einheitserde, die mit guter Gartenerde angereichert wurde.

Kulturtipp: Überwintern Sie die Pflanze bei 5–10 °C auf einer Veranda oder in einem Gewächshaus.

Sparrmannia

S. africana Zimmerlinde

Allgemeines
In der Wohnung kann dieser aus Südafrika stammende Strauch über 2 m hoch werden. Er bildet wüchsige behaarte Triebe, an denen große herzförmige, gezähnte, leicht behaarte hellgrüne Blätter sitzen. Die Zimmerlinde kann gegen Ende des Winters oder im zeitigen Frühjahr bei guten Bedingungen Dolden kleiner weißer Blüten mit orangefarbenen Staubblättern bilden. Die Zwergform 'Nana' ist blühfreudiger.

Pflege
Die Zimmerlinde braucht im Winter einen kühlen, hellen Standort. Der Platz muss gut belüftet sein.
Vermehrung: Im Frühjahr 15 cm lange Kopfstecklinge in einem feuchten Sand-Torf-Gemisch (1 : 1) bei 18 °C bewurzeln lassen.

Tipp
Führen Sie im Frühjahr einen kräftigen Rückschnitt durch, damit sich die Pflanze stärker verzweigt und nicht uferlos wächst.

● Verwandte Arten und Sorten
Sparrmannia africana 'Nana' ist eine Zwergform.
S. africana 'Flore Pleno' bekommt gefüllte Blüten.

Krankheiten und Schädlinge

◆ Wenn die Blätter verblassen und eintrocknen, haben sich Spinnmilben bei Wärme und Trockenheit vermehrt. Luftfeuchtigkeit durch Besprühen des Laubs erhöhen. Setzen Sie ein Akarizid oder Raubmilben ein.

Sparrmannia africana ▼

Sparrmannia 'Flore Pleno' ▼

Kulturbedingungen

Wasserbedarf und Luftfeuchtigkeit: Während des Wachstums mäßig, aber sehr regelmäßig gießen, damit das Substrat gut feucht bleibt. Während der Ruhephase schränkt man die Wassergaben ein, die Erde darf aber nicht trocken werden. Bei Wärme besprüht man von Zeit zu Zeit die Blätter.
Lichtansprüche: Sehr hell, aber indirektes Licht.
Dünger: Im Frühjahr und Sommer alle 2 Wochen einen Grünpflanzendünger geben.
Umtopfen und Substrat: Anfangs alljährlich, später alle 2–3 Jahre im Frühjahr in eine Mischung aus Einheitserde und Torf (1 : 1) umtopfen, am besten in stabile Terrakottatöpfe.
Kulturtipp: Geben Sie der Zimmerlinde genügend Platz, damit sie sich entfalten kann, und sorgen Sie für eine Temperatur um 16 °C.

Sparrmannia africana ▼

Spathiphyllum

Blattfahne, Scheidenblatt

Allgemeines

Zu dieser Gattung zählen etwa 30 Arten ausdauernder rhizombildender Stauden, die in den tropischen Regenwäldern Asiens und Amerikas vorkommen. Neben den erhältlichen Hybriden ist ***Spathiphyllum wallisii*** im Angebot. Diese Art bekommt 15–25 cm lange, elliptische spitze, dunkelgrüne Blätter, die an langen Stielen sitzen. Die Pflanze blüht meist im Frühling und Sommer. Die für Aronstabgewächse charakteristische Blüte besteht aus einem relativ kurzen dünnen cremeweißen oder grünlichen Blütenkolben, Spadix, der von einer spitzen, erst weißen, später zartgrün schimmernden Blütenscheide, Spatha, umgeben ist. Die Hybriden sind von mehr oder weniger kompaktem Wuchs mit breiten oder schmalen Spathen. Die Hybride ***Spathiphyllum* 'Mauna Loa'** kann mehr als 60 cm hoch werden, sie hat große 20–25 cm lange und 15 cm breite, an 25–30 cm langen Stielen sitzende Blätter und große Blüten. Sie ist anspruchsvoll.

Pflege

Spathiphyllum ist eine robuste, pflegeleichte Pflanze. Sie wird umso schöner, je höher die Luftfeuchtgkeit ist.

Vermehrung: Im Frühjahr teilen und die Teilstücke einzeln in ein Humussubstrat pflanzen. Die Wurzeln dürfen nicht verletzt werden.

Gut zu wissen

Spathiphyllum enthält giftige Stoffe. Kontakt mit dem Saft der Pflanze kann Hautreizungen auslösen.

Kulturbedingungen

Wasserbedarf und Luftfeuchtigkeit: Mäßig, aber regelmäßig gießen, zwischendurch das Substrat abtrocknen lassen. Im Winter, je nach Temperatur, die Wassergaben einschränken. Stellen Sie in warmen Räumen die Pflanze auf einen Untersetzer mit feuchtem Kies.

Lichtansprüche: Hell, indirektes Licht, aber auch lichter Schatten wird vertragen.

Dünger: Im Frühjahr und Sommer alle 2 Wochen einen Blühpflanzendünger geben.

Umtopfen und Substrat: Jungpflanzen im Frühjahr in mit Torf oder Perlit versetzte Einheitserde umtopfen.

Kulturtipp: Ideal für die Pflanze ist ganzjährig eine Temperatur von 18–22 °C und hohe Luftfeuchtigkeit. Vermeiden Sie kalte Zugluft und unregelmäßiges Gießen.

Krankheiten und Schädlinge

◆ Verblassen die Blätter und trocknen ein, ist es zu warm und zu trocken, sodass sich Spinnmilben vermehren können. Verbessern Sie die Luftfeuchtigkeit durch Besprühen der Blätter mit handwarmem, weichem Wasser. Notfalls ein Akarizid oder Raubmilben einsetzen.

Spathiphyllum 'Chopin' ►

Spatiphyllum wallisii ►

Spathiphyllum Aqua Magic® ▼

Spathiphyllum ▼

Stephanotis

S. floribunda Madagaskarkranzschlinge

Allgemeines

Diese Kletterpflanze wächst strauchartig auf Madagaskar. Ihre Sprosse können etliche Meter lang werden. Die dunkelgrünen ledrigen ovalen und dicken Blätter sind 8–15 cm lang. Im Frühjahr und Sommer erscheinen die reinweißen duftenden röhrenförmigen Wachsblüten. Sie sitzen als Scheindolden in den Blattachseln. Kranzschlingen benötigen eine Stütze.

Pflege

Um Blüten anzusetzen, braucht die Kranzschlinge eine winterliche Ruhephase. Haben sich Knospen gebildet, darf die Pflanze nicht mehr bewegt werden, sonst fallen sie ab.

Vermehrung: Im Frühjahr 10 cm lange Triebstecklinge mit mindestens 2 Blättern unter einer Haube bei 18–21 °C in einem Sand-Torf-Gemisch bewurzeln lassen.

Tipp

Schneiden Sie im zeitigen Frühjahr zu schwache Seitentriebe heraus. An Bambusstützen kann die Pflanze frei emporklettern.

Kulturbedingungen

Wasserbedarf und Luftfeuchtigkeit: Während der Wachstumsperiode reichlich gießen, aber Staunässe vermeiden, die zum Knospenabwurf führt. Im warmen Zimmer den Topf auf feuchten Kies stellen und die Blätter (nicht die Blüten) besprühen. Ab Herbst die Wassergaben reduzieren und während der Ruhephase im Winter sehr sparsam gießen.
Lichtansprüche: Hell, indirektes Licht.
Dünger: Im Frühjahr und Sommer alle 2 Wochen einen Blühpflanzendünger verabreichen.
Umtopfen und Substrat: Jedes Jahr im Frühling in mit Torf angereicherte Einheitserde umtopfen.
Kulturtipp: Beachten Sie die winterliche Ruhephase in kühler Umgebung (etwa 13–15 °C).

Krankheiten und Schädlinge

◆ Kleine braune Höcker an den klebrig werdenden Blättern weisen auf Schildläuse hin. Mit in Alkohol getränkten Wattestäbchen abwischen, ein systemisch wirkendes Insektizid oder Schlupfwespen einsetzen.

Stephanotis floribunda ▲▼

Stephanotis floribunda ▼

Streptocarpus

Drehfrucht

Streptocarpus ▼

Allgemeines

Diese kleinen Pflanzen aus der *Saintpaulia*-Familie werden überwiegend als Hybriden kultiviert. Die leuchtend grünen länglichen bis ovalen Blätter mit fein gezähntem Rand und deutlichen Blattadern sind in meist grundständigen Rosetten angeordnet. Die Blüten sitzen büschelweise an recht kurzen (10–15 cm) Stielen und kommen in allen möglichen Nuancen von Weiß, Blau, Rosa, Mauve oder Purpur vor. Der Blütenschlund ist oft streifig oder hat eine Kontrastfarbe. Die Drehfrucht blüht vom Frühling bis in den Herbst.

Streptocarpus saxorum ▼

purpurfarbene *Streptocarpus* ►

blaue *Streptocarpus* ►

➤ ***Strobilanthes*** siehe unter *Pseuderanthemum*

Pflege

Beim Gießen ist Fingerspitzengefühl erforderlich.
Vermehrung: Sie erfolgt am Ende des Winters durch Samen bei 18 °C oder, im Frühjahr, durch Blattstecklinge in einem Sand-Torf-Gemisch.

Gut zu wissen

Gehen Sie vorsichtig mit der Pflanze um, denn die Blätter brechen leicht und gehen zugrunde. Die Drehfrucht verträgt keine verräucherte Luft.

Krankheiten und Schädlinge

◆ Graue Beläge vor allem auf der Blattunterseite deuten auf Falschen Mehltau hin, der sich gern in feuchter Umgebung ausbreitet. Die Pflanze braucht einen besser belüfteten Platz (aber gegen Zugluft geschützt). Notfalls setzt man ein Fungizid ein.

Kulturbedingungen

Wasserbedarf und Luftfeuchtigkeit: Das Substrat muss immer leicht feucht gehalten werden. Beim Gießen die fäulnisanfälligen Blätter nicht benetzen. Im warmen Zimmer den Topf auf einen Untersetzer mit feuchtem Kies stellen.
Lichtansprüche: Hell, keine direkte Sonne.
Dünger: Im Frühjahr und Sommer alle 2–3 Wochen einen Blühpflanzendünger in halber Dosierung geben.
Umtopfen und Substrat: Alljährlich im Frühjahr in ein Gemisch von Einheitserde und Torf (1 : 1) umtopfen.
Kulturtipp: Halten Sie die Kulturbedingungen möglichst konstant, und gießen Sie immer nur sparsam. Nach der Blüte schneidet man die Stiele an der Basis ab.

Streptocarpus saxorum ▼

Streptocarpus wendlandii ▶

Streptocarpus wendlandii ▼

Stromanthe

S. sanguinea Blumenmaranthe

Allgemeines

Dieses Marantengewächs bildet ein kriechendes Rhizom mit verzweigten Sprossen, an denen 30–50 cm lange ovale dunkelgrüne, oberseits hellgrün gestreifte, unterseits purpurne Blätter sitzen. Die jungen Blätter sind eingerollt und erscheinen im Blattstiel der alten. *Stromanthe* bekommt – bei der Topfpflanze selten – kleine weiße Blüten, die von roten Kelchblättern und Hochblättern umgeben sind. Es gibt panaschierte Sorten wie '**Multicolor**' mit rosa- und cremefarben marmorierten Blättern und '**Stripestar**' mit cremeweiß geäderten, an der Unterseite purpurrosafarbenen Blättern.

Pflege

Außerhalb eines geschlossenen Blumenfensters oder Glasgefäßes ist die Kultivierung schwierig.

Vermehrung: Teilung im Frühjahr. Jedes Teilstück sollte aus einigen gut entwickelten Blättern und Wurzeln bestehen.

Kulturbedingungen

Wasserbedarf und Luftfeuchtigkeit: Während des ganzen Jahres mit handwarmem Wasser gießen, der Wurzelballen sollte leicht feucht sein. Die umgebende Luftfeuchtigkeit sollte sehr hoch sein. Besprühen Sie täglich die Blätter.

Lichtansprüche: Halbschatten.

Dünger: Im Frühjahr und Sommer alle 2 Wochen einen Grünpflanzendünger geben.

Umtopfen und Substrat: Wenn die Wurzeln den Topf ausfüllen, pflanzt man die Stromanthe im Frühjahr in ein Gemisch aus Torf, Moorbeeterde und Sand.

Kulturtipp: Achten Sie darauf, dass die Temperatur für die Pflanze gleichbleibend 18–24 °C beträgt, und vermeiden Sie Zugluft.

Krankheiten und Schädlinge

◆ Kleine braune Erhebungen an klebrigeren Blättern weisen auf Schildläuse hin. Mit in Alkohol getränkten Wattestäbchen abstreifen, ein systemisches Insektizid oder Nützlinge einsetzen.

◆ Wenn die Blätter bleich werden und eintrocknen, ist die Luft zu warm und zu trocken, ideale Bedingungen für Spinnmilben. Besprühen Sie öfter die Blätter. Falls nötig, ein Akarizid oder Nützlinge einsetzen.

Stromanthe sanguinea ▼

◄ *Stromanthe sanguinea* 'Stripestar'

Syngonanthus

S. chrysanthus 'Mikado'

Syngonanthus

Allgemeines

Diese kleine tropische Pflanze ist ein Neuling auf dem Markt. Sie hat eine sehr ungewöhnliche Silhouette und bekommt kleine kugelige goldfarbene Blüten. Aus der grundständigen Rosette grasähnlicher Blättern ragen etwa zehn 15–20 cm lange starre Blütenstiele empor, an denen endständig die kompakten rundlichen Blütenknospen sitzen. Wenn sie sich öffnen, erkennt man cremeweiße Kronblätter. Die Art stammt aus Brasilien.

Pflege

Die Pflanze benötigt eine luftige, warme und feuchte Umgebung.
Vermehrung: Fachleute vermehren die Pflanze durch Samen.

Kulturbedingungen

Wasserbedarf und Luftfeuchtigkeit: Regelmäßig mit weichem, handwarmem Wasser gießen, sodass der Wurzelballen feucht bleibt. Stellen Sie den Topf auf ein feuchtes Kiesbett.
Lichtansprüche: Hell, keine direkte Sonne.
Dünger: Im Frühjahr und Sommer einmal monatlich Grünpflanzendünger in halber Dosierung geben.
Umtopfen und Substrat: Falls nötig, topft man im Frühjahr in ein Gemisch aus Moorbeeterde, Torf und kalkfreiem Sand um. Setzen Sie die Pflanze nicht zu tief, denn der Wachstumspunkt ist sehr anfällig für Pilzkrankheiten.
Kulturtipp: Achten Sie auf möglichst gleichbleibende Temperatur von 19–22 °C (nicht unter 14 °C).

◄ *Syngonanthus chrysanthus* 'Mikado'

➤ ***Sukkulenten*** siehe unter *Adenium, Aeonium, Agave, Aglaonema, Aloe, Ananas, Beaucarnea, Callisia, Ceropegia, Crassula, Echeveria, Echinocactus, Euphorbia, Gymnocalycium, Hoya, Kalanchoe, Lithops, Opuntia, Pachypodium, Peperomia, Portulacaria, Rhipsalidopsis, Rhipsalis, Sansevieria, Schlumbergera, Sedum, Senecio*

Syngonium

S. podophyllum — Veränderliche Purpurtüte

Allgemeines

Diese Pflanze stammt aus dem tropischen Amerika. Ihre (bis zu 2 m) langen Sprosse sind kriechend oder kletternd. Die einfachen jungen Blätter gleichen einer Lanzenspitze, während die der älteren Pflanzen meist in 5–11 Fiedern unterteilt sind, wobei das endständige Blatt am größten ist. Die Blätter sind dunkelgrün, oberseits hellgrün gemustert, während die Unterseite blasser grün ist. Es gibt etliche Sorten mit mehr oder weniger gezackten oder gelappten, oft hübsch cremeweiß bis silbrig panaschierten Blättern.

Kombinationen: *Syngonium* lässt sich mit sehr vielen Grünpflanzen gut kombinieren, beispielsweise mit *Philodendron* oder Efeu.

Pflege

Die robuste Pflanze gedeiht problemlos in der Wohnung.

Vermehrung: Im Frühjahr oder Sommer lässt man 8–10 cm lange Kopfstecklinge in einem leicht feuchten Sand-Torf-Gemisch (1 : 1) bei 20–21 °C unter einer Haube bewurzeln.

Gut zu wissen

Als Kletterhilfe eignet sich ein mit Moos umwickelter Stock, der durch häufiges Besprühen feucht gehalten wird.

Kulturbedingungen

Wasserbedarf und Luftfeuchtigkeit: Während des Wachstums das Substrat ständig leicht feucht halten. Im Winter, je nach Raumtemperatur, die Wassergaben reduzieren. In warmer, trockener Umgebung muss die Luftfeuchtigkeit um die Pflanze erhöht werden.

Lichtansprüche: Hell, ohne direkte Sonne. Die Sorten mit einfach grünen Blättern vertragen leichten Schatten.

Dünger: Im Frühjahr und Sommer alle 2 Wochen einen Grünpflanzendünger geben.

Umtopfen und Substrat: Alle 2–3 Jahre im Frühling in mit Torf angereicherte Einheitserde umtopfen.

Kulturtipp: Die Purpurtüte verträgt keine plötzlichen Temperaturveränderungen und keine warme und trockene Luft. Die Temperatur darf 15 °C nicht unterschreiten.

Krankheiten und Schädlinge

◆ Kleine braune Erhebungen und klebrige Blätter sind Zeichen für Schildlausbefall. Mit in Alkohol getränkten Wattestäbchen abwischen, ein systemisches Insektizid oder Nützlinge einsetzen.

◆ Verblassen die Blätter und trocknen ein, vermehren sich in zu warmer und trockener Umgebung Spinnmilben. Luftfeuchtigkeit durch Besprühen der Blätter erhöhen. Notfalls setzt man ein Akarizid oder Raubmilben ein.

Syngonium podophyllum 'White Butterfly' ▼

Syngonium 'Pixie' ▼

Syngonium 'Infra Red' ▼

Syngonium-Hybride (mit dreifarbigem Laub) ▼

Syngonium 'Andrea' ▼

Tacca

T. chantrieri Thailändische Teufelsblüte

Allgemeines

Diese aus Südostasien stammende Staude bildet ein aufrechtes Rhizom, aus dem eine Fülle leuchtend grüner lanzettlicher Blätter wächst, die 60 cm lang werden können. Reizvoll ist die Pflanze wegen der ungewöhnlichen Form und Farbe ihrer Blüte. An den Spitzen der im Sommer gebildeten Blütenstiele sitzen grüne Blüten in Dolden mit 5 Kronblättern und lilarotbraunen Hochblättern, aus denen 15–25 cm lange fadenförmige schwärzlich braune Anhängsel herabhängen.

Pflege

Als Zimmerpflanze ist die Haltung schwierig. Ideal hingegen ist die Kultur im gut belüfteten warmen Gewächshaus.

Vermehrung: Aussaat frischer Samen bei 24–28 °C im Minigewächshaus mit Bodenwärme. Es kann sehr lange dauern, bis die Samen keimen. Im Frühjahr, beim Umtopfen, können auch die Rhizome geteilt werden.

Kulturbedingungen

Wasserbedarf und Luftfeuchtigkeit: Während des Wachstums sehr regelmäßig gießen, damit das Substrat immer leicht feucht bleibt. Im Winter seltener gießen. Die Pflanze braucht erhöhte Luftfeuchtigkeit. Bei warmer Umgebung die Blätter täglich besprühen.
Lichtansprüche: Hell, indirektes Licht.
Dünger: Im Frühjahr und Sommer alle 2 Wochen einen Blühpflanzendünger verabreichen.
Umtopfen und Substrat: Alle 2–3 Jahre im zeitigen Frühjahr in durchlässiges Substrat auf Basis von Humus und zerstoßener Rinde oder Torf umtopfen.
Kulturtipp: Vermeiden Sie Zugluft. Während des Wachstums braucht die Pflanze mehr Wärme (24–30 °C) und hohe Luftfeuchtigkeit. Im Winter darf sie kühler stehen, aber nicht unter 15–16 °C.

Krankheiten und Schädlinge

◆ Wenn die Blätter verblassen und eintrocknen, sind Spinnmilben die Ursache, weil die Umgebung zu warm und zu trocken ist. Luftfeuchtigkeit durch Besprühen der Blätter erhöhen, ein Akarizid oder Nützlinge einsetzen.

◄ *Tacca chantrieri*

Tacca chantrieri ▼

➤ ***Tetrastigma*** siehe unter *Cissus*

Thunbergia

T. alata — Schwarzäugige Susanne

Allgemeines

T. alata, aus Südafrika stammend, windet sich mit ihren meterlangen Trieben um jede Stütze. Meistens wird sie als Einjährige gezogen und nach der Blüte weggeworfen. Im Gewächshaus übersteht sie jedoch (bei mindestens 10 °C) den Winter. Im Laufe des Sommers kann sie 1,50–2,00 m lang werden. An ihnen sitzen oval-dreieckige, gezähnte mittelgrüne Blätter. Vom Sommer bis in den Herbst erscheinen 3–5 cm breite einzelne Blüten, die aus einem samtigen dunkelbraunen, fast schwarzen Zentrum, dem zentralen Auge, und einer flachen orange-gelben Blütenkrone bestehen. Es sind Sorten in verschiedenen Nuancen von Gelb und Weiß erhältlich.

Pflege

In einem hellen Zimmer bei Tageslicht gedeiht die Schwarzäugige Susanne problemlos.

Vermehrung: Ab Februar Aussaat. Säen Sie mehrere Samen in einen Topf, den Sie in ein warmes, helles Zimmer stellen. Sobald die Pflänzchen 15 cm groß sind, werden sie in einzelne Töpfe verpflanzt.

◄ *Thunbergia alata* (cremefarben)

Kulturbedingungen

Wasserbedarf und Luftfeuchtigkeit: Sparsam gießen. Erst wenn die Blütenknospen erscheinen und während der Blüte wird großzügiger gegossen.

Lichtansprüche: Hell, täglich einige Stunden Sonne.

Dünger: Während der Blüte alle 10–14 Tage einen Blühpflanzendünger geben.

Umtopfen und Substrat: Setzlinge pflanzt man in Geranienerde mit Torfbeimischung.

Kulturtipp: Knipsen Sie regelmäßig die verwelkten Blüten ab, dann blüht die Pflanze länger.

Thunbergia alata (weißblühend) ▼

Krankheiten und Schädlinge

◆ Deformierte und klebrige Blätter sind ein Zeichen für Blattläuse. Behandeln Sie mit einem Insektizid, oder setzen Sie Schlupfwespen ein.

Gut zu wissen

Die *Thunbergia* braucht eine Stütze oder ein Gitter, um daran emporzuklettern. Sie macht sich aber auch gut als Hängepflanze in einem großen Korb.

● Verwandte Arten und Sorten

Thunbergia grandiflora wird besonders groß. Sie entwickelt 10 cm breite himmelblaue Blüten mit hellgelbem Schlund.

Die Blüten von ***T. erecta,*** einer kriechenden Staude, die mittlerweile der Gattung *Meyenia* zugeordnet wurde, sind außen cremeweiß, mit gelbem Schlund und purpurvioletten Kronblättern.

T. battiscombei hat blauviolette Blüten und einen gelben Schlund.

T. mysorensis entwickelt trichterförmige gelb-braunrote Blüten, die in hängenden Trauben angeordnet sind.

Thunbergia mysorensis ▲

Thunbergia alata (gelb) ▼

Thunbergia erecta ►

Thunbergia grandiflora ▼

Thunbergia battiscombei ▼

Thunbergia erecta ▼

Tillandsia

T. cyanea Tillandsie

Allgemeines

Diese aus Ekuador stammende kleine epiphytische Bromelie bekommt meist rosettenförmig angeordnete, 15–30 cm lange, schmale spitze Blätter. Sie sind graugrün, an der Basis rot gestreift. Der Blütenstand ist oval und flach und aus übereinanderstehenden symmetrischen rosafarbenen Tragblättern zusammengesetzt, zwischen denen nach und nach blauviolette Blüten mit 3 Kelch- und Kronblättern hervorkommen. Nach der Blüte geht die Hauptrosette zugrunde und wird durch Ableger ersetzt.

Pflege

Tillandsien benötigen erhöhte Luftfeuchtigkeit.

Vermehrung: Samen ab Februar bei 10–20 °C keimen lassen. Nur *Tillandsia grandiflora* lässt sich durch Stecklinge vermehren. Sie bewurzeln bei 20 °C und hoher Luftfeuchte.

Kulturbedingungen

Wasserbedarf und Luftfeuchtigkeit: Diese epiphytische Pflanze braucht nicht gegossen zu werden. Man besprüht sie zwei- oder dreimal in der Woche – bei warmer, trockener Umgebung öfter – mit weichem, handwarmem Wasser.

Lichtansprüche: Hell, aber schattiert. Keine direkte Sonne.

Dünger: Im Frühjahr und Sommer einmal im Monat ein Blattdüngerspray verwenden.

Umtopfen und Substrat: Die Pflanzen können nicht in einen Topf gesetzt werden, da sie keine oder nur wenige flache Wurzeln ausbilden. Man befestigt sie an einem Ast- oder Korkstück.

Kulturtipp: Kultivieren Sie die Tillandsie auf einer Unterlage für Epiphyten im Terrarium. Dann bekommt sie die benötigte Luftfeuchtigkeit. Die Temperatur darf nicht unter 13 °C sinken.

Tillandsia dyeriana ▼

Tillandsia cyanea ▼

Tipp

Im Sommer können Sie die Tillandsie in den Schatten eines Baumes hängen. Umwickeln Sie dann die Unterlage mit feuchtem Torf.

● Verwandte Arten und Sorten

Tillandsia lindenii entwickelt bis zu 30 cm hohe Blütenschäfte. Die Blüten sind purpurblau mit weißem Zentrum.

▼ *Tillandsia argentea*

▲ *Tillandsia juncea*

▼ *Tillandsia* (blühend)

Tillandsia disticha ▼

Tillandsia flabellata ▼

Tillandsia plumosa ▼

Tillandsia cyanea ▼

Tillandsia usneoides ▼

Tolmiea

T. menziesii

Lebendblatt, Henne und Küken

Allgemeines

Diese hübsche kleine Pflanze aus Nordamerika heißt volkstümlich auch „Henne und Küken“. Der Name macht die Vermehrung deutlich: Junge Pflanzen bilden sich direkt an der Blattbasis zwischen Blattstiel und Blattspreite und sitzen dem „Mutterblatt“ auf. Die zahlreichen mittelgrünen Blätter sind mehr oder weniger herzförmig, gelappt und gezähnt. Das Gewicht der Jungpflanzen lässt die Blätter schließlich herabhängen. Bei Zimmerpflanzen sind die grünlich weißen Blüten selten. *Tolmiea* wird 10–30 cm hoch und wächst mehr als 40 cm in die Breite.

Pflege

Als Zimmerpflanze leicht zu pflegen, sofern sie im Winter hell und kühl steht (10–15 °C).

Vermehrung: Im Frühjahr oder Sommer ein Blatt mit einer Jungpflanze und 2–3 cm Blattstiel abschneiden und in ein feuchtes Sand-Torf-Gemisch setzen, sodass das Pflänzchen auf dem Substrat ruht (18–20 °C).

● Verwandte Arten und Sorten

Tolmiea menziesii 'Taff's Gold' hat hellere, cremefarben und blassgelb marmorierte Blätter.

Kulturbedingungen

Wasserbedarf und Luftfeuchtigkeit: Während des Wachstums das Substrat stets feucht halten. Im Winter sparsamer gießen, vor allem wenn die Pflanze kühl steht. Bei warmer Umgebung besprüht man von Zeit zu Zeit die Blätter.

Lichtansprüche: Halbschattig bis hell, keine pralle Sonne.

Dünger: Im Frühjahr und Sommer alle 2–3 Wochen einen Grünpflanzendünger geben.

Umtopfen und Substrat: Falls erforderlich, im Frühjahr in Einheitserde umtopfen.

Kulturtipp: Wird die Pflanze unansehnlich, verjüngt man sie mit den Kükenpflänzchen, die sich an den Blättern gebildet haben.

Krankheiten und Schädlinge

◆ Wenn die Blätter sich entfärben und eintrocknen, ist es zu warm und zu trocken, sodass sich Spinnmilben vermehren. Sorgen Sie für höhere Luftfeuchtigkeit. Notfalls setzt man ein Akarizid oder Nützlinge ein.

Tolmiea menziesii 'Taff's Gold' ►

Tradescantia (und andere Commelinengewächse)

T. fluminensis

Dreimasterblume, Tradeskantie

Allgemeines

Die Tradeskantie ist eine beliebte und anspruchslose Zimmerpflanze. Sie bildet liegende oder hängende Sprosse mit ca. 5 cm langen, oval-spitzen hellgrünen, unterseits purpurnen Blättern. Im Frühling und Sommer erscheinen endständige Büschel weißer Blüten. Pflanzen mit panaschierten Blättern sind häufig im Angebot.

Kombinationen: Tradeskantien harmonieren mit vielen verschiedenen Pflanzen.

Pflege

Tradeskantien sind ausgesprochen pflegeleicht.

Vermehrung: Sie können jederzeit 8 cm lange Triebstecklinge in Anzuchterde oder in Wasser bewurzeln lassen.

Gut zu wissen

Kürzen Sie die Triebspitzen, damit sich die Pflanze stärker verzweigt.

Kulturbedingungen

Wasserbedarf und Luftfeuchtigkeit: Während des Wachstums mäßig gießen, sodass das Substrat leicht feucht bleibt. Im Winter, je nach Temperatur, die Wassergaben reduzieren.

Lichtansprüche: Panaschierte Sorten brauchen helles Licht mit ein wenig Sonne, rein grüne vertragen auch schattigere Plätze.

Dünger: Im Frühjahr und Sommer alle 2–3 Wochen einen Grünpflanzendünger geben.

Umtopfen und Substrat: Falls nötig, topft man im Frühjahr in Einheitserde um.

Kulturtipp: Mit zunehmendem Alter werden die Tradeskantien an der Basis unansehnlich. Sie sollten deswegen regelmäßig durch Stecklinge vermehrt werden.

Krankheiten und Schädlinge

◆ Wenn die Blätter sich verformen und klebrig werden, sind Blattläuse die Ursache. Ein Insektizid oder Schlupfwespen schaffen Abhilfe.

Tradescantia fluminensis ▶

● Verwandte Arten und Sorten

Tradescantia fluminensis 'Variegata' mit ihren oberseits grün-weiß gestreiften und unterseits violetten Blättern ist sehr bekannt.

Bei der wüchsigen *T. fluminensis* 'Quicksilver' sind die Blätter größer (8 cm).

T. albiflora 'Albo-vittata' bildet kriechende Sprosse mit ovalen grünen, weiß gestreiften Blättern.

T. blossfeldiana 'Variegata' hat einfarbig grüne, cremefarbene, mitunter rosa überhauchte sowie panaschierte Blätter.

T. pallida (syn. *T. purpurea*) bildet kriechende, mit der Spitze aufsteigende Sprosse mit großen purpurvioletten Blättern und kleinen rosafarbenen Blüten.

◄ *Tradescantia zebrina*

Tradescantia pallida ▼

● Weitere Commelinengewächse

Mehrfach wurde die Klassifikation dieser Pflanzen geändert, sodass es heute viele Synonyme gibt.

Zebrina pendula, seit einiger Zeit als *Tradescantia zebrina var. zebrina* (syn. *Zebrina pendula*) eingeordnet, bildet kriechende Triebe mit 3–7 cm langen Blättern. Sie sind oval-spitz, oberseits grün mit breiten silberweißen Streifen, unterseits purpurrot. Im Frühjahr und Sommer erscheinen unauffällige kleine purpurrosafarbene Blüten. Diese Tradeskantie eignet sich gut als Hängepflanze. *T. zebrina* 'Quadricolor' hat grün, purpurn, cremefarben und silbrig gestreifte Blätter, *T. zebrina* 'Purpusii' gleichmäßig purpurfarbene.

Die kriechenden Sprosse von *Callisia repens* bewurzeln sich an den Internodien und bilden auf diese Weise einen Teppich. Die lebhaft grünen, 1–4 cm langen Blätter sind breit und oval bis lanzettlich. Im Herbst bekommt *C. repens* 1 cm breite weiße Blüten. Die Pflanze wird nicht höher als 10 cm, kann aber über 1 m in die Breite wachsen.

Callisia elegans, das Zierliche Schönpolster, ist eine Pflanze mit hängenden Sprossen. Die oval-spitzen Blätter sind purpurrot, unterseits mit weißen Längsstreifen.

Callisia fragrans (syn. *Spironema fragrans*, syn. *Tradescantia dracaenoides*) ist eine Ausläufer bildende Pflanze mit 15–25 cm langen elliptischen Blättern.

Gibasis geniculata (wird auch als *Tradescantia multiflora* oder *Tripogandra multiflora* angeboten) hat dünne Sprosse mit zahllosen oberseits dunkelgrünen, unterseits purpurnen Blättern und winzigen weißen Blüten.

▲ *Callisia repens*

Gibasis geniculata ►

Tradescantia

T. spathacea Purpurblättrige Dreimasterblume
syn. *Rhoeo spathacea, Rhoeo discolor*

Allgemeines
Diese Pflanze, deren rosettenförmige Anordnung der Blätter an Bromelien erinnert, wächst sehr gleichmäßig. Die 20–30 cm langen, schmal lanzettlichen Blätter entspringen einem kurzen, fleischigen Spross. Oberseits sind sie dunkelgrün und unterseits dunkelpurpurfarben. In den Blattachseln erscheinen kurzlebige weiße, von purpurgrünen Hochblättern umgebene Blüten.
Kombinationen: Die Purpurblättrige Dreimasterblume lässt sich gut mit anderen, hängenden Tradeskantien arrangieren, z. B. mit ***Tradescantia albiflora*** 'Albo-vittata', deren Blätter weiß gestreift sind.

Pflege
Es handelt sich um eine anspruchslose Zimmerpflanze.
Vermehrung: Lösen Sie die Ableger an der Basis der Pflanze, wenn sie 8–10 cm groß sind, und pflanzen Sie sie in Töpfe.

Tradescantia sillamontana ▼

Tradescantia sillamontana ▼

Tradescantia spathacea 'Vittata' ▼

Kulturbedingungen
Wasserbedarf und Luftfeuchtigkeit: Während des Wachstums das Substrat gut feucht halten. Im Winter die Wassergaben einschränken. Vor dem nächsten Gießen sollte das Substrat immer ein paar Zentimeter tief abtrocknen. Bei warmer Umgebung sollten die Blätter mit weichem Wasser besprüht werden.
Lichtansprüche: Hell, indirektes Licht.
Dünger: Im Frühjahr und Sommer alle 2 Wochen einen Grünpflanzendünger geben.
Umtopfen und Substrat: Wenn die Wurzeln aus dem Topf wachsen, setzt man die Pflanze im Frühjahr in mit Perlit versetzte Einheitserde um. Benutzen Sie einen weiten, nicht zu tiefen Topf.
Kulturtipp: Stellen Sie die Pflanze im Winter in ein helles, nicht zu warmes Zimmer (etwa 16–18 °C).

Krankheiten und Schädlinge
◆ Verblassen die Blätter und trocknen ein, sind Spinnmilben die Ursache. Erhöhen Sie die Luftfeuchtigkeit, besprühen Sie die Blätter der Pflanze öfter. Notfalls setzt man ein Akarizid oder Nützlinge ein.

● Verwandte Arten und Sorten
Tradescantia spathacea 'Vittata' ist eine wüchsige Sorte, deren grüne Blätter oberseits gelb gestreift, unterseits purpurfarben sind.

Tradescantia spathacea 'Vittata' ►

➤ ***Tulipa*** siehe unter *Hyacinthus*

Utricularia

Wasserschlauch

Allgemeines

Diese Gattung umfasst ungefähr 200 insektenfangende einjährige oder ausdauernde Pflanzenarten, die terrestrisch, epiphytisch oder in seichten Gewässern vorkommen. Sie können einige Millimeter bis weit über 10 cm groß sein. Die krautigen, wurzellosen Pflanzen besitzen an den Blättern blasenartige Saugfallen, mit deren Hilfe sie ihre Beute fangen. Bei Wasserpflanzen werden grüne Blätter über dem Wasser gebildet, die sehr verschieden aussehen können, sowie durchscheinende und schlauchförmige, die sich im Wasser oder in feuchtem Substrat entwickeln. Jeder Schlauch liegt flach auf. Sobald eine Beute, winzige Lebewesen im Boden oder Wasser, die empfindlichen Tasthärchen berührt, öffnet sich ein Ventil, und das Tierchen wird in den Schlauch gesaugt und anschließend verdaut.
In der Wohnung kann man die aus Südafrika stammende terrestrische ***Utricularia sandersonii,*** eine Ausläufer bildende Art, kultivieren. Sie bekommt zahlreiche 5 mm lange spatelförmige Blätter und das ganze Jahr über weiße oder blaue Blüten. Die blühende Pflanze ist etwa 6 cm hoch. Auch ***U. livida*** und ***U. bisquamata*** stammen aus Südafrika. ***U. calycifida,*** die in Südamerika heimisch ist, wird höher und blüht lavendelfarben. Das Herkunftsland von ***U. dichotoma,*** die blühend 30 cm hoch wird, ist Australien.

Pflege

Diese Gattung stellt besondere Ansprüche an die Pflege. Am einfachsten ist *U. sandersonii* zu kultivieren.
Vermehrung: Vermehrt wird durch Aussaat im Herbst oder durch Teilen der Pflanze im Frühjahr.

Krankheiten und Schädlinge

◆ Manchmal werden die Blütenstiele von Läusen befallen. Behandeln Sie gezielt mit einem Insektizid.

Kulturbedingungen

Wasserbedarf und Luftfeuchtigkeit: Während des Wachstums regelmäßig mit weichem Wasser gießen, sodass der Erdballen gut feucht bleibt. Es darf kein Wasser im Untersetzer stehen. Vor allem die tropischen Arten brauchen erhöhte Luftfeuchtigkeit (60–80 %).
Lichtansprüche: Volle Sonne, bei *U. calycifida* schattiert.
Dünger: Nicht erforderlich.
Umtopfen und Substrat: Falls nötig, wird im Frühjahr in ein Gemisch aus 70 % hellem Torf und 30 % kalkfreiem Sand umgetopft.
Kulturtipp: Im Sommer vertragen Utrikularien Temperaturen von 20–35 °C. Die winterlichen Temperaturbereiche sind von der Herkunft der Pflanzen abhängig. Bei den meisten Arten liegen sie zwischen 5–15 °C, für tropische wie *U. calycifida* bei mindestens 16 °C.

Utricularia sandersonii ▶

Vanda

Vanda

Allgemeines

Zu dieser Gattung zählen etwa 30 in den Wäldern verschiedener Gebiete Asiens epiphytisch wachsende Orchideenarten. Mittlerweile gibt es zahlreiche intergenerische Hybriden, die aus *Vanda* und anderen Gattungen, wie *Ascocentrum, Rhynchostylis* oder *Renanthera,* gezüchtet wurden. Es handelt sich um Pflanzen ohne Pseudobulben mit nur einer Sprossachse. Die Blätter entstehen an der Spitze eines Rhizoms, das immer länger wird, wobei die ältesten schließlich abfallen. Die Pflanzen bringen außerdem am unteren Sprossabschnitt starke Luftwurzeln hervor. Die Blütenschäfte können jederzeit im Jahr in den Blattachseln erscheinen. Die sehr dekorativen großen Blüten weisen verschieden gefärbte Kronblätter und eine kleine Lippe auf. *Vanda* wird oft hängend kultiviert und auch in Glasgefäßen angeboten.

Pflege

Die Pflege dieser Orchideen ist sehr anspruchsvoll.

Vermehrung: Unter günstigen Bedingungen entwickelt die Pflanze Adventivtriebe mit Luftwurzeln. Sie lassen sich zur Vermehrung nutzen.

Kulturbedingungen

Wasserbedarf und Luftfeuchtigkeit: Regelmäßig und häufig mit weichem, handwarmem Wasser gießen. Täglich die Unterseite der Blätter und die Luftwurzeln besprühen.

Lichtansprüche: Sehr hell, aber im Sommer vor direkter Sonne geschützt.

Dünger: Ganzjährig alle 2 Wochen einen ausgewogenen Blattdünger verabreichen.

Umtopfen und Substrat: Alle 2 Jahre, wenn die Pflanze neue Wurzeln gebildet hat, topft man in eine sehr poröse Mischung auf Basis von Kiefernrinde, Blähton und Polystyrol um.

Kulturtipp: Die blau blühenden Hybriden vertragen etwas niedrigere Temperaturen. Ideal ist die Kultivierung im temperierten Gewächshaus (nachts mindestens 12–13 °C). Ein Temperaturunterschied zwischen Tag und Nacht von 5–10 °C fördert die Blüte.

◄ *Vanda* x Rothschildiana

Vanda 'Mikassa Pink' ▼

Vanda 'Suksamran' ▼

◄ *Euanthe sanderiana*

● Verwandte Gattungen

In der Gattung ***Euanthe*** gibt es nur eine Art, ***Euanthe sanderiana,*** die mit *Vanda* verwandt ist (und manchmal als ***Vanda sanderiana*** bezeichnet wird). Diese Orchidee wächst an philippinischen Ufern. Sie hat 20–30 cm lange, bänderartige ledrige bogenförmige Blätter mit einer deutlichen Mittelrille. Der aufrechte Blütenschaft ist mit 8–12 cm breiten flachen Blüten besetzt, mit einem Kelchblatt und Kronblättern in Rosaweiß, die an der Basis braun getüpfelt sind, seitlichen gelben, karminrot geäderten Kelchblättern und einer kleinen grünlich gelben, purpurrot gestreiften Lippe.

Aus der Kreuzung dieser Art mit ***Vanda coerulea*** ist eine sehr populäre Hybride hervorgegangen: ***Vanda*** x **Rothschildiana**. An ihren Blütenstielen sitzen 4–10 cm breite blauviolette, dunkelblau geäderte Blüten.

x *Ascocenda* *(Vanda* x *Ascocentrum)* sind sehr blühfreudige intergenerische Hybriden. Die Blüten sind oft klein, aber mit leuchtenden Farben. Vor allem ihr eleganter Wuchs mit den aufrechten Blütenstielen und den symmetrischen Blüten in Rosa, Violett, Rot, Orange oder Gelb hat sie beliebt gemacht.

▲ *Ascocenda* 'Su Fun Beauty'

Ascocenda 'Suksamran' ►

Vriesea

V. splendens

Flammendes Schwert, Vriesea

Allgemeines

Dieses Bromeliengewächs bildet eine kompakte Rosette bandförmiger, gebogener ledriger Blätter. Sie sind bläulich grün mit breiten dunkelgrünen Querstreifen. Den Blütenschaft krönt eine Ähre mit flachen lanzettlichen roten Hochblättern, zwischen denen kurzlebige röhrenförmige gelbe Blüten erscheinen. *V. splendens* kann mehrmals im Jahr blühen, wobei die Hochblätter einige Monate halten. Im Topf wird die Pflanze 50–60 cm hoch, ihr Umfang beträgt etwa 30 cm. Es existieren zahlreiche Hybriden und Sorten, manche davon verzweigt, alle stets in kräftigen Farben blühend.

Kombinationen: Die Pflanze wirkt hübsch mit anderen Bromeliengewächsen.

Pflege

Vriesea ist eine recht pflegeleichte Gattung, allerdings dauert es 4–5 Jahre, bis man Ableger zum Blühen bringt.

Vermehrung: Wenn die Kindel ein Drittel so hoch sind wie die Mutterpflanze, trennt man sie ab und topft sie in Bromelienerde. Bei 20–24 °C unter einer Schutzhaube bewurzeln lassen.

Krankheiten und Schädlinge

◆ Weiße wattige Gebilde an den Blattunterseiten deuten auf Schmierläuse hin. Man kann sie mit in Alkohol getränkten Wattestäbchen entfernen, ein systemisches Insektizid oder Nützlinge einsetzen.

Kulturbedingungen

Wasserbedarf und Luftfeuchtigkeit: Füllen Sie während des Wachstums die Rosette regelmäßig mit temperiertem Regenwasser, und halten Sie das Substrat ein wenig feucht. Im Winter, wenn es kalt wird, Wassergaben reduzieren und etwaiges Wasser aus der Rosette schütten. Bei Wärme besprüht man die Blätter häufig.

Lichtansprüche: Hell, mit etwas direkter Sonne, bei Mittagssonne schattieren.

Dünger: Im Frühjahr und Sommer alle 3–4 Wochen einen Grünpflanzendünger in halber Dosierung geben.

Umtopfen und Substrat: Topfen Sie die jungen Pflanze in Bromelienerde.

Kulturtipp: Ein heller Standort wird dankbar angenommen. Achten Sie darauf, vor allem bei kühler Umgebung, nicht zu viel zu gießen. Ein normal geheiztes Zimmer mit mindestens 16 °C im Winter ist optimal.

Vriesea 'Christiane' ►

Vriesea splendens ▼

▲ *Vriesea* 'Charlotte'

Vriesea 'Enjoy' ►

Vriesea 'Tiffany' ▼

Vriesea 'Poelmanii' ▲

Vriesea 'Splenriet' ►

Vriesea 'Margot' ▼

◄ *Vriesea* 'Elan'

Yucca

Y. elephantipes Riesenpalmlilie

Allgemeines

Diese aus Zentralamerika stammende Pflanze zeichnet sich durch eine schlichte Silhouette aus. Die Exemplare, die der Handel anbietet, haben oft einen verholzten aufrechten Stamm, den eine oder mehrere Rosetten aus 30–80 cm langen, lebhaft grünen schwertförmigen und scharfrandigen Blättern krönen. Im Topf kann diese *Yucca* eine Höhe von 1–2,5 m erreichen.

Kombinationen: Mit ihrem nackten Stamm fügt sich die Palmlilie gut in Arrangements mit anderen Pflanzen ein.

Pflege

Die Palmlilie ist pflegeleicht. Das Einzige, was sie übel nimmt, ist zu viel Wasser an den Wurzeln.

Vermehrung: Seitentriebe oder Stammstücke bewurzeln sich bei etwa 25 °C in spezieller Palmenerde oder einem durchlässigen Substrat mit Sand vermischt. Denken Sie daran, immer das untere Ende in die Erde zu stecken.

Krankheiten und Schädlinge

◆ Weiße wattige Gebilde auf den Blättern weisen auf Befall mit Schmierläusen hin. Mit in Alkohol getränkten Wattestäbchen entfernen, ein systemisch wirkendes Insektizid oder Schlupfwespen einsetzen.

Kulturbedingungen

Wasserbedarf und Luftfeuchtigkeit: Während des Wachstums mäßig gießen und das Substrat zwischendurch einige Zentimeter abtrocknen lassen. Im Winter, je nach Temperatur, seltener gießen. Die Palmlilie gewöhnt sich gut an trockene Wohnungsluft.

Lichtansprüche: Hell, so viel Sonne wie möglich.

Dünger: Im Frühjahr und Sommer alle 2–3 Wochen einen Grünpflanzendünger geben.

Umtopfen und Substrat: Jungpflanzen alljährlich im Frühjahr, ältere alle 3–4 Jahre in mit Torf versetzte Einheitserde umtopfen. Den Topfboden mit einer Dränageschicht versehen.

Kulturtipp: Vermeiden Sie jegliche Staunässe an den Wurzeln. Stellen Sie die Yucca im Winter in ein helles, kühles Zimmer (10–15 °C), und gießen Sie sehr sparsam. Den Sommer sollte sie an einem sonnigen Platz im Freien verbringen.

Yucca elephantipes ▼

Yucca rostrata ▼

Yucca elephantipes 'Puck' ▼

Zamioculcas

Z. zamiifolia Zamioculcas

Allgemeines
Erst seit wenigen Jahren findet man dieses Aronstabgewächs im Handel. Die Nachfrage verdankt es der ungewöhnlichen Form seiner Blätter und seiner Robustheit. Aus dem kriechenden Rhizom entwickeln sich riesige Blätter. Sie bestehen aus lanzettlichen, leuchtend grünen ledrigen Fiedern, die an einem fleischigen Blattstiel sitzen. *Zamioculcas* wächst sehr langsam, kann aber im Laufe einiger Jahre fast 1 m hoch und breit werden.

Pflege
Die Pflege ist einfach, gießen Sie aber nicht zu viel.
Vermehrung: Die Vermehrung durch Blatt(fieder)stecklinge bleibt dem Fachmann überlassen.

Gut zu wissen
Gehen Sie vorsichtig mit der Pflanze um, denn ihre Blätter und Wurzeln brechen leicht.

Zamioculcas zamiifolia ▼

Kulturbedingungen

Wasserbedarf und Luftfeuchtigkeit: Während des Wachstums sparsam gießen, zwischendurch das Substrat einige Zentimeter tief abtrocknen lassen. Im Winter, im kühlen Zimmer, braucht die Pflanze sehr wenig Wasser.
Lichtansprüche: Hell, grelle Sonne meiden.
Dünger: Im Frühjahr und Sommer alle 3–4 Wochen einen Grünpflanzendünger geben.
Umtopfen und Substrat: Wenn es der Pflanze in ihrem Topf zu eng wird, pflanzt man sie im zeitigen Frühjahr in ein Gemisch aus Einheitserde und Torf (1 : 1). Auf den Topfboden eine dicke Dränageschicht ausbringen.
Kulturtipp: Vermeiden Sie Staunässe im Wurzelbereich. Reinigen Sie die Blätter regelmäßig mit einem feuchten Schwamm.

Zamioculcas zamiifolia ▼

Zantedeschia

Z. aethiopica Zimmerkalla

Allgemeines

Die Zimmerkalla wächst in feuchten Böden Südafrikas, die im Sommer abtrocknen. Ihre Blätter sind 30–40 cm lang, halb aufrecht und pfeilförmig. Gegen Ende des Winters oder im zeitigen Frühjahr erscheinen Blütenschäfte, an deren Ende eine breite tütenförmige Spatha (Blütenscheide) sitzt, die einen gelben Spadix (Kolben) umhüllt. Am Mittelmeer oder an der südlichen Atlantikküste kann *Z. aethiopica* im Freiland stehen. Es gibt zahlreiche Hybriden, einige davon sind kompakter und an die Topfkultur angepasst. Kalla werden auch als Schnittblumen gezüchtet. Durch entsprechende Kulturmaßnahmen gelingt es den Gärtnern, die Blühzeiten zu staffeln.

Pflege

Die Pflanze ist anspruchslos. Entgegen der landläufigen Meinung braucht sie keine Ruhephase, sondern entwickelt sich besser, wenn sie im Sommer etwas gegossen wird und die Blätter behält.

Vermehrung: Beim Umtopfen die Rhizome teilen oder Ableger, die an der Basis der Pflanze entstanden sind, abtrennen. Samenvermehrung ist Experten vorbehalten.

● Verwandte Arten und Sorten

Unter den Arten, aus denen zahlreiche Hybriden gezüchtet wurden, sind *Z. albomaculata* mit weiß gefleckten Blättern und weißer Blüte, *Z. elliottiana* mit weiß gesprenkelten Blättern und gelber Blüte sowie *Z. rehmannii* mit schmaleren grünen Blättern und rosafarbenen Blüten zu nennen.

Kulturbedingungen

Wasserbedarf und Luftfeuchtigkeit: Bei der Zimmerkalla von Mai bis Juni das Substrat gut anfeuchten und vor dem nächsten Gießen zu zwei Dritteln durchtrocknen lassen. Bei den anderen Arten ist die Ruhephase im Winter. Das Gießen wird langsam eingestellt, bis die Blätter vertrocknen. Die Knollen werden anschließend im Topf trocken gehalten. Bilden sich neue Blätter, beginnt man wieder mit dem Gießen. Ansonsten alle Arten regelmäßig gut gießen (Sumpfpflanze).

Lichtansprüche: Hell und sonnig, vor allem während des Wachstums.

Dünger: Während die Blätter sich entwickeln, alle 2 Wochen einen Grünpflanzendünger geben. Danach gibt man einmal wöchentlich einen Blühpflanzendünger.

Umtopfen und Substrat: Im Herbst in ein Gemisch aus Humus, Fasertorf und Sand umtopfen.

Kulturtipp: Stellen Sie ab August die Zimmerkalla für 3 Monate in ein helles, kühles Zimmer (10–13 °C). Erhöhen Sie allmählich die Raumtemperatur bis zur Blüte. Diese dauert unterhalb von 20 °C länger.

Zantedeschia aethiopica ▼

Zantedeschia albomaculata ▼

Zantedeschia 'Garnet Glow' ▲

Zantedeschia 'Mango' ►

Zantedeschia 'Garnet Glow' ▲

verschiedene *Zantedeschia*-Hybriden ▼

Zantedeschia 'Treasure' ►

➤ **Zebrina** siehe unter *Tradescantia*

Zygopetalum

Zygopetalum

Allgemeines

Diese aus Zentral- und Südamerika stammenden, meist epiphytischen Orchideen, von denen auch viele Hybriden angeboten werden, besitzen eiförmige Pseudobulben, an deren Spitzen schmale ledrige Blätter sitzen. Die Blütenschäfte erscheinen an der Basis neuer Triebe, je nach Art zu verschiedenen Zeiten im Jahr. Die duftenden Blüten haben meist grün-braune oder braun getupfte grüne Kronblätter und Kelchblätter und eine breite rosa oder purpurn gestreifte oder gefleckte weiße Lippe.

Pflege

Eine strenge Ruhephase benötigt die Pflanze nicht, im Winter aber einen luftigen, kühleren Platz.

Vermehrung: Große Pflanzen teilt man beim Umtopfen. Achten Sie darauf, dass die Wurzeln nicht beschädigt werden.

Krankheiten und Schädlinge

◆ Wenn die Blätter verblassen und eintrocknen, steht die Pflanze zu warm und zu trocken, und Spinnmilben konnten sich vermehren. Man stülpt einige Zeit eine transparente Plastiktüte über die Pflanze, um die Luftfeuchtigkeit zu erhöhen.

Kulturbedingungen

Wasserbedarf und Luftfeuchtigkeit: Während die Pseudobulben gebildet werden, regelmäßig und reichlich mit kalkfreiem Wasser gießen. Danach besprüht man nur leicht die Oberfläche des Substrats. Die Luftfeuchtigkeit sollte bei 60 % liegen. Besprühen Sie die Blätter nicht, das kann Flecken verursachen.

Lichtansprüche: Hell, keine direkte Sonne.

Dünger: Während der Wachstumsperiode alle 2 Wochen einen Orchideendünger verabreichen.

Umtopfen und Substrat: Alle 2 Jahre im Frühling in Orchideensubstrat aus Rinde, Torf und Blähton umtopfen.

Kulturtipp: Diese Orchideen lieben kühle bis temperierte Standorte. Sorgen Sie für 18–28 °C tagsüber und 13–16 °C nachts. Ohne einen Tag-Nacht-Unterschied von 5–8 °C kommen sie nicht wieder zur Blüte. Im Sommer können sie an einem schattigen Platz im Freien stehen.

Zygopetalum mackayi ▶

◀ *Zygopetalum* ▶

REGISTER

REGISTER der wissenschaftlichen und Trivialnamen der Pflanzen

Die *kursiven* Seitenzahlen verweisen auf Abbildungen.

A

D

E

F

G

H

SACHWORT-REGISTER

ABBILDUNGSNACHWEIS

Anagnostidis/NATURE: 152 ol; **Berthoule/NATURE:** 4 o, 4 M, 9 o, 15 u, 22 u, 33 u, 33 o, 41 u, 60 ul, 61 l, 67 o, 118 o, 121 ol, 128 o, 133 l, 134 o, 145 u, 176 r, 186 o, 217 ul, 218 r, 239 ul, 265 ol, 272 u, 275 l, 288 u, 319 u, 340 or, 371 o; **Breitenstein/NATURE:** 11 u, 12 l, 14 u, 16, 24 ul, 24 ol, 27 ur, 27 ul, 27 o, 32 ur, 32 ul, 34 ur, 34 ul, 35 o, 36 or, 36–37, 37 ol, 40 r, 40 l, 41 o, 44–45, 48, 53 r, 53 l, 56 ur, 56 ul, 57 or, 57 ol, 59 r, 60 or, 63 ul, 63 r, 92 u, 96 ur, 99 l, 101 uM, 101 or, 101 ol, 107 or, 109 ul, 117 r, 117 l, 147, 149 r, 150 ol, 154 u, 159 r, 169 ur, 175 r, 176 ul, 176 ol, 177 r, 178 l, 191, 197 ul, 197 ol, 200, 207 ur, 207 l, 213 r, 213 l, 214 or, 215 r, 215 l, 216 l, 226 ur, 226 ul, 226 or, 231 ul, 237 r, 240 l, 241 o, 243 l, 251 l, 263 o, 264 ur, 264 ul, 264 uMr, 264 uMl, 264 ol, 270 l, 275 ur, 281 l, 287 l, 288 o, 296 o, 298 l, 313 ur, 313 ul, 313 uM, 321 r, 322 or, 326 u, 334, 344 ur, 345 r, 345 ol, 346 ul, 361 ur, 366 r; **Chaumeton/NATURE:** 12 ur, 12 or, 13 u, 13 o, 17 ur, 23 l, 34 or, 52 u, 108 l, 122 l, 123 r, 142 o, 151 o, 162 ol, 189 u, 189 or, 198 ur, 246 r, 271 u, 274 ur, 302 l, 350 l; **Chaumeton-Boris/NATURE:** 198 or; **Chaumeton-Lanceau/NATURE:** 8 ur, 66 ur, 92 o, 162 uM, 322 ur, 370 ur; **Collen Paul:** 5 ul, 5 ur, 8 ul, 8 M, 8 uM, 9 ur, 10 l, 10 ur, 14 o, 15 o, 18 o, 18 Ml, 18 Mr, 18 ul, 18 ur, 19 l, 19 or, 19 ol, 20 r, 20 l, 21 o, 22 o, 23 r, 24 ur, 26 o, 26 u, 28 ul, 28–29, 29 ul, 29 ur, 30 ol, 30–31, 31 ul, 31 r, 32 ol, 36 ul, 37 or, 42 r, 44 l, 46 o, 46 u, 50, 52 ol, 52 or, 54, 55, 59 l, 60 ur, 61 or, 62 or, 62 ur, 63 ol, 64 ul, 64 or, 64 ur, 65 o, 65 ur, 66 ul, 66 M, 66 uM, 67 ur, 88 or, 88 ur, 89 r, 90 l, 90 r, 91 l, 91 r, 93 o, 93 ul, 93 ur, 95 Mo, 95 MM, 95 ur, 95 or, 95 Mr, 96 ol, 96 ul, 96 uM, 97 l, 97 uM, 97 ur, 98 u, 99 or, 99 ur, 100 (alle), 101 M, 101 ul, 102 (alle), 103 (alle), 104 (alle), 105 (alle), 107 Mr, 107 uM, 107 ur, 108 or, 109 ur, 110 (alle), 111 (alle), 113 ol, 113 ul, 115 (alle), 116 (alle), 118 ul, 118 ur, 119 l, 119 uM, 119 ur, 121 ul, 121 oM, 121 Mr, 121 ur, 123 l, 124 (alle), 125 (alle), 126, 128 u, 129 ul, 129 uM, 131 r, 132 (alle), 133 r, 135 (alle), 136 (alle), 137 or, 137 ur, 138 ol, 139, 140 (alle), 141, 142 u, 143 ul, 143 uM, 144 M, 144 r, 145 M, 148 (alle), 150 or, 150 ul, 150 uM, 150 ur, 152 ul, 152 r, 153 (alle), 154 o, 155 (alle), 156 ol, 156 ul, 157, 158 l, 159 ol, 159 ul, 160 ol, 160 oM, 160 ul, 160 ur, 161, 162 ul, 162 ur, 163 (alle), 164 or, 164 Mr, 164 uM, 164 ur, 165 (alle), 166 (alle), 167 (alle), 168 (alle), 169 ol, 169 Ml, 169 ul, 169 uM, 170 (alle), 171 (alle), 172 o, 172 M, 172 Mu, 173 l, 173 or, 174 (alle), 175 l, 177 l, 178 ur, 179 l, 179 ur, 180 (alle), 181, 182 ul, 182 ur, 183 (alle), 184 (alle), 185 (alle), 186 u, 187 ul, 187 ur, 188 oM, 188 or, 188 ul, 188 uM, 188 ur, 189 ol, 190 (alle), 192 (alle), 193 ol, 193 oM, 193 or, 193 uM, 193 ur, 195, 196 (alle), 197 lM, 197 r, 199 (alle), 201 (alle), 202 ol, 202 or, 203 (alle), 204 (alle), 205 (alle), 206 (alle), 207 or, 208 (alle), 209, 212 (alle), 214 ol, 214 Ml, 214 MM, 214 Mr, 214 ul, 214 uM, 214 ur, 217 ol, 217 or, 217 ur, 218 l, 219 (alle), 220 (alle), 221 (alle), 222 (alle), 224 (alle), 225 (alle), 226 Mr, 227 (alle), 228 (alle), 229 l, 230 (alle), 231 oM, 231 or, 231 Mr, 231 MMr, 231 uM, 232 (alle), 233 (alle), 234 (alle), 236 (alle außer o), 237 l, 239 oM, 239 or, 241 ul, 241 uM, 241 ur, 242 ol, 242 oM, 243 r, 244 o, 245 (alle), 246 l, 246 M, 247 (alle), 248 (alle), 249 (alle), 250 or, 250 ur, 252 (alle), 253 (alle), 254 (alle), 255 (alle), 256 (alle), 257, 259 (alle), 260 r, 261 (alle), 262 ol, 262 oMl, 262 oM, 262 ul, 262 ur, 263 u, 264 or, 265 r, 266, 267 (alle), 268 (alle), 269 (alle), 270 oM, 270 or, 271 o, 272 ol, 272 oM, 272 or, 274 ol, 274 or, 276 (alle), 277, 278 r, 279 l, 280 (alle), 281 r, 282 (alle), 283 (alle), 284 (alle), 285 r, 286 (alle), 287 r, 289 (alle), 290, 291 (alle), 292, 293 (alle), 294 (alle), 295 (alle), 296 u, 297 u, 298 r, 299 (alle), 300 r, 301 (alle), 302 r, 304 (alle), 305, 306 o, 307 (alle), 308, 309 ul, 309 uM, 309 ur, 310 (alle), 311 (alle), 313 or, 313 Ml, 313 MM, 313 Mr, 314, 315 (alle), 316 (alle), 318, 319 o, 320 (alle), 321 l, 322 Ml, 322 Mr, 322 ul, 323, 324 (alle), 325 (alle), 326 o, 327 ur, 328 M, 329, 330 r, 331 (alle), 332 (alle), 335 (alle), 336 (alle), 337 (alle), 338 (alle), 339 (alle), 340 u, 341 ol, 341 ul, 342 (alle), 343 (alle), 344 ol, 344 ul, 344 uM, 345 ul, 346 or, 346 Mr, 346 ur, 347 (alle), 348 (alle), 349, 350 (alle außer l), 351 (alle), 352 (alle), 353 or, 353 Mr, 353 ul, 353 uM, 353 ur, 354 l, 355 (alle), 358 (alle), 359 (alle), 360, 361 ul, 361 uM, 362 (alle), 363 (alle), 364 (alle), 365 (alle), 366 l, 368 (alle), 369 l, 369 ur, 370 ul, 370 M, 370 uM, 371 ur; **Délu Christian:** 202 ur, 202 ul; **Ferrero/NATURE:** 130 or, 198 l; **Grospas/NATURE:** 8 o, 66 o, 130 ul, 273 r, 273 l, 274 ul, 297 oM, 367 l, 370 o; **Lamaison/NATURE:** 178 or, 367 r; **Lanceau/NATURE:** 4 ur, 4 uM, 5 or, 5 lo, 10 or, 11 o, 17, 21 u, 21 ur, 28 ur, 29 or, 30 ur, 30 ul, 35 u, 38, 39, 42 l, 43, 47, 49, 51, 57 ul, 57 or, 58 l, 60 ol, 61 ur, 62 l, 88 l, 89 l, 94 r, 94 l, 95 l, 97 or, 98 o, 106, 107 ul, 108 ur, 108 oM, 112, 113 ur, 114 u, 114 o, 119 or, 119 oM, 120, 122 r, 127, 129 ur, 131 l, 134 u, 137 l, 138 ul, 138 r, 143 r, 144 l, 145 o, 146 r, 146 l, 149 l, 156 r, 158 r, 160 or, 164 ul, 164 ol, 169 or, 172 u, 179 or, 187 or, 188 ol, 193 ul, 194 u, 194 o, 210 u, 210 o, 211, 223 r, 223 l, 229 r, 231 ur, 231 ol, 235, 236 o, 238 r, 238 l, 240 r, 242 u, 244 u, 250 l, 251 r, 262 or, 265 ul, 270 ur, 275 or, 300 l, 303, 306 u, 309 uMr, 312, 317, 327 l, 327 or, 328 u, 330 l, 333 r, 333 l, 333 M, 340 ol, 341 r, 353 Ml, 354 r, 356, 357; **Lecoufle Marcel:** 4 ul, 130 l, 182 o, 260 l, 278 l, 279 u, 279 o, 297 or, 297 ol, 369 or; **NATURE:** 9 ul, 67 ul, 239 uM, 371 ul; **Pedone/NATURE:** 65 ul, 151 u; **Pölking/NATURE:** 285 l; **Prévot/NATURE:** 242 or; **Sauer/NATURE:** 64 ul, 258.

Illustrationen: **Anne Guillemain, Jacques Theillard**.